Innovationserfolg durch aktive Mitbestimmung

Forschung aus der Hans-Böckler-Stiftung **153**

Herausgegeben von der Hans-Böckler-Stiftung, Düsseldorf

Wolfgang Scholl
Kai Breitling
Hanna Janetzke
Alexandra Shajek

Innovationserfolg durch aktive Mitbestimmung

Die Auswirkungen von Betriebsratsbeteiligung, Vertrauen und Arbeitnehmerpartizipation auf Prozessinnovationen

Bibliografische Information der Deutschen Nationalbibliothek

Die Deutsche Nationalbibliothek verzeichnet diese Publikation in der Deutschen Nationalbibliografie; detaillierte bibliografische Daten sind im Internet über http://dnb.d-nb.de abrufbar.

ISBN 978-3-8360-8753-7

Umschlaggestaltung: Gaby Sylvester, Düsseldorf – www.sylvester-design.de
Umschlaggrafiken: fotomek – Fotolia.com.

Druck: Rosch-Buch, Scheßlitz

Printed in Germany

Inhalt

Vorwort

Die vorliegende Untersuchung befasst sich mit der Frage, ob, wie und mit welchem Ergebnis Betriebsräte und Arbeitnehmer/innen an Prozessinnovationen beteiligt sind bzw. werden. Diese drei Fragen sind bisher kaum zusammenhängend untersucht worden und die wenigen einschlägigen Untersuchungen sind zu keinen klaren Ergebnissen gekommen. In unserer von der Hans-Böckler-Stiftung finanzierten Untersuchung konnten wir 46 Prozessinnovationen per Interview und per Fragebogen bei beteiligten Betriebsräten und Managementvertretern weitgehend recherchieren, so dass wir diese Fragen relativ gut beantworten können. Das vorliegende Buch gibt darüber im Detail Antwort. Eilige Leser/innen erhalten im neunten Kapitel eine zusammenfassende Darstellung der Hauptergebnisse.

Das Buch ist eine Gemeinschaftsarbeit der vier Autoren. Dabei gibt es auch eindeutige Schwerpunkte und dementsprechend sind bei den einzelnen Kapiteln die jeweiligen Verfasser/innen genannt. Das Forschungsprojekt wurde vom Erstautor bei der Hans-Böckler-Stiftung beantragt und dabei wurden zentrale Hypothesen festgelegt. Daher ist das erste und das letzte Kapitel von Wolfgang Scholl verfasst. Auch der Forschungsrahmen wurde im wesentlichen schon im Antrag festgelegt: Es geht um die Untersuchung möglichst unterschiedlicher Innovationsfälle, zu denen die beteiligten Betriebsräte und Managementvertreter per Interview und per Fragebogen Auskünfte gaben, die qualitativ und quantitativ ausgewertet wurden. Das genaue methodische Vorgehen wurde dann von allen vier Autoren diskutiert und festgelegt; darüber berichtet das zweite Kapitel. Die Innovationsbeteiligung der Betriebsräte und ihre Wirkung auf das wirtschaftliche und soziale Innovationsergebnis wurden ausführlich in der Dissertation von Kai Breitling[1] untersucht; eine kürzere Fassung dieser Studie findet sich von ihm in den Kapiteln drei und vier. Da Betriebsräte die Aufgabe haben Arbeitnehmerinteressen zu vertreten, stellt sich die Frage, inwieweit auch Arbeitnehmer/innen an Verfahrensinnovationen beteiligt werden und was das für das Ergebnis bedeutet. Dies wurde ausführlich in der Dissertation von Alexandra Shajek[2] behandelt; eine kürzere Fassung findet sich von ihr in den Kapiteln fünf und sechs. Und da das Betriebsverfassungsgesetz von Management und Betriebsrat eine vertrauensvolle Zusammenarbeit erwartet, wurde von Hanna Janetzke in ihrer Dissertation[3] die Entwicklung von Vertrauen zwischen beiden Seiten und deren Wirkung auf

---

1 Betriebsräte im Innovationsprozess: Beteiligungsformen und Beteiligungswirkung

2 Widerstände und direkte Partizipation in Innovationsprozessen aus der Sicht betrieblicher Entscheidungsträger

3 Vertrauen ist gut, mit Skepsis ist's besser: Zur Bedeutung von Vertrauen und Misstrauen zwischen Management und Betriebsrat in Prozessinnovationen

das Innovationsgeschehen behandelt; eine kürzere Fassung dieser Studie findet sich in den Kapiteln sieben und acht.

Für die Möglichkeit diese Untersuchung durchzuführen bedanken wir uns zuallererst bei der Hans-Böckler-Stiftung und den nacheinander zuständigen Referenten, *Dr. Frank Gerlach* und *Dr. Marc Schietinger*. Darüber hinaus haben wir dem Projektbeirat in regelmäßigen Abständen Bericht erstattet, so wie auch die anderen drei in diesem Programm geförderten Projekte, und wir haben von den Beiräten und den Kolleg/inn/en aus den anderen Projekten viele Anregungen bekommen. Ein letzter, aber besonders wichtiger Dank gilt all den Betriebsräten und Managementvertretern, die uns per Interview und Fragebogen ausführliche Einblicke in die von ihnen verantworteten Prozessinnovationen gegeben haben.

Berlin, im Mai 2013

Wolfgang Scholl
Kai Breitling
Hanna Janetzke
Alexandra Shajek

1 Innovativität und Mitbestimmung

Forschungsstand und Forschungsfragen

Wolfgang Scholl

Arbeit zu haben, möglichst auskömmlich bezahlte, gute und unbefristete Arbeit, ist das wichtigste Arbeitnehmerinteresse laut allen Umfragen und Motivationstheorien. Möglich ist das im privaten Sektor nur, wenn die Unternehmen sich im Wettbewerb behaupten können, der für immer mehr Unternehmen ein Innovationswettbewerb ist. Daher ist die Innovationsfähigkeit von Unternehmen nicht nur ein Arbeitgeberinteresse, sondern auch ein abgeleitetes Arbeitnehmerinteresse; sie findet daher auch immer mehr Beachtung durch die Mitbestimmungsorgane, d.h. im Betriebsalltag durch den Betriebsrat als Gremium, dessen Aufgabe die Wahrung der Arbeitnehmerinteressen ist (siehe § 80 BetrVG). Trotz dieser prinzipiell gemeinsamen Orientierung schließt das keineswegs Konflikte aus. Konflikte können mindestens aus drei Gründen entstehen:

(1) Die konkreten Akteure sehen nicht die Dringlichkeit von Innovationen, was sowohl auf Arbeitgeber- wie auf Arbeitnehmer- und Betriebsratsseite der Fall sein kann.
(2) Die Frage, welche Art von Innovation Überleben und Wachstum des Unternehmens sichert, kann umstritten sein, da Innovationen meist sehr viel komplexer sind als Standardprobleme und ihr Ergebnis sehr viel unsicherer ist. Oft eng damit verbunden sind
(3) nachteilige Nebenfolgen, die sowohl unterschiedliche Nachteile für verschiedene Interessengruppen (stakeholder) als auch unterschiedliche Einschätzungen solcher Nachteile sein können. Betriebsräte wie auch Arbeitgeber befinden sich daher in der klassischen spieltheoretischen Dilemma-Situation (Dawes 2001), dass Kooperation bei den schwierigen und oft strittigen Fragen für beide zusammen das Beste wäre, dass aber jede Seite gerne noch bessere Bedingungen für sich zu Lasten der anderen Seite durchsetzen möchte (Kirsch/Scholl 1983).

Für den Betriebsrat ergibt sich daraus der Druck zu einer „antagonistischen Kooperation“ (Vilmar/Sattler 1978), der ihn zu einem Spagat zwischen kooperativen Bemühungen und genereller Konfliktbereitschaft zwingt. Versucht er alle eventuellen Nachteile für Arbeitnehmer zu verhindern, könnte es vor allem bei Prozessinnovationen zu unfruchtbaren Auseinandersetzungen mit eher negativen wirtschaftlichen und sozialen Folgen kommen, nicht zuletzt auch deswegen, weil beide Seiten dann weniger Kapazität für andere drängende Probleme haben. Unterstellt er andererseits dem Management großzügig, dass es schon am besten weiß, was für das Unternehmen und indirekt die Arbeitnehmer gut ist oder versucht er sich selbst als das bessere Management, dann geraten die verschiedenen Arbeitnehmerinteressen leicht aus dem Fokus der Aufmerksamkeit und es werden unnötige Nachteile für die betroffenen Arbeitnehmer/innen in Kauf genommen. Für das Management gilt spiegelbildlich das Gleiche: Einerseits ist nach eigener Auffassung ein prosperierendes Unternehmen eher zu erreichen, wenn auf manche Arbeitnehmerinteressen keine Rücksicht genommen werden muss, andererseits ist eine Kooperation mit dem Betriebsrat nicht nur deswegen nützlich, um Reibungsverluste gering zu halten, sondern auch um Arbeitnehmerinteressen besser zu verstehen. Für den Betriebsrat ist allerdings dieses Dilemma gravierender, weil die Machtposition in den meisten Fällen geringer ist als die des Managements, vor allem in gesetzlicher Hinsicht, aber oft auch in Bezug auf die zeitlichen und fachlichen Ressourcen.

In der vorliegenden Untersuchung wurde dieses Spannungsfeld von Innovativität und Mitbestimmung anhand der Beteiligung von Betriebsräten an Prozessinnovationen näher untersucht. Die Konzentration auf Prozessinnovationen erfolgte aus mehreren Gründen:

- Prozessinnovationen können die Überlebensfähigkeit eines Unternehmens nachhaltig beeinflussen durch sinkende Kosten, optimierte Abläufe und/oder eine verbesserte Innovationskultur.
- Prozessinnovationen betreffen meist mehr Arbeitnehmer/innen in ihren Interessen als Produktinnovationen; das können verbesserte Arbeitsbedingungen, aber auch ganz erhebliche Nachteile sein.
- Bei Prozessinnovationen sind Betriebsräte nicht nur besonders gefordert wegen der potenziellen Auswirkungen auf Arbeitnehmer/innen, sondern sie haben auch eine bessere gesetzliche Machtbasis (vgl. besonders die §§ 111–113 BetrVG, betriebliche Änderungen) und in der Regel ein größeres Know-how als bei Produktinnovationen, was ihnen sowohl als Kooperationspartner als auch als Gegner eine größeres Gewicht verleiht.

Um die Möglichkeiten und Grenzen der Verbindung von Innovativität und Mitbestimmung sowie ihre Wirkungen auf den wirtschaftlichen und sozialen Erfolg zu untersuchen, haben wir eine größere Zahl von Fallstudien in ganz unterschiedlichen Unternehmen durchgeführt, finanziert durch die Hans-Böckler-Stiftung, der wir an dieser Stelle besonders danken. Um die Auswahl der dabei untersuchten Sachverhalte und die dabei verwendeten Konzepte besser verstehen zu können, sollen das theoretische Konzept und der dafür maßgebliche Stand der Forschung im Folgenden näher dargestellt werden. Dabei geht es zunächst um Bedingungen der Innovationsfähigkeit, dann um Mitbestimmung und Arbeitnehmerbeteiligung und schließlich um Managementstrategien gegenüber diesen Formen der Beteiligung.

1.1 Innovationsfähigkeit von Unternehmen als Überlebensbedingung

Die Zukunft vieler deutscher Unternehmen und der damit verbundenen Arbeitsplätze hängt maßgeblich von Innovationen ab, denn der globalisierte Wettbewerb ist immer mehr ein Innovationswettbewerb geworden. Wenn im Folgenden von „Innovation" gesprochen wird, dann stützen wir uns zunächst auf die Definition von Aregger (1976, S. 118):

> „Eine *Innovation* ist eine *signifikante Änderung* im Status quo eines sozialen Systems, die eine direkte und/oder indirekte *Verbesserung* innerhalb und/oder außerhalb des Systems bewirkt und auf neuem Wissen, Materialien, Maschinen und sozialen Prozessen beruht." (Kursiv im Original)

Bei den hier betrachteten sozialen Systemen geht es um Betriebe bzw. Unternehmen; was für sie eine signifikante Änderung ist, lässt sich über den Grad der Neuheit auch bei Prozessinnovationen in verschiedener Weise realisieren, z.B. mit einer neuen IT-Technik, einem veränderten Einsatzkonzept, einem neuem Angebot an die Mitarbeiter/innen usw. (Hauschildt/Salomo 2007, S. 23). Was schließlich die Verbesserung angeht, ist nicht nur zu fragen, wie groß sie ist, sondern für wen es eine Verbesserung ist; bei Prozessinnovationen sind nicht nur die wirtschaftlichen Effekte für das Unternehmen, sondern auch die arbeitnehmerbezogenen Effekte auf verschiedenen Interessendimensionen einzubeziehen und gegebenenfalls die externen Folgen für Gesellschaft und Umwelt (so wie generell in der Organisationsforschung: Scholl 2007, S. 518f.).

Produkt- und Prozessinnovationen, organisatorische und personalpolitische Neuerungen stehen in einem engeren Zusammenhang als es bei der Aufteilung in Produkt- und Prozessinnovationen erscheint. Es geht nicht nur um neue technische Erfindungen oder um neue Prozesstechnik, denn jede neue Lösung beinhaltet einen partiell neuen Anwendungszusammenhang. Viele Prozessinnovationen sind Bedingung oder Konsequenz anderer Innovationsbemühungen. Ein neues Produkt kann sich z.B. zu einer Produktfamilie ausweiten und eine Umorganisation der Geschäftsbereiche nahelegen; eine neue Dienstleistung im Krankenhaus mag Änderungen im ärztlichen Dienst benötigen und/oder geänderte Pflegedienste; der Erfolg eines neuen Produktes kann zu übermäßigen Belastungen der Mitarbeiter/innen führen und einerseits Präventionsmaßnahmen nahelegen, andererseits die zusätzliche Einstellung qualifizierter Fachkräfte, die gegebenenfalls über soziale Innovationen zur Work-Life-Balance eher zu bekommen sind. In besonderer Weise kann die Einführung eines Ideenmanagementsystems die Chance für Produkt- und Dienstleistungsinnovationen erhöhen. Zu beachten ist allerdings auch, dass die hier angesprochenen Prozessmaßnahmen nicht immer Innovationen sind, sondern einfachere Änderungen bzw. kleinere Anpassungen an veränderte Bedingungen sein können. Für jede der hier betrachteten Prozessinnovationen wird daher festzustellen sein, wie der Grad der (Un-)Vorhersehbarkeit und der Neuheit eingeschätzt wird.

Innovationen verlangen die Entwicklung, Etablierung und Umsetzung neuer Ideen, d.h. die Produktion, Beschaffung, Teilung, Prüfung und Nutzung neuen Wissens. Wissen ist heute der entscheidende Produktionsfaktor, aber anders als speicher- und verteilbare Informationen kann man Wissen nicht wie ein „Ding" behandeln. Wissen ist eine „zweckorientierte Verknüpfung von Informationen zu einer begründeten Kenntnis", es beinhaltet explizite Erkenntnisse und implizite Erfahrungen, die aus Erprobung und Anwendung resultieren, und damit ist Wissen subjekt- und zweckrelativ, kontext- und aspektabhängig (Rehäuser/ Krcmar 1996). Neues Wissen, und das beginnt schon bei jedem auftauchenden Problem in der Handhabung vertrauter Dinge, lässt sich daher nicht standardisieren, programmieren oder kommandieren; das hat in klarer Weise bereits Thomas (1964) am Beispiel tayloristischer Arbeit gezeigt, bei der am massivsten versucht wird, sie zu standardisieren, programmieren und kommandieren. Denn zu erfolgreichem Wissen gehört nicht nur explizites Wissen, das einigermaßen gut als Information aufgeschrieben werden kann, sondern auch implizites Wissen, d.h. Erfahrung und Intuition, die aus der handelnden Bewältigung immer neuer Alltagsprobleme resultieren und daher vor allem bei den Arbeitskräften selbst entstehen (Broadbent et al. 1986; Nonaka/Takeuchi 1995; Meyer et al. 2007). Besonders zentral für die Gewinnung neuen Wissens auf Organisationsebene ist daher die direkte Partizipation der betroffenen Arbeitnehmer/innen, wie viele internationale (Coch/French 1948; Miller/Monge 1986; Doucouliagos 1995) und deutsche Studien (Wengel/Wallmeier 1999; Sacher/Rudolph 2002; Scholl 2004) zeigen. Scholl (2004) leitet aus seinen Studien zu gelungenen und misslungenen Produkt- und Prozessinnovationen und aus der dort zitierten Literatur vier Grundsätze für eine hohe Innovationsfähigkeit ab:

(1) Die *Anerkennung der begrenzten Rationalität des Einzelnen* (Simon 1983) wird in der Wissensgesellschaft noch notwendiger als in der Industriegesellschaft, denn die Wissensexplosion und die damit verbundenen wirtschaftlichen und gesellschaftlichen Veränderungen führen dazu, dass der einzelne Mensch trotz lebenslangem Lernen immer weniger vom relevanten Gesamtwissen haben kann. Damit werden auch hierarchisierte Entscheidungsstrukturen problematischer und erzeugen immer mehr Fehlentscheidungen (Drucker 2002, Kap. 6); das Wissen an der Spitze reicht immer weniger für gute Entscheidungen aus, weil die Aufgabenstrukturen immer „diskontinuierlicher" (Offe 1970), d.h. unterschiedlicher werden

und das benötigte Wissen nur durch ständiges „Learning by doing“ auf dem benötigten Stand gehalten werden kann; da kann das Management nicht mithalten. So konnte z.B. der langsame Niedergang von AEG oder der Telekommunikationssparte von Siemens trotz mehrfacher Führungswechsel nicht aufgehalten werden; beide waren stark hierarchisiert und neue Personen an der Spitze haben das nicht geändert. Wie neues Wissen für gelingende Innovationen arbeitsteilig erarbeitet und kombiniert werden kann, *ohne dass irgend jemand, sei es der Entwickler, der Betriebsleiter, der Vorstand oder der Betriebsrat, alles über- und durchschauen kann,* wird zum zentralen Problem jeder Organisation. Dies verweist auf die nächsten Punkte:

(2) Die Einführung mitarbeiterorientierter Organisationsformen ist notwendig, um in allen Organisationsbereichen die Wissensentwicklung zu fördern und zu nutzen und dabei gleichzeitig sich flexibel auf die ständig notwendigen internen und externen Veränderungen einstellen zu können. Das heißt u.a. konsequente Abkehr vom Taylorismus hin zu Arbeitsformen, die viel Learning by doing ermöglichen, zu hochwertiger Aus- und Weiterbildung sowie zu Organisationsformen, die einen produktiven Austausch des Wissens der Einzelnen fördern wie teilautonome Gruppen in der Produktion von Gütern oder Dienstleistungen, Teamarbeit in Projektgruppen und generell die freie Vernetzung zu anderen Abteilungen und externen Organisationen. Es ist die Konsequenz aus der Tatsache, dass man den Erwerb, die Teilung und die Nutzung neuen Wissens nicht kommandieren kann. Ein größerer Handlungsspielraum für die Wissensgewinnung, Mitteilung und Nutzung verlangt auf der anderen Seite nach Koordinationsinstrumenten, die nicht die Weisungsbefugnis, sondern gemeinsame Leitbilder (corporate mission and identity), akzeptierte Regeln und Ziel*vereinbarungen* (also nicht Ziel*setzungen*!) beinhalten, die das Wissen und die Interessen von unten gleichgewichtig mit dem Wissen und den Interessen von oben verbinden. Zusammen genommen sind es die Aspekte, die erfolgreiche Unternehmens- und Innovationskulturen ausmachen (Gebert 1978; Denison 1990; Klein et al. 1995; Bickenbach/Soltwedel 1996; Sommerlatte et al. 2006). Wie alles Wissen enthält das in mitarbeiterorientierten Organisationsformen erarbeitete Wissen dabei nie nur faktische Zusammenhänge, sondern auch Wertungen und Zielvorstellungen, sei es unbewusst aufgrund bestimmter Grundannahmen und Methoden oder bewusst aufgrund der Suche, wie eigene Interessen am besten umgesetzt werden können. Damit schließt sich der folgende Punkt direkt an:

(3) Die Anerkennung der Interessenvielfalt ist notwendig, um die politischen Entscheidungen in Organisationen offen und konstruktiv zu gestalten. Innovation heißt Veränderung und jede Veränderung berührt die Interessen vieler Betroffener, mal positiv, mal negativ. Dies gilt für die Arbeiter und Angestellten ebenso wie für alle Managementebenen. Interessenkonflikte sind daher unvermeidlich

(Pfeffer 1981; Küpper/Ortmann 1988; Neuberger 1995; Scholl 1992, 2004). Und während die Arbeiter und Angestellten und die sie vertretenden Betriebsräte oft nur begrenzte Möglichkeiten haben bzw. sehen auf Innovationsprozesse einzuwirken, sind es oft auch obere Manager, die ihre Interessen bei anstehenden Innovationen berührt sehen und sie daher zu forcieren, zu hintertreiben oder umzumodeln versuchen, natürlich im Gewand „rationaler" Argumente im „Organisationsinteresse" (Beispiele in Scholl 2004). Für Betriebsräte ist es schwierig solche Argumentationen zu durchschauen, aber zum Teil können sie das eher erspüren als Manager auf der obersten Ebene, weil sie oft länger im Betrieb tätig sind. Nötig sind Prozesse des adaptiven, schrittweisen Problemlösens, verbunden mit einer integrativen Handhabung der unvermeidlichen Interessenkonflikte (Fisher et al. 2002; Pruitt/Kim 2004; Scholl 2004, 2009). Integrative Konflikthandhabung heißt gemeinsames Erarbeiten von Lösungen, die beiderseits gut oder wenigstens erträglich sind, wobei auf Machtausübung verzichtet wird. So kann die kooperative Bewältigung von Dilemma-Situationen tatsächlich funktionieren, die in der betrieblichen Realität – anders als im spieltheoretischen Experiment – nicht mit einer einzigen Entscheidung zu gestalten ist. Das führt zum letzten Punkt:

(4) Die Eindämmung von Machtstreben und Machtausübung durch Abbau einseitiger Machtpotenziale und durch eine Organisationsstruktur und -kultur, die wechselseitige Einflussnahme durch Partizipation der jeweils Betroffenen und Kundigen fördert anstelle von machiavellistischen Machtspielen, wie sie leider immer mal wieder in der Managementliteratur propagiert werden (z.B. Pfeffer 2010). Es war ein durchgängiges Ergebnis ganz verschiedener Innovationsstudien, dass Machtausübung (eine Einwirkung gegen die Interessen anderer) die Produktion neuen Wissens verzerrt und behindert und damit zum Hauptgrund wird, warum Innovationen scheitern (Krause 2004; Scholl 1999, 2004, 2007a, 2009). Einflussnahme als Alternative zur Machtausübung, eine Einwirkung auf andere, die deren Interessen berücksichtigt, wie dies bei integrativer Konflikthandhabung der Fall ist, fördert nicht nur die Produktion neuen Wissens, sondern erhöht auch die Handlungsfähigkeit der beteiligten Organisationseinheiten und trägt damit wesentlich zum Innovationserfolg bei. Wir konnten den unterschiedlichen Effekt von Machtausübung und Einflussnahme auf Wissen, Handlungsfähigkeit und Effektivität auch in anderen Experimenten und Felduntersuchungen bestätigen (Buschmeier 1995; Scholl 1996, 2005; Scholl/Riedel 2010). Mit der Eindämmung von Machtausübung, zu der eine starke Arbeitnehmervertretung erheblich beitragen kann (siehe nächstes Unterkapitel), schließt sich der Kreis zu einem schlüssigen Konzept der Innovationsfähigkeit von Organisationen.

1.2 Mitbestimmung und Arbeitnehmerbeteiligung bei Prozessinnovationen

Alle vier Punkte der Innovationsfähigkeit von Organisationen, die Anerkennung der begrenzten Rationalität des Einzelnen, die Einführung mitarbeiterorientierter Organisationsformen, die Anerkennung der Interessenvielfalt und die Eindämmung von Machtausübung legen die Partizipation der betroffenen Arbeitnehmer/innen und der Mitbestimmungsorgane als probates, aber natürlich nicht einziges Mittel zur Realisierung nahe (Müller-Jentsch 1995; Leminsky 1998; Kern 1998; Putzhammer 2003; DGB-Bundesvorstand 2005). Dabei wurde die direkte Partizipation der Arbeitnehmer/innen auch in den Gewerkschaften häufig als problematisch gesehen und als ungeliebte Konkurrenz zur betrieblichen Mitbestimmung empfunden; seinen sichtbaren Ausdruck fand das bei den Auseinandersetzungen um die Neufassung des Betriebsverfassungsgesetzes von 1972 (siehe Vilmar 1973), wo weitergehende Partizipationsrechte von führenden Gewerkschaftern abgelehnt und aus dem ursprünglichen Konzept entfernt wurden. In unserer Untersuchung werden daher beide Formen der Vertretung von Arbeitnehmerinteressen und Arbeitnehmerwissen untersucht, um ihre einzelne und ihre kombinierte Wirkung bei Innovationsprozessen zu erforschen.

1.2.1 Beteiligung des Betriebsrats an Prozessinnovationen

Worin bestehen die Möglichkeiten des Betriebsrats, auf Innovationsprozesse einzuwirken und welche Ausrichtung und Konsequenzen hat ihre Einwirkung, wenn sie stattfindet? Auf der rechtlichen Seite sind es die verschiedenen Mitberatungs- und Mitbestimmungsmöglichkeiten des BetrVG, die bei Innovationsprozessen relevant sind (vor allem die §§ 3, 80, 81, 87, 90-92a, 96, 98, 99, 102, 106, 111–113). Bei Prozessinnovationen, die oft als Betriebsänderungen eingestuft werden können, spielen vor allem die §§ 111–113 eine zentrale Rolle, sofern es um die Vermeidung oder den Ausgleich von Nachteilen für die betroffenen Arbeitnehmer/innen geht. Spiegelbildlich dazu können Betriebsräte aber auch nach § 92a selber proaktiv Vorschläge zur Sicherung und Förderung der Beschäftigung machen und dabei Prozessinnovationen anstoßen. Was auf dieser rechtlichen Basis geschieht, hängt dann an der tatsächlichen Machtposition des Betriebsrats, an der Art der Prozessinnovation mit ihren Gestaltungsspielräumen, an den Kompetenzen des Betriebsrats und an seiner Interessenorientierung.

Bei starker faktischer Mitbestimmung können Arbeitnehmervertreter, vor allem die Betriebsräte, Prozessinnovationen direkt dadurch fördern, dass sie sich

(a) für eine qualifizierende und auf langfristiges Engagement orientierende Personalpolitik,

(b) für die Einbeziehung der jeweiligen Arbeitnehmer/innen bei allen sie unmittelbar betreffenden Entscheidungen,
(c) für mitarbeiterorientierte Organisationsformen wie Job enrichment, relativ autonome Gruppenarbeit, kontinuierliche Verbesserungsprozesse und flache Hierarchien einsetzen und
(d) für die Vermeidung oder den Ausgleich eventuell entstehender Nachteile bei den Arbeitnehmer/innen.

Bei mittelmäßig starker Mitbestimmung müssen sich innovationsorientierte Bemühungen des Betriebsrats, sofern er dafür überhaupt genügend Wissen, Zeit und Energie hat, mit dem Zusatzproblem der Auseinandersetzung um Macht und Einfluss herumschlagen. Damit haben innovationsorientierte Bemühungen von vorneherein schlechtere Chancen. Gleichwohl können Arbeitnehmervertreter/innen die Kunst konstruktiven Verhandelns (Fisher et al. 2009) beherrschen oder lernen und bei einzelnen Personal- und Organisationsmaßnahmen, die vom Management initiiert werden, konsequent und in vielen kleinen Schritten dafür sorgen, dass sich die Innovationskultur verbessert. Besonders schwierig sind allerdings größere Prozessinnovationen oder Reorganisationen, die vom Management als „Bombenwurf" (Kirsch et al. 1979) durchgeführt werden, weil hier die Arbeitnehmervertretung sofort in eine Abwehrhaltung gedrängt wird, und sie meist nicht genügend Stärke hat, um die Prozessinnovation konstruktiv-partizipativ umzuorientieren.

Bei schwacher und nicht vorhandener Mitbestimmung sieht es so aus, als ob eine Innovationsorientierung durch den Betriebsrat hier überhaupt nicht gefördert werden kann. Das ist sicher in den meisten Fällen richtig, zumal das Management solcher Unternehmen oft explizit eine Mitbestimmungs-Substitutions-Strategie durch gute Arbeitsbedingungen und direkte Partizipation verfolgt (Adler 1999), vgl. das Beispiel SAP (Girndt 2006). Andererseits können sich eventuell gewählte Betriebsräte oder sonstige Gewerkschaftsmitglieder um lokale Partizipation bemühen und sich bei Partizipationsangeboten des Managements besonders engagieren. Partizipation macht Appetit auf mehr Partizipation und Partizipation am Arbeitsplatz weckt Wünsche nach Partizipation auf betrieblicher Ebene, weil Zusammenhänge mit anderen Betriebsbereichen deutlicher werden, wie die skandinavischen Experimente zeigen (Trist/Murray 1993) und wie auch ein Fall in Dörre et al. (1993) veranschaulicht.

Als Fazit bleibt die Hypothese, dass die Chancen konstruktiver Mitbestimmung bei Prozessinnovationen erheblich von der relativen Machtposition der Mitbestimmungsorgane abhängen. Des Weiteren spielen die fachlichen und sozialen Kompetenzen des Betriebsrats eine zentrale Rolle, weil ohne sie jede Machtposition stumpf bleibt und auch nicht zu halten ist (Mulder 1977). Je höher die fachlichen Kompetenzen sind, umso genauer können Konsequenzen abgeschätzt und Alternativen konzipiert werden. Je besser die sozialen Kompetenzen, umso besser werden die Äußerungen der Arbeitnehmer/innen über betroffene Interessen verstanden und umso besser kann mit dem Management verhandelt werden. Wichtig könnte auch die Interessenorientierung und das Selbstverständnis des Betriebsrats sein: Sieht er sich eher als Mitgestalter, als Ko-Manager, oder eher als Gegenmachtinstanz? Im ersteren Fall dürfte der wirtschaftliche Erfolg mindestens genauso wichtig für den Betriebsrat sein wie der soziale Erfolg, während im letzteren Fall eine einseitige Konzentration auf den sozialen Erfolg zu erwarten ist. Nicht unerheblich dürfte der Einfluss von Gestaltungsspielräumen in den jeweils gegebenen Situationen sein: Ein Betrieb, der z.B. aus der Verlustzone herauskommen muss, hat sehr viel weniger Alternativen als ein prosperierender Betrieb. Im dritten Kapitel werden zu diesen Fragen der Mitbestimmung bei Prozessinnovationen die Hypothesen präzisiert und empirisch geprüft und im vierten Kapitel werden die Aktivitäten des Betriebsrats bei den verschiedenen Arten von Prozessinnovationen differentiell betrachtet.

1.2.2. Beteiligung der betroffenen Arbeitnehmer/innen an Prozessinnovationen

Beteiligung, im Fachjargon Partizipation genannt, ist ein schillerndes und sehr unterschiedlich ausgelegtes Konzept (Dachler/Wilpert 1980). Nur authentische Partizipation, bei der die Beteiligten sowohl ihr Wissen als auch ihre Interessen einbringen können (Scholl et al. 1978; Scholl 2004) ist hier gemeint. Vom Management werden jedoch gerne solche Formen der direkten Partizipation etabliert, die einseitig das Wissen der Arbeitnehmer nutzen wollen (Informationspartizipation), aber ihre Interessen nur wenig oder gar nicht berücksichtigen, sondern unter Umständen Arbeitsverdichtung, Selbstausbeutung und Entsolidarisierung fördern (Greifenstein et al. 1993; Kreißig 1996; Baethge/Kädtler 1998). Dies zeigt sich besonders bei der Einführung von Gruppenarbeit: Während wirtschaftlich und sozial erfolgreiche Einführungen teilautonomer Gruppenarbeit immer wieder abgebrochen oder nicht auf andere Arbeitsplätze übertragen wurden (Trist/Murray 1993; Ulich 2001), wurden die restriktiveren Formen des toyotistischen Modells (Weber 1997) breiter eingeführt und beibehalten. So sind in Europa die Formen direkter Partizipation stärker verbreitet, die den Beteiligten wenig Selbstständigkeit zugestehen; bei der Delegation von Entscheidungsmöglichkeiten an Gruppen, die immerhin an 33% der Arbeitsplätze anzutreffen war, hatten nur 5% umfassendere Rechte, wie sie in etwa teilautonomen Gruppen entsprachen (Gill/Krieger 1999). Noch stärker gilt das für die Originalversion des „Toyotismus“ bzw. von „Lean Production“: Partizipation hat da oft einen „obligatorisch freiwilligen“ Charakter, bezieht sich einseitig auf Verbesserungen des Produktionsprozesses und ändert dabei nichts an tayloristischer Arbeitsgestaltung (Grønning 1995). Im Sinne der oben erwähnten Unterscheidung verschiedener

Partizipationskonzepte (Scholl et al. 1978; Scholl 2004) handelt es sich hier um eine Informations-Partizipation, bei der nur das Wissen der Beschäftigten abgeschöpft werden soll, während die Interessen der abhängig Beschäftigten nicht mit eingebracht werden können, weil ihre Machtposition zu schwach ist. Damit schließt sich hier unmittelbar die Frage an, ob durch Arbeitnehmervertreter im Rahmen der gesetzlichen Mitbestimmung ein ausreichender Machtausgleich geschaffen werden kann. Eine empirische Analyse der Formen und Auswirkungen direkter Arbeitnehmer-Partizipation wird in den Kapiteln 5 und 6 erfolgen.

1.2.3 Beiträge von Betriebsräten und Arbeitnehmer/inne/n in Innovationsprozessen

Direkte Partizipation kann generell ohne, mit oder gegen die gesetzliche Mitbestimmung versucht werden. Ohne Mitbestimmung geschieht das zunächst in den Betrieben, die keinen Betriebsrat haben, wie das in kleineren und zum Teil in jüngeren Firmen der Fall ist. Solche Betriebe waren für unsere Fragestellung nicht relevant und so haben wir sie nicht in unsere Untersuchung einbezogen. Sie spielen aber eine wichtige Rolle in einigen ökonometrischen Analysen, in denen vor allem Klein- und Mittelbetriebe vertreten sind, so dass dann grob zwischen Betrieben mit und ohne Betriebsrat unterschieden wird (z.B. Addison et al. 1999; Jirjahn 1998, 2010). Da bei diesen Untersuchungen das Ausmaß und die Qualität der Partizipation und Mitbestimmung zu wenig differenziert sind, lässt sich für unsere Fragestellung daraus zu wenig ablesen.

In Betrieben mit Betriebsrat wird dieser in der Regel beteiligt; extensive Konsultation und Mitentscheidung bzw. Aushandlung kamen in Deutschland in 68% aller Fälle vor (Gill/Krieger 1999). In 15% der Fälle wurde auch vom Management versucht, Partizipation ohne Betriebsrat einzuführen, so dass der Betriebsrat überflüssig und für die Beschäftigten störend erscheint. Daraus entwickeln sich dann entweder unfruchtbare Auseinandersetzungen oder die Betriebsräte geben auf. Nach der Untersuchung von Wengel und Wallmeier (1999) waren in Deutschland bei der Einführung von technischen Prozessinnovationen betroffene Arbeitnehmer in der Hälfte aller Fälle in den Projektteams regelmäßig vertreten und in weiteren 46% gelegentlich. Betriebsräte waren dagegen nur in 25% regelmäßig vertreten und in weiteren 40% gelegentlich. Wenn Arbeitnehmervertreter bei der Einführung von direkten Formen der Partizipation beteiligt sind, dann steigt die Wahrscheinlichkeit weitergehender Rechte und Entscheidungsmöglichkeiten (Gill/Krieger 1999; Auswertung ist nur auf Gesamteuropa bezogen). Dies zeigte auch besonders deutlich ein Vergleich zwischen den USA und Deutschland in Bezug auf die Einführung partizipativer Arbeitsformen in der Automobilindustrie (Wagner 1998): Während dies in den USA eher strukturkonservativ ablief und einem „Teamtaylorismus“ entsprach, war die Mehrzahl der deutschen Fälle unter dem Einfluss der Mitbestimmung eher strukturinnovativ. Das deutet daraufhin, dass es durchaus Spielräume gibt, um eine eher „authentische Partizipation“ mit Hilfe der Mitbestimmungsmöglichkeiten, ausgeschöpft durch starke, gewerkschaftlich unterstützte Betriebsräte, einzuführen.

Um die Effekte von Mitbestimmung und Arbeitnehmerpartizipation vergleichen zu können, haben wir beide Formen in vergleichbarer Weise in unsere Untersuchung aufgenommen und auch das Zusammenwirken erfragt. Wir gehen davon aus, dass Arbeitnehmer/innen in der Regel mehr lokales Wissen haben als die Betriebsräte, die wiederum einen besseren Überblick haben, insofern dem Management vergleichbar. Daher müsste eine starke Beteiligung von Betriebsräten und Arbeitnehmer/innen einen stärkeren positiven Effekt auf den Innovationserfolg haben als jede der beiden Formen allein. Hier liegt auch eine zentrale Möglichkeit der Mitbestimmung für die Innovativität deutscher Unternehmen, nämlich sich für authentische Partizipation der Arbeitnehmer/innen einzusetzen; dies wird auch die Akzeptanz des Betriebsrat und der ihn unterstützenden Gewerkschaft erhöhen. Bei den deutschen Gewerkschaften zeigt sich nach längerem Zögern oder gar Ablehnung der „Partizipation am Arbeitsplatz“ bzw. der direkten Partizipation der betroffenen Arbeitnehmer seit etlicher Zeit eine Hinwendung zu einer stärkeren Beteiligung des Betriebsrats an der Einführung, Ausgestaltung, ja zum Teil sogar der Initiierung direkter Partizipation (Vilmar 1973, Teil III; Vilmar/Sattler 1978; Lecher 1991; Girndt 1998; Leminsky 1998; Putzhammer 2005; Jirjahn 2006). Dabei setzt sich auch zunehmend die Erkenntnis durch, dass die direkte Partizipation und die Mitbestimmung durch Arbeitnehmervertreter sich wechselseitig stützen und verstärken können (Trist/Murray 1993; Gill/Krieger 1999). Ob, wie und inwieweit der Betriebsrat damit als Impulsgeber und Mitgestalter bei Innovationen wirken soll und kann und welche Auswirkungen das hat, wird viel diskutiert (Leminsky 1998; Schwarzbach 2006). Es gibt dazu erste Untersuchungen, die allerdings entweder nicht in die Tiefe gehen oder eine sehr schmale Stichprobe und Datenbasis haben und auf jeden Fall viele offene Fragen aufwerfen (Flecker et al. 1997; Addison et al. 1999; Wengel/Wallmeier 1999; Sacher/Rudolph 2002; Dilger 2002; Kraft/Stank 2004; Jirjahn 2006). Eine Vertiefung und weitere Klärung dieser zentralen Frage wird in Abschnitt 3.3.5 erfolgen.

1.3 Beziehung zwischen Management und Betriebsrat

Auch wenn bei der Untersuchung von Innovativität und Mitbestimmung der Betriebsrat im Zentrum der Fragen steht, müssen die Aktivitäten des Managements immer mitbedacht werden. Vieles, was gerade bei Prozessinnovationen im Betrieb geschieht, ist als Folge von Aktions-Reaktions-Sequenzen zwischen diesen beiden Akteur(sgrupp)en zu betrachten. Zu Beginn des Kapitels war das Verhältnis beider Gruppen als soziales Dilemma mit der eingebauten Aufforderung zur antagonistischen Kooperation theoretisch verortet worden. Im konkreten Betrieb und im konkreten Fall kann aber die Kooperationsperspektive oder die Antagonismusperspektive überwiegen. Daher dürften sowohl generelle Einstellungen zur Vereinbarkeit oder Gegensätzlichkeit von Management und Betriebsrat eine Rolle spielen als auch die Wahrnehmung der Vereinbarkeit der beiderseitigen Interessen im konkreten Innovationsfall. Schließlich spielen auch frühere Erfahrungen miteinander eine Rolle, die zu einem gewissen Maß an Sympathie oder Abneigung führen.

Die konkrete Zusammenarbeit und/oder Auseinandersetzung lässt sich dann an der Kontaktintensität, am Umfang des Informationsaustauschs, an der Art des Umgangs miteinander und an der Handhabung auftretender Konflikte ablesen. Dabei sind das Auftreten und die Intensität von Konflikten natürlich auch davon abhängig, um welche Art von Prozessinnovation es sich im konkreten Fall handelt. Diese verschiedenen Aspekte der Zusammenarbeit wirken sich dann nach bisherigen Untersuchungen auf die Güte des Informationsaustauschs, den Wissenszuwachs und die Handlungsfähigkeit aus, die zentrale Determinanten des Innovationserfolgs sind (Scholl 2004, 2005).

Hinter all diesen konkreten Aspekten der Zusammenarbeit steht als wichtiges Beziehungsmerkmal das beiderseitige Vertrauen. Vertrauen ist in den letzten Jahren zu einem stark beforschten Schnittpunkt psychologischer, soziologischer und ökonomischer Forschung geworden, weil formale Regelungen und interessengeleitete Kalküle für viele institutionalisierte Beziehungen nicht ausreichen, um einen gut funktionierenden und produktiven Austausch zu ermöglichen. Häufig wird dabei das dreidimensionale Vertrauenskonzept von Mayer et al. (1995) aufgegriffen: Einem Anderen kann man danach vertrauen, wenn der anscheinend

(1) wohlwollend ist, so dass man sich nicht ständig absichern muss,
(2) kompetent ist, um das Wohlwollen auch richtig umzusetzen und
(3) integer, damit man im Falle eines Interessenkonflikts fair behandelt wird.

Während es neben grundlegenden Experimenten zu Vertrauen auch viele Feldstudien zum Vertrauen von Arbeitnehmer/innen in ihre Führungskraft und ihr Unternehmen gibt, fehlen bisher empirische Studien zur Rolle des Vertrauens in der Beziehung zwischen Management und Betriebsrat. Dies ist umso verwunderlicher, weil doch gleich zu Beginn des BetrVG in § 2 (1) der generelle Grundsatz formuliert wird: „Arbeitgeber und Betriebsrat arbeiten ... vertrauensvoll ... zum Wohl der Arbeitnehmer und des Betriebs zusammen.“ Im siebten Kapitel wird daher das Ausmaß des Vertrauens zwischen Management und Betriebsrat näher untersucht sowie begünstigende und erschwerende Bedingungen dafür. Im achten Kapitel werden dann die Folgen von geringem und hohem Vertrauen für die Zusammenarbeit, den Innovationsprozess und den Innovationserfolg behandelt. Dabei wird von der Annahme ausgegangen, dass Vertrauen die Kommunikation verbessert, eine konstruktivere Konflikthandhabung ermöglicht und durch verbesserte Kooperation letztlich auch den Innovationserfolg steigert.

2 Anlage der Untersuchung

Wolfgang Scholl, Kai Breitling, Hanna Janetzke, Alexandra Shajek

In diesem Forschungsprojekt wurden Fallstudien zu Prozessinnovationen durchgeführt.[1] Ähnlich wie in Scholl (2004) wurden zuerst Interviews mit zwei bis drei an der Innovation Beteiligten geführt, um einen detaillierten Einblick in die jeweiligen Probleme und Lösungen zu bekommen. Anschließend wurde ein standardisierter Fragebogen an die Interviewten verteilt, um quantitative, über die unterschiedlichen Fälle vergleichbare Einschätzungen zu zentralen Fragen und theoretisch wichtigen Konzepten zu erhalten. Das Untersuchungsdesign ist nicht auf Repräsentativität für die deutsche Wirtschaft zum Zeitpunkt der Untersuchung angelegt. Das ist zum einen bei ausführlichen Fallstudien aus Zeitgründen nicht möglich und zum anderen für die Prüfung theoretisch abgeleiteter und auf die bisherige Forschung gestützter Hypothesen auch nicht nötig. Wichtig ist vielmehr eine breite, möglichst systematische Variation der erhobenen Innovationsfälle, damit etwaige Eigenheiten der Stichprobe das Ergebnis nicht zu sehr bestimmen und so ein ausgewogener Test der Hypothesen möglich wird. Wie die Innovationsfälle akquiriert wurden und welche Branchen sie abdecken wird im nächsten Unterkapitel geschildert. In den darauf folgenden Unterkapiteln wird nach einer Beschreibung der Stichprobe zuerst die qualitative Interviewauswertung und im Anschluss die quantitative Fragebogenauswertung geschildert.

2.1 Stichprobe

Die Fallstudien sollten aus zwei Industrie- und zwei Dienstleistungsbranchen stammen, um eine breite Streuung von Branchen mit unterschiedlicher Thematik und gewerkschaftlicher Ausrichtung zu erhalten. Als Industriebranchen waren die Elektro(nik)- und Chemieindustrie angedacht und als Dienstleistungsbranchen erschienen Softwareerstellung und Gesundheit (speziell Krankenhäuser) als besonders geeignet. Pro Branche sollten zwei Unternehmen einbezogen werden, die als mehr bzw. weniger innovativ galten, so dass auch hier eine gewisse Variation gesichert war. Pro Unternehmen sollen ursprünglich jeweils vier Innovationsfälle er-

---

1 Die Autor/inn/en waren in gleichen Anteilen an der Verfassung des Kapitels beteiligt. Das Grundkonzept der Untersuchung geht auf den Antrag von Wolfgang Scholl bei der HBS zurück.

hoben werden, davon zwei gut gelungene und zwei eher misslungene, so dass eine Variation des Innovationserfolgs ein breites Bild unterschiedlichster Verhältnisse und Bedingungen ergeben würde und systematische Vergleiche zwischen den gelungenen und misslungenen Fällen möglich wären. Insgesamt würde man so auf 32 Fälle kommen, mit denen auch auf Fallebene statistische Auswertungen durchgeführt und Thesen abgesichert werden können (so der Forschungsantrag).

Im Verlaufe der Akquisition stellte sich jedoch heraus, dass es viel schwieriger war als in vergangenen Untersuchungen, die Zustimmung zur Teilnahme zu bekommen, vor allem von der Unternehmensleitung, so dass die Beschränkung auf die vier Branchen aufgegeben werden musste, ebenso wie die Gegenüberstellung von zwei gelungenen und zwei misslungenen Innovationen pro Unternehmen. Ein immer wieder genannter Grund war dabei die Wirtschaftskrise im Rahmen der weltweiten Finanzkrise, da die Erhebung in das Jahr 2009 und damit genau in diese Zeit fiel. Daher wurde der Erhebungszeitraum auf das Jahr 2010 ausgedehnt, Unternehmen aus anderen Branchen einbezogen und auch weniger Fälle pro Unternehmen akzeptiert. Nicht auszuschließen ist allerdings, dass auch die geplante Befragung des Betriebsrats in manchen Fällen eine zusätzliche Abwehr ausgelöst hat, besonders weil – zum Teil vermittelt durch die Beiräte der Hans-Böckler-Stiftung – in vielen Fällen zuerst der/die Betriebsratsvorsitzende angesprochen wurde. Vor allem in der chemischen Industrie blieben viele umfangreiche Vorgespräche letztlich erfolglos, so dass am Ende nur ein Unternehmen mit zwei Fällen in die Stichprobe einfloss (siehe unten). Der Wechsel von der Chemie- zur Energiebranche bot sich da an, da in beiden Bereichen die Industriegewerkschaft Bergbau, Chemie und Energie (IG BCG) tätig ist. Die Energiebranche war weit weniger von der Wirtschaftskrise betroffen als die viel exportabhängigere Chemie und die Teilnahmebereitschaft war hier deutlich höher. Insofern konnte auch so eine gute Branchenmischung erreicht werden. Außerdem wurden einzelne Fälle aus dem Medienbereich, der Immobilienwirtschaft und der Unternehmensberatung hinzugenommen. Wie die Ergebnisse in den folgenden Kapiteln zeigen, konnte auch auf diese Weise eine ausreichende Variation im Innovationserfolg erreicht werden, obwohl es – anders als in Scholl (2004) – nicht so gut gelang, genauso viele erfolglose wie erfolgreiche Innovationsfälle zu rekrutieren.

Als weiteres Akquisitionsproblem kam hinzu, dass in einer Reihe von Fällen nicht alle angesprochenen und interviewten Personen den ausführlichen Fragebogen trotz mehrfacher Rückfragen ausfüllten und zwei Fragebögen auf dem Postweg abhandenkamen. Grundsätzlich wollten wir den/die Projektleiter/in, eine/n autorisierenden Vorgesetzte/n und eine/n involvierte/n Betriebsrat/rätin befragen. Um den lückenhaften Fragebogenrücklauf zu kompensieren, wurden drei Strategien ergriffen (siehe auch die folgenden vier Übersichten über die Innovationsfälle):

1. Zunächst wurden die Fragebogenantworten der Projektleiter und deren Vorgesetzten zusammengefasst zu einem Managementwert. Wenn dann eine/r von beiden ausfiel, war die Managementseite trotzdem vertreten.
2. Die Fallzahl wurde so gut es ging erhöht, so dass am Ende aus 30 Unternehmen Antworten aus dem Management und dem Betriebsrat vorlagen. Insgesamt mussten dazu 46 Fälle erhoben werden, wobei in zwei Fällen nur die Interviews vorhanden waren, in sieben Fällen keine Managementantwort vorlag und in sieben Fällen keine Antwort vom Betriebsrat. Insgesamt lagen auf diese Weise für die qualitative Auswertung 36 komplette Fälle vor und für die quantitative Auswertung 30, d.h. die beantragte Zahl von 32 Fällen wurde fast erreicht.
3. Um die Fälle, in denen nur eine Seite den Fragebogen beantwortet hatte, trotzdem in den Analysen berücksichtigen zu können, wurde die multiple Imputation als Ersetzungstechnik angewendet (siehe die Ausführungen weiter unten), so dass am Ende mit 44 Fällen eine noch größere Zahl von auswertbaren Daten vorlag als ursprünglich vorgesehen.

Tabelle 2.1 gibt eine Übersicht über die Innovationsfälle. Sie enthält den Gegenstand der Innovation, die Branche, die Aufnahme in die quantitative und/oder qualitative Auswertung sowie die Beantwortung des Fragebogens durch den Betriebsrat und/oder durch das Management.

Da sich die Bedingungen und Folgen von Innovation und Mitbestimmung teilweise sehr deutlich in Abhängigkeit vom Innovationstyp unterscheiden, ist die Übersicht nach vier verschiedenen Typen von Prozessinnovationen gegliedert. Insgesamt ist es damit trotz aller Schwierigkeiten gelungen, eine interessante und zahlenmäßig aussagekräftige Stichprobe zu akquirieren.

Zu beachten ist schließlich, dass wir keine für Deutschland repräsentative Untersuchung angestrebt haben und dies bei intensiven Fallstudien auch nicht hätten realisieren können. Als Spezifik unserer Untersuchung ist zu beachten, dass die Unternehmen, bei denen Innovationsfälle erhoben werden konnten, alle Großunternehmen mit über 500 Beschäftigten sind, die meisten beschäftigten über 2.000 Arbeitnehmer/innen und sind in Konzernstrukturen eingebunden. Die damit verbundene Mitbestimmung im Aufsichtsrat war zwar nicht Gegenstand der Untersuchung. Im Unterschied zu kleinen und mittleren Unternehmen haben diese Unternehmen jedoch meist gefestigte Betriebsratstrukturen, gestärkt auch durch die Mitbestimmung im Aufsichtsrat.

Tab. 2.1: Übersicht über die erhobenen Innovationsfälle

I. Innovationen im Bereich der Aufbauorganisation

Fall	Branche	Auswertung: Quantitativ (1)/ Qualitativ (2)	Fragebogen von BR (1)/MG (2)
Umwandlung eines internen Schulungszentrums in eine frei am Markt agierende Weiterbildungsakademie	Krankenhaus	1+2	1
Zusammenlegung mehrerer Standortküchen zu einer Zentralküche	Krankenhaus	1+2	1+2
Zusammenlegung mehrerer Standortlabore zu einem Zentrallabor	Krankenhaus	1+2	1+2
Auslagerung eines Callcenters in eine eigene Servicegesellschaft	Energie	1+2	1+2
Auslagerung eines Unternehmensbereichs (Netzbetrieb)	Energie	1	1+2
Übernahme und Integration eines Produktionsstandortes von einem Mitbewerber	Energie	1+2	1+2
Integration von Überhangpersonal in die Betriebsorganisation durch Bildung einer eigenen Abteilung	Energie	1+2	1+2
Ansiedlung von Entwicklung und Herstellung eines neuen Produkts am Betriebsstandort	Elektro	1+2	1+2
Restrukturierung des Geschäftskundenbereichs	Software	1+2[a]	1+2
Änderung der Konzernstruktur	Energie	1	1+2

II. Innovationen im Bereich der Ablauforganisation

Fall	Branche	Auswertung: Quantitativ (1)/ Qualitativ (2)	Fragebogen vom BR (1)/MG (2)
Optimierung und Effizienzsteigerung im ärztlichen Dienst	Krankenhaus	1+2	2
Optimierung und Effizienzsteigerung im Pflegedienst	Krankenhaus	1+2	1+2
Optimierung und Effizienzsteigerung in der Physiotherapie	Krankenhaus	1+2	2
Prozessoptimierung zur Verkürzung der Durchlaufzeiten in der Produktion	IT/Software	1+2	1+2
Bürokratieabbau und Verschlankung von Arbeitsprozessen	Energie	1+2	1+2
Kosteneinsparung durch Effizienzsteigerung in allen Bereichen des Unternehmens	Energie	1+2	1+2
Einführung eines Change-Management-Projekts zur Begleitung eines konzernweiten Effizienzprogramms	IT/Software	1+2	1
Einführung von Parkraumbewirtschaftung für Mitarbeiter und Besucher	Krankenhaus	1+2[a]	2
Neuausrichtung der Unternehmensstrategie	Energie	1	1+2

Tab. 2.1: (Fortsetzung)

III. Personalbezogene Innovationen

Fall	Branche	Auswertung: Quantitativ (1)/ Qualitativ (2)	Fragebogen vom BR (1)/MG (2)
Einführung von regelmäßigen Mitarbeitergesprächen	Medien/Unterhaltung	1+2 [a]	1
Einführung einer neuen Arbeitszeitregelung	IT/Software	1+2	1+2
Umsetzung des Entgelt-Rahmenabkommens (ERA)	Elektro	1+2	1+2
Neue Maßnahmen der Altersvorsorge	Medien/Unterhaltung	1+2[a]	1
Durchführung einer regelmäßigen Mitarbeiterbefragung und Implementierung der Vorschläge	Energie	1+2	1+2
Einführung von Zielvereinbarungen für Mitarbeiter	IT/Software	1+2	1
Maßnahmen zur Prävention psychischer Fehlbelastungen	Elektro	1+2	1+2
Maßnahmen zur besseren Vereinbarkeit von Familie und Beruf	Energie	1+2	2
Workshops zur Sensibilisierung der Führungskräfte zum Thema Work-Life-Balance	Energie	1	1+2
Verbesserung der Work-Life-Balance	IT/Software	1+2	1+2
Einführung eines Fehlerberichtssystems (CIRS)	Krankenhaus	1+2	1+2
Einführung eines neuen Ideenmanagementsystems	IT/Software	1+2	1+2
Einführung eines Ideenwettbewerbs	Medien/Unterhaltung	1+2 [a]	2
Einführung einer Vertriebsprämie für Mitarbeiter des Vertriebs	Medien/Unterhaltung	2[a]	–
Neugestaltung eines Bonus-Modells	Unternehmensberatung	2[b]	–
Einführung von Vertrauensarbeitszeit	Chemie	1+2	1+2
Neugestaltung des Abmahnungsprozesses	Chemie	1	1+2
Einführung eines Ideenmanagementsystems	Immobilienwirtschaft	1	1+2
Einführung von Mitarbeitergesprächen	Immobilienwirtschaft	1	1
Entwicklung eines Sozialplans im Rahmen einer Restrukturierung	Elektro	1	1+2
Entwicklung eines Sozialplans im Rahmen eines Standorts	Elektro	1	1

Tab. 2.1: (Fortsetzung)

IV. Einführung neuer Software

Fall	Branche	Auswertung: Quantitativ (1)/ Qualitativ (2)	Fragebogen vom BR (1)/MG (2)
Einführung einer 3D-Konstruktionssoftware	Elektro	1+2	1+2
Einführung einer Software zur effizienteren und einheitlichen Zusammenarbeit von Teams	IT/Software	1+2	2
Einführung eines neuen Abrechnungs- und Kundendatenverwaltungssystems	Energie	1+2	1+2
Einführung eines Abrechnungssystems	Energie	1+2	2
Einführung einer neuen Software zur Anlagenführung	Energie	1+2	1+2
IT-System Auftrags- und Baumanager	Energie	1	1+2

a – Diese Fälle gingen nicht in die Auswertung in Kapitel 7 ein, da hier nur die Paraphrasierungen vorlagen und nicht die Original-Interviews; b – diese Fälle und ein weiterer Fall gingen nur in die Auswertung in Kapitel 7 ein, da 5 bereits abgeschlossen war.

2.2 Interviews – Qualitative Methodik

Wie im vorangegangenen Kapitel bereits ausgeführt, basiert das Untersuchungsdesign auf einem Fallstudienansatz, der allerdings nicht ganz so wie geplant umgesetzt werden konnte. Für die qualitative Auswertung ergaben sich dabei größere Konsequenzen als für die in 2.3 dargestellten quantitativen Auswertungen der Fragebögen. Sie werden daher zunächst behandelt, bevor die quantitative Methodik im Detail besprochen wird.

2.2.1 Qualitativer Untersuchungsansatz

Das ursprüngliche Design war darauf ausgerichtet, erfolgreiche mit weniger erfolgreichen Innovationsfällen zu vergleichen und auf Gemeinsamkeiten und Unterschiede hin zu untersuchen. Dieser Ansatz ließ sich in dieser Form nicht umsetzen, da es – vermutlich aufgrund der stärkeren Politisierung des Themas – schwieriger war, erfolglose Fälle zu akquirieren. Außerdem war eine eindeutige Zuordnung zu erfolgreichen und erfolglosen Fällen nicht so einfach vorzunehmen wie ursprünglich angenommen bzw. wie dies in homogeneren Befragtengruppen der Fall ist (z.B. Scholl 2004). In einigen Fällen stimmten beispielsweise die Projektbeteiligten nicht mit der Einschätzung überein, die die Ansprechpartner/innen aus Betriebsrat und Management im Vorgespräch vorgenommen hatten. Von den hauptsächlich Beteiligten wurden Projekte als weniger erfolgreich oder als erfolgreicher beschrieben als von unseren Kontaktpersonen.

Dies lag zum einen an einem unterschiedlich tiefen Einblick in die Projekte und zum anderen daran, dass die beteiligten Akteure jeweils unterschiedliche Beurteilungskriterien nutzten bzw. diese Kriterien anders gewichteten. Daher kam es teilweise zu heterogenen Erfolgseinschätzungen, die sich nicht so ohne weiteres zu einem eindeutigen Urteil verknüpfen ließen. Der Fokus der Fragestellung hat sich deshalb insgesamt etwas geändert.

In den vorliegenden *qualitativen* Analysen geht es überwiegend um die Beschreibung, Typisierung und vergleichende Analyse nach Innovationstypen bzw. Gruppen (zur Unterscheidung unterschiedlicher Ziele von Fallstudienanalysen siehe z.B. Eisenhardt 1989). Dabei wurden drei thematische Schwerpunkte untersucht:

- *Betriebliche Mitbestimmung:* Analyse und Beschreibung von Betriebsratsbeiträgen bei Prozessinnovationen, Differenzierung nach Innovationstypen (siehe Kap. 4).
- *Direkte Arbeitnehmerpartizipation:* Analyse und Beschreibung von Art und Ausmaß direkter Partizipation in Prozessinnovationen, Differenzierung nach Innovationstypen (siehe Kap. 5).
- *Vertrauen zwischen Betriebsrat und Management:* Analyse und Beschreibung von Vertrauensfaktoren und verschiedenen Vertrauenstypen, Vergleich der Gemeinsamkeiten und Unterschiede in Abhängigkeit von der innerbetrieblichen Rolle als Betriebsrat oder Manager/in (siehe Kap. 7).

Ein Testen von Hypothesen findet überwiegend in den quantitativen Analysen statt, wobei die qualitativen Ergebnisse dort auch an einigen Stellen ergänzend zur Illustration verwendet werden. Ziel der qualitativen Analysen war es vielmehr, die Besonderheiten der einzelnen Fälle auszuloten, um auf wichtige Aspekte aufmerksam zu werden und in ihrer Konstellation zu würdigen, die durch das Raster der vorgegebenen Variablen eines standardisierten Fragebogens fallen würden.

Bei den Interviews handelte es sich um sogenannte „Experteninterviews" (Meuser/Nagel 2009).

> „Eine Person wird im Rahmen eines Forschungszusammenhangs als Experte angesprochen, weil wir wie auch immer begründet annehmen, dass sie über ein Wissen verfügt, das sie zwar nicht notwendigerweise alleine besitzt, das aber doch nicht jedermann in dem interessierenden Handlungsfeld zugänglich ist. Auf diesen Wissensvorsprung zielt das Experteninterview." (S. 37)

Zur weitere Abgrenzung wird beim Experten außerdem „institutionalisierte Kompetenz zur Konstruktion von Wirklichkeit" (S. 38) vorausgesetzt. Betriebsrat und Management werden in der vorliegenden Untersuchung als Vertreterinnen und Vertreter einer betrieblichen Funktionsgruppe befragt, als „Experten im Feld" (Gläser/Laudel 2009, S. 139), auch wenn es dabei um die Rekonstruktion sozialer Sachverhalte geht (ebd.). Sie geben zwar aus ihrer subjektiven Sicht Auskunft, antworten aber in ihrer spezifischen Funktion als Vertreter des Managements bzw. des Betriebsrats. Insofern sind sie als Expertinnen und Experten zu betrachten.

Die Ansichten darüber, wie offen oder geschlossen ein Experteninterview ablaufen sollte, gehen auseinander. Meuser und Nagel (2009, S.52) empfehlen die Orientierung an einem Leitfaden, da die thematische Vorstrukturierung einerseits die wahrgenommene Expertise des Interviewenden stärkt, die insbesondere im Management-Kontext als wichtige Voraussetzung gilt, um als Gesprächspartner ernst genommen zu werden, und da sich andererseits das Interview inhaltlich besser auf die forschungsleitenden Fragen fokussieren lässt. Trinczek (2009, S. 229) betont außerdem, dass eine Strukturierung durch Leitfragen den Kommunikationsgewohnheiten im Kontext von Management-Beziehungen eher entspricht.

> „Fragen von Vorgesetzten gestellt zu bekommen bzw. selbst die richtigen Fragen zu stellen, ist integraler Bestandteil managerialer Arbeitssituationen. Die in diesem Kontext verankerte Erwartungshaltung projizieren Manager in die Interviewsituation.“

Trotz dieser stärkere Vorstrukturierung war es aber durchaus gewünscht, dass „narrative Passagen“ (Meuser/Nagel 2009, S. 52, mit Verweis auf das „narrative Interview“ nach Schütze 1982) in Form von längeren und freien Ausführungen entstanden.

Entsprechend dieser Überlegungen wurden die Interviews anhand eines Leitfadens mit festen Kernthemen geführt, die in jedem Interview angesprochen wurden, sowie optionalen Unterthemen, die in Abhängigkeit von den Ausführungen der Interviewpartner/innen mehr oder weniger stark exploriert wurden. Die Reihenfolge der Kernthemen war über die Interviews weitgehend einheitlich, konnte aber an den Gesprächsverlauf angepasst werden, wenn Themen in den Ausführungen der Befragten bereits vorweg genommen wurden. Die „flexible, unbürokratische Handhabung des Leitfadens, die diesen nicht im Sinne eines standardisierten Ablaufschemas, sondern eines thematischen Tableaus verwendet“ (Meuser/Nagel 2009, S. 54) hatte Vorrang. Der Leitfaden basierte auf folgenden Themenfeldern (siehe Anhang):

- Person,
- Innovationsprojekt (Gegenstand, Ziele, Auslöser, beteiligte Personen, Ablauf, Herausforderungen),
- Rollenverständnis (Selbst- und Fremdwahrnehmung),
- Beteiligung des Betriebsrats,
- direkte Partizipation der Beschäftigten,
- Vertrauen zwischen Betriebsrat und Management,

– Resümee (abschließende Beurteilung der Innovation und des Innovationserfolgs).

2.2.2 Erhebung und Auswertung der Interviews

Die Darstellung der Datenerhebung und -auswertung orientiert sich im Folgenden am Ablauf, der von Mayring (1983) vorgeschlagen wurde (in Anlehnung an Flick 1998, S. 212ff.):

Auswahl der Interviews: Zunächst wurden – in Absprache mit Management und Betriebsrat – für jeden Innovationsfall diejenigen Akteure auf Arbeitgeberseite (Management und/oder Projektleitung) und auf Seite der Arbeitnehmervertretung identifiziert, die maßgeblich an der Innovation beteiligt waren. Kriterien für die Auswahl der Innovationsfälle waren folgende: Es sollte sich um *abgeschlossene Prozessinnovationen* handeln, die innerhalb der *letzten fünf Jahre* umgesetzt worden waren, damit die Hauptbeteiligten noch ansprechbar waren und sich noch an die Innovationen erinnern konnten. Bei sehr komplexen Innovationen wurden Einzelprojekte identifiziert, die sich besser als Untersuchungseinheit eigneten.

Analyse der Erhebungssituation: Die ausgewählten Interviewpartner/innen wurden entweder durch die Vertreterinnen und Vertreter des Managements und/oder des Betriebsrats kurz über Ziel und Ablauf der Untersuchung informiert und auf die Kontaktaufnahme durch das Projektteam vorbereitet. Die Interviews fanden vor Ort in den Unternehmen statt. Nach einer kurzen Vorstellung der übergeordneten Projektfragestellung und der interviewenden Person/en wurde das Einverständnis für die Aufnahme des Interviews auf Tonband von den jeweiligen Befragten eingeholt. Zur Zusicherung der Anonymität war eine Datenschutzvereinbarung verfasst worden, die den Befragten in zweifacher Ausführung mit der Bitte vorgelegt wurde, ein Exemplar zu unterschreiben. Mit vier Ausnahmen erklärten sich alle Interviewpartner/innen mit einer Tonbandaufnahme einverstanden.

Die Interviews dauerten zwischen 45 und 150 Minuten, mit einer durchschnittlichen Dauer von ca. 90 Minuten.[2] Der überwiegende Teil der Interviews wurde an einem Stück geführt, in fünf Fällen war es notwendig, das Interview zu einem späteren Zeitpunkt fortzuführen, da das vereinbarte Zeitkontingent nicht ausreichte, um alle Themen zu behandeln.

Zu Beginn der Studie war geplant, die Interviews jeweils als Interview-Team (bestehend aus zwei Personen) zu führen. Dies wurde im Vortest und in den ersten beiden Fällen der Hauptuntersuchung in dieser Form praktiziert. In der

---

2 Der überwiegende Teil der Interviews dauerte um die 90 Minuten, bei den sehr kurzen oder sehr langen Interviews handelte es sich um Ausnahmen.

Hauptuntersuchung ließ sich dieses Vorgehen aus forschungsökonomischen Gründen jedoch nicht im vorgesehenen Umfang fortführen. Die überwiegende Anzahl der Interviews wurde daher von jeweils einer Person geführt.[3]

Aufbereitung der Daten: Zunächst erfolgte eine Auswahl derjenigen Interviews, die für die weitere Analyse aufbereitet werden sollten. Zu Beginn der Untersuchung wurde zu jedem Innovationsfall ein größerer Personenkreis befragt. Eine Fortführung dieses Vorgehens war jedoch nicht möglich, da die Bereitschaft der Unternehmen, eine große Anzahl an Personen für die Befragung zu mehreren Innovationsprojekten frei zu stellen, nur eingeschränkt vorhanden war und dies die Akquise zu Beginn – neben der bereits erwähnten Problematik durch die wirtschaftliche Situation – zusätzlich erschwerte. Die Anzahl der Befragten im einzelnen Fall wurde daher zugunsten einer größeren Fallanzahl verringert, was auch einer aussagekräftigeren quantitativen Analyse entgegen kam. Im weiteren Verlauf der Untersuchung wurden pro Innovation nur jeweils eine Person aus dem Betriebsrat, dem Management (und wenn möglich) der Projektleitung befragt. Analog wurden auch für die ersten Fälle nur die Interviews der Hauptakteure aus den drei Gruppen ausgewählt. Die Interviews wurden auf Basis der Aufnahmen wörtlich transkribiert und bei besonderen Vorkommnissen um Notizen zur Interviewsituation ergänzt.[4] Auf die Transkription von Gesprächspausen, Betonungen und nonverbalen Signalen wurde bei der Transkription aus forschungsökonomischen Gründen verzichtet, da ohnehin keine Tiefenauswertung geplant war.

Festlegung und Ausarbeitung der Fragestellung: Die übergeordnete Fragestellung zur Rolle des Betriebsrats in Prozessinnovationen und daraus abgeleitete Hypothesen wurden bereits im Projektantrag formuliert und waren Ausgangspunkt für die Konzeption des Untersuchungsdesigns, die Auswahl der Branchen und die Festlegung auf Prozessinnovationen. Nach vertiefenden Literaturanalysen und der Durchführung der ersten Interviews wurden die Fragestellungen angepasst und um weitere Schwerpunkte ergänzt.[5] Als untersuchungsleitende Fragestellungen zu den drei Schwerpunktthemen ergaben sich schließlich folgende Leitfragen:

---

3 Der Großteil der Interviews wurde von den Projekt-Mitarbeitern geführt (Kai Breitling, Hanna Janetzke, Alexandra Shajek). Sechs der hier untersuchten Fälle und vier Interviews mit Betriebsräten wurden im Rahmen von Diplomarbeiten erhoben von *Maité Jagau, Claudia Redetzky* oder *Valeria Trinko*; wir bedanken uns für ihre Mitwirkung.

4 Zunächst erfolgte eine sinngemäße Transkription, die sich aber im weiteren Verlauf als zu undifferenziert erwies. Diese Interviews wurden daher wörtlich nachtranskribiert.

5 Die vertiefende Analyse der direkten Partizipation und die Untersuchung der Rolle von Vertrauen zwischen Betriebsrat und Management waren im Antrag nicht vorgesehen.

1. Betriebsratsbeiträge in Prozessinnovationen:
   - Wie beteiligen sich Betriebsräte im Rahmen der erhobenen Prozessinnovationen?
   - Lassen sich hinsichtlich der unterschiedlichen Arten von Prozessinnovationen spezifische Beteiligungsmuster beobachten?
   - Lassen sich aus den beobachteten Beteiligungsmustern allgemeine Empfehlungen für Mitbestimmungsakteure ableiten?
2. Muster der Arbeitnehmerbeteiligung in Prozessinnovationen:
   - Wie werden die betroffenen Arbeitnehmer in den verschiedenen Innovationsprojekten informiert und beteiligt? Zeigen sich spezifische Beteiligungsmuster in Anhängigkeit vom Innovationstyp?
   - Lassen sich darüber hinaus allgemeine Merkmale direkter Arbeitnehmerbeteiligung in Verfahrensinnovationen aufzeigen, die über verschiedene Veränderungsarten hinweg deutlich werden?
   - Welche Rolle spielen die unterschiedlichen betrieblichen Entscheidungsträger bei der direkten Beteiligung betroffener Beschäftigter?
3. Vertrauen zwischen Management und Betriebsrat in Prozessinnovationen
   - Welche personalen, organisationalen und situativen Faktoren spielen für die Vertrauensentwicklung zwischen Betriebsrat und Management eine Rolle?
   - Worin unterscheiden sich die beteiligten Akteure aus Betriebsrat und Management in ihren Einschätzungen und worin stimmen sie überein?
   - Welche Rolle spielt Misstrauen zwischen Management und Betriebsrat im Kontext von Prozessinnovationen?

Festlegung der Analysetechnik, der Analyseeinheit und Auswertung: Mayring (1983) unterscheidet drei Techniken qualitativer Inhaltsanalyse (vgl. Flick 1998, Kap. 15, für die folgenden Ausführungen): Die zusammenfassende, die explizierende und die strukturierende Inhaltsanalyse. Bei der zusammenfassenden Inhaltsanalyse erfolgt eine Paraphrasierung, bei der „weniger relevante Passagen und bedeutungsgleiche Paraphrasen gestrichen (erste Reduktion) und ähnliche Paraphrasen gebündelt und zusammengefasst werden (zweite Reduktion)“ (S. 213). Bei der explizierenden Inhaltsanalyse wird eine Klärung mehrdeutiger Textstellen durch die Analyse zusätzlicher Information aus dem Interview, dem Untersuchungskontext oder aus theoretischen Überlegungen unternommen. Bei der dritten Technik, der strukturierenden Inhaltsanalyse, wird das Interviewmaterial einer formalen, inhaltlichen, typisierenden oder skalierenden Strukturierung unterzogen. In der vorliegenden Untersuchung kamen sequentiell die zusammenfassende und die strukturierende Inhaltsanalyse zum Einsatz, wobei Unklarheiten anhand des Gesamtkontextes geklärt wurden. Die zusammenfassende Inhaltsanalyse erfolgte zunächst in Form einer Paraphrasierung der Einzelinterviews anhand von thematischen Leitfragen, die in einem zweiten Schritt zu einer Fallbeschreibung verdichtet wurden. Dabei sollten unterschiedliche Sichtweisen der Akteure auch auf Fallebene erhalten bleiben. Die Themenschwerpunkte 1 (Beiträge der Betriebsräte) und 2 (direkte Partizipation) wurden auf Fallebene ausgewertet, da es hier um eine personenübergreifende Analyse der Beiträge und Beteiligungs-Muster ging. Der Themenschwerpunkt 3 (Vertrauen) wurde auf Individualebene ausgewertet, da hier die Gemeinsamkeiten und Unterschiede der verschiedenen Akteure einer vertiefenden Analyse unterzogen werden sollten.

Nach der Zusammenfassung der Einzelinterviews bzw. der Fälle erfolgte eine Strukturierung des Materials. Dabei flossen einerseits theoretische Vorüberlegungen mit ein, die die Analyse steuerten, andererseits sollte der Blick aber möglichst offen bleiben für die Besonderheiten der Sichtweisen. Daher fand zunächst eine inhaltliche Zusammenfassung statt, die am thematischen Codieren (Flick 1998, S. 206ff.) orientiert war. Die Ergebnisse dieser ersten Analyse sind fallbezogen bzw. personenbezogen im jeweiligen Ergebnisteil der einzelnen Kapitel dargestellt (4.3, 5.3, 7.2.1). Auf diese Weise blieben die Anschaulichkeit und die Besonderheiten der fall- bzw. personenbezogenen Erklärungsmuster erhalten und gingen nicht wegen einer zu frühen Abstrahierung durch feste Kategorien verloren. Erst im nächsten Schritt wurde aus den Ergebnissen der inhaltlichen Vorstrukturierung ein fallübergreifendes bzw. personenübergreifendes Kategoriensystem abgeleitet. Die Passung der entwickelten Kategorien wurde in einem letzten Schritt nochmals am Datenmaterial überprüft und bei Bedarf modifiziert. Induktives und deduktives Vorgehen waren insofern bei der Kategorienbildung iterativ miteinander verknüpft. Für die ersten beiden Themenschwerpunkte entstanden schließlich fallübergreifende typisierende Kategorien, deren charakteristische Ausprägungen in den vier untersuchten Innovationstypen analysiert wurden. Für den dritten Themenschwerpunkt entstand ein gruppenübergreifendes Prozessmodell, das individuelle und institutionelle Rahmenbedingungen von situativen Vertrauensfaktoren unterscheidet und deren Bedeutung bei der Entstehung bzw. Stabilisierung von Vertrauen herausarbeitet.

Triangulation: Um ein so komplexes Untersuchungsfeld wie die Rolle von Betriebsräten und Beschäftigten in Prozessinnovationen zu untersuchen, wurde ein Design gewählt, das verschiedene Methoden im Sinne einer Triangulation miteinander kombiniert. Triangulation fand in der vorliegenden Untersuchung auf drei Ebenen statt (vgl. Denzin 1989, nach Flick 1998, S. 249ff.):

- *Daten-Triangulation:* Die Befragung mehrerer Akteure pro Innovationsfall diente einerseits dazu, deren spezifische Sichtweisen systematisch herauszuarbeiten und andererseits dazu, Verzerrungen durch rollenspezifische Informationsdefizite oder selbstwertdienliche Darstellungen auszugleichen.

Darüber hinaus wurden verschiedenen Innovationstypen aus unterschiedlichen Branchen untersucht, um einerseits die Spezifika verschiedener Innovationstypen herauszuarbeiten und andererseits eine bessere fall- und branchenübergreifende Testung der Annahmen und Hypothesen zu ermöglichen.

- *Untersucher-Triangulation:* Die Befragungen wurden von unterschiedlichen Interviewenden durchgeführt, wobei darauf geachtet wurde, dass die Verteilung über die Gruppen (Betriebsrat, Management, Projektleitung) ungefähr ausgewogen war. Auf diese Weise sollten sich potenzielle Interviewer-spezifische Effekte ausgleichen.
- *Methodologische Triangulation:* Durch den Einsatz qualitativer und quantitativer Methoden („between-method"; ebd., S. 250) war es möglich, die „(immer begrenzten) Erkenntnismöglichkeiten der Einzelmethoden", zu erweitern. Durch die Leitfadeninterviews ließen sich typische Muster und prozessspezifische Verknüpfungen analysieren, während sich die Fragebogenerhebung zur standardisierten Erfassung ausgewählter Konstrukte und zur Überprüfung spezifischer Untersuchungshypothesen eignete.

2.3 Fragebögen – Quantitative Methodik

Im Folgenden wird der quantitative Untersuchungsansatz in seiner spezifischen Form dargestellt. Danach wird die Erhebung und Auswertung mit ihren Möglichkeiten, Problemen und Lösungsansätzen genauer geschildert, um die Tragweite und Belastbarkeit der empirischen Auswertungen aufzuzeigen. Zu Beginn war eine relativ große Zahl an Fallstudien angestrebt worden, um auch quantitative, statistische Analysen durchführen zu können. Wie in Unterkapitel 2.1 (Stichprobe) geschildert, konnte aus der Not der schwierigen Akquisition insofern eine Tugend gemacht werden, als sehr viel mehr Zeit und Anstrengung in die Fallgewinnung investiert wurde als im Antrag vorgesehen, was letztlich zu einer noch größeren Stichprobe führte.

2.3.1 Konstruktion der Fragebögen

Aus verschiedenen Bereichen der Psychologie, Soziologie und Ökonomie liegen Hypothesen vor, die bei einer Untersuchung zum Thema Innovation und Mitbestimmung zu beachten sind (mehr dazu in Kapitel 1 und jeweils in den ersten Unterpunkten der folgenden Kapitel). Hypothesenprüfende Vergleiche zwischen verschiedenen Fällen sind nur auf der Basis einer theoretisch geleiteten Abstraktion möglich, die in geeigneten Fragebögen eher zu leisten ist als in anderen Untersuchungsformen. Daher wurde ebenfalls viel Zeit und Sorgfalt in die Entwicklung eines Fragebogens gesteckt, um die in den Hypothesen angesprochenen theoretischen Konstrukte (Variablen) in eine zuverlässige (reliable) und inhaltsgenaue (valide) Form zu bringen (siehe Anhang B). Aus verschiedenen eigenen und fremden Untersuchungen gab es für viele Konstrukte passende Skalen, die zum Teil noch an die spezielle Untersuchungssituation anzupassen waren. Einige Fragen mussten jedoch ganz neu konzipiert werden; in den entsprechenden Unterpunkten der folgenden Kapitel zur Methodik werden die Fragengestaltung und die erreichte Güte jeweils dargestellt.

Ein zentraler Punkt des Untersuchungsansatzes war es auch bei der Fragebogenerhebung, eine gewisse Objektivierung der Auskünfte dadurch zu erreichen, dass die beiden beteiligten Seiten, Management und Betriebsrat, mit denselben Fragen zu denselben Sachverhalten befragt wurden, um Einseitigkeiten in Wahrnehmung und Darstellung einigermaßen ausgleichen zu können (siehe Abschnitt 2.3.3).

In dem standardisierten Fragebogen wurden die Untersuchungsteilnehmer gebeten Auskunft zu folgenden Themenkomplexen zu geben: Rollenverständnis des Betriebsrats, partizipative Unternehmenskultur, Merkmale der Innovation, Vertrauensverhältnis zwischen Betriebsrat und Management, Beteiligung des Betriebsrats und der Beschäftigten am Innovationsprozess, weitere Merkmale des Innovationsprozesses wie z.B. Wissenszuwachs und Handlungsfähigkeit, Ergebnisse der Innovation, persönliche und demografische Angaben.

Der Fragebogen wurde in zwei Stufen entwickelt. Nach einem Pretest an einer Stichprobe von 20 Betriebsräten, die über die Internetplattform XING akquiriert wurden, wurden einige Anpassungen bei Itemformulierungen und Skalenzusammensetzungen vorgenommen. Die verwendeten Skalen wurden zumeist in Anlehnung an bereits existierende Instrumente entwickelt. Vereinzelt kamen auch Neuentwicklungen zum Einsatz. Die in die Analysen eingeflossenen Skalen werden hinsichtlich ihrer theoretischen Grundlage sowie Qualität im jeweiligen Kapitel näher erläutert. Der vollständige Fragebogen ist im Anhang B einzusehen.

2.3.2 Quantitative Auswertung

Zur Auswertung der Fragebogenerhebung wurden zwei unterschiedliche Datengrundlagen herangezogen: einerseits der Originaldatensatz und andererseits ein Datensatz, bei dem die fehlenden Werte durch multiple Imputation ersetzt wurden (zum Vorgehen bei der Imputation siehe die Ausführungen weiter unten).

Mit dem *Originaldatensatz* wurde zum einen die Qualität der verwendeten Skalen ermittelt. Hierzu wurden Reliabilitätsberechnungen auf Grundlage der internen Konsistenz (Cronbachs alpha) berechnet. Weiterhin basieren sämtliche deskriptive Statistiken sowie Gegenüberstellungen der Angaben von Betriebsrat und Arbeitgeberseite auf den ursprünglichen Daten. Bei diesen Gruppenvergleichen wurden diejenigen Fälle ausgeschlossen, bei denen nur jeweils eine Seite (Betriebsrat/Betriebsrätin oder Managementvertreter/in) den Fragebogen beantwortet hatte. Dadurch fällt hier die Stichprobengröße geringer aus. Dies ist bei den entsprechenden Ergebnisdarstellungen kenntlich gemacht.

Mittelung der Individualdaten auf Fallebene: Die im Rahmen dieser Untersuchung aufgestellten Hypothesen sind überwiegend auf Fallebene formuliert. Zu ihrer empirischen Überprüfung wurden deshalb die Angaben der unterschiedlichen Befragten eines Innovationsfalls zu einem Durchschnittswert zusammengefasst. In den Innovationsfällen, in denen sowohl ein Fragebogen von einem Managementvertreter als auch von der Projektleitung vorlagen, wurden diese zunächst gemittelt (vgl. Unterkapitel 2.1). Im Anschluss daran wurde für die Fälle, in denen entweder nur von der Arbeitgeberseite oder nur vom Betriebsrat ein Fragebogen zurückgeschickt wurde, die Angaben der fehlenden Seite mittels multipler Imputation (siehe unten) geschätzt, so dass schließlich für jeden Innovationsfall eine Einschätzung von Management- als auch Betriebsratsseite vorlagen. Diese wurden wiederum zu einem Fallmittelwert zusammengefasst. Diese gemittelten Angaben jedes Innovationsfalls bildeten schließlich die Datengrundlage der Hypothesenprüfung.

Hypothesenprüfung: Die Überprüfung der Hypothesen geschah sowohl mit Hilfe von Korrelationsanalysen als auch über komplexere Pfadmodelle. Letztere haben dabei gegenüber Regressionsanalysen den Vorteil, dass sie die simultane Schätzung der Beziehungen zwischen mehreren abhängigen und unabhängigen Variablen erlauben (Backhaus et al. 2006). Bei diesem Verfahren werden verschiedene Pfadkoeffizienten als partielle Regressionskoeffizienten geschätzt, welche die Höhe der spezifischen hypothetisch angenommenen Zusammenhänge zwischen zwei Variablen unabhängig von allen sonstigen Zusammenhängen indizieren (Weiber/Mühlhaus 2010). Für die hier durchgeführten Analysen werden jeweils die standardisierten Koeffizienten berichtet.

Die Beurteilung der Anpassung des gesamten Modells wird zunächst mithilfe des χ^2-Tests vorgenommen, der nicht signifikant vom geprüften Modell abweichen und in der Höhe ungefähr den Freiheitsgraden entsprechen soll. Da dies jedoch bei kleinen Stichproben weniger aussagekräftig ist, werden jeweils der RMSEA (Root-Mean-Square-Error-of-Approximation), der SRMR (Standardized-Root-Mean-Square-Residual) und der CFI (Comparative-Fit-Index) als zusätzlicher Fit-Index berichtet. Dabei werden die Cut-Off-Richtwerte für Fit-Indizes herangezogen, die von Weiber und Mühlhaus (2010) vorgeschlagen werden. Diesen Empfehlungen entsprechend liegt eine hohe Modellgüte vor, wenn folgende Grenzwerte eingehalten werden: RMSEA $\leq .08$, SRMR $< .10$, CFI $>$ .90. Die Schätzung der einzelnen Modellkoeffizienten und Fit-Indizes wurden mit dem Programm Mplus (Version 5.2) durchgeführt.

Umgang mit fehlenden Werten: Datensätze, die in der empirischen Forschung im Rahmen von Feldstudien oder Experimenten gewonnen werden, sind häufig unvollständig, das heißt, sie enthalten sogenannte fehlende Werte bzw. *missing data* (Lüdtke et al. 2007). Inzwischen hat sich bei dieser Problematik die Einsicht durchgesetzt, dass es bei einem paar- oder fallweisen Ausschluss fehlender Werte, wie es früher häufig praktiziert wurde, zu einer Verzerrung der Stichprobe kommen kann und dass Verfahren, in denen Algorithmen die fehlenden Werte schätzen, der Vorzug zu geben ist (ebd.). Beim hier verwendeten Multiplen Imputationsverfahren werden für jeden fehlenden Wert gleich mehrere, möglichst sinnvolle Werte geschätzt (ebd.). Die multiple Imputation wurde mit dem Programm PASW (Version 16) durchgeführt. Für jeden fehlenden Wert wurden zehn Imputationen vorgenommen, deren Kombination als beste Ergebnisschätzung berichtet wird.

3 Innovativität durch Mitbestimmung

Innovationsbeteiligung von Betriebsräten und Innovationsergebnis

Kai Breitling

Im Zentrum der vorliegenden Untersuchung steht die Rolle der betrieblichen Mitbestimmung im Rahmen von Prozessinnovationen. Um sich dem Thema zu nähern, wurden in Kapitel 1 strukturelle Rahmenbedingungen genannt, die eine Beteiligung von Arbeitnehmervertretungen an dieser Art von Innovationsgeschehen begünstigen. Ein Urteil über die Auswirkungen dieser Beteiligung konnte auf dieser Grundlage jedoch noch nicht getroffen werden. Im folgenden Kapitel sollen daher die Fragestellung diesbezüglich präzisiert, konkrete Hypothesen abgeleitet und diese mit den Daten aus der Fragebogenerhebung überprüft werden. Dazu erfolgt zunächst in Unterkapitel 3.1 eine Darstellung des aktuellen Standes der empirischen Mitbestimmungsforschung zum Zusammenhang zwischen dem Engagement des Betriebsrates und verschiedenen Indikatoren des Innovationserfolgs. Die Konstruktion sowie die Güte der verwendeten Erhebungsinstrumente werden in Unterkapitel 3.2 präsentiert. Unterkapitel 3.3 enthält die Ergebnisdokumentation der eigenen Analysen: eine Gegenüberstellung des Antwortverhaltens von Betriebsrats- und Arbeitgebervertreter/inne/n zu zentralen Variablen, die statistische Testung der aufgestellten Hypothesen sowie einige weiterführende Auswertungen, u.a. zum zusätzlichen Einfluss der direkten Mitarbeiterbeteiligung am Innovationsprozess. Eine Diskussion der Ergebnisse erfolgt in Unterkapitel 3.4.

3.1 Betriebsräte im Innovationsprozess: aktueller Forschungsstand

Theorien, die Aussagen zu den wirtschaftlichen Folgen der Mitbestimmung treffen, können zwei Gruppen zugeordnet werden, die hinsichtlich der angenommenen Wirkungsweise der Mitbestimmung gegenteilige Positionen vertreten. Dies sind einerseits die Theorien des *Neo-Institutionalismus* und andererseits die *Partizipationstheorien.* Beide Argumentationslinien sind an anderer Stelle bereits hinlänglich beschrieben und sollen hier nur in ihren Grundzügen dargestellt sowie einer kritischen Betrachtung unterzogen werden. Für ausführliche Darstellungen neueren Datums sei auf die Arbeiten von Dilger (2002b), Hucker (2008), Renaud (2008) und Thannisch (2005) verwiesen (vgl. außerdem Dilger et al. 1999; Junkes/Sadowski 1999). Die folgenden Ausführungen nehmen maßgeblich auf diese Veröffentlichungen und die darin rezipierten Autoren Bezug.

Der Ansatz des Neo-Institutionalismus, zu denen die Property-Rights-, die Principal-Agent- sowie die Transaktionskostentheorie zu zählen sind, geht im Kern von einem rational-opportunistischen Verhalten des Menschen aus. Aus dieser Annahme resultiert die Schlussfolgerung, dass ein Unternehmen seine maximalen Effizienzreserven nur dann ausschöpfen und dadurch seinen größtmöglichen Erfolg erzielen kann, wenn es nach den Vorgaben derer, denen der Gewinn zusteht, d.h. der Eigentümer, geführt wird. Das Tragen des unternehmerischen Risikos führe dazu, dass die Interessen der Eigentümer mit den Interessen des Unternehmens identisch sind. Erst dies versetze die Verantwortlichen in die Lage, optimale Entscheidungen in Bezug auf das Wohlergeben des Unternehmens zu treffen. Da auch die Arbeitnehmerschaft opportunistisch handelt, werde deren Verhalten in erster Linie von dem Ziel beherrscht, eine maximale Vergütung bei einem minimalen Arbeitsaufwand zu realisieren. Eine Beteiligung von Beschäftigten an Entscheidungen im Unternehmen, z.B. in Form von Betriebsräten, führe daher dazu, dass ihre Interessen zu stark berücksichtigt und dadurch ein größerer Teil des Gewinns abfließt. Gleichzeitig komme es durch die Beteiligung der Beschäftigten zu einer Steigerung von Kosten, da für die Besitzer Nutzung und Durchsetzung ihrer sogenannten Verfügungsrechte im eigenen Unternehmen schwieriger werden.

Verschiedene Kritikpunkte sind zu dieser Theorietradition anzumerken. Wie Streeck (2008) betont, geht sie „nicht empirisch-analytisch, sondern deduktiv-präskriptiv [vor] – sie findet nicht heraus, wie die Welt ist, sondern sie sagt, wie sie sein sollte“ (S. 167), und zwar aus Sicht von Kleinaktionären. Streeck bezweifelt, „dass ein Unternehmen umso besser funktioniert, je unbegrenzter seine Aktionäre ihren Willen durchsetzen können“ (S. 168). Die Gründe dafür sieht er einerseits in der Unterschätzung der Bedeutung von gerade *nicht* erzwingbaren Faktoren, wie „Willen, Loyalität und Vertrauen der Beschäftigten“ (S. 168), und andererseits in der Tatsache, dass von einem klaren Aktionärswille nicht die Rede sein könne; insbesondere Kleinaktionäre seien „geradezu definitionsgemäß zerstreut, schlecht informiert und wenig aktionsfähig“ (S. 168). Zweifel an dem Prinzip, Entscheidungsbefugnisse allein den Anteilseignern zuzugestehen, bekundete auch das Bundesverfassungsgericht mit seinem Urteil vom 01.03.1979 zum Mitbestimmungsgesetz. Die Arbeitgeberseite hatte gegen die damals neue Gesetzgebung mit der Begründung geklagt, sie räume der Arbeitnehmerseite zu viel Einfluss im Aufsichtsrat ein und gefährde daher die Funktions- bzw. Handlungsfähigkeit des Unternehmens. Das Gericht folgte dieser Auffassung nicht, da es für diese Gefährdung keine Belege sah. Diese Sichtweise wurde in jüngerer Vergangenheit erneut von der sogenannten *Biedenkopf-Kommission* bestätigt (Kommission zur Modernisierung der deutschen Unternehmensmitbestimmung, 2006). Kirsch und Scholl (1983) konnten empirisch sogar feststellen, dass die Entscheidungsfähigkeit als Teil der Handlungsfähigkeit bei stärkerer Mitbestimmung weniger gefährdet ist, während es bei der Implementierungsfähigkeit keinen Unterschied gab. Natürlich haben Arbeitnehmer und ihre Vertreter eigene Interessen und wollen diese auch vertreten; Interessenvielfalt ist Bestandteil jeder größeren Organisation. Allerdings wird der Auffassung entgegengetreten, derlei Interessen seien prinzipiell geschäftsschädigend und somit illegitim.

Im Gegensatz zum Neo-Institutionalismus nehmen Vertreter der Partizipationstheorien an, dass Unternehmen von der Existenz eines Betriebsrats *profitieren.* Diese positive Wirkung wird darin gesehen, dass Betriebsräte ein Sprachrohr darstellen, mittels dessen die Beschäftigten Unzufriedenheit und Verbesserungsvorschläge gegenüber dem Management gefahrlos zum Ausdruck bringen können. Ohne Betriebsrat sei dies nur möglich, wenn sich Arbeitnehmer einem Entlassungsrisiko aussetzen. Daher stehe ihnen in betriebsratslosen Unternehmen letztlich nur die Option der Kündigung zur Verfügung, was für das Unternehmen mit dem Verlust von Erfahrung und Wissen einhergeht. Die Sprachrohrfunktion des Betriebsrats beschere dem Unternehmen dagegen gleich zwei Vorteile: Einerseits trage sie zum Abbau von Informationsasymmetrien zwischen Beschäftigten und Unternehmensleitung bei; wichtiges Expertenwissen aus den unteren Hierarchieebenen finde dadurch Eingang in Managemententscheidungen und steigere deren Qualität, wovon das Unternehmen einen Vorteil ziehen kann. Andererseits trage die Möglichkeit der Einflussnahme dazu bei, dass die Beschäftigten ihr kurzfristig nutzenmaximierendes Verhalten zugunsten eines längerfristigen Zeithorizonts aufgeben. Dies resultiere in einer geringeren Personalfluktuation sowie in einem Arbeitsverhalten, das über das vertraglich geforderte Engagement hinausgeht (hier hat sich der Begriff „organizational citizenship behavior“ etabliert [Organ 1988, 1997]), z.B. in Form von gesteigerter Kollegialität, freiwillig geleisteten Überstunden oder durch fachliche Weiterbildung.

Eine interessante Integration von neo-institutionalistischer und partizipationstheoretischer Argumentation gelingt Freeman und Lazear (1995). Nach ihrem Modell trägt Mitbestimmung zwar in der Tat dazu bei, dass ein größerer Anteil des Gewinns zugunsten der Beschäftigten aus dem Unternehmen abfließt. Gleichzeitig ist jedoch zu erwarten, dass durch die positiven Effekte der Mitbestimmung auf das Arbeitsverhalten der Beschäftigten die Produktivität steigt und somit mit einem insgesamt größeren „Kuchen“ zu rechnen ist, so dass letztlich auch die Eigentümer profitieren. Argumentativ und empirisch gestützt wurde dies schon bei Scholl (1986) sowie Scholl und Kirsch (1986).

Angelehnt an diese Theorien leitet Jirjahn (2006, 2011) in Bezug auf den Einfluss der Mitbestimmung auf *Innovationen* folgende mögliche Szenarien ab: Mit einem negativen Effekt der Mitbestimmung auf die Innovationsaktivitäten eines Unternehmens sei zu rechnen, wenn der Kapitalgeber aufgrund der Betriebsratsexistenz eine Umverteilung der Gewinne aus Innovationen zugunsten der Beschäftigten befürchtet und daher seine Investitionen für Innovationen verringert. Ein positiver Zusammenhang zwischen Mitbestimmung und Innovationen könne dagegen erwartet werden, wenn der Betriebsrat dazu beitrage, die Kooperationsbereitschaft der Belegschaft bei Innovationen zu steigern. Diese Bereitschaft zeige sich zum Beispiel darin, dass die Beschäftigten wichtige Informationen für die Umsetzung von Neuerungen zur Verfügung stellen. Der Betriebsrat gewährleiste, dass den Beschäftigten aus der Innovation keine nachteiligen Konsequenzen erwachsen, etwa im Falle eines Fehlschlags oder durch Rationalisierungsmaßnahmen. Ohne Betriebsrat seien die Mitarbeiter hingegen vor persönlichen Nachteilen weniger geschützt. Ein Engagement der Beschäftigten für Innovationen sei unter diesen Umständen weniger wahrscheinlich (ähnlich Baethge/Kädtler 1998).

3.1.1 Innovationen in Betrieben mit und ohne Betriebsrat

Empirische Untersuchungen zum Zusammenhang zwischen betrieblicher Mitbestimmung und Innovationen kommen zu recht unterschiedlichen Ergebnissen. Hinderlich (2007) führt diverse Untersuchungen mehrheitlich aus den 90er Jahren auf, die alle keinen statistischen Zusammenhang zwischen der Existenz eines Betriebsrats und Produkt- und/oder Prozessinnovationen finden. Zum gleichen Befund kommen die Studien von Blume und Gerstlberger (2007) sowie Hempell und Zwick (2008).

Auch Askildsen et al. (2006) können aus dem Vorhandensein eines Betriebsratsgremiums keinen Einfluss auf *Prozess*innovationen ableiten, zeigen jedoch, dass aus mitbestimmten Betrieben vergleichsweise mehr *Produkt*innovationen hervorgehen. Eine ebenfalls positive Korrelation zwischen der Betriebsratsexistenz und Produktinnovationen findet Lee (2003). Jirjahn und Kraft (2011) unterscheiden in ihrer Studie zwischen inkrementellen und radikalen Produktinnovationen. Während sich zwischen Betriebsratsexistenz und der Einführung von radikalen Produktinnovationen kein Zusammenhang zeigt, ist er im Fall von inkrementellen Innovationen positiv.

Im Bereich der Verfahrensinnovationen können ebenfalls differenzierte und dazu häufig positive Zusammenhänge zur betrieblichen Mitbestimmung nachgewiesen werden. Hübler und Jirjahn (2002) und Hübler (2003) untersuchen dies anhand folgender Reorganisationsmaßnahmen (ähnlich auch Hinderlich 2007):

1. Verstärktes Erbringen von Eigenleistungen/Eigenfertigung im Betrieb,
2. Einführung von Gruppenarbeit,
3. Verlagerung von Entscheidungen auf untere Hierarchieebenen,
4. verstärkter Zukauf von Produkten/Leistungen,
5. Reorganisation von Abteilungen/Funktionsbereichen und
6. Einrichtung von Einheiten mit eigener Kosten- und Ergebnisermittlung (Profitcenter).

Hübler und Jirjahn kommen zu dem Ergebnis, dass die Existenz eines Betriebsrats positiv mit der Einführung von Gruppenarbeit, dem verstärkten Zukauf von Produkten, der Reorganisation von Abteilungen und der Einrichtung von Profitcentern korreliert. Hingegen konnten sie keinen signifikanten Zusammenhang mit verstärkter Eigenleistung ermitteln. Mit der Verlagerung von Entscheidungen auf untere Hierarchieebenen ist die betriebliche Mitbestimmung nach diesen Ergebnissen sogar negativ assoziiert. Hübler, der sich auf eine Betriebsgröße von 100 bis 300 Beschäftigten beschränkt, kommt hier zu dem gegenteiligen Befund einer positiven Korrelation. Dafür stehen mit Ausnahme der Reorganisation von Abteilungen, die ebenfalls einen positiven Zusammenhang zur Mitbestimmung aufweist, alle anderen Maßnahmen in keiner statistisch signifikanten Beziehung zur Betriebsratsexistenz. Zwick (2004) weist darüber hinaus nach, dass mitbestimmte Betriebe häufiger partizipative Arbeitsformen einführen in Form von Gruppenarbeit, der Einführung flacher Hierarchien sowie der Bildung von Profitcentern.

Insgesamt lassen diese Ergebnisse als Zwischenfazit am ehesten den Schluss zu, dass die Existenz von Betriebsräten entweder keine Auswirkungen oder aber einen positiven Effekt auf das Innovationsgeschehen in Unternehmen hat, Innovationen jedoch keinesfalls be- oder verhindert (vgl. auch Addison et al. 1999, S. 241; Wilpert 1998, S. 63). Darüber hinaus wären auch andere kausale Interpretationen der Zusammenhangsdaten denkbar, z.B. dass in innovativeren Betrieben eine offenere Unternehmenskultur herrscht, die wiederum die Einrichtung von Betriebsräten begünstigt. Die unterschiedliche Befundlage ist in erster Linie darauf zurückzuführen, dass sich die Studien in vielerlei Hinsicht voneinander unterscheiden, z.B. in der Art der Datenquellen, der Stichprobengröße, der ökonometrischen Methodik, der Operationalisierung von Innovativität bzw. Innovationserfolg usw. (vgl. Stracke/Schneider 2009, S. 184). Eine direkte Vergleichbarkeit ist daher kaum möglich. Weiterhin zeichnen sich die zitierten Arbeiten – und darin sind sie ausnahmsweise doch vergleichbar – dadurch aus, dass sie ausschließlich nach den Auswirkungen der *Existenz* eines Betriebsrats fragen. Ob und wie sich unterschiedliche Verhaltens- und Verhandlungsweisen der Mitarbeitervertreter/innen im Innovationsgeschehen niederschlagen, wird in den genannten Untersuchungen nicht thematisiert. Schon Frick (1997) weist auf diesen häufig anzutreffenden Mangel der Mitbestimmungsforschung hin.

3.1.2 Innovationen und Handlungsmuster von Betriebsräten

Dass bei Betriebsräten ein sehr breites Spektrum an Handlungsmustern beobachtbar ist, haben beispielhaft die Arbeiten zu Betriebsratstypen von Kotthoff (1981, 1994) sowie Müller-Jentsch und Seitz (1998) gezeigt. Differenzierte Untersuchungsansätze verdeutlichen darüber hinaus, dass man hinsichtlich der Auswirkungen der betrieblichen Arbeitnehmervertretungen in der Tat zu unterschiedlichen Aussagen kommt, je nachdem, ob Mitbestimmung lediglich als das Vorhandensein bzw. Nichtvorhandensein eines Betriebsratsgremiums oder aber als Ausprägung verschiedener Verhaltensweisen der Betriebsratsmitglieder operationalisiert wird. So findet Dilger (2002b) keinen Zusammenhang zwischen der Existenz eines Betriebsrats und der Häufigkeit von Produktinnovationen, kann aber zeigen, dass in der Gruppe der untersuchten Betriebe mit Betriebsrat diejenigen vergleichsweise mehr Produktinnovationen hervorbringen, in denen der Betriebsrat vom Management über das gesetzlich und tarifvertraglich geregelte Maß hinaus in Entscheidungen eingebunden wird. Der Autor interpretiert das Ergebnis so, dass die bloße Existenz eines Betriebsrats deshalb keinen bedeutenden Einfluss auf die Innovationsaktivität hat, weil sich förderliche und hinderliche Effekte per Saldo aufheben, eine starke Betriebsratseinbindung wirke sich hingegen positiv auf Innovationen aus. Dilger erhebt zudem den jeweiligen Betriebsratstyp und unterscheidet hier in Anlehnung an Kotthoff (1994) zwischen „antagonistischem", „schwierigem", „kooperativem", „desinteressiertem" und „ausgeschlossenem" Betriebsrat. Hier zeigen sich jedoch kaum differenzielle Effekte in Bezug auf die Innovativität. Einzig die kooperativen Betriebsräte sind tendenziell positiv mit Produktinnovationen assoziiert. Dilger legt angesichts dieses Ergebnisses die Vermutung nahe, dass der Haltung des Betriebsrats weniger Bedeutung zukommt als dem Verhalten des Managements bzw. dem Gestaltungsspielraum, den dieses dem Betriebsrat einräumt. Allerdings kann Dilger in einer späteren Untersuchung (Dilger 2006), in der auch die Betriebsleitungen (aus Betriebsratssicht) nach den Klassifizierungen „antagonistisch", „ausgleichend", „erwartungsvoll" oder „ausschließend" unterschieden werden, nicht nachweisen, dass die Haltung des Managements in einem stärkeren Zusammenhang mit Produktinnovationen steht als die des Betriebsrats. Genau genommen leistet weder die eine noch die andere Variable einen nennenswerten Beitrag zur Aufklärung der Innovativitätsvarianz.

Weitere Befunde sprechen dafür, dass auch Dilgers Interpretation, dem Standpunkt des Betriebsrats komme nur eine geringe Bedeutung zu, höchstens – wenn überhaupt – auf Produktinnovationen verallgemeinerbar ist. So wendet sich Frick (2002) dem Bereich der Prozessinnovationen zu und untersucht den Zusammenhang zwischen betrieblicher Mitbestimmung und der Anwendung sogenannter „high performance work practices" (HPWPs), d.h. neuer Formen der Arbeits- und Betriebsorganisation, erhoben anhand von sechs Praktiken: Flexibilisierung von Arbeitszeiten, Einführung von Gruppenarbeit, Abbau von Hierarchien, Delegation von Entscheidungen auf nachgeordnete Ebenen und die Einrichtung von Profitcentern. Frick kommt zunächst zu einem ähnlichen Ergebnis wie Dilger: Während die bloße Existenz eines Betriebsratsgremiums nicht mit einer verstärkten Anwendung von HPWPs einhergeht, kommen diese Praktiken in Betrieben, in denen Betriebsräte über das gesetzlich und tarifvertraglich geregelte Maß hinaus eingebunden werden, vergleichsweise häufiger vor. Auch Frick untersucht zusätzlich den differenziellen Effekt der fünf schon bei Dilger verwendeten Betriebsratstypen (unter leicht veränderter Namensgebung). Im Gegensatz zu Dilger zeigt sich bei Frick jedoch eine deutliche Korrelation zwischen der Haltung des Betriebsrats und der Häufigkeit von HWPWs. So sind in Betrieben, deren Belegschaftsvertretungen vom Management als „stark konfliktorientiert", „gelegentlich schwierig" oder „uneingeschränkt kooperativ" beschrieben werden, HPWPs deutlich häufiger anzutreffen als in Betrieben, in denen der Betriebsrat „desinteressiert" oder von Entscheidungen „ausgeschlossen" ist. Zudem fällt auf, dass HPWPs vergleichsweise besonders oft in Betrieben mit stark konfliktorientierten Betriebsräten vorkommen, während diesbezüglich Betriebe mit gelegentlich schwierigen Betriebsräten auf dem zweiten Platz und dahinter erst solche mit uneingeschränkt kooperativen Betriebsräten rangieren. Dieses Ergebnis lässt die Interpretation zu, dass es durchaus auf den Betriebsrat ankommt, jedoch möglicherweise weniger auf seine innere Haltung, wie es Dilger formuliert hat, sondern auf die Frage, wie stark der *tatsächliche* Betriebsratseinfluss ist – egal ob vom Management eingeräumt oder eigenständig erkämpft. Denn auch wenn mit den Betriebsratstypen primär eine Aussage über die Haltung der Mitarbeitervertretung getroffen wird, kann davon ausgegangen werden, dass sich diese Haltung auch im Verhalten und im direkten Umgang mit der Betriebsleitung niederschlägt. Kotthoff selbst, auf den die Typologie zurückgeht, teilt die Betriebsratstypen in „vertretungswirksam" und „defizient" ein (Kotthoff 1994). Er beschreibt damit die Fähigkeit von Betriebsräten, ihren Aufgaben als Vertretungsorgan nachzukommen, indem sie sich für die Interessen der Beschäftigten ein- und diese Interessen auch durchsetzen können. Gemäß dieser Einteilung ordnet Frick den *konfliktorientierten* und *gelegentlich schwierigen* Betriebsrat, d.h. gerade die beiden Typen, die bei ihm besonders hoch mit den HPWPs korrelieren, der *vertretungswirksamen* Kategorie zu und sieht diese damit in einer vergleichsweise starken Position bei Auseinandersetzungen mit der Betriebsleitung.[1] Ebenso lässt die Einbindungsvariable, sofern hier eine über das gesetzlich und tarifvertraglich geregelte Maß hinausgehende Betriebsratseinbindung angegeben wurde, auf einen hohen tatsächlich ausgeübten Einfluss des Betriebsrats schließen. Dass in beiden Fällen eine positive Korrelation mit der Häufigkeit der HPWPs besteht, ist vor diesem Hintergrund nachvollziehbar, da sich sowohl die Betriebsratstypologie (zumindest teilweise) als auch der Grad der Betriebsratseinbindung im Kern auf denselben Sachverhalt beziehen: die Einflussstärke der Mitarbeitervertretung.

Die These, dass die tatsächliche Stärke oder Macht des Betriebsrats eine Rolle im Innovationsgeschehen spielt, wird in einer Arbeit von Nienhüser (2005)

1 Den *uneingeschränkt kooperativen* Betriebsrat schätzt Dilger (2002) in seiner Wirkung als ambivalent ein, da dieser einerseits am ehesten dazu beitragen kann, Arbeitnehmer- und Arbeitgeberinteressen im Konsens auszugleichen, andererseits jedoch auch Gefahr läuft, als bloßes „Organ der Geschäftsleitung" (S. 90) instrumentalisiert zu werden.

bestätigt. Nienhüser untersucht die Nutzung von Betriebsvereinbarungen in Abhängigkeit vom vorgefunden Betriebsratstyp.[2] Zur Klassifizierung der Betriebsräte verwendet Nienhüser eine Typologie mit zwei Dimensionen und teilt Betriebsräte in *stark* bzw. *schwach* und *kooperationsbereit* bzw. *wenig kooperationsbereit* ein. Aus der Kombination der Ausprägungen dieser Dimensionen bildet er vier Betriebsratstypen:

1. „stark und kooperationsbereit,
2. stark und wenig kooperationsbereit,
3. schwach und kooperationsbereit sowie
4. schwach und wenig kooperationsbereit."

Die Analyse zeigt einen Haupteffekt für die Stärke des Betriebsrats: In Betrieben, in denen einer der beiden starken Betriebsratstypen vertreten ist, werden deutlich mehr Betriebsvereinbarungen abgeschlossen als in Betrieben mit schwachen Betriebsräten. Die Kooperationsbereitschaft allein steht in keinem signifikanten Zusammenhang mit den Betriebsvereinbarungen. Zudem zeigt sich ein Interaktionseffekt zwischen beiden Dimensionen. So liegen die Betriebe mit *starken, aber wenig kooperationsbereiten* Betriebsräten bei den Betriebsvereinbarungen noch vor den *starken und kooperationsbereiten* Betriebsräten.

Zu Nienhüsers Befund passen die Ergebnisse einer repräsentativen Betriebsrätebefragung der Hans-Böckler-Stiftung (Ziegler et al. 2010). Hier wurde u.a. das Ausmaß der Beteiligung von Betriebsräten erhoben und ins Verhältnis mit der Innovationsaktivität in den jeweiligen Betrieben gesetzt. Bei einem Vergleich zwischen unterschiedlich innovativen Betrieben (in Bezug auf Produktinnovationen) zeigt sich, dass die Anteile der verschiedenen Beteiligungsarten erheblich schwanken. Während in innovativen Betrieben 37% der Betriebsräte angeben, umfassend über die anstehenden Innovationsgeschehen informiert zu sein und eigene Vorschläge wirksam in Innovationsprozesse einzubringen, tun dies in Betrieben ohne Produktinnovationen lediglich 15,9% aus. Bei diesen Nicht-Innovatoren liegt dafür der Anteil von gar nicht einbezogenen Betriebsräten bei ca. 57%, in innovativen Betrieben dagegen nur zu 27,7%. Die Autoren interpretieren diesen Befund als Indiz für einen positiven Zusammenhang zwischen einer starken Betriebsratsbeteiligung und Innovationsfähigkeit.

In eine ähnliche Richtung weisen die Ergebnisse der Mitbestimmungsstudie von Kirsch und Scholl (1983; ausführlicher dazu Kirsch et al. 1984), der zufolge

---

2 Auch wenn nicht hinter jeder Betriebsvereinbarung die Einführung einer Verfahrens- oder gar Produktinnovation im engeren Sinne steht, so werden sie doch häufig aufgrund von Veränderungen der Arbeitsorganisation oder des Betriebsablaufs abgeschlossen, die in der Regel einen gewissen Neuigkeitsgrad aufweisen. Insofern scheint es gerechtfertigt, den Nutzungsgrad von Betriebsvereinbarungen als eine Art Näherungsmaß für die Innovationsaktivität eines Betriebs zu deuten.

ganz generell die Stärke des Betriebsrats entscheidend für das Mitbestimmungsgeschehen und deren positive Wirkungen im Unternehmen ist.

Als weiteres Zwischenfazit kann somit festgehalten werden, dass die Vorhersage von Innovativität mit der Frage nach der bloßen Betriebsratsexistenz andere Ergebnisse liefert als über die differenzierte Erhebung des Betriebsratsverhaltens. Während die erste Vorgehensweise im Wesentlichen nur den Schluss zulässt, dass betriebliche Mitbestimmung der Innovationsfähigkeit nicht schadet, zeigt die zweite Variante recht deutlich, dass insbesondere starke Betriebsräte bzw. solche, deren Beteiligung an betrieblichen Entscheidungsprozessen vergleichsweise hoch ist, gehäuft in innovativen Betrieben anzutreffen sind. Auch bei den hier referierten Forschungsergebnissen bleibt die Kausalität unklar.

3.1.3 Was liegt zwischen betrieblicher Mitbestimmung und dem Innovationserfolg?

Allen in diesem Kapitel bisher zitierten Untersuchungen ist gemeinsam, dass sie zwar den Zusammenhang zwischen Mitbestimmung und Innovationskraft untersuchen, jedoch keine Aussagen dazu machen (wenn man von theoretischen Mutmaßungen absieht), über welche Wirkungsweisen die innovationsförderlichen Eigenschaften der Mitbestimmung vermittelt werden.[3] Es ist keine neue Erkenntnis, dass in der Partizipationsforschung die Beteiligung von Betriebsräten, aber auch Beschäftigten und Arbeitnehmervertreter/inne/n im Aufsichtsrat häufig als sogenannte *black box* behandelt wird, d.h. als ein Phänomen, dessen Auswirkungen zwar von Interesse sind und beobachtet werden können, dessen zugrundeliegende Prozesse jedoch unbekannt sind oder als nur schwer zugänglich gelten und daher unhinterfragt bleiben (vgl. Junkes/Sadowski 1999, S. 84; Torka et al. 2008).

Vom Standpunkt der Partizipationstheorie ist davon auszugehen, dass Betriebsräte den Informationsaustausch zwischen den Beschäftigten und dem Management verbessern. Zudem wurde in Unterkapitel 1.2 dargelegt, dass Wissen, und hierbei insbesondere das Erfahrungswissen der Mitarbeiter auf den unteren Hierarchieebenen, ein wichtiger Faktor für den Erfolg von Innovationen ist, da eine breitere Wissensgrundlage die Qualität der Entscheidungen verbessert, welche im Rahmen der Innovationsvorhaben getroffen werden. Aufgrund dieser Überlegungen liegt es nahe, den *Austausch von Wissen* als eine vermittelnde Variable anzunehmen, über die die betriebliche Mitbestimmung auf den Innovationserfolg einwirkt. Für diese Annahme liegen einige empirische Daten vor. So kommen Klippert et al. (2009; vgl. ausführlich dazu Wölk 2008, Kap. 3.2) zu

3 Ob diese innovationsförderlichen Eigenschaften überhaupt existieren, kann auf Basis der genannten Befunde keineswegs als gesichert gelten, denn es handelt sich hier durchweg um Querschnittstudien und Regressionsanalysen, die keine Kausalinterpretationen zulassen.

dem Befund, dass eine höhere Kooperationsintensität zwischen Betriebsrat und Unternehmensleitung mit einem höheren Erfolg der bestehenden Wissensmanagementstrukturen einhergeht. Scholl (2004) weist einen deutlichen Zusammenhang zwischen dem Wissenszuwachs während des Innovationsprozesses und dem Erfolg von Produkt- und Verfahrensinnovationen nach.[4] Ähnlich zeigen Blume und Gerstlberger (2007), dass Betriebe, die sich durch gut ausgebaute organisatorische und technologische Wissensmanagementstrukturen auszeichnen, vergleichsweise erfolgreichere Produkt- und Prozessinnovatoren sind.

Als eine weitere Variable, die möglicherweise den Einfluss der Mitbestimmung auf den Innovationserfolg vermittelt, ist die *Handlungsfähigkeit* der Betriebe zu berücksichtigen. Scholl versteht unter Handlungsfähigkeit das „Vermögen, vollständige Entscheidungs- und Handlungszyklen durchzuführen" (Scholl 2004, S. 108) und somit die Fähigkeit einer Organisation, „komplexe Prozesse in Gang zu setzten, sie voranzutreiben, zu klaren Entscheidungen zu kommen und diese dann auch sukzessive umzusetzen" (ebd., S. 108). Dabei beinhaltet Handlungsfähigkeit zwei Teilaspekte, zum einen die *Entscheidungsfähigkeit,* bei der es darum geht, Entscheidungen voranzutreiben sowie Entschlüsse zu fällen und zum anderen die *Implementierungsfähigkeit,* die sich auf die Umsetzung dieser Beschlüsse und das dabei aufgebrachte Beharrungsvermögen angesichts auftauchender Schwierigkeiten bezieht. Es wurde bereits eingangs berichtet, dass empirische Belege für eine Einschränkung der Handlungsfähigkeit von Unternehmen durch die Mitbestimmung bisher nicht beigebracht werden konnten. Hingegen liegen Befunde für einen *positiven* Zusammenhang zwischen beiden Variablen vor. So weisen Kirsch und Scholl (1983; vgl. auch Kirsch et al. 1984) nach, dass mit dem Ausmaß der Mitbestimmung die Handlungsfähigkeit des Unternehmens sogar *steigt.* Zu ähnlichen Ergebnissen kommen Bartölke et al. (1982). Der Grund für diesen Effekt wird darin gesehen, dass bei einer starken Mitbestimmung die Versuchung für das Management geringer ist, seine „Vorstellungen mit Macht durchzudrücken, und die Komplexität der auch die Arbeitnehmer tangierenden Probleme gleichsam zu vergewaltigen, was dann wohl meist Folgeprobleme schafft" (Kirsch/Scholl 1983, S. 550), deren Behebung ein größerer Aufwand bedeutet als bereits im Vorfeld zu einer gemeinsamen Lösung zu finden. Im Zusammenhang mit Innovationen belegt Scholl (2004) zudem, dass eine starke Handlungsfähigkeit neben Wissenszuwachs einen weiteren wichtigen Erfolgsfaktor bei Innovationen darstellt.

Ergebnisse bisheriger empirischer Arbeiten können somit als Indiz dafür betrachtet werden, dass betriebliche Mitbestimmung zunächst den Wissenszuwachs

---

4 Dieser ist operationalisiert als das umgepolte Ausmaß an aufgetretenen Informationspathologien. Die Kausalannahme wurde hier in einem simultanen Gleichungsmodell geprüft und hat sich bewährt.

im Unternehmen sowie die Handlungsfähigkeit positiv beeinflusst und über diese Vermittlung in der Lage ist, die Innovationsfähigkeit des Unternehmens zu steigern.

3.1.4 Mitbestimmung als distaler oder proximaler Faktor?

Ein auffälliges Charakteristikum der hier zitierten Untersuchungen ist die Tatsache, dass der Betriebsrat ausnahmslos als ein *genereller* Faktor behandelt wird, bei dem implizit unterstellt wird, sein Einfluss – sei es durch seine Existenz oder die Ausprägung eines bestimmten Typs – wirke bezüglich Intensität und Richtung weitgehend konstant auf das Innovationsgeschehen bzw. gleichmäßig über viele Innovationsprojekte hinweg ein. Mitbestimmung wird somit in erster Linie als Kontext- oder Strukturfaktor verstanden. Eine derart konzipierte Variable wird als „distal" oder im Englischen auch „remote" bezeichnet (für diese und die folgenden Ausführungen siehe Schneider/Wagemann 2006, S. 759ff.; 2007, Kap. 4.2). Die Bezeichnung ist darauf zurückzuführen, dass diese Faktoren oft in einiger zeitlicher und ursächlicher Distanz zum beobachteten Kriterium auftreten. Kausale Wirkmechanismen können auf diese Weise bestenfalls postuliert, jedoch nicht dargestellt werden. Zwangsläufig sind die zuvor zitierten Betriebsratsuntersuchungen aufgrund ihres Forschungsdesigns so zu interpretieren, dass Mitbestimmung und Innovationstätigkeit auf nicht näher bestimmte Art und Weise parallel nebeneinander herlaufen, wobei offenbar unterstellt wird, Mitbestimmung übe einen konstanten, kaum Schwankungen unterworfenen Einfluss auf die Innovationsaktivitäten aus. Eine zeitliche oder kausale Zuordnung ist nicht in dem Sinne möglich, dass konkrete Handlungen des Betriebsrats mit ganz bestimmten Innovationsprojekten und deren Ergebnis in Verbindung gebracht werden können. Wenn Innovationen aber als ein primär soziales Phänomen begriffen werden (vgl. Kap. 1), erscheint dieser Umstand unbefriedigend. Zum einen tritt bei dieser methodischen Herangehensweise gerade der soziale Aspekt in den Hintergrund und wird zu einer Art Hintergrundrauschen erklärt, das auf einer Stufe mit beispielsweise der Unternehmensgröße und der Branchenzugehörigkeit steht (wie man an den verwendeten Regressionsmodellen vieler der zitierten Arbeiten sehen kann). Zum anderen ist die Annahme eines oder mehrerer über die Zeit stabiler Merkmale im Falle von Mitbestimmung schlicht unrealistisch. Zwar dürften generelle Einstellungen und Haltungen der Belegschaftsvertreter eine Rolle spielen. Ob und wie Betriebsräte sich jedoch im Einzelfall tatsächlich in Entscheidungsprozesse einbringen, dürfte mindestens ebenso stark von den konkreten Erfordernissen bestimmter Verhandlungssituationen abhängen. In diesem Zusammenhang nennt Wolfe (1994) als einen generellen Schwachpunkt der Innovationsforschung die Überbetonung von strukturellen Rahmenbedingungen und eine Vernachlässigung situativer Faktoren.

Soll also weniger die Eigenschaft der Mitbestimmung als Kontextfaktor, sondern ihr situativer Einfluss auf konkrete Innovationen untersucht werden, ist sie als *proximaler* Faktor zu operationalisieren. Proximale Faktoren können sich über die Zeit verändern und werden als durch die Akteure beeinflussbar begriffen. Auf diese Weise sind nach der hier vertretenen Auffassung Verhalten und Interaktion der beteiligten Akteure sowie ihre unmittelbare Auswirkung auf Innovationen wesentlich angemessener darstellbar.

Beispiele dafür, dass die Unterscheidung zwischen distalen und proximalen Faktoren im Bereich der Mitbestimmung tatsächlich zu unterschiedlichen Ergebnissen führen kann, zeigen die Arbeit von Osterloh (1993) sowie die Fallstudien bei Pundt (2008a), Horsmann (2008) und Martins (2008). Osterloh untersuchte das Informationsverhalten der Geschäftsleitung gegenüber dem Betriebsrat. Um dieses vorherzusagen, erhob sie u.a. sowohl das im jeweils untersuchten Unternehmen anzuwendende Mitbestimmungsgesetz (distaler Faktor) als auch die Aktivität der Betriebsräte (proximaler Faktor). Ihr Fazit fällt eindeutig aus:

> „... für die Informationstätigkeit [ist] weniger das gesetzliche Beteiligungspotential nach dem BetrVG prägend, sondern die Aktivität, welche die Arbeitnehmervertreter im Entscheidungsprozeß entfalten [sowie] die Informationsneigung der Unternehmensleitung, die je nach Komplementarität mit den Arbeitnehmerinteressen variiert.“ (S. 306)

Pundt (2008a), Horsmann (2008) und Martins (2008) gehen in insgesamt acht Fallstudien dem Zusammenhang zwischen verschiedenen Partizipationsformen und Innovationen nach. Aufschlussreich ist hier der durchgeführte Abgleich zwischen der Beteiligung an konkreten Innovationsprojekten mit der zuvor erhobenen generellen Beteiligungs*kultur* im jeweiligen Unternehmen. Unterschieden wird hier zwischen „führungsgetragener“, „mitarbeitergetragener“ und (von den Mitbestimmungs-)“institutionengetragener“ Beteiligungskultur (Nerdinger et al. 2009). Obwohl entsprechend der kleinen Stichprobe jedem Kulturtyp nur zwei bis drei Fällen zugeordnet werden und somit sehr homogene Untergruppen zu erwarten waren, weicht die Beteiligung in einzelnen Fällen teilweise erheblich vom jeweiligen Idealtyp ab. So fällt etwa die direkte Beteiligung der Beschäftigten an Innovationen auch in den Unternehmen mit diagnostizierter mitarbeitergetragener Kultur durchaus nicht immer ausgesprochen stark aus. Oder aber die Beteiligung ist über die unterschiedlichen Typen recht ähnlich, wie im Fall des Ausmaßes der Mitbestimmung bei Innovationsfällen in Unternehmen mit mitarbeitergetragener und institutionengetragener Kultur (Horsmann/Pundt 2008) zeigt.

Es kann somit festgehalten werden, dass eine Unterscheidung des Betriebsratseinflusses in distale und proximale Anteile aus zwei Gründen sinnvoll sein kann. Zum einen sind proximale Faktoren wie z.B. die Partizipation im Einzelfall tendenziell besser dazu geeignet, kausale Zusammenhänge darzustellen. Zum anderen ist es möglich, dass distale und proximale Variablen unterschiedliche Varianzanteile des interessierenden Kriteriums aufklären.

3.1.5 Betriebliche Mitbestimmung und direkte Partizipation

In Unterkapitel 1.2 wurde als eine weitere Form der Beteiligung die *direkte Partizipation* vorgestellt. Sie wird verstanden als die *persönliche* Beteiligung der betroffenen Beschäftigten an Entscheidungen im Betrieb und bildet das Pendant zur indirekten Beteiligung durch Arbeitnehmervertretungsorgane, z.B. Betriebsräte. Während wichtige unternehmerische Entscheidungen prinzipiell ganz ohne Betriebsräte getroffen werden können und auch getroffen werden (dies ist tagtägliche Praxis in betriebsratslosen Unternehmen), so werden die betroffenen Beschäftigten zwangsläufig wenigstens immer zu einem Mindestmaß einbezogen, denn spätestens bei der Umsetzung von Maßnahmen führt kein Weg mehr an ihnen vorbei. Häufig werden sie aber auch schon in früheren Phasen in den Prozess eingebunden. In mitbestimmten Unternehmen existiert somit in aller Regel ein Nebeneinander von indirekter Partizipation in Form des Betriebsrats und direkter Partizipation der Beschäftigten. Wie sich dieses Nebeneinander im Rahmen von Innovationsprozessen gestaltet und auf das Ergebnis der Innovation auswirkt, ist jedoch weitgehend unklar.

Die Argumente, die für den Einsatz direkte Partizipation bei Innovationen sprechen, liegen im Wesentlichen in der Erschließung wichtigen Detailwissens unterer Hierarchiestufen sowie dem Abbau von Widerständen der Beschäftigten gegen anstehende Veränderungen. Auch wenn sich die berichteten Modelle und Befunde auf unterschiedliche Arten von Partizipation beziehen bzw. der Partizipationsbegriff eher allgemein gehalten wird, wird doch deutlich, dass sich die Autoren primär auf die direkte Form der Beteiligung beziehen. Die Anzahl der Studien, die explizit direkte Partizipation in Innovationsprozessen untersuchen, ist überschaubar[5]; einige Ergebnisse sollen im Folgenden präsentiert werden. Wengel und Wallmeier (1999) untersuchten beispielsweise bei Unternehmen des produzierenden Gewerbes die Einführung verschiedener Prozessinnovationen (u.a. Einführung von IT-Systemen, Produktionsplanungs- und Steuerungssystemen [PPS], neuen Maschinen/technischen Geräten). Sie konnten zeigen, dass es

5 Zahlreiche Untersuchungen existieren hingegen zum Zusammenhang zwischen direkter Partizipation und Produktivität sowie Arbeitsmotivation bzw. -zufriedenheit. Hier konnte durchgehend gezeigt werden, dass Partizipation sowohl mit einer höheren Produktivität als auch Motivation bzw. Zufriedenheit einhergeht, auch wenn die Effekte meist eher klein ausfallen (vgl. z.B. die Überblicksartikel und Metaanalysen von Locke/Schweiger 1979; Miller/Monge 1986; Wagner 1994; Wagner et al. 1997). Auf positive Effekte direkter Partizipation für die Innovativität von Unternehmen kann aus diesen Ergebnissen nicht automatisch geschlossen werden, sie liegen jedoch nahe.

während der Einführung in partizipativ geführten Unternehmen im Vergleich zu Unternehmen mit wenig Partizipation seltener zu einer Überschreitung des Zeitplans und Finanzrahmens, zur Verwerfung des Innovationsvorhabens und zu Widerstand der Beschäftigten kam; allerdings gab es in der Gruppe der partizipativ durchgeführter PPS-Projekte entgegen dem Gesamttrend mehr Widerstand. *Nach* der Einführung wurden in den partizipationsorientierten Unternehmen stärkere Kosteneinsparungen, eine höhere Produktqualität, kürzere Lieferzeiten sowie eine höhere Flexibilität erzielt (in die Analyse nach der Einführung gingen nur die PPS-Projekte ein).

Blume und Gerstlberger (2007) zeigen, dass die Verwendung partizipativer Arbeitsgestaltung (z.B. Gruppenarbeit, Dezentralisierung von Entscheidungsprozessen, Weiterbildungsmaßnahmen) positiv mit dem Auftreten von Produktinnovationen sowie dem Anteil des Umsatzes, der mit Produktinnovationen erzielt wurde, assoziiert ist. Im Fall von Prozessinnovationen korrelieren die partizipativen Maßnahmen positiv mit der durch die Innovationen erzielten Stückkostenreduktion in der Produktion. Der Nachweis eines ebenfalls positiven Zusammenhangs zwischen partizipativer Arbeitsgestaltung und der Häufigkeit von Prozessinnovationen gelingt den Autoren nur bedingt, da sie diesen nur auf dem 20-Prozent-Niveau absichern können. Klippert et al. (2009) kommen, wie schon bei der betrieblichen Mitbestimmung (siehe Abschnitt 3.1.3), zu dem Befund, dass die Existenz partizipativer Arbeitsformen mit einem höheren Erfolg der bestehenden Wissensmanagementstrukturen im Unternehmen einhergeht.

Rizzuto und Reeves (2007) führten eine Metaanalyse über 81 Veröffentlichungen hinsichtlich auftretender Barrieren bei der Einführung von Softwaresystemen durch. Als Maß diente den Autoren dabei die Nennung bestimmter Themen in den untersuchten Artikeln. Statistische Sekundäranalysen wurden nicht durchgeführt. Als eines der häufigsten Probleme wurde (mangelnde) Partizipation genannt. Damit einher ging die Nennung von Widerstand gegen neue Technologien. Daraus schließen die Autoren, dass Partizipation eine wichtige Rolle bei der Implementierung neuer Softwaresysteme spielt. Bei der Untersuchung von Scholl (2004) waren partizipative IT-Einführungen erfolgreich, während nicht-partizipative mit einer Ausnahme erfolglos blieben. Einen positiven Zusammenhang zwischen direkter Partizipation und Kreativität am Arbeitsplatz identifizieren zudem Schepers und van den Berg (2007). Insgesamt sprechen bisherige Forschungsergebnisse – ähnlich wie bei der betrieblichen Mitbestimmung – also eher für einen positiven Zusammenhang zwischen direkter Partizipation und Innovation.

Wenn beide Partizipationsformen gleichzeitig betrachtet werden, geht es meist nicht um die Frage, wie sie sich auf ein Außenkriterium auswirken (z.B. auf Innovationen), sondern darum, ob sie sich gegenseitig ergänzen oder aber in Konkurrenz zueinander stehen. Der Ausgangspunkt dieser Debatte ist in den späten 60er und frühen 70er Jahren zu sehen. Damals wurde im Vorfeld der Reform des BetrVG von 1972 und basierend auf Experimenten mit teilautonomen Arbeitsgruppen in Großbritannien, Schweden und Norwegen von einigen Gewerkschaftern gefordert, ein Recht auf direkte Partizipation ins BetrVG aufzunehmen (Vilmar 1973). Da direkte Partizipation jedoch mit dezentralen Arbeitsformen einhergeht und daher vom Prinzip her auf einzelne Mitarbeiter oder Mitarbeitergruppen ausgerichtet ist, wurde eine „Aufsplitterung der Solidarität der als einheitliches Kollektiv gedachten Belegschaften" (Leminsky 1998, S. 58) befürchtet. Eine Stärkung und gesetzliche Verankerung direkter Beteiligung lehnte die Gewerkschaftsmehrheit daher ab (Vilmar 1973). Weiteren Nährboden erhielt die Debatte in den folgenden Jahren durch die Tatsache, dass sich verschiedene Formen der direkten Partizipation (z.B. Gruppenarbeit, Qualitätszirkel, Kontinuierlicher Verbesserungsprozess) auf breiter Front durchsetzten, da Unternehmensleitungen sie als Möglichkeit organisatorischer Modernisierung und Flexibilisierung erkannten und einführten. Insbesondere wurde und wird noch immer dadurch eine Steigerung der Produktivität bei gleichzeitiger Verbesserung der Arbeitszufriedenheit auf Seiten der Beschäftigten (Benders et al. 1999, Kap. 4) angestrebt. Die zunächst hartnäckige Ablehnung durch Gewerkschaften und auch Betriebsräte wich in der Folge einer weitgehenden Gelassenheit, da eine Schwächung der Mitbestimmungsinstitutionen ausblieb. Betriebsräte wirken heutzutage mitunter sogar an der Umsetzung von Maßnahmen direkter Partizipation mit (Weitbrecht/Mehrwald 1999) oder tragen zumindest zu einer erhöhten Wahrscheinlichkeit bei, dass partizipative Arbeitsformen eingeführt werden (Zwick 2004). In verschiedenen empirischen Arbeiten wurde untersucht, ob und inwiefern beteiligungsorientierte Managementpraktiken tatsächlich dazu beitragen, den Einfluss von Betriebsräten zu untergraben – da, so die Vermutung, Beschäftigte in die Lage versetzt werden, für ihre Belange selbst einzustehen – oder aber eine sinnvolle und wichtige Ergänzung zur kollektiven Interessenvertretung darstellen (Dörre 1996, 2001; Fröhlich/Pekruhl 1996, Kap. 6; Helfen 2005; Kotthoff 1998). Insgesamt sehen die verschiedenen Autoren in der direkten Partizipation keine unmittelbare Gefährdung für Betriebsräte, sondern das Potenzial für ein produktives Zusammenwirken beider Partizipationsformen. Dieses sei jedoch an Voraussetzungen geknüpft, beispielsweise daran, dass Betriebsräte „triadische Kompetenz" (Tietel 2006, S. 328) entwickeln. Damit ist die Fähigkeit gemeint, sowohl mit den Beschäftigten als auch mit der Geschäftsleitung konstruktiv zusammenzuarbeiten, die dabei auftretenden „Widersprüche und Konflikte auszuhalten und zu balancieren, ohne in eine Richtung zu vereinfachen oder den Kontakt nach einer Seite hin abreißen zu lassen" (ebd.).

Auf die Frage, wie direkte und indirekte Partizipation in konkreten Innovationsprozessen zusammenspielen, geben diese Befunde jedoch keine Antwort. Die Ursachen dafür sind zum einen darin zu sehen, dass – wie bereits erwähnt – die Auswirkungen gar nicht am Innovationserfolg oder anderen Innovationsindikatoren untersucht werden, sondern vor allem an Veränderungen in den Arbeitsbeziehungen selbst.[6] Ein weiterer Schwachpunkt bisheriger Forschung besteht darin, dass – wie häufig in der Partizipations- und Mitbestimmungsforschung – entweder eine distale Forschungsperspektive eingenommen wird (siehe Abschnitt 3.1.4), bei der es nicht um konkrete Fälle geht, oder aber beispielhaft mit einzelnen Fallbeschreibungen gearbeitet wird, die nicht ohne Weiteres Verallgemeinerungen zulassen. Als drittes Problem ist zu nennen, dass die Operationalisierung der direkten Partizipation meist anhand klar definierter und offiziell eingeführter Praktiken erfolgt (z.B. Qualitätszirkel). Diese Praktiken erscheinen jedoch für die Beschreibung von direkter Partizipation in konkreten Innovationsprojekten als zu grob und damit ungeeignet. Wie bereits bei der betrieblichen Mitbestimmung argumentiert wurde, ist es wenig sinnvoll, deren Rolle in Innovationsprozessen anhand der bloßen Existenz eines Betriebsratsgremiums zu untersuchen (siehe Abschnitt 3.1.2). Ebenso wenig scheint für eine differenzierte Beurteilung der direkten Beteiligung im Rahmen von Innovationen die generelle Ausübung bestimmter Praktiken im Unternehmen maßgeblich, sondern ebenfalls eher das Ausmaß der Einbindung der betroffenen Beschäftigten im konkreten Fall und zwar unabhängig davon, ob sich die Beteiligung im Rahmen offizieller Managementkonzepte vollzieht oder aber eher spontan aus dem situativen Kontext heraus ergibt.

Hinsichtlich der Art des Zusammenspiels von betrieblicher Mitbestimmung und direkter Partizipation in Innovationsprozessen sowie deren Auswirkungen liegen somit praktisch keine Anhaltspunkte vor. Als kleinster gemeinsamer Nenner der Befunde aus bisherigen Analysen lässt sich am ehesten resümieren, dass ein Nebeneinander beider Beteiligungsformen zumindest keine negativen Konsequenzen für das Innovationsergebnis hat und sich möglicherweise sogar innovationsfördernd auswirkt.

3.1.6 Forschungsbedarf, Fragestellung und Hypothesen

Der bisherige Literaturüberblick zur Wechselwirkung von betrieblicher Mitbestimmung und Innovationsfähigkeit kann in folgenden Punkten zusammengefasst werden:

---

6 Eine Ausnahme stellt hier die Arbeit von Blume und Gerstlberger (2007) dar. In einer Regressionsanalyse zur Untersuchung des Einflusses der Betriebsratsexistenz und beteiligungsorientierter Arbeitsgestaltung auf die Innovativität überprüfen die Autoren auch den Erklärungswert des Interaktionsterms aus beiden Partizipationsvariablen. Dieser ist positiv mit der Häufigkeit von Produktinnovationen, nicht jedoch von Verfahrensinnovationen verknüpft. Dies deutet zwar auf ein innovationsförderliches Zusammenwirken beider Partizipationsformen hin, gibt darüber hinaus jedoch keinen Aufschluss über den zugrundeliegenden Mechanismus.

- Als Prädiktor für Innovativität und Innovationserfolg führt die Betriebsratsexistenz zu anderen Ergebnissen als das Verhalten des Betriebsrats. Insgesamt scheint dabei das Betriebsratsverhalten die betriebliche Realität angemessener abzubilden und somit einen besseren Prädiktor für Innovationen darzustellen als das bloße Vorhandensein einer Mitarbeitervertretung.
- In Anknüpfung an den vorherigen Punkt zeigen Untersuchungen zur Betriebsratsexistenz lediglich, dass Mitbestimmung Innovationen nicht hemmt. Befunde zum Betriebsratsverhalten weisen hingegen insbesondere im Bereich der Verfahrensinnovationen auf einen positiven Zusammenhang zwischen einem starken Betriebsrat und einer erfolgreichen Innovationstätigkeit hin.
- Mitbestimmung wird in quantitativen Untersuchungen meist als distaler Faktor behandelt. Das Soziale bei Innovationsprozessen tritt dadurch in den Hintergrund und die Darstellung von Wirkmechanismen wird erschwert. Zudem kann die Verwendung von distalen und proximalen Faktoren zu unterschiedlichen Ergebnissen führen. Daher ist neben der distalen auch eine proximale Operationalisierung von Beteiligung für Untersuchungen im Rahmen von Innovationsprozessen indiziert.
- Im Rahmen eines kausalen Erklärungsansatzes wird der angenommene Einfluss der Mitbestimmung auf den Innovationserfolg nach bisherigen Erkenntnissen maßgeblich über Wissenszuwachs und Handlungsfähigkeit vermittelt.
- Neben dem Betriebsrat beteiligen sich meist auch die betroffenen Beschäftigten direkt am Innovationsprozess. Über die Effekte dieser doppelten Partizipation liegen kaum Befunde vor. Es kann jedoch davon ausgegangen werden, dass sich das Zusammenwirken zumindest nicht negativ und möglicherweise sogar förderlich auf den Innovationsprozess auswirkt.

Daraus ergibt sich ein Forschungsbedarf, der sich darauf begründet, dass erstens der Zusammenhang von Mitbestimmung, Wissenszuwachs, Handlungsfähigkeit und Innovationserfolg bisher noch nicht simultan in einem Modell untersucht wurde, so dass die vermittelnde Rolle von Wissenszuwachs und Handlungsfähigkeit daher nicht als gesichert gelten kann. Zweitens wurde in quantitativen Arbeiten bisher vernachlässigt, wie sich das konkrete Betriebsratsverhalten auf konkrete Innovationsfälle auswirkt. Ob sich ein positiver Einfluss der Mitbestimmung auch auf der Ebene einzelner Innovationen zeigt, ist daher offen. Ebenfalls ungeklärt ist das Zusammenspiel von Mitbestimmung und direkter Partizipation im Innovationsprozess. Dies führt zu folgenden Hypothesen:

- Die Partizipation des Betriebsrats bei Prozessinnovationen (proximal) ist umso umfangreicher, je stärker der generelle Einfluss des Betriebsrats gegenüber der Geschäftsleitung (distal) ist.

- Je umfangreicher die Partizipation des Betriebsrats bei Prozessinnovationen ist, desto wirtschaftlich und sozial erfolgreicher sind diese.
- Eine stärkere Partizipation des Betriebsrats geht mit einem höheren wirtschaftlich-organisatorischen und sozialen Erfolg der Prozessinnovationen einher; dieser Zusammenhang wird maßgeblich über die Variablen Wissenszuwachs und Handlungsfähigkeit vermittelt. Im Einzelnen:
  a) Je umfangreicher die Partizipation des Betriebsrats ist, desto größer sind der Wissenszuwachs und die Handlungsfähigkeit.
  b) Je größer der Wissenszuwachs und die Handlungsfähigkeit sind, desto wirtschaftlich und sozial erfolgreicher sind diese.
- Keine spezifischen Hypothesen werden hinsichtlich der direkten Partizipation der betroffenen Beschäftigten aufgestellt. Der Zusammenhang mit der Betriebsratspartizipation, dem Innovationserfolg sowie den restlichen Variablen des aufgestellten Modells soll explorativ untersucht werden. Die Analyse der bisherigen Forschungsliteratur lässt jedoch am ehesten einen zusätzlichen positiven Einfluss auf das Innovationsergebnis und/oder die vermittelnden Variablen (Wissenszuwachs und Handlungsfähigkeit) erwarten.

3.2 Methodisches Vorgehen

Im Folgenden sollen im Wesentlichen die Konstruktion der verwendeten Skalen erläutert sowie die Qualität der verwendeten Skalen mittels Reliabilitätsanalysen dokumentiert werden. Zum allgemeinen methodischen Ansatz, der Beschreibung der Stichprobe sowie dem Vorgehen bei der statistischen Auswertung siehe Kapitel 2.

3.2.1 Skalenkonstruktion

Relativer Einfluss des Betriebsrats im Unternehmen: Die Operationalisierung des Mitbestimmungseinflusses als distaler Faktor erfolgte in Form einer Einschätzung der generellen bzw. relativen Machtposition des Betriebsrats im Unternehmen. Dazu wurde zunächst in Anlehnung an Kirsch et al. (1984) der Einfluss verschiedener Personengruppen im befragten Betrieb erhoben. Die Untersuchungsteilnehmer wurden gebeten, diese Angaben auf den Zeitpunkt vor der Innovation zu beziehen. Der Grund dafür liegt in der theoretischen Überlegung, dass sich die relative Stärke des Betriebsrats *vor* Einführung der Innovation auf das Ausmaß der Mitbestimmung *während* des Innovationsprozesses auswirkt. Die einzustufenden Gruppen wurden nach hierarchischen und funktionalen Gesichtspunkten unterschieden. Für „Geschäfts-/Betriebsleitung“, „oberes/mittleres

Management", „sonstige Beschäftigte, Arbeitnehmer/innen", „Betriebsrat" sowie „Gewerkschaft" sollte angegeben werden, wie stark oder schwach ihr Einfluss auf Entscheidungen im Betrieb war. Die siebenstufige Antwortskala reichte von „0 = sehr schwach" bis „6 = sehr stark". Als Maßzahl für das Machtpotenzial des Betriebsrats wurde nicht die alleinige Angabe für den Betriebsrat verwendet, da sie alleine noch nicht aussagekräftig ist, sondern an den Angaben zum Management relativiert. Dazu wurde die Differenz aus der Angabe für Geschäfts-/ Betriebsleitung und Betriebsrat gebildet. Da die Variable nicht als „Machtdifferenz" oder „-distanz", sondern als „relativer Einfluss des Betriebsrats" bezeichnet wird, wurden die so berechneten Werte anschließend umgepolt.

Betriebsratsbeteiligung und direkte Partizipation im Innovationsprozess: Die zentrale Variable der Betriebsratsbeteiligung im Rahmen des Innovationsprozesses (proximal) wurde mit zwei Maßen erhoben, einerseits als Ausmaß der Beteiligung an *inhaltlichen Fragen* und andererseits als Beteiligung in *verschiedenen Phasen* der Innovation. Das Vorgehen bei der Erhebung der inhaltlichen Betriebsratsbeteiligung orientiert sich an dem bei Dachler und Wilpert (1978, 1980) theoretisch beschriebenem Kontinuum unterschiedlicher Informations- und Beeinflussungschancen von Entscheidungsprozessen. Diese Bandbreite reicht von gar keiner bzw. einer minimalen Beteiligung über die Ausübung von Informations-, Vorschlags- und Beratungsrechten bis hin zur Vetoausübung und die Umsetzung ganz eigener Vorschläge (Initiativrecht). Dieses theoretisch hergeleitete Spektrum wird bezüglich der Einflussmöglichkeiten des Betriebsrats im Wesentlichen auch so durch die abgestuften Mitwirkungs- und Mitbestimmungsrechte des BetrVG abgebildet. Das Ausmaß der Betriebsratsbeteiligung wurde in Anlehnung an die bei Wilpert und Rayley (1983) verwendeten Items erhoben, jedoch mit dem methodischen Unterschied, dass sich die Befragten nicht für eine Antwortmöglichkeit zu entscheiden hatten, sondern das Ausmaß ihrer Zustimmung zu insgesamt acht Aussagen angeben sollten, so dass daraus ein Skalenwert gebildet werden konnte. Die Frage „Wie hat der Betriebsrat bei der Gestaltung der Innovation mitgewirkt bzw. mitwirken können?" wurde anhand folgender Antworten bearbeitet:

(1) „Der Betriebsrat musste seine Beteiligung mit Hilfe rechtlicher Bestimmungen durchsetzen.
(2) Der Betriebsrat wurde nur über bereits getroffene Entscheidungen informiert.
(3) Der Betriebsrat wurde bereits im Vorfeld über wichtige anstehende Entscheidungen informiert.
(4) Der Betriebsrat äußerte im Vorfeld seine Meinung zu wichtigen Entscheidungen.

(5) Wichtige Entscheidungen wurden aufgrund von Ideen und Anregungen des Betriebsrats abgeändert.
(6) Die Ideen und Anregungen des Betriebsrats flossen maßgeblich in wichtige Entscheidungen ein.
(7) Wichtige Entscheidungen beruhten zum Teil auf ganz eigenen Ideen und Anregungen des Betriebsrats und
(8) Wichtige Entscheidungen wurden vom Betriebsrat initiiert."

Die Zustimmung wurde mittels einer siebenstufigen Antwortskala von „0 = stimmt gar nicht" bis „6 = stimmt völlig" angegeben.

Die direkte Partizipation der betroffenen Beschäftigten wurde analog zur Beteiligung des Betriebsrats gemessen. Von Interesse war nur die Beteiligung der von der Innovation unmittelbar *betroffenen* Beschäftigten und nicht etwa aller Beschäftigten des Betriebs (zur sozialen Reichweite von Partizipation vgl. Dachler/Wilpert 1978, 1980). Die Erhebung des Ausmaßes der inhaltlichen Beteiligung wurde eingeleitet mit der Frage: „Inwieweit waren die betroffenen Beschäftigten am Innovationsprozess beteiligt?" Zur Beantwortung bearbeiteten die Teilnehmer/innen folgende Items:

(1) „Die Beschäftigten wurden erst kurz vor der Umsetzung des Projekts informiert.
(2) Die Beschäftigten wurden nur über bereits getroffene Entscheidungen informiert.
(3) Die Beschäftigten wurden bereits im Vorfeld über wichtige anstehende Entscheidungen informiert.
(4) Die Beschäftigten äußerten im Vorfeld ihre Meinung zu wichtigen Entscheidungen.
(5) Wichtige Entscheidungen wurden aufgrund von Ideen und Anregungen der Beschäftigten abgeändert.
(6) Die Beschäftigten brachten kontinuierlich neue Ideen und Anregungen ein.
(7) Die Ideen und Anregungen der Beschäftigten flossen in wichtige Entscheidungen ein und
(8) Die Beschäftigten stießen interessante Projektentwicklungen an."

Die siebenstufige Antwortskala reichte von „0 = stimmt gar nicht" bis „6 = stimmt völlig".

Die Frage zur Betriebsratsbeteiligung in verschiedenen Phasen der Innovation wurde in Anlehnung an Black und Gregersen (1997) sowie Osterloh (1993) gebildet. Black und Gregersen legen ihrer Partizipationsuntersuchung ein Entscheidungsmodell mit fünf Phasen zugrunde, diese sind:

(1) „identifying problems,
(2) generating alternatives,

(3) selecting solutions,
(4) planning implementation und
(5) evaluating results."

Osterloh präsentiert ebenfalls ein Modell mit fünf Phasen und nennt diese

(1) „Problemformulierung und erste Vorüberlegungen,
(2) Informationssuche und Ausarbeiten von (Alternativ-)Plänen,
(3) Beratung der Pläne,
(4) Entscheidung für einen bestimmten Plan und
(5) Durchführung."[7]

Die beiden Skalen unterscheiden sich vor allem darin, dass bei Black und Gregersen im Gegensatz zu Osterloh explizit auch die Ergebnisevaluierung enthalten ist; Osterloh hingegen sieht in der Durchführung selbst eine eigenständige Phase, während bei Black und Gregersen nur von „planning implementation", d.h. von der Durchführungs*planung* die Rede ist. Dadurch ergibt sich eine inhaltliche Lücke zur nachfolgenden Phase der Ergebnisevaluierung. Aufgrund dieser Überlegungen wurden die Konzepte beider Skalen zu einem Modell mit sechs Phasen zusammengeführt. Der einleitenden Frage bzw. Aufforderung „Wie stark hat der Betriebsrat in den verschiedenen Phasen des Innovationsprozesses mitgewirkt? Beziehen Sie sich dabei bitte auf den Innovationsprozess als Ganzes und weniger auf bestimmte Einzelentscheidungen" folgten die Phasennennungen, die mit einer siebenstufigen Antwortskala von „0 = gar nicht mitgewirkt" bis „6 = stark mitgewirkt" bearbeitet wurden:

---

7 Es sei an dieser Stelle auf die Kritik an derartigen Phasenmodellen zur Beschreibung von Innovations- und Entscheidungsprozessen verwiesen. Viele Autoren bemängeln, dass solche Modelle einen linearen Ablauf mit einer festen Abfolge der genannten Phasen unterstellen, der so in der Realität nicht anzutreffen sei. Vielmehr seien insbesondere Innovationsprozesse „iterative, non-linear ... ‚disjunctive, cyclical (Anderson et al. 2004, S. 152), womit gemeint ist, dass einzelne Phasen beispielsweise mehrfach oder in veränderlicher Reihenfolge durchlaufen werden können (vgl. auch West 2002, S. 358). Osterloh (1993) führt an, dass „sich jeder Entscheidungsprozeß bei genauer Betrachtung in eine Fülle von Subprozessen aufgliedern läßt, welche ihrerseits in dieselben Phasen zu gliedern sind wie der übergeordnete Prozeß" (S. 153). Sie weist damit auf unterschiedliche Planungsebenen hin, z.B. „strategische" und „operative" Ebene (S. 154), auf denen bestimmte Fragen eher global oder eher konkret entschieden werden. Die Verwendung eines Phasenmodells in der vorliegenden Arbeit wurde trotz der damit verbundenen vereinfachten Darstellung für sinnvoll gehalten, da primäres Ziel nicht eine möglichst originalgetreue Abbildung des Innovationsprozesses war, sondern eine differenzierte Erhebung der Betriebsratsbeteiligung; diese schien durch die Verwendung eines Phasenmodells ausreichend gewährleistet.

(1) „bei ersten Vorüberlegungen und der Identifizierung eines Handlungsbedarfs für den Betrieb,
(2) bei der Informationssuche und Erarbeitung von Vorschlägen,
(3) bei der Beratung und Bewertung der Vorschläge,
(4) bei der Auswahl eines Vorschlags und Festlegung der zu erreichenden Ziele,
(5) bei der Umsetzung/Durchführung der Innovation und
(6) bei der Erfolgskontrolle, Überprüfung der Zielerreichung.“

Zur Beschreibung des Betriebsratsverhaltens im Innovationsprozess konnten mit beiden Skalen interessante Einblicke erzielt werden (siehe Abschnitt 3.3.1). Für die Überprüfung der Hypothesen wurde jedoch nur die Skala zur inhaltlichen Beteiligung des Betriebsrats verwendet, dies erfolgte aufgrund der Einschätzung, dass damit noch stärker als mit der Phasen-Frage der eigentliche Kern von Beteiligung erfasst wurde.

Wissenszuwachs und Handlungsfähigkeit: Wissenszuwachs und Handlungsfähigkeit als vermittelnde Variablen zwischen Betriebsratsbeteiligung und Innovationserfolg wurden in Anlehnung an die Arbeit von Scholl (2009; vgl. auch Bentz 2011) operationalisiert. Die Skala für den Wissenszuwachs enthielt sechs Items: „Wie stark wurde/n im Verlauf des Innovationsprozesses

(1) neue Dinge ausprobiert und Erfahrungen gesammelt,
(2) besser verstanden, wo die eigentlichen Probleme liegen,
(3) grundsätzliche Zusammenhänge besser begriffen,
(4) neue Erkenntnisse gewonnen,
(5) von anderen Ideen und Erfahrungen übernommen und
(6) Fehler entdeckt und Prozesse verbessert?“

Die Zustimmung zu den Items wurde auf einer siebenstufigen Antwortskala von „0 = gar nicht“ bis „6 = sehr stark“ vorgenommen.

Handlungsfähigkeit wurde ebenfalls anhand von sechs Items erfasst, von denen sich die ersten drei auf die Entscheidungsfähigkeit und die letzten drei auf Implementierungsfähigkeit bezogen (vgl. Abschnitt 3.1.3). Die einleitende Frage lautete: „Wie stark traten Ihrer Meinung nach folgende Probleme bei dieser Innovation auf?“ Die Items

(1) „Der Innovationsprozess kam ins Stocken und drohte ergebnislos zu versanden,
(2) Diskussionen drehten sich endlos im Kreis,
(3) bei notwendigen Beschlüssen kam es zu Verzögerungen,
(4) getroffene Beschlüsse wurden nicht oder fehlerhaft umgesetzt,
(5) getroffene Beschlüsse wurden bei ihrer Umsetzung einfach abgeändert und

(6) Beschlüsse wurden wie angeordnet durchgeführt, ohne sie sinngemäß der Situation anzupassen"

wurden auf einer siebenstufigen Antwortskala von „0 = gar nicht" bis „6 = sehr stark" bearbeitet. Da auf diese Weise Handlungsunfähigkeit erfasst wird, wurden die Items für die weitere statistische Auswertung umgepolt, so dass ein hoher Skalenwert auch tatsächlich eine hohe Handlungsfähigkeit repräsentierte.

Innovationserfolg: Die Messung des Innovationserfolg kann prinzipiell auf Basis objektiver Kriterien oder subjektiver Einschätzungen durch die Beteiligten erfolgen (vgl. z.B. Bauer 2006, Kap. 1; Hauschildt/Salomo 2005). Als objektiver Indikator wurde bei einem Großteil der in Unterkapitel 3.1 zitierten Arbeiten die Häufigkeit bzw. Menge von Innovationen verwendet, die ein Unternehmen in einem bestimmten Zeitraum eingeführt hat. Dieses Maß war für die vorliegende Untersuchung aus zwei Gründen ungeeignet: Zum einen konstituierte sich ein Fall durch genau eine Innovation, die zudem zum Zeitpunkt der Erhebung schon abgeschlossen worden war, die Frage nach der Innovationshäufigkeit oder -Menge stellte sich somit nicht. Zum anderen sagt die Menge an eingeführten Innovationen nicht automatisch etwas darüber aus, wie erfolgreich ein Unternehmen tatsächlich innoviert. Disselkamp (2005, Kap. 5.6) weist mit einschlägigen Untersuchungen und Sokianos (2002) mit prominenten Beispielen auf die mitunter erhebliche Misserfolgsquote von Innovationen (insbesondere im Bereich Produktinnovationen) hin, dieser Umstand wird bei Verwendung einer reinen Mengenangabe großzügig ignoriert.

Zur objektiven Messung des Erfolgs von *einzelnen* Innovationen stehen meist wirtschaftliche Kennzahlen im Mittelpunkt, wie z.B. Angaben zu Produktivitätssteigerung, return on investment etc. Auch die Verwendung derartiger Maße war im Rahmen der vorliegenden Studie nicht praktikabel. So wurden einige Innovationen weder unter Vorgabe eines wirtschaftlichen Ziele eingeführt noch wären solche Ziele im Nachhinein bestimmbar gewesen. Dies war vor allem bei den personalbezogenen Innovationen der Fall, wie z.B. der Einführung einer regelmäßigen Mitarbeiterbefragung oder der Neugestaltung der betrieblichen Altersvorsorge. In den Fällen, in denen objektive Kennzahlen verfügbar gewesen wären, wären diese über die Innovationen kaum miteinander vergleichbar gewesen. So ist etwa die Anzahl eingebrachter oder umgesetzter Vorschläge als typisches objektives Erfolgsmaß für die Einführung eines Ideenmanagementsystems nicht mit Erfolgskriterien anderer Verfahrensinnovationen ins Verhältnis zu bringen, wie z.B. den Maßnahmen zum Bürokratieabbau.

Aus diesen Gründen wurde zur Ermittlung des Innovationserfolgs ein subjektives Maß gewählt. Entsprechend einem ganzheitlichen Innovationsverständnis flossen hier unterschiedlichste Bewertungsaspekte ein, da nur so eine abgerundete Ergebnisbeurteilung zu erwarten ist (vgl. Hauschildt/Salomo 2007, Kap.

12.2.2.2). Neben dem wirtschaftlichen Ergebnis und dem organisatorischen Nutzen wurde auch nach dem Erfolg in Bezug auf die Auswirkungen für die betroffenen Beschäftigten (im Folgenden „sozialer" Erfolg genannt) gefragt. Das wirtschaftlich-organisatorische Ergebnis wurde in Anlehnung an Scholl (2004) mit fünf Items erhoben: „Wie beurteilen Sie die Innovation in wirtschaftlicher Hinsicht, speziell in Bezug auf

(1) die Einhaltung der Zeitvorgaben,
(2) die Einhaltung des Budgetrahmens,
(3) Kosteneinsparungen,
(4) den erwarteten praktischen Nutzen,
(5) die gefundene Problemlösung?"

Auf einer siebenstufigen Skala schätzten die Befragten den jeweiligen Aspekts zwischen „–3 = völlig misslungen" über „0 = teils/teils" bis „+3 = völlig gelungen" ein. Auch der soziale Erfolg wurde mit einer Skala mit fünf Items gemessen: „Wie beurteilen Sie die Konsequenzen der Innovation für die betroffenen Beschäftigten in Bezug auf

(1) die Arbeitsplatzqualität,
(2) das Arbeitsklima,
(3) die Entlohnung,
(4) die beruflichen Weiterentwicklungsmöglichkeiten,
(5) den Handlungsspielraum für die Beschäftigten?"

Die Bewertung konnte auf einer siebenstufigen Skala angegeben werden, die von „–3 = verschlechtert" über „0 = unverändert" bis „+3 = verbessert" reichte. Zur Ermittlung des Gesamterfolgs wurde der Mittelwert aller Items auf beiden Skalen gebildet. Bei Scholl (2004) konnte diese gemittelte Einschätzung anhand zusätzlicher Kriterien validiert werden.

Als weiteres, jedoch nicht unternehmensbezogenes, sondern persönliches und noch stärker subjektiv geprägtes Erfolgskriterium wurde zudem erhoben, inwiefern die eigenen Interessen bzw. die der eigenen Gruppe und die Interessen der für die Untersuchung relevanten anderen Gruppen umgesetzt wurden. Hierzu wurde jeweils ein Item verwendet. Die einleitende Frage „Inwieweit wurden folgende Ziele und Interessen berücksichtigt und realisiert?" sollte hinsichtlich der

(1) „Ziele/Interessen des Managements,
(2) Ziele/Interessen der Beschäftigten und
(3) Ziele/Interessen des Betriebsrats"

auf einer siebenstufigen Antwortskala von „0 = gar nicht" bis „6 = vollständig" bearbeitet werden.

3.2.2 Reliabilitätsanalyse der verwendeten Skalen

Um die Reliabilität der verwendeten Skalen zu bestimmen, wurden die internen Konsistenzen unter Verwendung von Cronbachs alpha berechnet. Alle Skalen weisen eine Reliabilität von akzeptabler Höhe auf (vgl. Tab. 3.1). Es zeigte sich, dass sich die Qualität der Skala zum Ausmaß der Betriebsratsbeteiligung noch steigern lässt, wenn Item 1 („Der Betriebsrat musste seine Beteiligung mit Hilfe rechtlicher Bestimmungen durchsetzen.“) nicht in die Berechnung des Skalenwertes einfließt. Da aus inhaltlicher Sicht auch ohne dieses Item eine angemessene Erfassung des Beteiligungsgeschehens gewährleistet ist, wurde es aus der Reliabilitätsanalyse und allen folgenden Berechnungen ausgeschlossen. Für den relativen Einfluss des Betriebsrats im Betrieb konnte kein Reliabilitätskoeffizient berechnet werden, da es sich hierbei nicht um einen Skalenwert, sondern um ein Differenzmaß handelt. Gleiches gilt für die Einzel-Items, mit denen die Interessenberücksichtigung der verschiedenen Beschäftigtengruppen erhoben wurde.

Tab. 3.1: Reliabilitäten der verwendeten Skalen

Skalenbezeichnung	Reliabilität (Cronbachs α)
Ausmaß der inhaltlichen Beteiligung des Betriebsrats an der Innovation (ohne Item 1)	.82
Betriebsratsbeteiligung zu verschiedenen Phasen der Innovation	.90
Ausmaß der inhaltlichen Beteiligung der betroffenen Beschäftigten an der Innovation	.88
Wissenszuwachs	.89
Handlungsfähigkeit	.86
Innovationserfolg	.80

3.3 Ergebnisse

Im Folgenden werden die Ergebnisse der statistischen Auswertung berichtet. Dazu werden zunächst die Angaben zum Ausmaß der Betriebsratsbeteiligung, der direkten Partizipation und des Innovationserfolgs dargestellt, wobei insbesondere die Gegenüberstellungen von Betriebsrats- und Arbeitgeberperspektive aufschlussreich sind. Im Anschluss erfolgen die Testung der Hypothesen anhand eines pfadanalytischen Modells sowie der Versuch einer Integration der direkten Partizipation als zusätzlicher Prädiktor in dieses Modell. Zudem werden differenzielle Betrachtungen zu den beiden Komponenten des Innovationserfolgs (wirtschaftlich-organisatorischer und sozialer Erfolg) vorgestellt.

3.3.1 Beteiligung von Betriebsräten an Verfahrensinnovationen

Vor der Überprüfung der Hypothesen lohnt eine genauere Betrachtung der zentralen Variablen, insbesondere vor dem Hintergrund, dass die weiteren statistischen Analysen nicht mit den Individualdaten durchgeführt werden, sondern mit den auf Ebene der einzelnen Innovationen aggregierten Fallmittelwerte. Mit dem Ziel, möglichst unterschiedliche Perspektiven zu erfassen, wurden die Vertreter der Arbeitgeber- und der Betriebsratsseite befragt, die maßgeblich an der jeweiligen Innovation beteiligt gewesen waren. Aus der Forschung ist bekannt, dass Aussagen, die von Schlüsselpersonen (sogenannten „key informants") erhoben werden, häufig bestimmten Verzerrungen unterworfen sind; diese Verzerrungen werden als „informant bias" bezeichnet (Ernst 2003; Hurrle/Kieser 2005). Sie können unterschiedlichste Gründe haben, sind in der Regel jedoch auf einige wenige Ursachen zurückzuführen. So besteht zum einen die Möglichkeit, dass die Befragten schlicht nicht über alle nötigen Informationen hinsichtlich des interessierenden Sachverhalts verfügen, über den sie Auskunft geben. Ihre Einschätzungen beruhen dann auf einem unvollständigen oder fehlerhaften Wissen. Häufig kommt es auch zu selbstwertdienlichen oder sozial erwünschten Darstellungen, um z.B. den eigenen Beitrag zum Erfolg eines Projektes herauszustellen (und den der anderen kleinzureden) oder die eigene Unschuld an dessen Misserfolg darzulegen. Zudem werden Beteiligte – meist aus forschungsökonomischen Gründen – in aller Regel nicht während, sondern erst nach Abschluss des zu untersuchenden Phänomens oder Prozesses befragt. Da ihnen zu diesem Zeitpunkt das Ergebnis (z.B. einer Innovation) bereits bekannt ist, „interpretieren sie die abgeschlossenen Projekte mithin unter dem Eindruck dieses Wissens" (Bauer 2006, S. 22).

Die Frage, inwiefern der Betriebsrat an den untersuchten Innovationen beteiligt war, scheint für die beschriebenen Verzerrungen besonders empfänglich zu sein, da die Mitbestimmungsthematik trotz vielfach beschworener Versachlichungstendenzen (vgl. z.B. Bosch 1997) die traditionelle Lagerbildung zwischen „Arbeit" und „Kapital" meist mehr oder weniger offen zutage fördert. Zudem erteilen die befragten Betriebsräte im Wesentlichen eine *Selbstauskunft,* entweder beschränkt auf die eigene Person oder bezogen auf das gesamte Betriebsratsgremium, dem sie angehören. Eine tendenziell wohlwollende Beurteilung der eigenen Leistung ist daher naheliegend. Die Angaben der Arbeitgebervertreter stellen dagegen eine *Fremdauskunft* dar. Dies lässt eher Freiraum für eine distanziertere oder gar kritische Einschätzung des Betriebsrats. Dieser Unterschied in der Perspektive könnte zu zusätzlichen Antwortverzerrungen führen. Aus diesem Grunde wurden die Antwortmuster der beiden Gruppen bei dieser zentralen Variable genauer analysiert.

In Tabelle 3.2 sind die Angaben von Betriebsrat und Arbeitgeberseite einander gegenübergestellt. Es ist dabei ein klarer Trend festzustellen, der in Abbildung 3.1 auch grafisch sichtbar wird. Den Items, die eine schwache Betriebsratsbeteiligung beschreiben, stimmt die Arbeitgeberseite durchschnittlich stärker zu als die Betriebsräte. Umgekehrt sieht es bei den Items aus, die für eine starke Betriebsratsbeteiligung stehen. Hier kann eine höhere Zustimmung von Seiten der Arbeitnehmervertretung festgestellt werden. Interessanterweise liegen die Angaben umso stärker auseinander, je extremer die Items formuliert sind. Beim ersten und letzten Item, die dem Betriebsrat eine sehr passive bzw. eine äußerst aktive Rolle zuschreiben, sind die Unterschiede sogar statistisch signifikant mit gegensätzlichen Vorzeichen. Bei den mittleren Items hingegen zeigen sich praktisch keine Unterschieden. Dieser gegenläufige Trend zwischen den beiden Gruppen führt dazu, dass sich die Differenzen in Summe aufheben und so der Vergleich der Skalenmittelwerte mit M = 3.34 (SD = 1.46) bei den Betriebsräten und M = 3.36 (SD = 1.25) bei den Arbeitgebervertretern praktisch keine Unterschiede anzeigt.

Tab. 3.2: Angaben von Betriebsrats- und Arbeitgeberseite zum Ausmaß der inhaltlichen Betriebsratsbeteiligung an Prozessinnovationen; Vergleich beider Gruppen (t-Test für abhängige Stichproben)

Wie hat der Betriebsrat bei der Gestaltung der Innovation mitgewirkt bzw. mitwirken können?	Betriebsrat n = 29+		Arbeitgeber n = 29+		
	M	SD	M	SD	t
Der Betriebsrat wurde nur über bereits getroffene Entscheidungen informiert.	3.77	2.16	4.83	1.73	**–2.62***
Der Betriebsrat wurde bereits im Vorfeld über wichtige anstehende Entscheidungen informiert.	3.80	1.85	4.35	1.68	–1.23
Der Betriebsrat äußerte im Vorfeld seine Meinung zu wichtigen Entscheidungen.	4.37	1.99	4.07	1.75	0.71
Wichtige Entscheidungen wurden aufgrund von Ideen und Anregungen des Betriebsrats geändert.	2.77	1.96	2.82	1.53	–0.14
Die Ideen und Anregungen des Betriebsrats flossen maßgeblich in wichtige Entscheidungen ein.	3.20	1.90	3.43	1.64	–0.68
Wichtige Entscheidungen beruhten zum Teil auf ganz eigenen Ideen u. Anregungen d. Betriebsrats.	2.67	1.94	2.13	1.50	1.85
Wichtige Entscheidungen wurden vom Betriebsrat initiiert.	2.83	1.98	1.92	1.66	**2.81****

Antwortskala: 0 = stimmt gar nicht, 3 = stimmt teilweise, 6 = stimmt völlig; + Gruppenvergleich nur mit den Fällen, in denen Antworten sowohl von Betriebsrat- als auch Arbeitgeberseite vorlagen; * p < .05; ** p <.01

Abb. 3.1: Angaben von Betriebsrats- und Arbeitgeberseite zum Ausmaß der inhaltlichen Betriebsratsbeteiligung an Prozessinnovationen

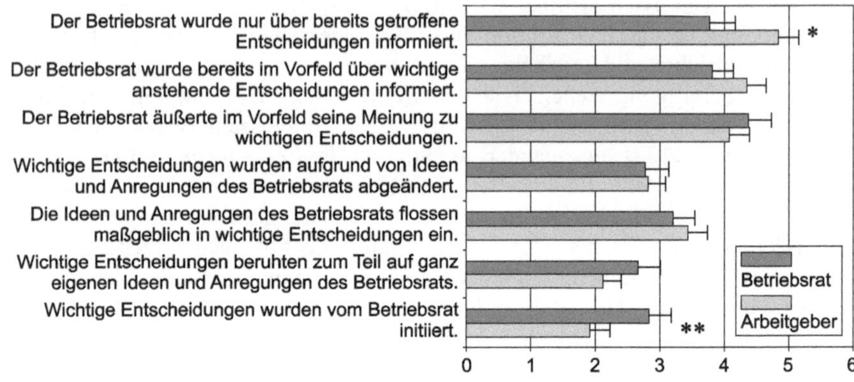

Antwortskala: 0 = stimmt gar nicht, 3 = stimmt teilweise, 6 = stimmt völlig; * p < .05, ** p < .01

Der in der Literatur häufig zitierte „informant bias", die Verzerrung durch den Auskunftgebenden, kann somit in den vorliegenden Daten deutlich beobachtet werden, wobei die Verzerrungen in der Weise zu interpretieren sein dürften, dass Betriebsräte sich aus Gründen der positiven Selbstdarstellung eine vergleichsweise proaktive Rolle im Innovationsgeschehen zuschreiben. Der Arbeitgeberseite kann dagegen bei den Angaben zur Rolle des Betriebsrats eine eher sachlich-kritische Haltung unterstellt werden, als deren Folge dann die Rolle der Beschäftigtenvertretung – besonders im Vergleich zum selbst geleisteten Beitrag – als weniger bedeutsam für die Innovation eingeschätzt wird; eine betont negative Darstellung dürfte eher die Ausnahme bilden. Ein weiterer Grund in der weniger proaktiven Einschätzung des Betriebsrats durch das Management ist vermutlich auch auf ein Informationsdefizit zurückzuführen. So haben Führungskräfte nicht immer den Überblick darüber, für welche Aspekte einer Innovation sich Betriebsräte engagieren, da diese aufgrund ihrer Rechte häufig autark handeln, besonders in Bezug auf die Interaktion mit der Belegschaft. Daher bringt möglicherweise das Management im Zweifelsfall bestimmte Entscheidungen – obwohl „hinter den Kulissen" vom Betriebsrat beeinflusst – nicht immer mit diesem in Verbindung.

Unabhängig von den aufgezeigten Verzerrungseffekten weisen die Daten über beide Gruppen hinweg eine klare gemeinsame Tendenz auf. So wird die Zustimmung zu den Items umso geringer, je stärker diese ein proaktives Betriebsratsverhalten beschreiben. Da diesbezüglich in beiden Gruppen ein ähnliches Muster zu beobachten ist, dürfte diese Tendenz gerade nicht auf eine Antwortverzerrung zurückzuführen zu sein, sondern auf eine eher realistische Einschätzung des Einflusses des Betriebsrats im Rahmen von Prozessinnovationen schließen lassen. Auch wenn das BetrVG bei Prozessinnovationen recht weitgehende Beteiligungsrechte für Betriebsräte vorsieht, so scheint diesen in der Praxis zumindest keine überragende Bedeutung zuzukommen. In den Daten zeigt sich in diesem Aspekt eine recht deutliche Zweiteilung: Alle Aussagen, die eine Veränderung bzw. maßgebliche Beeinflussung des Innovationsprozesses durch den Betriebsrat beschreiben (Items 4 bis 7), erhalten eine vergleichsweise niedrige Zustimmung. Im Gegensatz dazu weisen die Items 1 bis 3, nach denen der Betriebsrat lediglich informiert wurde bzw. seine Meinung zur Innovation äußerte, eher hohe Zustimmungswerte auf.

Als weiteres Maß für den Betriebsratseinfluss wurde die Betriebsratsbeteiligung in Abhängigkeit von den verschiedenen Innovationsphasen erhoben. Im Gegensatz zur inhaltlichen Beteiligung gibt es hier kaum Hinweise auf einen informant bias. Die Werte von Management- und Betriebsratsvertretern liegen über alle Items relativ eng beisammen (siehe Tab. 3.3 und Abb. 3.2). Der Grund dafür ist möglicherweise darin zu sehen, dass die Phasen im Gegensatz zur in-

Tab. 3.3: Angaben von Betriebsrats- und Arbeitgeberseite zur Betriebsratsbeteiligung in unterschiedlichen Phasen des Innovationsprozesses; Vergleich beider Gruppen (t-Test für abhängige Stichproben)

Betriebsratsbeteiligung in unterschiedlichen Phasen der Innovation	Betriebsrat n = 29+		Arbeitgeber n = 29+		
	M	SD	M	SD	t
Erste Vorüberlegungen und Identifizierung eines Handlungsbedarfs für den Betrieb	2.66	2.33	2.97	1.75	–0.75
Informationssuche und Erarbeitung von Vorschlägen	3.03	2.28	2.69	1.87	1.14
Beratung und Bewertung der Vorschläge	3.38	2.08	3.29	1.80	0.30
Auswahl eines Vorschlags und Festlegung der zu erreichenden Ziele	3.31	2.07	3.55	1.55	–0.71
Umsetzung/Durchführung der Innovation	3.90	1.80	3.79	1.70	0.25
Erfolgskontrolle, Überprüfung der Zielerreichung	3.75	1.84	3.39	1.70	0.81

Antwortskala: 0 = gar nicht mitgewirkt, 3 = teilweise mitgewirkt, 6 = stark mitgewirkt; + Gruppenvergleich nur mit den Fällen, in denen Antworten sowohl von Betriebsrat- als auch Arbeitgeberseite vorlagen

haltlichen Beteiligung eher ein äußeres und somit objektiveres Kriterium darstellen. Damit wären die Antworten weniger persönlichen oder interessengeleiteten Eindrücken unterworfen.

Ein interessanter Trend zeigt sich bei einem Vergleich der einzelnen Innovationsphasen. Offenbar findet eine Beteiligung des Betriebsrats nicht gleichmäßig über den gesamten Innovationsprozess statt, sondern vor allem in der Umsetzungs- bzw. Durchführungsphase (Item 5), d.h. zu einem relativ späten Zeitpunkt. In den früheren, jedoch strategisch wichtigeren Phasen, wie der Identifizierung eines Handlungsbedarfs und der Erarbeitung von Vorschlägen (Items 1 und 2), wird der Betriebsrat in geringerem Umfang beteiligt. Die Unterschiede zwischen den Items fallen jedoch nicht so stark aus wie bei der Skala zur inhaltlichen Beteiligung. Der Befund kann ebenfalls so interpretiert werden, dass eine breite und umfassende Beteiligung von Betriebsräten an Prozessinnovationen im Betriebsalltag seltener anzutreffen ist als eine spätere Beteiligung an eng umgrenzten Themenfeldern mit besser absehbaren Konsequenzen.

Abb. 3.2: Angaben von Betriebsrats- und Arbeitgeberseite zur Betriebsratsbeteiligung in unterschiedlichen Phasen des Innovationsprozesses

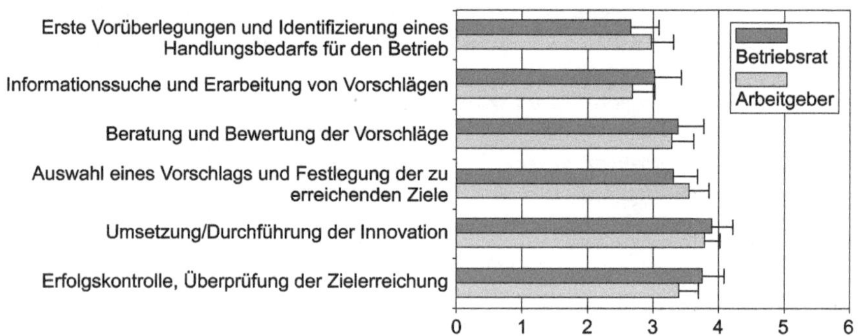

Antwortskala: 0 = gar nicht mitgewirkt, 3 = teilweise mitgewirkt, 6 = stark mitgewirkt.

3.3.2 *Direkte Partizipation der betroffenen Beschäftigten an Verfahrensinnovationen*

Auch die direkte Partizipation im Innovationsprozess wurde einer Betrachtung getrennt nach den beiden Funktionsgruppen unterzogen. Die inhaltliche Beteiligung der Beschäftigten wird von den Arbeitgebervertreter/inne/n mit Ausnahme von Item 5 durchweg höher angegeben als von Betriebsratsseite (Tab. 3.4, Abb. 3.3). Im Gegensatz dazu ist dieses Muster in den entsprechenden Angaben zur Betriebsratsbeteiligung nur bei den Items zu finden, die eine geringe Partizipation beschreiben (vgl. Tab. 3.2), während den Items, die für eine sehr proaktive Beteiligung stehen, stärker von Betriebsratsseite aus zugestimmt wird. Verantwortlich für das beobachtete Antwortverhalten der beiden Gruppen in Bezug auf die direkte Partizipation könnten unterschiedliche Bewertungsmaßstäbe sein.

Tab. 3.4: Angaben von Betriebsrats- und Arbeitgeberseite zum Ausmaß der inhaltlichen Beteiligung der Beschäftigten an Prozessinnovationen; Vergleich beider Gruppen (t-Test für abhängige Stichproben)

Wie hat der Betriebsrat bei der Gestaltung der Innovation mitgewirkt bzw. mitwirken können?	Betriebsrat n = 30⁺		Arbeitgeber n = 30⁺		
	M	SD	M	SD	t
Die Beschäftigten wurden erst kurz vor der Umsetzung des Projekts informiert.	3.63	1.96	4.10	1.46	–1.06
Die Beschäftigten wurden nur über bereits getroffene Entscheidungen informiert.	2.67	1.75	3.23	1.63	–1.35
Die Beschäftigten wurden bereits im Vorfeld über wichtige anstehende Entscheidungen informiert.	2.80	1.85	4.08	1.17	**–3.38****
Die Beschäftigten äußerten im Vorfeld ihre Meinung zu wichtigen Entscheidungen.	2.47	1.68	3.08	1.36	–1.56
Wichtige Entscheidungen wurden aufgrund von Ideen u. Anregungen der Beschäftigten abgeändert.	2.20	1.58	2.83	1.26	–1.71
Die Beschäftigten brachten kontinuierlich neue Ideen und Anregungen ein.	2.30	1.39	2.22	1.41	0.22
Die Ideen und Anregungen der Beschäftigten flossen in wichtige Entscheidungen ein.	2.63	1.71	3.02	1.27	–0.94
Die Beschäftigten stießen interessante Projektentwicklungen an.	2.20	1.65	2.33	1.45	–0.33

Antwortskala: 0 = stimmt gar nicht, 3 = stimmt teilweise, 6 = stimmt völlig; + Gruppenvergleich nur mit den Fällen, in denen Antworten sowohl von Betriebsrat- als auch Arbeitgeberseite vorlagen; ** $p < .01$

Wie in Abschnitt 3.1.5 erwähnt, gehört die Einbeziehung der Beschäftigten inzwischen zur gängigen Managementpraxis und dürfte somit Teil des Selbstverständnisses von Führungskräften bei der Erfüllung ihrer beruflichen Aufgaben sein. Betriebsräte hingegen dürften als Interessenvertretung der Beschäftigten naturgemäß einen eher kritisch-prüfenden Blick auf die direkte Partizipation haben, beispielsweise wenn es darum geht zu beurteilen, ob die Beteiligung in ausreichendem Umfang stattfindet. Möglicherweise klingt in einigen Gremien aber auch noch die früher skeptischere bis ablehnende Haltung der Gewerkschaften gegenüber der direkten Beteiligung nach. Vor dem Hintergrund dieser unterschiedlichen Perspektiven wäre die vergleichsweise höhere Zustimmung der Arbeitgeberseite bzw. die niedrigere Zustimmung der Betriebsratsseite verständlich.

Darüber hinaus fällt auf, dass, ähnlich wie bei den entsprechenden Items zur Betriebsratsbeteiligung, die Zustimmung beider Gruppen abnimmt, je proaktiver die Beteiligung der Beschäftigten beschrieben wird. Dies dürfte wiederum auf einer realistischen Einschätzung aufgrund der Tatsache beruhen, dass schwächere Formen der direkten Partizipation, z.B. die Bereitstellung von Informationen, in

Innovationsprozessen häufiger anzutreffen sind als eine umfangreiche und weitreichende Beteiligung an Entscheidungen. Der Unterschied zwischen Informations- und Entscheidungsbeteiligung ist jedoch nicht so deutlich ausgeprägt wie in den Angaben zur Betriebsratseinbindung.

Abb. 3.3: Angaben von Betriebsrats- und Arbeitgeberseite zum Ausmaß der inhaltlichen Beteiligung der Beschäftigten an Prozessinnovationen

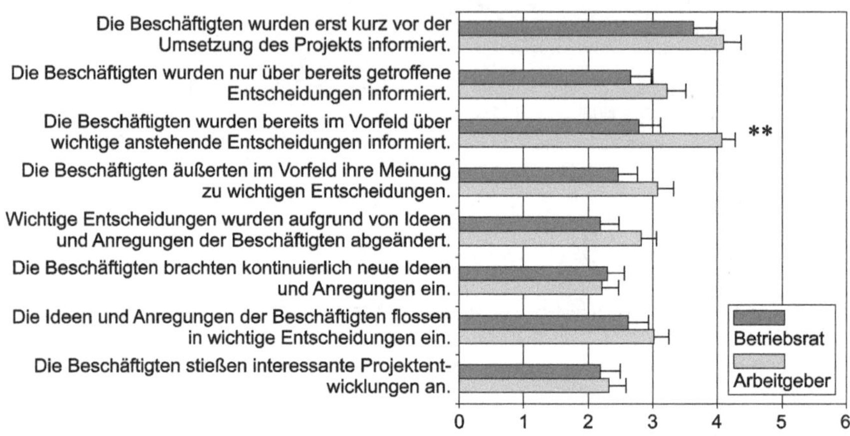

3.3.3 *Erfolg von Prozessinnovationen*

Auch die Einschätzung des Innovationserfolgs steht unter Verdacht, anfällig für Verzerrungen zu sein. Es war davon auszugehen, dass beide Seiten den Erfolg unterschiedlich einschätzen würden. Ein denkbares Szenario wäre, dass die Seite, die die Innovation als „ihr" Projekt betrachtet und sich somit stärker mit ihr identifiziert, den Erfolg positiver bewertet. Da es sich in den meisten Fällen der Stichprobe um vom Management initiierte Innovationsprojekte handelte, waren von dieser Seite auch die besseren Bewertungen zu erwarten.

In Tabelle 3.5 sind die Angaben der Arbeitnehmer- und Arbeitgebervertreter zum Innovationserfolg einander gegenübergestellt. Wiederum ist ein einheitliches Muster zu erkennen (siehe hierzu auch Abb. 3.4). Der Innovationserfolg wird in allen Teilaspekten von der Arbeitgeberseite besser bewertet als vom Betriebsrat. Bei den Kriterien des wirtschaftlich-organisatorischen Erfolgs sind die Unterschiede besonders stark ausgeprägt. Mit Ausnahme der Einhaltung von Zeitvorgaben sind hier alle Mittelwertdifferenzen statistisch signifikant. Warum bei diesen Kriterien die Angaben so weit auseinanderliegen, kann nur vermutet

Tab. 3.5: Angaben von Betriebsrats- und Arbeitgeberseite zum Innovationserfolg; Vergleich beider Gruppen (t-Test für abhängige Stichproben)

Erfolg der Prozessinnovation in Bezug auf	Betriebsrat n = 29+		Arbeitgeber n = 29+		
	M	SD	M	SD	t
Einhaltung der Zeitvorgaben (wirtsch.-org.)	0.59	1.45	0.66	1.66	–0.20
Einhaltung des Budgetrahmens (wirtsch.-org.)	0.38	1.76	1.17	1.58	**–2.36***
Kosteneinsparungen (wirtsch.-org.)	0.26	1.40	1.00	1.72	**–2.26***
erwarteter praktischer Nutzen (wirtsch.-org.)	0.53	1.40	1.43	1.31	**–3.17****
gefundene Problemlösung (wirtsch.-org.)	0.97	1.33	1.57	1.01	**–2.23***
Arbeitsplatzqualität (soz.)	0.07	1.44	0.55	1.28	–1.74
Arbeitsklima (soz.)	0.13	1.48	0.77	1.28	**–2.32***
Entlohnung(soz.)	–0.20	1.13	–0.05	0.76	–0.78
berufl. Weiterentwicklungsmöglichk. (soz.)	0.43	1.19	0.47	1.11	–0.14
Handlungsspielraum für Beschäftigte (soz.)	0.40	1.19	0.83	1.29	–1.60

Antwortskala wirtsch.-org. Innovationserfolg: –3 = völlig misslungen, 0 = teils/teils, 3 = völlig gelungen

Antwortskala soz. Innovationserfolg: –3 = verschlechtert, 0 = unverändert, 3 = verbessert; + Gruppenvergleich nur mit den Fällen, in denen Antworten sowohl von Betriebsrat- als auch Arbeitgeberseite vorlagen; * p < .05; ** p < .01

werden. Möglicherweise ist der Befund dahingehend zu deuten, dass für die befragten Manager das wirtschaftlich-organisatorische Ergebnis im Vergleich zur Sozialverträglichkeit einen höheren Stellenwert besitzt, da hier Parameter abgebildet werden, an denen ihre Leistung üblicherweise von übergeordneten Gremien wie Vorstand oder Eigentümern gemessen wird. Da die interviewten Manager als Hauptbeteiligte einen großen Teil der Verantwortung für die jeweilige Innovation tragen, ist das Interesse an einer positiven Darstellung dieser Leistung naheliegend. Daher könnten sie in diesem Bereich besonders stark zu selbstwertdienlichen Angaben neigen. Zudem erscheint als weitere Ursache für die vorliegenden Daten plausibel, dass der Innovationserfolg vom Betriebsrat eher kritisch, wenn auch nicht gezielt negativ, bewertet wird.

An den Daten ist weiterhin abzulesen, dass sich die Fallstichprobe durch ein weitgehend ausgeglichenes Verhältnis von erfolgreichen und weniger erfolgreichen Innovationen auszeichnet. Die Mittelwerte befinden sich alle nahe der neutralen Mittelkategorie und die Standardabweichungen betragen mit einer Ausnahme mehr als eine Einheit auf der Antwortskala, was auf eine für die weiteren Analysen brauchbare Variabilität des Merkmals schließen lässt. Es fällt jedoch

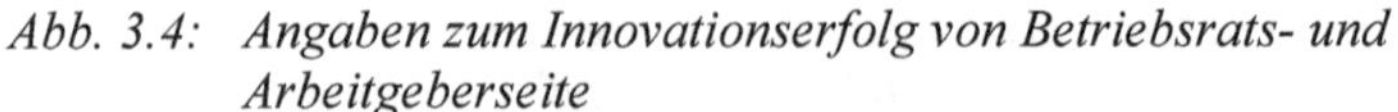

Abb. 3.4: Angaben zum Innovationserfolg von Betriebsrats- und Arbeitgeberseite

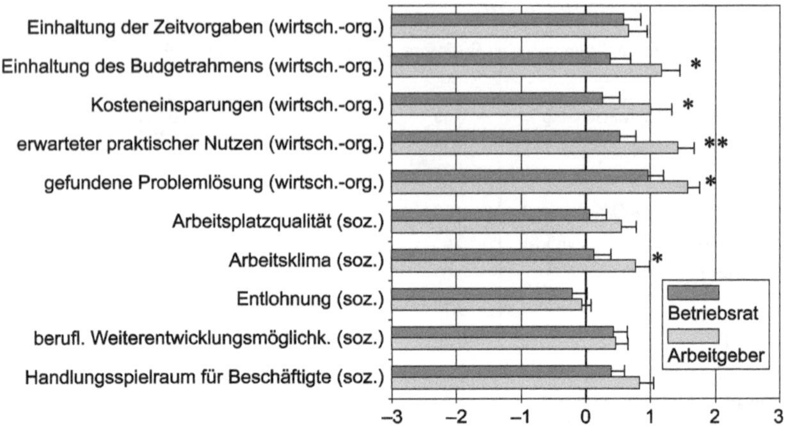

Antwortskala wirtsch.-org. Innovationserfolg: –3 = völlig misslungen, 0 = teils/teils, 3 = völlig gelungen

Antwortskala soz. Innovationserfolg: –3 = verschlechtert, 0 = unverändert, 3 = verbessert; * $p < .05$; ** $p < .01$.

auf, dass die Innovationen im Schnitt in wirtschaftlich-organisatorischer Hinsicht von *beiden Seiten* etwas erfolgreicher eingestuft wurden als im sozialen Bereich.

Aufschlussreich ist auch ein Blick auf die Antworten zur Frage, inwiefern die Interessen der verschiedenen betrieblichen Akteursgruppen durch die Einführung der Innovation berücksichtigt wurden (siehe Tab. 3.6 und Abb. 3.5). Diese Einschätzungen bezogen sich nicht auf die konkreten Auswirkungen der Innovation für den Betrieb bzw. die Arbeitsbedingungen, sondern auf die daraus abgeleiteten Konsequenzen für die Befragten selbst.

Auch in diesen Daten ist ein *informant bias* zu beobachten, der jedoch nicht so stark ausfällt wie beim Innovationserfolg. Es zeigt sich, dass die Befragten das Ausmaß der Interessenberücksichtigung für die Gruppe, der sie selber angehören oder nahestehen, durchschnittlich jeweils niedriger einstuften als dies die Befragten der Gegenseite taten. So gab die Arbeitgeberseite an, die Managementinteressen seien weniger stark berücksichtigt worden als dies die Betriebsratsseite einschätzte. Umgekehrt sah die Arbeitgeberseite sowohl Beschäftigten- und Betriebsratsinteressen stärker berücksichtigt als dies von Betriebsratsseite angegeben wurde. Die Ursache für dieses Antwortmuster ist möglicherweise

Tab. 3.6: Angaben von Betriebsrats- und Arbeitgeberseite zur Interessenberücksichtigung durch die Innovation; Vergleich beider Gruppen (t-Test für abhängige Stichproben)

Inwieweit wurden folgende Ziele und Interessen berücksichtigt und realisiert?	Betriebsrat n = 30⁺		Arbeitgeber n = 30⁺		
	M	SD	M	SD	t
Ziele/Interessen des Managements	4.40	0.97	4.30	0.70	0.51
Ziele/Interessen der Beschäftigten	3.33	1.30	3.70	0.86	–1.50
Ziele/Interessen des Betriebsrats	3.50	1.22	3.87	0.92	–1.55

Antwortskala: 0 = gar nicht, 3 = teilweise, 6 = vollständig; + Gruppenvergleich nur mit den Fällen, in denen Antworten sowohl von Betriebsrat- als auch Arbeitgeberseite vorlagen

Abb. 3.5: Angaben von Betriebsrats- und Arbeitgeberseite zur Interessenberücksichtigung durch die Innovation

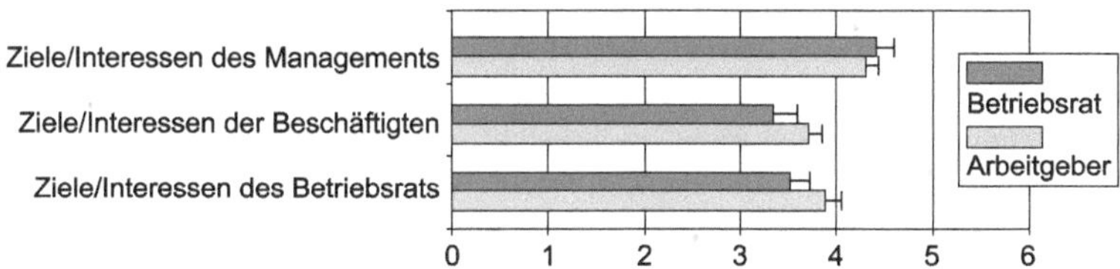

Antwortskala: 0 = gar nicht, 3 = teilweise, 6 = vollständig.

darin zu sehen, dass das Innovationsergebnis primär unter dem Eindruck der eigenen Zugeständnisse und Kompromissbereitschaft sowie dem daraus resultierenden Nutzen für die Gegenseite betrachtet wurde. Auffälliger als dieses im Grunde nachvollziehbare Antwortverhalten ist jedoch die Tatsache, dass über alle Befragten hinweg offenbar kein Zweifel darüber besteht, wer von den Innovationen im Durchschnitt am meisten profitiert. Sowohl Betriebsrats- als auch Managementvertreter/innen sind sich darüber einig, dass die Interessen des Managements deutlich stärker verwirklicht werden als die der Beschäftigten. Die Differenz beträgt gemittelt eine ganze Einheit auf der Antwortskala. Der Befund kann teilweise mit den Ergebnissen zum Innovationserfolg erklärt werden. Hier wurden die wirtschaftlich-organisatorischen Effekte tendenziell positiver eingestuft als die Auswirkungen für die Beschäftigten. Wenn man davon ausgeht, dass das wirtschaftlich-organisatorische Ergebnis im primären Interessenbereich des Managements liegt und das soziale Ergebnis vor allem die Interessensphäre der Beschäftigten berührt, sind die unterschiedlichen Einschätzungen des Ausmaßes der Interessenberücksichtigung für die beiden Gruppen nachvollziehbar.

Allerdings ist die relativ große Differenz –besonders in den Angaben der Betriebsratsseite – doch überraschend, denn sie legt nahe, dass für Arbeitgeber und Beschäftigte nur jeweils eine Ergebniskomponente von Belang ist – für das Management der wirtschaftlich-organisatorische und für die Arbeitnehmer/innen der soziale Erfolg – während die jeweils andere Erfolgskomponente möglicherweise sogar im Widerspruch zu den eigenen Interessen steht.

Die Betrachtung der verschiedenen, aber durchaus gut interpretierbaren Bewertungs- und Beschönigungsmuster macht deutlich, wie wichtig eine Mittelung der beiderseitigen Angaben ist, um von der rollenbedingten Subjektivität zu einer gewissen Intersubjektivität und damit einer realistischeren Einschätzung der Verhältnisse zu kommen. Dies erhöht dann auch die Realistik der folgenden Hypothesentests.

3.3.4 Einfluss der Betriebsratsbeteiligung auf den Innovationserfolg

Die in Abschnitt 3.1.6 aufgestellten Hypothesen wurden anhand eines pfadanalytischen Modells mit manifesten Variablen getestet. Die der Pfadanalyse zugrunde liegende Korrelationsmatrix zeigt Tabelle 3.7. Hieraus ersichtlich sind die Einzelkorrelationen zwischen den verwendeten Skalen (einschließlich der im ersten Auswertungsschritt noch nicht berücksichtigten direkten Partizipation der betroffenen Beschäftigten). Einige Beziehungen zwischen den Variablen werden bereits hier deutlich, insbesondere die ausgeprägten positiven Zusammenhänge zwischen dem Innovationserfolg und der Betriebsratsbeteiligung, dem Wissenszuwachs sowie der Handlungsfähigkeit. Zudem ist der Innovationserfolg mit dem distalen Mitbestimmungsmaß (relativer Betriebsratseinfluss) wesentlich schwächer korreliert als mit dem proximalen Maß (Betriebsratsbeteiligung).

Tab. 3.7: Korrelationsmatrix

Variable (N = 44)	M	SD+	1	2	3	4	5	6
Relativer Einfluss des Betriebsrats (1)	4.27	1.01	1					
Betriebsratsbeteiligung (2)	3.40	0.99	.27	1				
Direkte Partizipation (3)	2.71	0.76	.21	.47	1			
Wissenszuwachs (4)	3.73	0.71	–.05	.02	.29	1		
Handlungsfähigkeit* (5)	4.04	0.81	.09	.26	–.09	–.09	1	
Innovationserfolg (6)	0.55	0.58	.08	.39	.30	.40	.48	1

+ Die angegebenen Werte der Standardabweichungen entsprechen dem arithmetischen Mittel der Standardabweichungen aus den zehn imputierten Datensätzen; * Umgepolte Skala

Die Beurteilung der Modellanpassung basiert auf den Cut-Off-Richtwerten für Fit-Indizes, wie sie in Kapitel 2 erläutert wurden (Root-Mean-Square-Error-of-Approximation [RMSEA] ≤ .08, Standardized-Root-Mean-Square-Residual [SRMR] ≤ .10, Comparative-Fit-Index [CFI] ≥ .90).

Wie aus Abbildung 3.6 hervorgeht, verfügt das Pfadmodell über eine gute Modellanpassung. Der χ^2-Wert weist darauf hin, dass die Daten nicht signifikant vom Zielmodell abweichen. Die Fit-Indizes RMSEA und CFI liegen in den empfohlenen Wertebereichen.

Abb. 3.6: Überprüfung des Pfadmodells

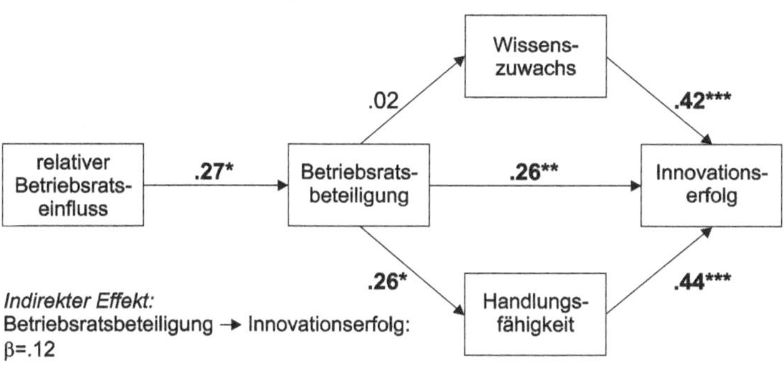

χ^2 = 0.28, df = 4, p = .99, RMSEA = .00, SRMR = .04, CFI = 1.00
R^2 = .51, N = 44, * p <.05, ** p <.01, *** p <.001

Hinsichtlich der aufgestellten Hypothesen zeigt sich, dass sich fast alle postulierten Zusammenhänge zwischen den Variablen in der vermuteten Richtung nachweisen lassen. Zunächst einmal besteht ein signifikanter Zusammenhang zwischen der Stärke des relativen Betriebsratseinflusses und dem Ausmaß der Betriebsratsbeteiligung im konkreten Innovationsprojekt. Interessanterweise fällt der β-Koeffizient mit .27 nicht so hoch aus, wie man angesichts der inhaltlichen Nähe beider Variablen vermuten könnte. Daraus kann geschlossen werden, dass die generelle Einflusskonstellation zwischen Management und Betriebsrat (distale Variable) die jeweilige Beteiligung des Betriebsrats in einzelnen Verhandlungssituationen (proximale Variable) nicht stark determiniert, was für die im Theorieteil angesprochene Unterscheidung dieser Variablen spricht.

Das Ausmaß der Betriebsratsbeteiligung ist in unterschiedlicher Weise mit dem Innovationserfolg assoziiert. Einerseits ist der direkte Pfad zwischen beiden Variablen entsprechend der Hypothese signifikant. Betriebliche Mitbestimmung scheint demnach also einen direkt positiven Einfluss auf den Erfolg zu haben. Andererseits können die Hypothesen hinsichtlich der angenommen Vermittlung der Betriebsratsbeteiligung über Handlungsfähigkeit und Wissenszuwachs nur teilweise bestätigt werden. Während eine stärkere Betriebsratsbeteiligung statistisch signifikant mit einer höheren Handlungsfähigkeit einhergeht, besteht zwischen Betriebsratsbeteiligung und Wissenszuwachs praktisch eine Nullkorrelation. Die Zusammenhänge zwischen den Mediatorvariablen Wissenszuwachs und Handlungsfähigkeit mit dem Innovationserfolg wiederum sind beide auf dem Ein-Prozent-Niveau signifikant und weisen mit β-Koeffizienten über .40 auf einen im Vergleich zu den anderen untersuchten Pfaden recht hohen Zusammenhang hin.

Aufgrund des fehlenden Zusammenhangs zwischen Betriebsratsbeteiligung und Wissenszuwachs ist auch der indirekte Effekt der Betriebsratsbeteiligung auf den Innovationserfolg nicht signifikant. Jedoch kann die Anpassung des Gesamtmodells durch Weglassen des nicht-signifikanten Pfades noch weiter optimiert werden. Nach dieser Modifizierung zeigt der SRMR mit einem Wert von .03 eine noch etwas bessere Modellpassung an (RMSEA und CFI bleiben in den ersten drei Nachkommastellen unverändert). Der β-Koeffizient des indirekten Effekts der Betriebsratsbeteiligung auf den Innovationserfolg (jetzt nur noch über Handlungsfähigkeit vermittelt) ist jetzt mit einem Wert von .12 signifikant ($p < .05$). Die Varianz des Innovationserfolgs wird vom Modell insgesamt zu 51% ($R^2 = .51$) erklärt. Dies ist ein außerordentlich hoher Wert, sowohl im Vergleich mit anderen Untersuchungen als auch absolut, denn aufgrund der unvermeidlichen Messfehler ist eine 100-prozentige Erklärung gar nicht möglich.

Kontrolle des Innovationstyps: Eine weitere sinnvolle Modifikation des Pfadmodells stellt die Kontrolle des Innovationstyps dar. Wie Müller-Jentsch (2007) ausführt, sieht das BetrVG eine Abstufung der Beteiligungsrechte des Betriebsrats vor. Dieser Abstufung zufolge nehmen seine Einflussmöglichkeiten von sozialen über personelle zu wirtschaftlichen Angelegenheiten ab; allerdings gilt das nicht für alle wirtschaftlichen Innovationen, denn bei Betriebsänderungen kann ein aktiver Betriebsrat nach den §§ 111–113 einen Interessenausgleich erzwingen. Auch wenn, wie ebenfalls ausgeführt wurde, das Gesetz in der Unternehmenspraxis sehr unterschiedlich ausgelegt und umgesetzt wird, kann doch davon ausgegangen werden, dass die Art der Innovation das Ausmaß der Mitbestimmung zu einem gewissen Grad beeinflusst. So geht auch aus empirischen Arbeiten hervor, dass zwischen Innovationstyp und Mitbestimmung tatsächlich Wechselwirkungen bestehen, auch wenn dies praktisch nie im Zentrum der jeweiligen Betrachtungen steht oder die Innovationsart mitunter nur als Kontrollvariable mitgeführt wird, siehe z.B. Osterloh (1993, Kap. D 4.3.2 und D 4.3.3), Wengel und Wallmeier (1999), Frick (2002), Hübler und Jirjahn (2002), Hübler (2003). Zwar ist eine klare Abgrenzung zwischen beispielsweise rein wirtschaftlichen und personellen Innovationen nicht möglich und auch wenig sinnvoll, da personelle Maßnahmen nie völlig losgelöst von wirtschaftlichen Fragen (z.B.

nach zu erwartenden Kosten) durchgeführt werden und umgekehrt primär wirtschaftliche Angelegenheiten meist in irgendeiner Art auch personelle Veränderungen nach sich ziehen. Wie in der Fallübersicht in Unterkapitel 2.1 jedoch dargestellt, ließen sich die untersuchten Innovationen bezüglich ihrer inhaltlichen Schwerpunktsetzung recht gut differenzieren. Mit diesen unterschiedlichen Zielsetzungen werden prinzipiell auch unterschiedliche Beteiligungsrechte des Betriebsrats angesprochen; dies wird besonders dadurch deutlich, dass bestimmte Innovationen explizit im BetrVG genannt und mit verschieden umfangreichen Einflussmöglichkeiten für die Mitarbeitervertretung versehen werden (z.B. Vorschlagswesen, Software-Einführung). Ob sich dies auch in den erhobenen Daten zeigt, soll im Folgenden überprüft werden. Es ist darüber hinaus denkbar, dass neben dem Ausmaß der Mitbestimmung auch Wissenszuwachs, Handlungsfähigkeit und Innovationserfolg durch den Inhalt der Innovation beeinflusst werden, etwa weil bestimmte Innovationsarten im Durchschnitt eine höhere Herausforderung für Betriebe darstellen als andere und dadurch beispielsweise ein erfolgreicher Ausgang wahrscheinlicher oder weniger wahrscheinlich wird.

Die Integration des Innovationstyps in das bestehende Pfadmodell erfolgte als Cluster-Variable (vgl. Muthén/Muthén 2010, S. 500f.). Im Pfaddiagramm taucht diese nicht als eigenständiger Prädiktor auf, sie bewirkt jedoch eine Anpassung der Standardfehler der zu schätzenden Parameter im bestehenden Modell. Die Höhe der Pfadkoeffizienten bleibt dabei unverändert. Sofern die Cluster-Variable einen Einfluss hat, zeigt sich dies in einer Veränderung (Erhöhung) der Fehlerwahrscheinlichkeiten. Das Ergebnis der Analyse ist in Abbildung 3.7 wiedergegeben.

Abb. 3.7: Überprüfung des Pfadmodells unter Kontrolle des Innovationstyps

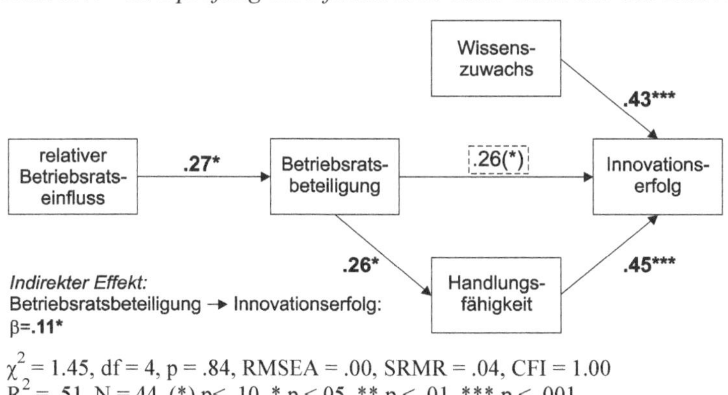

χ^2 = 1.45, df = 4, p = .84, RMSEA = .00, SRMR = .04, CFI = 1.00
R^2 = .51, N = 44, (*) p< .10, * p <.05, ** p < .01, *** p < .001

Das Pfadmodell ist im Wesentlichen auch unter Kontrolle des Innovationstyps gültig. Eine Veränderung zeigt sich lediglich beim Pfad von der Betriebsratsbeteiligung auf den Innovationserfolg. Die Fehlerwahrscheinlichkeit steigt von .01 auf .07. Bei den anderen Pfaden zeigen sich praktisch keine Veränderungen.

Ein Teil des Effekts der Betriebsratsbeteiligung ist somit tatsächlich auf den Innovationstyp zurückzuführen, für alle anderen Variablen des Modells hat die Art der Innovationen hingegen keinen Erklärungswert. Ein Vergleich der durchschnittlichen Betriebsratsbeteiligung über die Innovationstypen zeigt – bei insgesamt geringen Unterschieden – ein Muster, das der beschriebenen Abstufung des Einflusspotenzials der Mitbestimmung weitgehend entspricht (Tab. 3.8).

Die stärkste Beteiligung findet demnach im Rahmen der personalbezogenen Innovationen (in dieser Gruppe auch enthalten sind einige sogenannte soziale Innovationen, für diese wurde aufgrund der geringen Anzahl keine eigene Kategorie gebildet) und der aufbauorganisatorischen Innovationen statt. Die Innovationen im Bereich der Ablauforganisation sowie die Software-Einführungen betreffen primär wirtschaftliche Angelegenheiten des Betriebs und zeichnen sich durch eine geringere Betriebsratsbeteiligung aus. Dass die Beteiligung bei den Aufbauorganisationen in etwa die gleiche Höhe wie bei den personalbezogenen Innovationen erreicht und zwar eindeutig über der formalen Skalenmitte von 3, liegt offensichtlich – wie bereits im Antrag und oben in Kapitel 1 vermutet – an den durchaus beachtlichen Rechten bei Betriebsänderungen, um die es meistens ging (siehe Tab. 2.1). Insgesamt ist Tabelle 3.8 jedoch auch zu entnehmen, dass die beschriebenen Unterschiede rein quantitativ nicht besonders hoch ausfallen. Die varianzanalytische Überprüfung der Mittelwertdifferenzen kommt dementsprechend zu einem nicht-signifikanten Ergebnis ($F = 1.21$[8], $p > .10$). Dies dürfte vor

Tab. 3.8: Ausmaß der Betriebsratsbeteiligung in Abhängigkeit vom Innovationstyp

	N = 44	
	M	SD+
Innovationen im Bereich der Aufbauorganisation	3.60	1.14
Innovationen im Bereich der Ablauforganisation	2.99	1.02
Personalbezogene Innovationen	3.61	0.99
Software-Einführungen	3.03	0.47

+: Siehe Anmerkungen zu Tabelle 3.7

8 Der angegebene F-Wert entspricht dem arithmetischen Mittel der F-Werte aus den zehn imputierten Datensätzen.

allem auf die Höhe der Standardabweichungen zurückzuführen sein, die anzeigen, dass das Ausmaß der Beteiligung *innerhalb* der einzelnen Innovationstypen stärker variiert als *dazwischen*. Dies macht deutlich, dass die Innovationsart ein vergleichsweise schwacher Prädiktor für das Ausmaß der Betriebsratsbeteiligung ist.

Der – wenn auch eher geringe – Abzug von Varianz durch die Innovationstyp-Variable wirkt sich nur auf den Zusammenhang zwischen Betriebsratsbeteiligung und Innovationserfolg aus (die Schätzung des β-Koeffizienten wird unsicherer), nicht jedoch auf die Zusammenhänge zwischen der Beteiligung und Handlungsfähigkeit sowie Wissenszuwachs. Der Anstieg der Fehlerwahrscheinlichkeit fällt allerdings nicht so hoch aus, dass die Bestätigung der damit verbundenen Hypothese in Frage gestellt würde, nach der eine stärkere Betriebsratsbeteiligung direkt mit einem höheren Innovationserfolg einhergeht. Zwar liegt der p-Wert nun mit einem Betrag von .08 etwas über der per Konvention festgelegten Grenze einer fünfprozentigen Fehlerwahrscheinlichkeit, jedoch dürfte dies auch der relativ kleinen Stichprobe geschuldet sein. Für eine substanzielle Verminderung des Erklärungswertes der Betriebsratsbeteiligung zugunsten des Innovationstyps erscheint diese Veränderung zu gering.

3.3.5 Zusammenwirken von Betriebsrats- und Mitarbeiterbeteiligung

Zur Untersuchung der Frage, wie Mitbestimmung und direkte Partizipation der Betroffenen im Innovationsprozess zusammenwirken, wurde das in Abschnitt 3.3.4 verwendete Pfadmodell um die Variable der Mitarbeiterbeteiligung erweitert. Da auf Grundlage des aktuellen Forschungsstands keine expliziten Hypothesen aufgestellt werden konnten, erfolgte die Integration dieser zusätzlichen Variable explorativ. Der Explorationsprozess war jedoch nicht völlig offen, da bisherige Erkenntnisse (siehe Abschnitt 3.1.5) natürlich berücksichtigt wurden. Neben der Anschlussfähigkeit an den bisherigen Kenntnisstand wurde zudem eine möglichst hohe Modellgüte angestrebt. Das Ergebnis dieser Exploration ist in Abbildung 3.8 dargestellt.

In das bestehende Modell konnte die Variable der direkten Mitarbeiterbeteiligung so integriert werden, dass sie es auf inhaltlich sinnvolle Weise ergänzt und vervollständigt. Dadurch ergeben sich zusätzlich aufschlussreiche Einblicke in das Innovationsgeschehen. Zur Erinnerung: Die Hypothesenprüfung in Abschnitt 3.3.4 hatte den erwarteten statistischen Zusammenhang zwischen betrieblicher Mitbestimmung und Wissenszuwachs nicht bestätigen können. Aufgrund der Verwerfung der Hypothese erhielt Wissenszuwachs unvorhergesehen den Status einer exogenen Variable, d.h. einer Variable, die in keinerlei Beziehung mit den anderen Variablen des Modells steht. Dadurch blieb eine wichtige De-

Abb. 3.8: Erweiterung des Pfadmodells (unter Kontrolle des Innovationstyps)

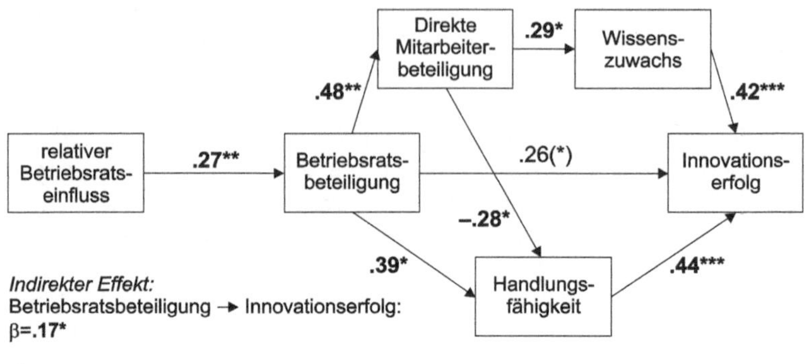

$\chi^2 = 5.52$, df = 7, p = .60, RMSEA = .01, SRMR = .06, CFI = 1.00
$R^2 = .52$, N = 44, (*) p < .10, * p < .05, ** p < .01, *** p < .001

terminante des Innovationserfolgs unerklärt. Im erweiterten Modell zeigt sich jedoch ein substanzieller Zusammenhang zwischen direkter Partizipation und Wissenszuwachs und direkte Partizipation wiederum ist hoch mit der Betriebsratsbeteiligung assoziiert.[9] Durch diesen Befund wird nahegelegt, dass es zwischen Mitbestimmung und Wissenszuwachs zwar keinen direkten, jedoch einen indirekten Zusammenhang gibt. Inhaltlich bedeutet das, dass eine starke Beteiligung des Betriebsrats am Innovationsprozess zu einer stärkeren Beteiligung der Beschäftigten führt und erst dadurch eine Vergrößerung der Wissensbasis bewirkt wird. Die Varianzaufklärung des Innovationserfolgs bleibt dabei nahezu unverändert, steigt geringfügig von 51% auf 52%, da die direkten Prädiktoren dieselben sind wie im ersten Modell. In jedem Fall entspricht dieses hohe Ausmaß an erklärter Varianz einem äußerst großen Effekt.[10]

Ein weiterer interessanter Befund der explorativen Analyse ist der negative Pfad von direkter Partizipation auf Handlungsfähigkeit. Dieser deutete sich zwar schon in der Korrelationsmatrix (Tab. 3.7) an, war jedoch *a priori* nicht erwartet worden. Zwar wurde keine explizite Hypothese hinsichtlich des Zusammenhangs zwischen beiden Variablen formuliert, die bisherigen Forschungsergebnisse ließen jedoch einen negativen Zusammenhang zumindest unwahrscheinlich erscheinen und legten eher eine positive Korrelation nahe. Den Daten zufolge schränkt die Beteiligung der Beschäftigten also die Handlungsfähigkeit des Unterneh-

---

9 Dass die beiden Beteiligungsvariablen relativ hoch korreliert sind, ist im Übrigen kein überraschendes Ergebnis, da sich beide Partizipationsformen in der betrieblichen Praxis gegenseitig verstärken können.

10 Während ein großer Effekt nach Bortz und Döring (2002) ab .35 vorliegt, ergibt sich für das Modell hier ein Wert von 1.13!

mens eher ein anstatt sie zu fördern. Zudem ist im Vergleich zum Modell in Abbildung 3.7 gleichzeitig ein erheblicher Anstieg des Pfadkoeffizienten zwischen Betriebsratsbeteiligung und Handlungsfähigkeit von .26 auf .39 zu verzeichnen. Dies sowie die hohe Korrelation der beiden Beteiligungsvariablen deuten darauf hin, dass die direkte Partizipation hinsichtlich der Beziehung zwischen Betriebsratsbeteiligung und Handlungsfähigkeit als Suppressorvariable wirkt. Das heißt., der negative Effekt der direkten Partizipation auf die Handlungsfähigkeit steht gewissermaßen in Konkurrenz zum positiven Zusammenhang zwischen Betriebsratsbeteiligung und Handlungsfähigkeit und vermindert diesen. Dies klärt sich erst, wenn direkte Partizipation als eigenständiger Prädiktor ins Modell aufgenommen wird.

Das erweiterte Modell kann als Grundlage für eine Weiterentwicklung und Differenzierung der Theorie über die Wirkmechanismen von Partizipation angesehen werden. Bisherige Forschungsergebnisse haben dafür gesprochen, dass sich Betriebsratsbeteiligung sowohl auf Wissenszuwachs und Handlungsfähigkeit förderlich auswirkt und über diese beiden Determinanten der Innovationserfolg maßgeblich vermittelt wird. Die in der vorliegenden Untersuchung gefundenen Beziehungen weisen jedoch darauf hin, dass von einer starken betrieblichen Mitbestimmung nur die Handlungsfähigkeit des Unternehmens unmittelbar profitiert, Wissenszuwachs hingegen nicht unmittelbar beeinflusst wird. Dieser wird dafür primär durch die direkte Partizipation der Beschäftigten gefördert, wobei das Ausmaß der Mitarbeiterbeteiligung wiederum zu einem erheblichen Teil auf die Stärke der Betriebsratseinbindung zurückzuführen ist. Gleichzeitig weisen die Befunde auf einen negativen Einfluss der direkten Partizipation auf die Handlungsfähigkeit hin. Handlungsfähigkeit wird dadurch jedoch nicht so sehr beeinträchtigt wie sie gleichzeitig durch eine starke Mitbestimmung gefördert wird, so dass insgesamt immer noch ein positiver Effekt der Betriebsratsmitbestimmung von .26[11] auf die Handlungsfähigkeit besteht. Insgesamt wirkt eine aktive Beteiligung des Betriebsrats an Verfahrensinnovationen in dreifacher Weise positiv: Neben dem direkten Effekt gibt es einen indirekten über die Erhöhung der Handlungsfähigkeit und einen doppelt indirekten über die Arbeitnehmerbeteiligung und den dadurch erzielten Wissenszuwachs. Als Gesamteffekt über die verschiedenen Pfade ergibt sich ein Wert von .44, der mit der Höhe der unmittelbaren Determinanten vergleichbar ist. Demnach ist die Höhe bzw. Intensität der Betriebsratsbeteiligung mit etwa 20% (.442) am Innovationserfolg beteiligt, was einem mittleren Effekt entspricht.

11 Berechnung: .39 – .28 x .48 (vgl. Abb. 3.8).

3.3.6 Differenzielle Befunde für den wirtschaftlich-organisatorischen und den sozialen Innovationserfolg

Der Innovationserfolg wurde bisher als ein zusammengesetztes Maß aus wirtschaftlich-technischem und sozialem Erfolg definiert. Ein weiteres interessantes Bild ergibt sich jedoch, wenn beide Erfolgsindikatoren getrennt voneinander ausgewertet werden. Wie Tabelle 3.9 zeigt, sind Betriebsratsbeteiligung, direkte Partizipation, Wissenszuwachs und Handlungsfähigkeit in unterschiedlicher Weise mit den beiden Erfolgskomponenten assoziiert. Während die Betriebsratsbeteiligung mit dem wirtschaftlich-organisationalen und dem sozialen Erfolg recht deutlich und in vergleichbarer Höhe korreliert, tragen die direkte Partizipation der Beschäftigten und der Wissenszuwachs vor allem zur Erklärung des sozialen Erfolgs maßgeblich bei, wobei der Erklärungswert von Wissenszuwachs für den sozialen Erfolg im Vergleich zu den anderen Korrelationskoeffizienten besonders hoch ausfällt. Ein Zusammenhang mit dem wirtschaftlich-organisationalen Erfolg ist bei beiden Variablen zwar vorhanden, jedoch statistisch nicht bedeutsam, wobei gemutmaßt werden kann, dass dies vielleicht bei einer größeren Stichprobe anders aussähe. Bei der Handlungsfähigkeit kann im Gegensatz dazu eine relativ hohe Korrelation zum wirtschaftlich-organisationalen Erfolg beobachtet werden. Weniger deutlich und immerhin noch auf dem 10-Prozent-Niveau abgesichert ist der Zusammenhang zum sozialen Erfolg.

Diese Daten zeigen, dass die untersuchten Variablen unterschiedliche Funktionen innerhalb des Innovationsgeschehens übernehmen, die sich gegenseitig sinnvoll ergänzen und so zu einem ganzheitlichen Innovationserfolg beitragen. Hinsichtlich der beiden Beteiligungsvariablen ist festzuhalten, dass ihr Beitrag zum Erfolg im Fall der Betriebsratsbeteiligung tendenziell, bei der direkten Partizipation hingegen sehr deutlich vor allem im sozialen zu sehen ist. Bei der Interpretation ist zu berücksichtigen, dass die Angaben zum Erfolg, aber auch zu Wissenszuwachs und Handlungsfähigkeit wahrscheinlich vom Rahmenthema Mitbe-

Tab. 3.9: Einzelkorrelationen zwischen Betriebsratsbeteiligung, direkter Partizipation, Wissenszuwachs, Handlungsfähigkeit und Innovationserfolg

	wirtschaftlich-organisatorischer Erfolg	sozialer Erfolg
Betriebsratsbeteiligung	**.27***	**.33***
Direkte Partizipation	.14	**.33***
Wissenszuwachs	.15	**.48****
Handlungsfähigkeit	**.45****	**.24(*)**

(*) $p < .10$; * $p < .05$; ** $p < .01$

stimmung bzw. Partizipation und den entsprechenden vorausgehenden Fragen beeinflusst wurden. In diesem Licht ist es verständlicher, dass der partizipationsbedingte Wissenszuwachs vor allem für den sozialen Erfolg wichtig ist, weil hier die Beschäftigten selbst und auch der Betriebsrat wohl besonders viele Informationen haben und sich auch besonders engagieren. Die Handlungsfähigkeit ist im Rahmen der Gespräche und Verhandlungen der Innovationsverantwortlichen dagegen vor allem für den wirtschaftlichen Erfolg wichtig, weil hier die Interessen unter Umständen weiter auseinandergehen; kooperative Lösungen dieses Dilemmas sind hier wichtiger: Sie führen zu einer erhöhten Handlungsfähigkeit und sind bei geringen Einflussunterschieden wahrscheinlicher als bei großen (Molm 1997; Sally 1995); dies entspricht auch den Ergebnissen von Kirsch und Scholl (1983).

3.3.7 Zusammenfassung der Ergebnisse

Die quantitativen Ergebnisse zu den Themen Mitbestimmung und Innovationserfolg können wie folgt zusammengefasst werden:

- Bei den zentralen Variablen lassen sich Verzerrungstendenzen im Antwortverhalten von Betriebsräten und Arbeitgebervertretern feststellen. Hinsichtlich der Betriebsratsbeteiligung zeigt sich, dass die befragten Arbeitgebervertreter/innen die Rolle der Betriebsräte im Innovationsprozess insgesamt vergleichsweise weniger proaktiv einschätzen als dies die Betriebsräte selber tun. Bei den Angaben zur direkten Partizipation der Beschäftigten ist das Verhältnis umgekehrt, hier gibt das Management eine stärkere Einbindung an als der Betriebsrat.
- Trotz dieser einstellungs- und wahrnehmungsbedingten Unterschieden stimmen beide Gruppen darin überein, dass eine frühe und proaktive Beteiligung sowohl von Betriebsräten als auch Beschäftigten insgesamt weniger häufig anzutreffen ist als eine eher späte und reaktive Einbindung.
- Der Innovationserfolg, insbesondere sein wirtschaftlich-organisatorischer Aspekt, wird von der Arbeitgeberseite im Durchschnitt besser beurteilt als von den Betriebsräten. Beide Befragtengruppen stimmen darüber ein, dass die Interessen des Managements im Rahmen von Prozessinnovationen stärker berücksichtigt werden als die Interessen der Beschäftigten und des Betriebsrats.
- Zwischen Betriebsratsbeteiligung und Innovationserfolg können differenzielle Zusammenhänge nachgewiesen werden. Die Höhe der Beteiligung hängt zunächst von der relativen Einflussstärke des Betriebsrats im Unternehmen ab. Dieser Zusammenhang erweist sich jedoch nicht als ausgesprochen hoch. Als weiterer Prädiktor für die Betriebsratsbeteiligung konnte der Innovationstyp identifiziert werden. In personalbezogene und aufbauorgani-

satorische Innovationen ist der Betriebsrat am stärksten, in Innovationen im Bereich der Ablauforganisation am wenigsten stark eingebunden bzw. aktiv.

- Je stärker sich der Betriebsrat am Innovationsgeschehen beteiligt, desto erfolgreicher ist letztlich die Innovation. Der Einfluss des Betriebsrats auf den Erfolg wird einerseits über eine stärkere Handlungsfähigkeit vermittelt und geht andererseits direkt mit einem besseren Ergebnis einher.
- Entgegen der Hypothesen lässt sich nicht feststellen, dass eine erfolgssteigernde Wirkung des Betriebsrats auch direkt über den Wissenszuwachs im Betrieb vermittelt wird. Dies gilt nur indirekt über die Förderung direkter Arbeitnehmerbeteiligung. Wissenszuwachs stellt auf jeden Fall eine wichtige Determinante für den Innovationserfolg dar.
- Bei einer gemeinsamen Betrachtung von Betriebsratsbeteiligung und direkter Partizipation ergibt sich, dass diese beiden Variablen mit Wissenszuwachs und Handlungsfähigkeit teilweise gegenläufig zusammenhängen. Betriebsratsbeteiligung ist positiv, direkte Partizipation – schwächer – negativ mit Handlungsfähigkeit assoziiert. Auf Wissenszuwachs ist ein positiver Effekt durch direkte Partizipation zu finden, bei der Betriebsratsbeteiligung hingegen kein direkter Zusammenhang. Allerdings zeigt sich ein indirekter Effekt der Betriebsratsbeteiligung über direkte Partizipation auf den Wissenszuwachs.
- Betriebsratsbeteiligung, direkte Partizipation, Wissenszuwachs und Handlungsfähigkeit stehen in unterschiedlicher Weise mit dem wirtschaftlich-organisatorischen und dem sozialen Erfolg der Innovationen in Verbindung. Während die Beteiligung der Betriebsräte in vergleichbarer Höhe mit beiden Erfolgskomponenten korreliert, gehen direkte Partizipation und Wissenszuwachs primär mit sozialem Erfolg einher, Handlungsfähigkeit dagegen mit dem wirtschaftlich-organisatorischen Erfolg.

3.4 Diskussion

Die vorliegenden Ergebnisse belegen einen deutlichen Einfluss der betrieblichen Mitbestimmung auf Verfahrensinnovationen. Aufgrund der zahlreichen Interventionsmöglichkeiten, die das BetrVG für Betriebsräte im Rahmen derartiger Innovationsprozesse vorsieht, kann dieser Befund nicht weiter überraschen. Dass ein stärkerer Betriebsratseinfluss Innovationen jedoch *erfolgreicher* macht anstatt ihren Erfolg zu beeinträchtigen, so wie es einige Theorien nahelegen, zeigt, dass betriebliche Mitbestimmung insgesamt einen *konstruktiven* Beitrag zur Innovativität von Unternehmen leistet. Gleichzeitig wird deutlich, dass dabei weniger die An- oder Abwesenheit von Betriebsräten als entscheidende Einflussvariable diskutiert werden sollte, denn sonst hätte das Ausmaß der Beteiligung für den Erfolg keinen zusätzlichen Erklärungswert, sondern die Frage, wie Betriebsräte ihre Rolle im Innovationsgeschehen ausfüllen. Bedeutsam scheint dabei der relative Einfluss des Betriebsrats im Vergleich zur Geschäfts- bzw. Betriebsleitung zu sein. Diese Relation spielt vor allem in Konzernbetrieben eine wichtige Rolle, weil hier auch die Geschäftsführung nicht so frei schalten kann wie in einem unabhängigen Unternehmen und weil unter Umständen ein Betriebsratsmitglied über einen Aufsichtsratsposten einen direkt(er)en Zugang zum Konzernvorstand hat. Der relative Betriebsratseinfluss stellt einen Prädiktor für die konkrete Betriebsratsbeteiligung dar, auch wenn hierbei noch weitere Faktoren eine wichtige Rolle spielen, wie z.B. der Innovationstyp. Die unterschiedliche Beteiligungsstärke in Abhängigkeit vom Inhalt der Innovation zeigt, dass Betriebsräte nicht immer gleichermaßen in Erscheinung treten (können). So sind je nach Innovation die Regelungsinhalte unterschiedlich. Diese ziehen einerseits unterschiedlich starke Beteiligungsrechte nach sich, andererseits ist davon auszugehen, dass durch die gesetzlich vorgegebene Schwerpunktsetzung Betriebsräte ihre begrenzten Ressourcen auf bestimmte Themengebiete (z.B. Personalangelegenheiten) konzentrieren. Dadurch besteht die Möglichkeit, dass andere Bereiche von vorneherein weniger Aufmerksamkeit erfahren und Beteiligungschancen zum Teil gar nicht erst wahrgenommen werden. Natürlich dürften hier noch weitere Faktoren eine Rolle spielen, die wir in unserem Fragebogen nicht erhoben haben wie z.B. persönliche Kompetenzen, die Arbeitsteilung im Betriebsrat und die gewerkschaftliche Einbindung.

Weiterhin werfen die gefundenen Zusammenhänge Licht auf die black box der Partizipation. So kann nicht nur gezeigt werden, *dass* die Betriebsratsbeteiligung einen positiven Einfluss auf den Innovationserfolg hat, sondern auch, dass dieser Einfluss über eine verstärkte Handlungsfähigkeit des Betriebs und indirekt über einen erhöhten Wissenszuwachs vermittelt wird. Beide Ergebnisse bedürfen, insbesondere vor dem Hintergrund des zusätzlichen Einflusses der direkten Partizipation, einer eingehenden Diskussion. Zunächst einmal bleibt festzuhalten, dass die Aktivität der Mitarbeitervertretung entgegen der Erwartung keinen direkten Erklärungsbeitrag für die Ausprägung des Wissenszuwachses leistet. Allerdings wurde durch die weiterführenden Analysen deutlich, dass Betriebsräte den Wissenszuwachs indirekt beeinflussen (können), indem sie zunächst für eine stärkere Beteiligung der Beschäftigten sorgen, welche sich dann wiederum auf den Wissenszuwachs auswirkt.

Das gefundene Zusammenhangsmuster könnte einen Schritt hin zur Präzisierung der Partizipationstheorien darstellen. Diesem Ansatz zufolge stellt der Betriebsrat ein Sprachrohr für die Belegschaft dar. Damit verbindet sich die Vorstellung, dass die Arbeitnehmervertretung Informationen und Meinungen der Beschäftigten sammelt und diese dann gebündelt gegenüber der Unternehmensführung vorträgt und durchsetzt, während die Mitarbeiter/innen selbst mit dem

Management gar nicht in Kontakt treten. Schwarz-Kocher et al. (2011) können in ihren Innovations-Fallstudien diese Rolle des Betriebsrats tatsächlich auch beobachten. Allerdings untersuchen die Autoren nur solche Prozessinnovationen, in denen die Betriebsratsbeteiligung explizit stark ist bzw. die vom Betriebsrat sogar initiiert werden. Möglicherweise tritt das eigenständige Einholen von Informationen durch den Betriebsrat vor allem bei solchen Innovationen auf. Die eigenen Untersuchungsergebnisse zeichnen hingegen ein etwas anderes Bild. Die Daten legen nahe, dass der Betriebsrat im Durchschnitt nur indirekt für mehr Informationen sorgt, und zwar indem er seinerseits zunächst für eine stärkere Einbindung der Beschäftigten in die Innovationsprozesse sorgt. Die Beschäftigten, so die mögliche Interpretation, treten dadurch zwangsläufig in einen engeren Austausch mit den Projektverantwortlichen und können ihre Anliegen und relevanten Wissensbestände direkt gegenüber diesen kommunizieren. Dies scheint die betriebliche Beteiligungspraxis deutscher Unternehmen im Rahmen von Verfahrensinnovationen realistischer abzubilden als die Sprachrohr-Metapher. Dafür sprechen nicht nur statistische, sondern auch inhaltliche Gründe: Zum einen ist nicht davon auszugehen, dass Beschäftigte, die in konkrete Innovationsprojekte eingebunden sind, mit ihren Anregungen und ihrem Wissen nur an den Betriebsrat herantreten in der Erwartung, dieser werde ihr Anliegen an die zuständigen Stellen weitertragen. Diese Rolle dürfte die personellen Kapazitäten sowie fachlichen Kompetenzen des Betriebsrats übersteigen und würde eine Verkomplizierung des Innovationsprozesses darstellen. Ein derartiges Vorgehen widerspräche auch den üblichen Gepflogenheiten der Arbeitsorganisation, denn in aller Regel stehen Projektleiter/innen zur Verfügung, die für die jeweilige Innovation erste Ansprechpartner sind. Vor diesem Hintergrund mutet auch die Annahme etwas realitätsfern an, wonach die Beschäftigten ihre Meinung nur gegenüber dem Betriebsrat gefahrlos äußern könnten und ansonsten Sanktionen des Arbeitgebers ungeschützt ausgesetzt seien. Auch wenn die Schutzfunktion des Betriebsrats, wenn es um die Interessen der Beschäftigten geht, unbestritten ist, so kann sie auch präventiv erfolgen, so dass sich Beschäftigte generell freier äußern, weil sie im Zweifel den Betriebsrat anrufen könnten. Im Rahmen des Diskussionsprozesses bei Innovationen sehen zudem oft auch die Führungskräfte einen Vorteil darin, in einen regen Austausch mit den Beschäftigten zu treten, um ihr Innovationsvorhaben zu einem bestmöglichen Ergebnis zu führen. Die Androhung oder Verhängung von Sanktionen wäre dabei völlig widersinnig, auch wenn sich das Unternehmen durch einen Verzicht natürlich einem erhöhten, aber selten existenzbedrohenden Kritikrisiko aussetzt. Dies ist gewissermaßen der Preis für gute Ideen.

Eine weitere Frage wird durch den Befund aufgeworfen, dass die Betriebsratsbeteiligung mit einer höheren, die direkte Partizipation jedoch mit einer geringeren Handlungsfähigkeit einhergeht. Der Effekt der direkten Partizipation ist überraschend, da – obwohl diesbezüglich keine Hypothese formuliert worden war – zumindest eine negative Richtung des Zusammenhangs nicht zu erwarten gewesen ist. Es ist unklar, weshalb die Handlungsfähigkeit durch die Beteiligung der Beschäftigten beeinträchtigt werden könnte. Allerdings lassen sich dafür durchaus plausible Gründe finden. Denn je stärker die von einer Innovation betroffenen Personen in den Entscheidungsprozess eingebunden werden, desto höher ist einerseits die Wahrscheinlichkeit, dass alle relevanten Informationen und Perspektiven in die Entscheidungen einfließen und so am Ende ein besseres Ergebnis erzielt wird. Andererseits erhöht sich der Diskussions- und Koordinierungsbedarf; Entscheidungen können dann nicht immer so schnell getroffen und umgesetzt werden, wie vielleicht ursprünglich geplant, manche Teilentscheidung wird sogar noch einmal umgestoßen und die Handlungsfähigkeit sinkt. Zudem besteht die Möglichkeit, dass der durch die Partizipation eröffnete Handlungsspielraum zur Ausübung von Widerstand genutzt wird. Einen Hinweis dazu liefert die Untersuchung von Wengel und Wallmeier (1999). Wie in Abschnitt 3.1.5 berichtet, fanden sie zwar heraus, dass Prozessinnovationen, die in partizipativ geführten Betrieben durchgeführt wurden, insgesamt auf weniger Widerstand der Beschäftigten trafen. In der Substichprobe der Produktionsplanungs- und Steuerungssysteme (PPS) traten in den partizipativen Unternehmen jedoch stärkere Widerstände auf. Als mögliche Gründe für den Widerstand führen die Autoren einerseits Pseudo-Partizipation an, d.h. Partizipationsrhetorik ohne echte Entscheidungsbeteiligung, sowie die Vermutung, dass auch nach ausführlichen Diskussionen nicht zwangsläufig eine höhere Akzeptanz zu erwarten sei, sondern nur dann, wenn die Entscheidung für alle Beteiligten nachvollziehbar sind. Dies mag auch in unserer Untersuchung in Einzelfällen vorgekommen sein, aber insgesamt führt stärkere direkte Partizipation zu weniger Widerstand, wie in Kapitel 6 gezeigt wird.

Ohne beantworten zu können, welche Gründe im Einzelnen dafür verantwortlich sind, dass direkte Partizipation in der hier untersuchten Stichprobe mit einer verminderten Handlungsfähigkeit einhergeht, verdeutlicht das Ergebnis sowie die vorangegangen Ausführungen, dass Beteiligung durchaus ein ambivalentes Potenzial besitzt und nicht in jedem Fall eine konstruktive Kraft entfaltet. Effizienzmindernde und effizienzerhöhende Effekte sind mitunter gleichzeitig wirksam, „wobei sich die Nettowirkung dieser nebeneinander und zugleich wirksamen Partialwirkungen nicht *a priori* bestimmen läßt“ (Bertelsmann Stiftung/ Hans-Böckler-Stiftung 1998, S. 46). Die möglicherweise naheliegende Konsequenz, direkte Partizipation sicherheitshalber so weit wie möglich zu unterbinden, erscheint nicht sinnvoll. Denn erstens würde dadurch auch der positive Einfluss auf die wichtige Erfolgsdeterminante des Wissenszuwachses wegfallen, zum anderen hat sich gezeigt, dass in Summe auch die Handlungsfähigkeit von einer möglichst breiten Beteiligung profitiert, da der positive Effekt, der durch die Beteiligung des Betriebsrats erzielt wird, überwiegt. Letztlich leisten somit sowohl indirekte als auch direkte Partizipation einen wichtigen Beitrag zum Gelingen von Prozessinnovationen, d.h. die vorliegende Untersuchung konnte die oben angesprochenen „Partialwirkungen" ein Stück weiter aufklären.

Wenn man einmal von den inhaltlichen Implikationen der Daten absieht, sind die Ergebnisse auch im Hinblick auf die Methodologie der Mitbestimmungsforschung von Relevanz. Obwohl die Ansichten zum Thema Mitbestimmung und Partizipation zwischen Arbeitgeber- und Arbeitnehmerlager naturgemäß divergieren, wird dies in einschlägigen Forschungsarbeiten in der Regel kaum thematisiert. Die exemplarische Gegenüberstellung der Angaben beider Seiten zur Betriebsratsbeteiligung und dem Innovationserfolg hat verdeutlicht, dass mit systematischen Verzerrungen im Antwortverhalten zu rechnen ist. Daher erscheint die Entscheidung, zu jedem Innovationsfall sowohl Vertreter des Betriebsrats als auch des Unternehmens zu befragen und deren Angaben zu mitteln, als richtig und notwendig, da hierdurch ein ausgeglicheneres Gesamtbild erzielt werden kann. Dagegen sind Arbeiten und deren Ergebnisse, in denen nur jeweils eine der beiden Seiten zu Wort kommt, stärker zu hinterfragen.

4 Konkrete Beiträge von Betriebsräten in Prozessinnovationen

Kai Breitling

Die Ergebnisse aus Kapitel 3 haben gezeigt, dass auf Grundlage der untersuchten Fälle ein deutlicher statistischer Zusammenhang zwischen dem Ausmaß der betrieblichen Mitbestimmung und dem Innovationserfolg nachgewiesen werden konnte. Zudem wurde die Rolle weiterer Variablen, insbesondere des Wissenszuwachses, der Handlungsfähigkeit und der direkten Partizipation der Beschäftigten näher beleuchtet. Während die statistisch-quantitative Analyse ermöglichte, die gegenseitigen Beziehungen dieser Einflussgrößen im Innovationsgeschehen zu modellieren und darzustellen, blieb der Mitbestimmungsbegriff aufgrund der standardisierten Erhebung durch einheitliche Items noch vergleichsweise abstrakt. Zwar geben die deskriptiven Daten in Abschnitt 3.3.1 einen recht differenzierten Einblick, inwiefern Betriebsräte auf Entscheidungen im Innovationsprozess Einfluss nehmen (können), doch ist nach wie vor unklar, worin genau die Einflussnahme bzw. die konkreten Beiträge bestehen. Auch ist offen, wie sich diese Beiträge zwischen den Innovationsarten oder in Abhängigkeit vom Innovationserfolg inhaltlich unterscheiden. Bei anderen offenen Fragen, etwa warum nur die Handlungsfähigkeit, nicht jedoch der Wissenszuwachs vom Betriebsratsengagement profitiert, konnten bisher nur Mutmaßungen angestellt werden. Antworten dazu sollen den Interviews entnommen werden, die mit den Arbeitgeber- und Arbeitnehmervertreter/inne/n geführt wurden. Die Ergebnisse dieser qualitativen Datenerhebung werden im folgenden Abschnitt dargestellt.

4.1 Was können Betriebsräte für Innovationen tun? Stand der Forschung

Veröffentlichungen, die sich mit den Inhalten der Betriebsratsbeteiligung in Innovationsprozessen befassen, können zwei Gruppen zugeordnet werden. Autoren der einen Gruppe verfolgen einen theoretisch-programmatischen Ansatz. Ihr Ziel ist es darzustellen, in welchem Rahmen sich Betriebsratshandeln auf Grundlage gesetzlicher Bestimmungen sowie makro- und mikroökonomischer Bedingungen bewegen *kann* oder sich zur Erreichung bestimmter Ziele bewegen *sollte.* Auch wenn wegen des stark hypothetischen Charakters hierdurch nicht unmittelbar Rückschlüsse auf das tatsächliche Verhalten von Betriebsräten gezogen werden können, so sind entsprechende Überlegungen dazu geeignet, einen Merkmalsraum aufzuspannen (vgl. Kluge 1999), mit dem die beobachtbare Realität abgeglichen und eingeordnet werden kann. Der Darstellung dieser Realität sind Veröffentlichungen der zweiten Gruppe gewidmet. Sie sind im Bereich der empirischen Mitbestimmungsforschung zu verorten. Im Fokus des Interesses stehen hier das Verhalten von Betriebsräten und dessen Auswirkungen auf soziale oder betriebliche Zielgrößen, u.a. Innovationsprozesse. Ergebnisse und Aussagen beider Gruppe sollen im Folgenden skizziert werden.

Als in den 70er Jahren die Gewerkschaften begannen, sich dem Thema Innovation zuzuwenden und dies auch bei Betriebsräten zu fordern und aktiv zu fördern (Hinz 1976, 1978, 1979), wurde dies u.a. mit der „mikroelektronischen Revolution" (Hinz 1979, S. 17) begründet: Aufgrund des Vormarsches neuer Technologien wurde von einem massiven Verlust von Arbeitsplätzen mit Routinetätigkeiten und im Gegenzug von einer (zahlenmäßig geringeren) Entstehung neuer Arbeitsplätze mit hochspezialisierten Aufgaben ausgegangen. Beides sollte nicht dem freien Spiel der Marktkräfte überlassen werden, sondern unter der Maßgabe des Erhalts und der Schaffung qualifizierter Beschäftigung durch eine aktive (Mit-)Gestaltung von Innovationen sozialverantwortlich begleitet werden. Als Modellversuch wurden 1979 je eine Innovations- und Technologieberatungsstelle der IG Metall in Berlin und Hamburg eingerichtet, die neben den unmittelbaren Arbeitnehmerinteressen auch ökologische und gesellschaftliche Folgen mitberücksichtigten (Klotz 1984). Die Thematik wurde rasch von der Forschung aufgegriffen, hier zunächst von der Industriesoziologie. Kern und Schumann (1984a, b) begaben sich ins Feld und sahen die Notwendigkeit einer inhaltlichen Neuorientierung der betrieblichen Mitbestimmung bestätigt, vor allem aufgrund der auch von ihnen beobachteten Einführung neuer Konzepte in der Industriearbeit. Als Hauptmerkmal dieser Konzepte machten sie starke Rationalisierungstendenzen im Bereich der Produktion aus. Am Ende dieser Rationalisierungswelle prognostizierten sie, ähnlich wie schon Hinz (1979), den Verbleib einer relativ anspruchsvollen „Restmasse von Produktionsarbeit" (Kern/Schumann 1984b, S. 152), deren Erledigung auf hohe Qualifikation und fachliche Souveränität der Beschäftigten angewiesen sei.[1] Neben der generellen Notwendigkeit für Betriebsräte, diese Entwicklung aktiv zu begleiten und durch eine innovationszugewandte „Politik der Stabilisierung des Betriebs qua Modernisierung" (ebd., S. 154) zu flankieren, legten sie ein konkretes, allerdings weniger innovatives Arbeitspaket vor: Eine derartige Betriebsratspolitik solle sich primär

1 Die damit verbundene Erwartung eines massiven Arbeitsplatzverlustes war allerdings eine simplifizierende Hochrechnung der Verhältnisse in klassischen Produktionsbetrieben auf die Gesamtwirtschaft, ohne die aufgrund der Rationalisierungsgewinne entstehende Nachfrage nach höher qualifizierten Arbeitsplätzen in anderen Sektoren zu berücksichtigen.

auf die Gestaltung günstiger Rahmenbedingungen für Neuerungen beziehen. Als Handlungsfeld wurden insbesondere die Gestaltung von Übergangsprozessen, etwa in Bezug auf die Offenheit des Managements für weiche Lösungen, Anhebung des Qualifikationsniveaus der Belegschaft, Produktivkraftentwicklung ohne Arbeitsintensivierung und der Einsatz für leistungsgerechte Entlohnung ausgemacht.

Während diese Vorschläge durchaus noch zum Alltagsgeschäft des Betriebsrats zu zählen sind, sieht Stracke (2006) die Notwendigkeit, die Position der Arbeitnehmervertretung im Innovationsgeschehen durch einen Ausbau ihres Tätigkeitsspektrums generell zu stärken:

> „Eine betriebliche Interessenvertretung, die mit Blick auf Beschäftigungssicherung und -förderung Strukturen und Prozesse analysiert, ... Ideen für neue Verfahren und Produkte bzw. Dienstleistungen entwickelt und verhandelt, ist darauf angewiesen, bestehende Handlungsmuster zu erweitern." (S. 36)

Dabei betont Stracke zwar, dass

> „die Umsetzung betrieblicher Verbesserungsvorschläge oder die Konzeption zukunftsorientierter Unternehmens- und Wettbewerbsstrategien originäre Aufgabe der Unternehmensleitung" (S. 31) bleibe, fordert jedoch die

> „Einbindung des Betriebsrats in strategische Fragen (z.B. Produkt- und Kundenausrichtung) und strukturelle Fragen (z.B. innovationsförderliche Strukturen, Lernende Organisation, Führungsphilosophie, Investitionen zur Erhöhung des Qualifikationsniveaus der Mitarbeiter, Kommunikationsklima)." (S. 31)

In Anknüpfung daran stellt Rundnagel (2004; vgl. auch Cox/Rundnagel 2003) fest, dass „angesichts ... der Ausrichtung der Unternehmensstrategie auf Innovation und langfristige Zukunftssicherung ... die Schutzpolitik [von Betriebsräten], die bisher im Vordergrund stand, durch aktive Gestaltungspolitik" (S. 66) zu ergänzen sei. Die abstrakte Forderung, „Kapital und Arbeit ... [im Innovationsprozess] mindestens gleich zu behandeln" (Hinz 1979, S. 19), ergänzt die Autorin durch eine Neudefinition der Rolle des Betriebsrats und seiner Aufgaben. Dieser müsse sich in praktisch alle bisher originären Managementaufgaben einbringen. Bei Innovationen solle sich die Arbeitnehmervertretung proaktiv als Initiator, Ideengeber, Querdenker, Moderator und Mitgestalter einmischen und neben den schon von Kern und Schumann angesprochenen innovationsförderlichen Rahmenbedingungen auch auf die Innovationsinhalte selbst Einfluss nehmen, so wie es schon vor Kern und Schumann von den IGM-Beratungsstellen empfohlen wurde.

Ähnlich äußert sich Timmer (2010) und nimmt dabei Bezug auf den prozesshaften Charakter von Innovationsvorhaben: „Betriebsräte sollten in allen Phasen eines Verbesserungsprozesses eine zentrale Rolle einnehmen" (S. 10). So könnten sie bereits bei der Problemanalyse mitwirken und Lösungsideen entwickeln, im weiteren Verlauf dafür sorgen, dass das Erfahrungswissen der Beschäftigten einfließt und sich schließlich für eine den gesetzten Zielen entsprechende Umsetzung engagieren. Dass Betriebsräte Verbesserungsprozesse „in eigener Regie" (S. 35) initiieren und organisieren, wird für ebenso selbstverständlich erachtet wie Innovationsprojekte, die von Seiten des Managements angestoßen werden. Letztere sind nach dieser Darstellung vom Betriebsrat, wenn schon nicht selbst initiiert, zumindest eng in allen Phasen zu begleiten.

Ob und wie dies in Unternehmen tatsächlich umgesetzt wird, ist bei den stärker empirisch orientierten Autoren nachzulesen. Interessant erscheint hier die große Bandbreite an Befunden in Hinblick auf die beobachteten Handlungsspielräume von Betriebsräten bei Innovationsprozessen sowie das Ausmaß, in dem sie für Innovationen tätig werden. So kann ein erweitertes Aufgabenspektrum der Mitbestimmungsakteure von Bartölke et al. (1991) in der Praxis *nicht* beobachtet werden. Anhand von 28 Fallbeispielen zu technologischen Prozessinnovationen kommen die Autoren zu dem Schluss, „daß die vielzitierten Gestaltungsspielräume an Arbeitnehmervertretern weitgehend vorbei gehen" (S. 198). Entgegen der Forderung nach einem umfangreicheren Kompetenzbereich sei eine Einflussnahme von Betriebsräten auf betriebswirtschaftliche Themen weitgehend ausgeschlossen, woraus eine zwangsläufige Beschränkung auf soziale Schutzfunktionen und somit die traditionelle Betriebsratsrolle folge. Die Autoren sehen ihre Ergebnisse in Einklang mit anderen Untersuchungen, die belegen, dass bei Verfahrensinnovationen „oft kein Beteiligungsvorgang" (S. 132) stattfinde. Zu einem ähnlichen Fazit in Bezug auf die Möglichkeiten der Mitbestimmung im Innovationsgeschehen kommen Kern und Schumann (1998) knapp eineinhalb Jahrzehnte, nachdem sie das Ende der tayloristischen, von wenig Autonomie der einzelnen Arbeitnehmer/innen geprägten Arbeitsteilung ausgerufen haben. Sie revidieren ihren Standpunkt zu den prognostizierten neuen Produktionskonzepten in der deutschen Industrie: Von

> „innovativer Arbeitspolitik kann nicht mehr gesprochen werden ... . An der Schnittstelle zwischen Arbeitsprozeß und Management werden alte Fronten bezogen und abgesichert." (S. 91) Und weiter:

> „Eigeninitiative, Partizipation, Verantwortlichkeit und diskursive Zielfindung werden obsolet, Produktivitätszugewinn wird über die Wiedereinführung von Hierarchie, Kontrolle und Exklusion gesucht." (S. 92)

Ein differenzierteres Bild zeigt die bereits in Abschnitt 3.1.2 erwähnte repräsentative Betriebsrätebefragung der Hans-Böckler-Stiftung (Ziegler et al. 2010). Hier geben knapp über 70% der Betriebsräte an, generell an Innovationen in ihren Unternehmen beteiligt zu werden, wobei sich ca. 12% nur bei der Planung, rund 22% nur bei der Durchführung und 36% sowohl bei Planung als auch Durchführung einzogen fühlen. Differenziert nach Innovationsarten steigt im Bereich der

Prozessinnovationen der Anteil an beteiligten Betriebsräten auf über 80% an (80,5% bei Innovationen im Bereich der betrieblichen Sozialpolitik, 92,4% bei der Einführung neuer Formen der Arbeitsorganisation und 95,1% bei personalpolitischen Maßnahmen), während die Beteiligung bei neuen Produkten oder Dienstleistungen und der Erschließung neuer Märkte mit 43,5% bzw. 21,9% vergleichsweise gering ist. Insgesamt sprechen diese Zahlen dafür, dass insbesondere bei Verfahrensinnovationen die meisten Betriebsräte eine mehr oder weniger aktive Rolle übernehmen. In Bezug auf die Inhalte ihrer Beteiligung geben 32,6% der Betriebsräte an, umfassend über die anstehenden Innovationsgeschehen informiert zu sein und eigene Vorschläge wirksam in Innovationsprozesse einzubringen; die Autoren sprechen hier von „machtvoller Mitgestaltung" (S. 52). 16,6% machen zwar eigene Vorschläge, diese werden jedoch überwiegend nicht berücksichtigt. 11,6% hingegen fühlen sich lediglich rechtzeitig informiert, ohne eigene Beiträge zu liefern. 9,4% geben an, verspätet informiert zu werden und die verbleibenden knapp 30% werden überhaupt nicht einbezogen. Somit beschreibt – je nach Blickwinkel nur oder immerhin – rund ein Drittel der Betriebsräte, nämlich die machtvollen Mitgestalter, ihre Einflussnahme bei Innovationen in einer Art und Weise, wie sie aus theoretischer Sicht möglich wäre und von den oben zitierten Autoren für notwendig gehalten wird. Nicht erhoben wurde, worin die Beteiligung genau besteht bzw. worauf sich die Vorschläge der Betriebsräte, von denen die Rede ist, inhaltlich beziehen. Lediglich hinsichtlich der Initiierung, d.h. des eigenständigen, proaktiven Anstoßens von Innovationen durch Betriebsräte, liegen Daten vor. Auch hier ist wieder ein deutlicher Unterschied zwischen Prozess- und Produktinnovationen zu beobachten: Im Bereich der betrieblichen Sozialpolitik geben 70,7% der Betriebsräte an, eigene Vorschläge zu machen. 86,5% tun dies nach eigener Auskunft bei der Einführung neuer Formen der Arbeitsorganisation und 94,1% bei personalpolitischen Maßnahmen.[2] Bei neuen Produkten oder Dienstleistungen und der Erschließung neuer Märkte liegen die Anteile bei nur 38,4% bzw. 19,3%.

Die in den letzten beiden Absätzen berichteten Ergebnisse werfen die Frage auf, warum Untersuchungen, die sich mit einer ähnlichen Fragestellung befassen,

---

2 Die Einschätzung, wonach der betrieblichen Mitbestimmung in sozialen Fragen die weitest gehenden Beteiligungsmöglichkeiten eingeräumt werden (Müller-Jentsch 2007, vgl. auch Abschnitt 2.6.2 dieser Arbeit), spiegelt sich in diesen empirischen Daten übrigens nicht wider. Im Gegenteil: Innerhalb der Gruppe der Prozessinnovationen sind Betriebsräte bei sozialen Innovationen am wenigsten beteiligt und bringen selber am seltensten eigene Vorschläge ein. Bei der Einführung neuer Arbeitsformen, bei denen es sich eigentlich primär um wirtschaftliche Angelegenheiten handelt und die somit der Mitbestimmung vermeintlich weniger leicht zugänglich sind, zeigen sich die befragten Betriebsräte dagegen recht proaktiv. Die vergleichsweise stärkste Beteiligung bei personalpolitischen Maßnahmen deckt sich hingegen mit unseren Ergebnissen in Abschnitt 3.3.4.

zu solch unterschiedlichen Ergebnissen kommen können. Während Bartölke et al. (1991) sowie Kern und Schumann (1998) Betriebsratsbeteiligung bei Innovationen eher als Randerscheinung mit geringem Einfluss auf den Innovationsprozess einordnen, weisen die Ergebnisse der Betriebsrätebefragung der Hans-Böckler-Stiftung (Ziegler et al. 2010) auf eine recht rege Beteiligung und Einflussnahme von Betriebsräten hin. Ein erster Grund könnte in der späteren Erhebung der HBS liegen, denn in den Jahren nach der Jahrtausendwende war das Thema Innovation auch in der öffentlichen Diskussion immer weiter in den Vordergrund gerückt und gleichzeitig waren aufgrund der schwierigen wirtschaftlichen Lagen überall Kostensenkungsprogramme an der Tagesordnung mit zum Teil heftigen Einschnitten für Arbeitnehmer/innen, denen man mit Innovationsideen etwas entgegensetzen konnte. Als weitere Erklärung dieser Diskrepanz kommen die verschiedenen methodischen Vorgehensweisen der zitierten Arbeiten in Betracht. Beim Zustandekommen der Antwortmuster in der Betriebsrätebefragung dürfte auch soziale Erwünschtheit (vgl. Bortz/Döring 2006, S. 232ff.) eine Rolle gespielt haben. Solche Effekte sind zum einen aufgrund der beruflichen Identität bzw. des Selbstkonzepts zu erwarten, wie unsere Gegenüberstellung von Management- und Betriebsratsantworten in 3.3.1 deutlich macht. Zum anderen hat hier eine Stiftung der Gewerkschaften ihre eigenen Mitglieder befragt. Da die teilnehmenden Betriebsräte aufgrund der gesellschaftlichen Diskussion über das Thema Innovation die Vermutung haben dürften, dass auch von ihnen aktive Innovationsbeiträge erwartet werden, liegt nahe, dass sie dies insbesondere gegenüber einer sie vertretenden Organisation zum Ausdruck bringen, um damit den mutmaßlich an sie gestellten Erwartungen zu entsprechen. Zudem lassen allgemein gehaltene Formulierungen wie „Beteiligung an Planung" bzw. „Durchführung" von Innovationen einen recht breiten Interpretationsspielraum zu, besonders dann, wenn nicht auf einzelne Innovationsfälle, sondern Innovationen im Allgemeinen Bezug genommen wird. Im Gegensatz dazu wurden die Arbeiten von Bartölke et al. bzw. Kern und Schumann von Forschungsinstituten durchgeführt, die *a priori* nicht dem Arbeitgeber- oder Arbeitnehmerlager zuzuordnen sind, so dass hier sozial erwünschtes Antwortverhalten weniger stark ins Gewicht gefallen sein dürfte. Zudem wurden die Daten auf Grundlage von konkreten Fallstudien gewonnen, so dass hier die Einschätzung der Betriebsratsbeteiligung anhand von konkreten Handlungsschilderungen erfolgte. Auf Basis solcher Informationen zu schlussfolgern, ob eine Beteiligung beispielsweise bei Planung oder Durchführung einer Innovation stattgefunden, ist ein völlig anderes Vorgehen als global danach zu fragen, zumal wenn die Interpretation im ersten Fall durch die Forscher geschieht und im zweiten Fall die Einschätzungen durch die Betroffenen selbst getroffen werden.

Einen weiteren Aspekt der Betriebsratsbeteiligung untersuchten Stracke und Nerdinger (2010). Auf Basis von qualitativen Interviews mit Betriebsratsmitgliedern, in denen es um die Beiträge von Betriebsräten zu Innovationsprozessen ging, kommen sie zu dem Ergebnis, dass Betriebsräte in erster Linie einen *indirekten* Einfluss auf Innovationen ausüben, indem sie zur Verbesserung der Rahmenbedingungen beitragen, unter denen sich Innovationsprozesse vollziehen. Dieses Fazit deckt sich im Wesentlichen mit den ursprünglichen Empfehlungen von Kern und Schumann (siehe oben). Besondere Beachtung finden bei den Autoren sogenannte „Sanierungs- und Innovationsvereinbarungen", die durch Betriebsräte initiiert werden. Diese Vereinbarungen können nach ihrer Einschätzung auf zwei Arten zur Steigerung der Innovationkraft eines Betriebs beitragen: Einerseits, indem in ihnen die Sicherung des Standorts und der Beschäftigung garantiert und dadurch gewährleistet wird, dass die Belegschaft notwendige Veränderungen mitträgt, und andererseits, indem verbindliche Maßnahmen für ein aktives Ideenmanagement sowie Qualifizierungsprojekte für die Beschäftigten vereinbart werden, wodurch neben der Innovationsbereitschaft auch das Gestaltungspotenzial der Belegschaft gefördert werden soll. In Bezug auf Verfahrensinnovationen im engeren Sinne, d.h. konkrete Veränderungen von Prozessen oder Strukturen im Unternehmen, ziehen die Autoren hingegen ein zurückhaltendes Fazit:

> „Der Betriebsrat setzt sich zwar mit (für ihn bis dahin) neuen Inhalten auseinander und versucht auch Einfluss auf das betriebliche Ideenmanagement, neue Formen der Arbeitsorganisation und/oder flexible Arbeitszeitmodelle zu nehmen. Über den Abschluss einer Betriebsvereinbarung zum jeweiligen Gegenstand geht das Engagement jedoch häufig nicht hinaus." (S. 44) Und weiter:

> „Das Handeln der Betriebsräte ist in vielen Fällen ... auf die Wahrnehmung der ‚klassischen' Aufgaben betrieblicher Interessenvertretung (Zustimmung bei personellen Einzelmaßnahmen, Arbeits- und Gesundheitsschutz, Entgelt, Sicherung von Sozialleistungen etc.) fokussiert." (S. 44)

Eine direkte aktive Einflussnahme von Betriebsräten auf Innovationsvorhaben kann in den hier untersuchten Fällen somit kaum beobachtet werden. Die Beiträge der befragten Betriebsräte zu Innovationen beschränken sich auf die formale Abwicklung gemäß dem BetrVG. Betrachtet man die erwähnten „Sanierungs- und Innovationsvereinbarungen" selbst als eine Art von (eher mittelbar wirkender) Prozessinnovation, sieht das Bild zumindest etwas optimistischer aus.

Durchweg sehr einflussreiche Betriebsräte können dagegen Schwarz-Kocher et al. (2011) im Rahmen von 14 qualitativen Fallstudien beobachten. Dieser Befund steht allerdings nicht im Widerspruch zu den zuvor genannten Arbeiten. Den Autoren ging es nicht um die Abbildung eines möglichst breiten oder gar repräsentativen Spektrums von Mitbestimmungshandeln, vielmehr konzentrierten sie sich auf die Frage, in welchem Ausmaß Betriebsräte *prinzipiell* bereit oder in der Lage sind, Beiträge zu Innovationen zu leisten. Dazu wählten sie Betriebe aus, „bei denen nach Einschätzung von Experten zu erwarten war, dass dort

Innovationsprozesse zu finden sind, an denen Betriebsräte aktiv beteiligt waren" (S. 120). Unternehmen mit Arbeitnehmervertretungen, die nur ihrer Schutzfunktion nachkommen oder sich insgesamt eher passiv verhalten, waren somit von vornherein von der Untersuchung ausgeschlossen. Zur Beschreibung der Innovationsrolle der Betriebsräte wurden zwei Kategorien gebildet, die beide mit rund der Hälfte der Fälle besetzt werden konnten. Die sogenannten „Innovationstreiber" stoßen nach Einschätzung der Autoren Innovationsprozesse *aus eigener Kraft* an, entwickeln eigenständige Lösungskonzepte und sind die Triebfeder bei deren Umsetzung. „Gestaltende Begleiter" dagegen *reagieren* auf Innovationsprozesse, die vom Management initiiert wurden. Die Unterschiede zwischen Innovationstreibern und gestaltenden Begleitern zeigen sich vor allem in der Anfangsphase eines Innovationsprojekts, nämlich der Problemanalyse und Ideenfindung. Innovationstreiber treten hier deutlich sichtbarer in Erscheinung. Abgesehen von diesen graduellen Unterschieden bringen sich die insgesamt proaktiven Betriebsräte dieser sehr selektiven Stichprobe jedoch in alle Phasen des Innovationsprozesses ein:

- Der Schwerpunkt der Beteiligung liegt auf der Umsetzungsphase. Hier sorgen die Betriebsräte für eine Verbesserung der „Legitimationsbasis notwendiger Veränderungsprozesse" (S. 201). Dies geschieht, indem sie sich gegenüber der Belegschaft für die Innovation einsetzen und gleichzeitig für eine sozialverträgliche Regulation sorgen. Dies sorgt aus Sicht der Beschäftigten für einen „deutlich höheren Grad an Verlässlichkeit" (S. 201) hinsichtlich der zu erwartenden Auswirkungen der Innovation. Die Betriebsratsbeiträge beziehen sich somit nicht nur auf fachlich-inhaltliche Aspekte der Gestaltung, sondern gleichermaßen auf Fragen von Arbeitsschutz, Gesundheitsvorsorge, Qualifizierung und Job Enrichment. Auch Maßnahmen zur Entschleunigung oder zum Abbruch von Veränderungsprozessen gehören zum Repertoire, sofern Nachteile für die Beschäftigten ausgemacht werden.
- Ein weiteres Handlungsfeld des Betriebsrats wird in der eigenständigen Überprüfung und Hinterfragung von Informationen und Vorschlägen des Managements beobachtet. Hierbei fließen auch Kritik und Anregungen der Beschäftigten ein, die zu Korrekturen oder größeren Veränderungen des Vorgehens führen können.
- Zudem verfügen Betriebsräte über einen eigenen „Zugang zum Beschäftigtenwissen" (S. 197), den sie zur Generierung eigener Ideen und Vorschläge nutzen und dann an die „richtigen Entscheidungsstellen" (S. 197) weiterleiten. Dadurch ist es Betriebsräten möglich, eigene Innovationen in Gang zu setzen.

Die berichteten Aktivitäten der Innovationstreiber und gestaltenden Begleiter kommen den Handlungsempfehlungen für innovative Betriebsräte, die Timmer (2010) zusammengestellt hat, sehr nahe. Schwarz-Kocher et al. schränken ihre Ergebnisse jedoch in der Weise ein, dass nach ihrer Beobachtung selbst in den von ihnen untersuchten Unternehmen, die alle über sehr engagierte Betriebsräte verfügten, „Innovationsbeiträge der Mitbestimmungsinstitutionen ... in der Regel an der sozialen Dimension des betrieblichen Innovationsprozesses" (S. 201) ansetzen und damit auch hier eine primäre Einflussnahme auf wirtschaftlich-strategische Aspekte offenbar eher unüblich ist. Zudem resümieren sie, dass die weitaus meisten Beiträge von Betriebsräten im Rahmen von Prozess- und weniger bei Produktinnovationen geleistet werden. Dies bestätigt erneut die bisherigen theoretischen Überlegungen und empirischen Daten.

Auch in den bei Pundt (2008), Horsmann (2008) und Martins (2008) geschilderten acht Fallstudien wird, bedingt durch die Fragestellung und die Art der Stichprobenziehung, durchweg über aktiv mitgestaltende oder eigeninitiativ auftretende Betriebsräte berichtet.

> „Über das gesetzlich vorgeschriebene Mindestmaß hinaus wird der Betriebsrat in sehr viele, unternehmensrelevante Fragen eingebunden und wird von allen Akteuren prinzipiell anerkannt. Ebenso arbeitet er in allen Unternehmen eng mit der Geschäftsleitung zusammen und zeigt dabei eine grundlegende kooperative bzw. kompromissbereite Haltung" (Horsmann/Pundt 2008, S. 222)

Zudem wird auch hier die Bedeutung der legitimierenden Funktion des Betriebsrats für anstehende Veränderungen betont (Horsmann 2008, S. 171). Eine Differenzierung nehmen die Autoren hier weniger bei den Inhalten bzw. dem Ausmaß der Betriebsratsbeteiligung selbst vor, sondern bei deren Zielsetzung. Während Betriebsräte in einigen Fällen vor allem die „eigenständige Mitgestaltung" anstreben, geht es ihnen in anderen primär um die „Kontrolle des Geschehens".

Der Überblick über die oft weitreichenden Ideen und die unterschiedlichen empirischen Befunde zur Rolle von Betriebsräten in Innovationsprozesse, darf eine empirisch immer wieder bestätigte Erkenntnis nicht vergessen werden, die in Unterkapitel 1.1 zunächst im Hinblick auf das Management formuliert wurde, nämlich „die Anerkennung der begrenzten Rationalität des Einzelnen". Wegen der im Vergleich zum Management geringen Zahl von Betriebsratsmitgliedern und der notwendigen Arbeitsteilung unter ihnen können es immer nur einzelne oder ganz wenige sein, die sich mit einem Innovationsprozess neben all den anderen Aufgaben befassen. Vorstellungen, die Betriebsräten ein gleiches Gewicht und ein gleiches Aktivitätsniveau in Innovationsprozessen zuschreiben (wollen), sind unrealistisch. Die Rolle von Betriebsräten besteht bei Innovationsprozessen – wie auch sonst – in der Begleitung von Managemententscheidungen und ihrer Korrektur, falls nötig, zur Wahrung von Arbeitnehmerinteressen; dies kann manchmal auch proaktive und präventive Innovationsanregungen umfassen. Eine zweite, mindestens ebenso wichtige, aber ungleich schwierigere Möglichkeit besteht darin, bei allen Aktivitäten auf die Entfaltung des kreativen Potenzials und des Engagement der Arbeitnehmer hinzuwirken, um die langfristige Innovations- und Wettbewerbsfähigkeit des Unternehmens zu fördern und so auf indirektem Weg die Arbeitnehmerinteressen zu fördern. Dies ist vor allem bei Prozessinnovationen möglich, weshalb wir diese zum Gegenstand unserer Untersuchung gemacht haben (siehe Unterkapitel 1.2).

Forschungsbedarf und Fragestellung: Die Befunde zur Frage, was Betriebsräte genau tun, wenn sie sich an Innovationsprozessen beteiligen bzw. was die Inhalte ihrer Beteiligung sind, können wie folgt zusammengefasst werden:

- Wenn sich Betriebsräte an Innovationsprozessen beteiligen, dann vor allem bei Verfahrensinnovationen. Darüber hinaus liegen Hinweise dafür vor, dass die Beteiligung auch zwischen verschiedenen Arten von Verfahrensinnovationen variiert. Die Ergebnisse der eigenen Untersuchung, aber auch anderer Arbeiten, haben insbesondere gezeigt, dass sich Betriebsräte in Abhängigkeit vom Innovationstyp unterschiedlich *intensiv* beteiligen. Dabei ist jedoch nicht gesichert, inwiefern dies auf unterschiedlich starke Beteiligungsrechte nach dem BetrVG zurückzuführen ist oder eher aus der Beschäftigung mit verschiedenen inhaltlichen Aspekten der Innovation resultiert, zu denen der Betriebsrat nicht immer den gleichen fachlichen Bezug hat. Daher ist möglich und auch naheliegend, dass sich die Innovationsarten neben der Beteiligungsstärke des Betriebsrats auch hinsichtlich der Regelungsinhalte unterscheiden, mit denen sich die betriebliche Interessenvertretung befasst.
- Dass sich die Beteiligung von Betriebsräten an (Prozess-)Innovationen tatsächlich auf ein breites Spektrum von Themen bezieht, zeigen qualitative Forschungsansätze. Häufig geht es dabei auf der einen Seite um inhaltliche Fragen der Innovation selbst und auf der einen Seite um die Gestaltung von (günstigen) Rahmenbedingungen. Dies schließt neben Vorschlägen zu vom Management gesteuerten Innovationen auch die Initiierung und Durchführung eigenständiger Neuerungen mit ein. Betriebsräte nutzen Ihren Einfluss aber auch, um Innovationsvorhaben prüfend zu hinterfragen, sie bei positiver Einschätzung gegenüber den Beschäftigten zu rechtfertigen und dabei die Vorteile herauszustellen oder sie umgekehrt zu verzögern oder zu verhindern, wenn sie die Interessen der Beschäftigten gefährdet sehen.
- Eine intensive inhaltliche Beteiligung von Betriebsräten an Innovationsprozessen kommt prinzipiell vor, ist jedoch nicht die Regel. Bei vielen Innovationsvorhaben spielt Mitbestimmung auch nur eine geringe Rolle.
- Auch bei starker Beteiligung stehen für den Betriebsrat die sozialen Aspekte einer Innovation im Vordergrund.

Ungeklärt ist nach wie vor, wie sich Betriebsräte bei verschiedenen Arten von Verfahrensinnovationen beteiligen. Daher soll anhand der erhobenen Innovationsfälle untersucht werden, welche Rolle bei Betriebsräten hier zu beobachten ist. Insbesondere sollen folgende Forschungsfragen bearbeitet werden:

- Wie beteiligen sich Betriebsräte im Rahmen der erhobenen Prozessinnovationen? Welche Themen und Regelungsinhalte sind für sie relevant?
- Lassen sich hinsichtlich der unterschiedlichen Arten von Prozessinnovationen spezifische Beteiligungsmuster beobachten?
- Gibt es auch bei unterschiedlichen erfolgreichen Innovationen charakteristische Muster der Betriebsratsbeteiligung?

4.2 Kategoriensystem zur Auswertung der Interviews

Zur Beantwortung der Forschungsfragen wurden qualitative und leitfadengestützte Interviews zu insgesamt 36 Innovationsfällen geführt. Pro Innovation wurden in der Regel zwei bis drei Hauptbeteiligte von Arbeitgeber- und Betriebsratsseite befragt. Die Interviews eines Falls wurden zu kompakteren Fallgeschichten verdichtet, auf deren Basis dann die Auswertung erfolgte. Bei der Darstellung der Ergebnisse wurde ein mittleres Abstraktionsniveau angestrebt. Dadurch wird einerseits Anschaulichkeit in Bezug auf die Betriebsratsbeteiligung gewährleistet, andererseits jedoch auf detaillierte Einzelfallschilderungen verzichtet, die aufgrund ihrer hohen Spezifität nur eingeschränkt verallgemeinerbare Schlussfolgerungen zulassen und darüber hinaus die den Interviewten zugesicherte Anonymität gefährden würde. Die Einzelheiten des methodischen Vorgehens sind Unterkapitel 2.2 zu entnehmen; dort wurde auch bereits die qualitative Inhaltsanalyse erläutert, die als Auswertungsmethode für die Fallgeschichten verwendet wurde. Dieser Methode liegt stets ein Kategoriensystem zugrunde, das theoriegeleitet entwickelt und induktiv anhand des erhobenen Datenmaterials ausdifferenziert wird. Mit diesem Kategoriensystem können die untersuchten Fälle hinsichtlich der interessierenden Fragestellung in abstrakter Form beschrieben und miteinander verglichen werden. Das für die Auswertung des Betriebsratshandelns verwendete Kategoriensystem soll im Folgenden dargestellt und erläutert werden. Wie Tabelle 4.1 zeigt, lassen sich die Beiträge der Betriebsräte vier übergeordneten Kategorien zuordnen:

- Inhaltliche Ausgestaltung der Innovation,
- direkter Arbeitnehmerbezug,
- Einflussnahme auf den Innovationskontext und
- Widerstand gegen die Innovation.

Tab. 4.1: Kategorien des Betriebsratsverhaltens im Rahmen der untersuchten Prozessinnovationen

Schwerpunkt BR-Beteiligung	Ausprägung	Indikator/ Ankerbeispiel
Abgestufte inhaltliche Ausgestaltung der Innovation	– BR ergreift die Initiative für die Innovation und setzt sie in Gang – BR begleitet Innovation kontinuierlich als Mitgestalter bzw. begleitender Gestalter – BR leistet inhaltliche Beiträge zu einzelnen Themen – BR als advocatus diaboli, Korrektiv – BR als aktiver Beobachter – BR ist passiv, erfüllt Minimalfunktion	– BR bringt Idee/Thema ins Gespräch und entwickelt daraus ein eigenes Innovationsprojekt oder gibt wichtige eigenständige Impulse, die eine Innovation maßgeblich beeinflussen – BR ist als gleichberechtigtes Mitglied in für die Innovation wichtigen Gremien vertreten und hat Einfluss auf die dort getroffenen Entscheidungen – BR identifiziert einen oder mehrere Aspekte innerhalb des Innovationsprojekts, die ohne ihn nicht oder zu wenig beachtet worden wären und bearbeitet diese eigenständig – BR thematisiert zu erwartende Probleme, hinterfragt Vorgehensweisen, überprüft Ergebnisse – BR ist jederzeit über den aktuellen Stand des Projekts informiert und verfolgt den Innovationsprozess aufmerksam – BR leistet keinen eigenständigen inhaltlichen Beitrag zur Innovation oder seine Rolle ist auf formale Funktionen beschränkt (z.B. Zustimmung zu Beschlüssen)
Unterschiedlicher Bezug auf Arbeitnehmerinteressen	– BR verteidigt zu schützende Interessen der AN – BR setzt sich für Qualifikation der AN ein – Austausch zwischen BR und AN – BR setzt sich bei den AN für die Akzeptanz der Innovation ein	– BR wendet Nachteile von AN ab, z.B. bezüglich Arbeitszeit, Arbeitsplatzsicherheit – BR veranlasst Schulungen – Beratungsgespräche zwischen BR und AN bezüglich alternativer Lösungen oder Umgang mit Auswirkungen der Innovation – BR kommuniziert gegenüber den AN Notwendigkeit und Nutzen der Innovation, räumt Befürchtungen aus
Gestaltung des Innovationskontexts	– BR befasst sich nicht mit dem eigentlichen Inhalt der Innovation, sondern den Rahmenbedingungen, die einen reibungslosen Ablauf fördern	– BR sorgt für Optimierung der Innovationsprojektstruktur, -transparenz und -abläufe
Widerstand gegen die Innovation	– Widerstand aus inhaltlichen Gründen – Widerstand als Verhandlungstaktik	– BR lehnt Innovation offen ab und/oder versucht, sie zu verhindern, da Nachteile für AN oder Unternehmen befürchtet werden – BR droht Widerstand an, um Zugeständnisse zu erreichen, lehnt Innovation jedoch nicht grundsätzlich ab

BR = Betriebsrat; AN = Arbeitnehmer/innen

Die Kategorien wiederum enthalten verschiedene Ausprägungen, die mit Ankerbeispielen unterlegt sind. Damit wird die Zuordnung der Ausprägungen zu den Inhalten der Fallgeschichten nachvollziehbar.

Die Kategorie *Abgestufte inhaltliche Ausgestaltung der Innovation* bezeichnet Beiträge, die sich direkt auf Fragen des Innovationsvorhabens im engeren Sinne, d.h. die Funktionalität der Innovation beziehen. Aus der gesichteten Literatur sowie den untersuchten Fällen geht hervor, dass das Verhalten der Arbeitnehmervertretung eine große Spannbreite umfasst, so dass zusätzlich Unterkategorien sinnvoll sind, die eine Abstufung hinsichtlich der Beteiligungsintensität abbilden. So wurden mehrere Projekte durch den Betriebsrat von Anfang bis Ende *kontinuierlich inhaltlich begleitet,* so dass die Mitbestimmungsakteure auf deren Zielsetzung und/oder Durchführung einen erheblichen Einfluss ausübten. Diese Rolle dürfte weitgehend dem „machtvollen Mitgestalter" bei Ziegler et al. (2010) bzw. dem „gestaltenden Begleiter" bei Schwarz-Kocher et al. (2011) entsprechen. Noch aktiver, zumindest zu Beginn einer Innovation, ist ein Betriebsrat, der ganz eigene Projekte *initiiert;* auch dies wurde von den Interviewten in einigen Fällen berichtet. Nicht kontinuierlich, sondern eher punktuell trat der Betriebsrat bei denjenigen Innovationen in Erscheinung, zu denen er hinsichtlich bestimmter *Einzelfragen* einen eigenen Beitrag leistete. In wiederum anderen Fällen betätigte sich der Betriebsrat vornehmlich als *advocatus diaboli,* d.h. als Mahner und Hinweisgeber für mögliche Probleme. Ebenfalls konnten Fälle beobachtet werden, in denen der Betriebsrat nur als *aktiver Beobachter* am Innovationsprozess teilnahm oder aber so gut wie gar nicht in Erscheinung trat, sondern lediglich seine *Minimalfunktion* wahrnahm; dies geschah meist in Form einer Betriebsvereinbarung zur bevorstehenden Einführung der Innovation, zu der der Betriebsrat jedoch keine weiteren eigenen inhaltlichen Impulse lieferte.

Das zweite große Handlungsfeld des Betriebsrats im Rahmen der untersuchten Prozessinnovationen zeigt einen *Unterschiedlichen Bezug auf Arbeitnehmerinteressen.* Hier erscheint weniger eine Intensitätsabstufung sinnvoll wie bei der inhaltlichen Ausgestaltung, sondern eine qualitative Unterscheidung der Beiträge. Die Ausprägungen beinhalten erwartungsgemäß zum einen die Wahrung und den *Schutz der Beschäftigteninteressen,* die durch die Einführung einer Innovation möglicherweise gefährdet sind, wie z.B. Arbeitsplätze. Darüber hinaus setzt sich der Betriebsrat in einigen Fällen für eine angemessene *Weiterqualifizierung* der betroffenen Beschäftigten ein, damit diese in der Lage sind, mit dem neuen System zu arbeiten. Auch die Kommunikation zwischen Betriebsrat und Beschäftigten spielt im Innovationsprozess in verschiedener Form eine Rolle. So werden einerseits *Informationsaustauschprozesse* berichtet, bei denen Betriebsräte gegenüber den betroffenen Beschäftigten entweder Empfehlungen aussprechen, wie sie sich in Bezug auf die anstehende Veränderung verhalten sollen, oder aber selber wichtige Informationen von den Beschäftigten erhalten, die für die Umsetzung der Innovation relevant sind. Explizit nicht darin enthalten sind die Nennungen von Betriebsversammlungen oder anderen Informationsveranstaltungen, bei denen die Beschäftigten lediglich über das anstehende Projekt informiert werden. Diese werden in den Interviews praktisch immer berichtet und erscheinen somit nicht zur Differenzierung der Fälle geeignet. Der letzte Punkt in dieser Kategorie bezieht sich auf das *Werben um Akzeptanz.* So berichten die Interviewten in mehreren Fällen, dass der Betriebsrat gegenüber den Beschäftigten Innovationen offensiv verteidigt und sie aktiv beworben hat.

Ein weiteres Betätigungsfeld des Betriebsrats betrifft den Kontext der Innovation. Darunter ist zu verstehen, dass der Betriebsrat nicht auf die Innovation selbst Einfluss nimmt, sondern auf deren Rahmenbedingungen. So wurde beispielsweise berichtet, dass der Betriebsrat bei der der Stadtverwaltung Öffentlichkeitsarbeit für sein Projekt betrieb, um von dieser Seite Unterstützung zu erhalten und öffentliche Fördermittel zum Ausbau der Infrastruktur des Werkes zu akquirieren (AUF-07)[3].

Als letzte Kategorie des Betriebsratshandelns lässt sich Widerstand gegen Innovationsvorhaben identifizieren. Dieser richtet sich bei den untersuchten Projekten entweder in Form einer *offenen Ablehnung* tatsächlich gegen die Innovation, da beispielsweise zu starke Nachteile für die Beschäftigten befürchtet werden, oder aber der Widerstand besteht darin, dass er als *Verhandlungstaktik* eingesetzt wird, um bestimmte Forderungen durchzusetzen. In diesen Fällen lehnt der Betriebsrat die Innovation nicht grundsätzlich ab, ist aber unter Umständen bereit, sie scheitern zu lassen.

Zu beachten ist, dass diese Kategorien das Betriebsratshandeln nicht erschöpfend beschreiben, da sie lediglich auf den untersuchten Innovationsfällen basieren. Auch wenn diese inhaltlich ein breites Spektrum abdecken und dementsprechend über sehr unterschiedliche Varianten der Mitbestimmung in den Interviews berichtet wurde, sind außer den hier aufgeführten noch weitere Handlungsoptionen der Arbeitnehmervertreter denkbar und mit Sicherheit existent. Zudem ist der Hinweis von Bedeutung, dass kaum ein Innovationsfall nur durch eine Kategorie bzw. Ausprägung charakterisiert wird, sondern meist mehrere Kategorien vergeben werden können, da der Betriebsrat gleichzeitig oder nacheinander auf verschiedenen Ebenen ins Innovationsgeschehen eingreift.

4.3 Ergebnisse

Zur Darstellung der Ergebnisse werden zunächst die Beiträge der Betriebsräte in den jeweiligen Verfahrensinnovationen in einer Übersicht zusammengestellt. An-

3 Die so gekennzeichneten Fälle sind in der Tabelle 4.2 kurz dargestellt.

hand des entwickelten Kategoriensystems werden dann charakteristische, für die vier Innovationsarten typische Handlungsmuster des Betriebsrats identifiziert (Abschnitt 4.3.1). In einem weiteren Schritt werden die Beteiligungsmuster in Bezug zum Innovationserfolg gesetzt (Abschnitt 4.3.2). In Tabelle 4.2 sind, gruppiert nach den vier untersuchten Prozessinnovationsarten, die Beiträge der Betriebsräte im Rahmen der untersuchten Innovationsprozesse aufgelistet. Diese Aufstellung gibt einen Eindruck vom breiten Spektrum der Aktivitäten von Betriebsräten bei Verfahrensinnovationen.

4.3.1 Beiträge von Betriebsräten bei verschiedenen Arten von Prozessinnovationen

Vergleicht man die vier Innovationsarten, so lassen sich einige deutliche Muster in Bezug auf das Betriebsratsengagement beobachten. Diese zeigen sich nicht in jedem einzelnen Fall einer Gruppe, insgesamt stellen sie jedoch einen Trend dar, anhand der die Fallgruppen durchaus charakterisiert und voneinander unterschieden werden können.

Hinsichtlich der *inhaltlichen Ausgestaltung* von Prozessinnovationen durch Betriebsräte fallen in erster Linie die *personalbezogenen Innovationen* auf. Hier berichten die Interviewten von vergleichsweise proaktiven Arbeitnehmervertretungen. Projekte werden häufiger als in den anderen Fallgruppen von Anfang bis Ende vom Betriebsrat kontinuierlich begleitet und in inhaltlichen Fragen mitgestaltet, wie beispielsweise bei der Einführung der Mitarbeitergespräche (PE-01). Eine etwas schwächere Variante im Sinne einer proaktiven Gestaltung kann in der Form beobachtet werden, dass Betriebsräte auf einen oder mehrere inhaltliche Einzelaspekte Einfluss nehmen, ohne sich kontinuierlich zu beteiligen, wie z.B. im Fall der Einführung von Zielvereinbarungen (PE-06), bei der der Betriebsrat sowohl auf Anzahl und Operationalisierung der festzulegenden Ziele als auch auf die Höhe des variablen Entgeltanteils erheblichen Einfluss nahm. Ebenfalls häufiger als in den anderen Fallgruppen wird berichtet, dass die Initiative für Innovationen von Betriebsräten ausgegangen ist (z.B. Verbesserung der Work-Life-Balance, PE-09). Interessant hierbei ist, dass ein vom Betriebsrat initiiertes Projekt nicht automatisch auch eigenverantwortlich von ihm umgesetzt wird. So übernahm im Falle der Prävention psychischer Belastungen (PE-07) das Management die Kontrolle über das Projekt, obwohl der Betriebsrat den Impuls dazu gegeben hatte. Dieser trat dann erst gegen Ende als *advocatus diaboli* wieder in Erscheinung, indem er an den Stressbewältigungsseminaren für die Mitarbeiter teilnahm, um sich von deren Qualität zu überzeugen. Bei der Neugestaltung des Abmahnungsprozesses (PE-15) wurden Idee und Initiative des Betriebsrats vom Management nicht einmal aufgegriffen, so dass die Innovation gar nicht erst bis zur Umsetzungsphase gelangte.

Tab. 4.2: Betriebsratsbeiträge im Rahmen der untersuchten Prozessinnovationen

I. Innovationen im Bereich der Aufbauorganisation

Fall (Kennz.)	BR-Beiträge
Umwandlung eines internen Schulungszentrums in eine frei am Markt agierende Weiterbildungsakademie (AUF-01)	– projektbegleitend, aber ohne eigene inhaltliche Akzente – keine unmittelbare Beteiligung an der Projektgruppe – Zustimmung zu Beschlüssen im übergeordneten Steuerungsgremium
Zusammenlegung mehrerer Standortküchen zu einer Zentralküche (AUF-02)	– Aushandlung eines neues Tarifvertrags (Inhalt: keine betriebsbedingten Kündigungen, aber weniger Weihnachts- u. Urlaubsgeld) – neue Regelungen zur Arbeitskleidung initiiert (Thermojacken, Schuhe) – Vereinbarungen zu Wochenend- und Schichtarbeit sowie Überstunden geschlossen
Zusammenlegung mehrerer Standortlabore zu einem Zentrallabor (AUF-03)	– kontinuierliche aktive Beteiligung sowohl an inhaltlichen als auch personalbezogenen Themen – auf Schwachpunkte im Projekt hingewiesen – starke Beteiligung insbesondere bei den Personalberechnungen
Auslagerung eines Callcenters in eine eigene Servicegesellschaft (AUF-04)	– umfassende Information des BR ohne eigenen inhaltlichen Beiträge – Zustimmung zu erheblichen Gehalts- und Urlaubseinbußen – Verteidigung des Projekts gegenüber AN, jedoch ohne dabei die AN mitzunehmen
Übernahme und Integration eines Produktionsstandortes von einem Mitbewerber (AUF-05)	– Verhandlung der Überleitungsvereinbarung (soziale und weitere Leistungen für die AN wurden vom neuen Eigentümer unverändert übernommen bzw. durch Ausgleichszahlungen kompensiert) – Erhalt der Strukturen und Arbeitsplätze bis 2014 (keine Versetzungen)
Integration von Überhangpersonal in die Betriebsorganisation durch Bildung einer eigenen Abteilung (AUF-06)	– auf Initiative des BR Bildung eines Sprecherkreises der betroffenen AN – Erhöhung des Weiterbildungsbudgets – Verhinderung von Gehaltseinbußen – Sicherung des Status der betroffenen AN als reguläre, nicht als Überhang – BR drohte mit Scheitern des Projekts, um Forderungen durchzusetzen – kritisches Hinterfragen der Konzepte – Einzelgespräche mit AN
Ansiedlung von Entwicklung und Herstellung eines neuen Produkts am Betriebsstandort (AUF-07)	– Akquirierung staatlicher Fördermittel für Qualifizierung und Ausbau der Infrastruktur – Öffentlichkeitsarbeit für das Projekt bei Management und staatlicher Verwaltung

Tab. 4.2: (Fortsetzung)

Noch: I. Innovationen im Bereich der Aufbauorganisation

Fall (Kennz.)	BR-Beiträge
Restrukturierung des Geschäftskundenbereichs (AUF-08)	- kontinuierliche aktive Beteiligung an allen inhaltlichen Themen (Beteiligung von für das jeweilige Gebiet fachkompetenten BR-Mitgliedern in Expertenteams und Projektgruppen) - auf Initiative des BR Einführung der „Managementbegleitung“ (kurze Kommunikationswege zw. BR und MG im Rahmen des Projekts) - Multiplikator- und Kommunikatorrolle des BR gegenüber den AN (Kick-off-Veranstaltung zusammen mit MG, BR-Mitglied für Kommunikation zuständig)

II. Innovationen im Bereich der Ablauforganisation

Fall (Kennziffer)	BR-Beiträge
Optimierung und Effizienzsteigerung im ärztlichen Dienst (AB-01)	- BR als Projektmitglied an allen inhaltlichen Fragen beteiligt - Versuch, die Ärzte in Einzelgesprächen zur Beteiligung am Projekt zu überzeugen (Ärzte sollten genaue Angaben über ihre Tätigkeiten zur Verfügung stellen) - Versuch, vor allem im Management und im Steuerungsgremium des Gesamtprojekts Transparenz zu schaffen, d.h. zu verhindern, dass sich die Ärzteschaft verweigert sich evaluieren zu lassen
Optimierung und Effizienzsteigerung im Pflegedienst (AB-02)	- kontinuierliche aktive Beteiligung an allen inhaltlichen Themen (Beteiligung eines freigestellten BR-Mitglieds aus dem Pflegebereich an der Projektleitung und allen drei Unterprojekten) = > enger Schulterschluss zwischen Management und BR (Co-Management), wobei PL teilweise von Info abgeschnitten war - Ansprache und Auswahl von geeigneten AN für die Beteiligung an Projektgruppen - Impulse zum Thema „Älter werden im Krankenhaus" - Anstoßen eines Nachfolgeprojekts zur Reorganisation des medizinischen Dienstes
Optimierung und Effizienzsteigerung in der Physiotherapie (AB-03)	- BR „nicht sehr präsent", keine eigenen Beiträge - BR als Zustimmungsorgan
Prozessoptimierung zur Verkürzung der Durchlaufzeiten in der Produktion (AB-04)	- starke Beteiligung am Teilprojekt „Change Management" - Kommunikation und „Vermarktung“ gegenüber den AN - Regelung und Ermöglichung der Einführung von Schichtarbeit - Thematisierung möglicher Nachteile für AN („Bedenkenträgerrolle“)

Tab. 4.2: (Fortsetzung)

Noch: II. Innovationen im Bereich der Ablauforganisation

Fall (Kennziffer)	BR-Beiträge
Bürokratieabbau und Verschlankung von Arbeitsprozessen (AB-05)	– BR setzt durch, dass die im Rahmen des Projekts zu erstellenden Aktivitätslisten nicht personen-, sondern team- oder abteilungsbezogen erstellt werden ⇒ somit keine Rückschlüsse auf individuelle Leistungen möglich – Mitsprache bei Frage, welche Leistungsindikatoren erfasst werden sollen – Empfehlungen an AN, Aktivitätslisten ungenau auszufüllen „Opponentenrolle" – Einsatz zum Erhalt der Arbeitsplätze, Vorschlag einer zweijährigen Jobgarantie
Kosteneinsparung durch Effizienzsteigerung in allen Bereichen des Unternehmens (AB-06)	– kontinuierliche aktive Beteiligung sowohl an allen inhaltlichen als auch personalbezogenen Themen (BR-Mitglieder in allen Teilprojekten und im Lenkungsausschuss) – BR als „positives Korrektiv" – Steigerung der Akzeptanz des Projekts (einzelne Abteilungen haben zunächst Beteiligung an der Analyse verweigert, Einzelgespräche) – Verhinderung betriebsbedingter Kündigungen, stattdessen sozialverträglicher Personalabbau – Erhalt von Arbeitsplätzen für Behinderte
Gestaltung von Richtlinien für ein Konzern weites Effizienzprogramm (AB-07)	– Initiierung durch den BR, Umsetzung der eigenen Konzepte jedoch nicht möglich aufgrund eines Parallelprojekts des Managements mit anderer Zielsetzung
Einführung von Parkraumbewirtschaftung für Mitarbeiter und Besucher (AB-08)	– anfänglich Blockade gegen das Projekts und dadurch Verzögerung um ca. zwei Jahre (erst Einigungsstelle entscheidet zugunsten Management, so dass das Thema behandelt werden musste) – Verhinderung von Parkgebühren für diejenigen AN, die im Rahmen eines Sanierungsprogramms auf Gehalt verzichten – Betriebsvereinbarung zum personenbezogenen Datenschutz (Videoüberwachungsdaten der Parkschranken dürfen nicht zur Leistungs- und Verhaltenskontrolle der AN verwendet werden)

Tab. 4.2: (Fortsetzung)

III. Personalbezogene Innovationen

Fall (Kennziffer)	BR-Beiträge
Einführung von regelmäßigen Mitarbeitergesprächen (PE-01)	– BR maßgeblich für inhaltliche Bestandteile des Mitarbeitergesprächs verantwortlich – formale Aspekte und organisatorischer Ablauf des Mitarbeitergesprächs – Schulung der Führungskräfte zur Durchführung der Mitarbeitergespräche durchgesetzt – Möglichkeit des Feedbacks und der Stellungnahme der AN zum Ergebnis ihres Mitarbeitergesprächs – Einschränkung der Möglichkeit, harte Kritik am AN zu äußern
Einführung einer neuen Arbeitszeitregelung (PE-02)	– Ablehnung des Wunsches vom Management, Vertrauensarbeitszeit einzuführen (d.h. keine Erfassung von Arbeitszeit), da Überlastung der MA befürchtet – Drängen auf Vereinbarung von transparenten Regeln zur Erfassung und Abgeltung von Überstunden – Durchsetzung getrennter Vereinbarungen für den Umgang mit Mehrarbeit (vom Management veranlasst) und Überstunden (von AN „freiwillig" geleistet)
Umsetzung des Entgelt-Rahmenabkommens (ERA) (PE-03)	– Beratung und Motivierung der AN zur Erhebung von Widerspruch gegen ihre Gehaltseingruppierung, um eine höhere Eingruppierung zu erreichen – Verhandlung mit dem Management in einer „paritätischen Kommission" über die Neubewertung und Neueingruppierung bei Widersprüchen gegen die Ersteingruppierung
Neue Maßnahmen der Altersvorsorge (PE-04)	– Initiative ging vom BR aus – Erhöhung des Aufstockungsbetrags für außertarifliche Beschäftigte erreicht – Erhöhung der Arbeitgeberbeiträge zur Altersvorsorge gefordert
Einführung einer regelmäßigen Mitarbeiterbefragung (PE-05)	– Prüfung des Fragenkatalogs in Bezug auf Inhalt und Wahrung der Anonymität der Teilnehmenden – neue Themen „Gesundheitsmanagement" und „Work-Life-Balance" in die Befragung eingebracht – Mitsprache bei der Festlegung des Personenkreises der Teilnehmenden (insbesondere der Führungskräfte) – Beteiligung am Beschluss von Maßnahmen, um die Ergebnisse der Mitarbeiterbefragung umzusetzen – Ansprache der AN, um sie zur Teilnahme an der Befragung zu motivieren

Tab. 4.2: (Fortsetzung)

Noch: III. Personalbezogene Innovationen

Fall (Kennziffer)	BR-Beiträge
Einführung von Zielvereinbarungen für Mitarbeiter (PE-06)	– deutliche Positionierung gegen Zielvereinbarungen als Bestandteil des Tarifvertrags, da indirekte Lohnkürzungen vermutet werden – Begrenzung auf maximal drei Ziele – Beschreibung und Operationalisierung der Ziele – Definition des variablen Entgeltanteils – Rücksprache mit den betroffenen AN im Vorfeld über mögliche Probleme und Risiken
Maßnahmen zur Prävention psychischer Fehlbelastungen (PE-07)	– Initiative durch BR, an Umsetzung jedoch kaum beteiligt – Teilnahme eines BR-Mitglieds an Stressbewältigungsseminar, um die Schulungen zu überprüfen
Maßnahmen zur besseren Vereinbarkeit von Familie und Beruf (PE-08)	– kontinuierliche aktive Beteiligung und Anregungen zu allen inhaltlichen Themen – Einsatz für Erhalt und Weiterentwicklung der Qualifikation während der Elternzeit (Teilnahme an Schulungen, regelmäßige Mitarbeitergespräche) – Gestaltung finanzieller/materieller Leistungen für AN – Arbeitszeitgestaltung – Wiedereinstellungszusage für AN in Elternzeit unabhängig von der Dauer der Unternehmenszugehörigkeit – Initiierung der Zertifizierung für das „Beruf & Familie"-Programm
Verbesserung der Work-Life-Balance (PE-09)	– Initiative durch BR – Planung und Umsetzung des Projekts maßgeblich durch BR erfolgt
Einführung eines Fehlerberichtssystems (CIRS) (PE-10)	– BR als Projektmitglied an allen inhaltlichen Fragen beteiligt – kritische Sichtweise („typisch BR") ins Projekt eingebracht – Kommunikation des Projekts gegenüber AN
Einführung eines neuen Ideenmanagementsystems (PE-11)	– Beiträge zur inhaltlichen Ausgestaltung gering – Initiierung eines „Innovationstags", um das neue Ideenmanagementsystem bei den AN bekannt zu machen und für dessen Nutzung zu werben
Einführung eines Ideenwettbewerbs (PE-12)	– keine nennenswerten inhaltlichen Beiträge – formaler Beitrag durch Aufsetzen einer Betriebsvereinbarung

Tab. 4.2: (Fortsetzung)

Noch: III. Personalbezogene Innovationen

Fall (Kennziffer)	BR-Beiträge
Einführung einer Vertriebsprämie für Mitarbeiter des Vertriebs (PE-13)	– genereller Sockelbetrag als Garantieprämie gefordert, für das erste Jahr nach Einführung durchgesetzt – gemeinsam mit Management Erarbeitung der Bedingungen, unter denen die Vertriebsprämie gewährt wird – Vereinbarung der Vorläufigkeit und Modifizierbarkeit des Prämiensystems, falls Probleme auftauchen
Einführung von Vertrauensarbeitszeit (PE-14)	– Idee von BR gemeinsam mit Management entwickelt – BR am gesamten Entwicklungs- und Umsetzungsprozess beteiligt – Kommunikation mit den AN, um Befürchtungen auszuräumen, dass durch Vertrauensarbeitszeit Überstunden kaschiert werden – Kommunikation mit den Führungskräften, um Befürchtungen auszuräumen, dass die AN Vertrauensarbeitszeit ausnutzen, um weniger zu arbeiten
Mitarbeiterfreundliche Neugestaltung des Abmahnungsprozesses (PE-15)	– alleinige Initiative des BR aufgrund von Anregungen/Beschwerden der AN – eigenständige Ausarbeitung des Konzepts – Gesprächs-/Diskussionsangebote an Management werden von diesem nicht angenommen, da kein Veränderungsbedarf gesehen wird – Innovation verläuft im Sande und wird nicht umgesetzt

IV. Einführung neuer Software

Fall (Kennziffer)	BR-Beiträge
Einführung einer 3D-Konstruktionssoftware (IT-01)	– Betriebsvereinbarung wegen anfallender Mehrarbeit im Rahmen der Einführung – Durchsetzung einer insgesamt vierwöchigen Schulung für alle betroffenen AN (AG schlug zweiwöchige Schulung für nur einen Teil der AN vor) – in Zusammenarbeit mit den AN Erarbeitung eines Konzepts für die Organisierung der Arbeitsschritte und –abläufe mit der neuen Software – Steigerung der Bereitschaft der AN für die neue Software
Einführung einer Software zur effizienteren und einheitlichen Zusammenarbeit von Teams (IT-02)	– Teilnahme an Projektsitzungen, aber nicht Projektmitglied – Betriebsvereinbarung zur Verhinderung von Leistungs- und Verhaltenskontrolle mittels der neuen Software – Absicherungsmechanismus durchgesetzt, der die Nutzer/innen vor Arbeitsüberlastung schützt (über das System erteilte Aufträge müssen per Telefon vom Auftragnehmer bestätigt werden)

Tab. 4.2: (Fortsetzung)

Noch: IV. Einführung neuer Software

Fall (Kennziffer)	BR-Beiträge
Einführung eines neuen Abrechnungs- und Kundendatenverwaltungssystems (IT-03)	– Einige BR-Mitglieder auch Projektmitglieder, allerdings geringer inhaltlicher Input, dafür Hinweise auf Umsetzungsschwierigkeiten – Ausdehnung einer bestehenden Betriebsvereinbarung auf die neue Software zum Schutz vor Leistungs- und Verhaltenskontrolle – Anpassung der Überstundenregelung für die Zeit der Implementierung (Überstunden sind unbegrenzt möglich und verfallen nicht) – Nachschulungen der AN veranlasst – Multiplikatoren- bzw. Key-User-System veranlasst
Einführung eines Abrechnungssystems (IT-04)	– Begleitung des Projekts durch Teilnahme an regelmäßigen Sitzungen von Management und Projektleitung, vor allem zur Information, weniger zur inhaltlichen Beteiligung – Betriebsvereinbarung gegen Möglichkeit der Leistungsüberwachung mit der neuen Software – Verweigerung der Freigabe des neuen Systems angedroht
Einführung einer neuen Software zur Anlagenführung (IT-05)	– kontinuierliche aktive fachlich-inhaltliche und personalbezogene Begleitung ⇒ Doppelfunktion als BR und als Projektmitarbeiter – Vereinbarung zur Begrenzung und angemessenen Entlohnung der Mehrarbeit im Rahmen der Einführung – Betriebsvereinbarung gegen Möglichkeit der Leistungs- und Verhaltenskontrolle mit der neuen Software

BR = Betriebsrat, AN = Arbeitnehmer/innen

Vom vorherrschenden Muster einer proaktiven Mitbestimmung bei den personalbezogenen Innovationen weichen zwei Fälle deutlich ab. Dabei handelt sich jeweils um die Einführung von Ideenmanagementsystemen (PE-11, PE-12).[4] In beiden Fällen ging die inhaltliche Gestaltung des Betriebsrats nicht über eine aktive Beobachtung hinaus; eigene Beiträge wurden nicht geleistet und zwar nicht, weil vom Management versucht wurde, die Beteiligung zu verhindern, sondern weil sich der Betriebsrat von sich aus weitgehend passiv verhielt. Dies ist umso erstaunlicher, da dem Betriebsrat laut § 87 Abs. 1 BetrVG explizit volles Mitbestimmungsrecht über „Grundsätze des betrieblichen Vorschlagwesens“ eingeräumt wird. Eine Verallgemeinerung, der zufolge das betriebliche Vorschlagswesen für Betriebsräte generell uninteressant ist oder von ihnen vernachlässigt wird, ist auf Grundlage dieses Befundes jedoch unzulässig.

4 Eventuell könnte hier auch eine Einordnung unter ablauforganisatorische anstelle von personalbezogenen Innovationen überlegt werden.

Der *direkte Arbeitnehmerbezug* als weitere Kategorie von Beiträgen durch die betriebliche Mitbestimmung scheint für den Betriebsrat bei personalbezogenen Innovationen eine weniger wichtige Rolle zu spielen. Die Verteidigung von Schutzinteressen, der Einsatz für eine innovationsbezogene Qualifikation der Beschäftigten, der beratende Austausch mit Ihnen sowie die Steigerung der Akzeptanz der Innovation durch die Betroffenen werden hier nur in Einzelfällen genannt.

Den deutlichsten Kontrast zu den personalbezogenen Innovationen bilden die *Softwareeinführungen*. Die inhaltliche Mitgestaltung hat hier für den Betriebsrat offenbar eine eher untergeordnete Bedeutung. Nur in einem Fall (Software zur Anlagenführung, IT-05) begleitet der Betriebsrat die Innovation kontinuierlich und ist auch Mitglied in der Projektgruppe. In allen Fällen dominiert dagegen der direkte Arbeitnehmerbezug das Betriebsratshandeln. Zuvorderst ist hier die Schutzfunktion des Betriebsrats zu nennen. Mit einer Ausnahme (3D-Konstruktionssoftware, IT-01) schloss der Betriebsrat in allen Fällen Betriebsvereinbarungen ab, mit denen verhindert wurde, dass die neue Software zur Leistungs- und Verhaltenskontrolle der Mitarbeiter eingesetzt wurde. Dies war und ist aus gewerkschaftlicher Sicht eine zentrale Forderung bei der Einführung neuer Software (vgl. Klotz 1987). Ebenfalls bedeutsam im Zusammenhang mit der Anschaffung neuer Software ist der Umgang mit Mehrarbeit und Überstunden, die während der Erprobungs- und Einführungsphase anfallen. In drei der fünf untersuchten Fälle wurden durch den Betriebsrat Vereinbarungen initiiert und abgeschlossen, die für den Zeitraum der Implementierung Überstunden über das ansonsten übliche Maß zuließen und/oder ihre angemessene Kompensierung in Form von Geld oder Freizeitausgleich regelten. Diese Maßnahmen lassen sich im Sinne des verwendeten Kategoriensystems sowohl dem Mitarbeiterschutz als auch der Gestaltung des Innovationskontexts zurechnen.

Auch bei den Innovationen, die die *Aufbau- und die Ablauforganisation* betreffen, können typische Muster identifiziert werden. Diese fallen jedoch weniger deutlich aus als bei den zuvor beschriebenen Personal- und IT-Innovationen. Es lässt sich festhalten, dass für Betriebsräte bei den Innovationen zur *Aufbauorganisation* Fragen des Mitarbeiterschutzes und der Gestaltung eines innovationsförderlichen Kontexts stärker im Mittelpunkt stehen. Gleichzeitig ist bei der inhaltlichen Ausgestaltung die Mitsprache eher gering und beschränkt sich meist auf Einzelbeiträge. Beispielhaft dafür ist die Zusammenlegung der Küchen (AUF-02), in deren Verlauf der Betriebsrat einen neuen Tarifvertrag für die rechtlich nun eigenständige Zentralküche aushandelte sowie Vereinbarungen zur Wochenend- und Schichtarbeit abschloss, auf inhaltliche Aspekte, etwa die Gestaltung der neuen Arbeitsprozesse, jedoch kaum Einfluss nahm. Lediglich für eine angemessene Arbeitskleidung setzte er sich ein. Auch dem Einsatz des Betriebsrats für die Akzeptanz der Innovation bei den Beschäftigten scheint in dieser Fallgruppe eine etwas größere Bedeutung zuzukommen. Sie kommt in den Interviews vergleichsweise häufiger zur Sprache als bei den Personal- und Softwareinnovationen.

Im Vergleich dazu scheinen bei den Innovationen im Bereich der *Ablauforganisation* inhaltliche Mitgestaltung und Schutz der Mitarbeiterinteressen für den Betriebsrat eine relativ wichtige Rolle zu spielen. Hier ist jedoch zu beachten, dass nur in einem Fall, dem unternehmensweiten Kosteneinsparungs- und Effizienzsteigerungsprogramms (AB-06), der Betriebsrat sich sowohl für eine kontinuierliche Mitgestaltung als auch für Schutzinteressen einsetzte. In den restlichen Fällen konzentrierte er sich entweder auf inhaltliche Fragen (z.B. Optimierung Pflegedienst, AB-02) oder aber die Bedürfnisse der Beschäftigten (z.B. Einführung Parkraumbewirtschaftung, AB-08). Offenbar birgt diese Art von Prozessinnovationen ein höheres Potenzial für Betriebsräte, sowohl Mitarbeiterinteressen verteidigen zu müssen als auch Gestaltungsspielräume nutzen zu können. Ein weiteres Charakteristikum dieser Innovationsgruppe besteht darin, dass sich unter den untersuchten Fällen keiner befindet, bei dem sich der Betriebsrat für eine spezifische Qualifikation der betroffenen Mitarbeiter stark gemacht hätte. In den anderen Fallgruppen wird dies zumindest vereinzelt berichtet, am häufigsten bei den Softwareeinführungen, selbst wenn dies auch in dieser Fallgruppe kein besonders herausragendes Betätigungsfeld für den Betriebsrat darzustellen scheint. Allerdings ist davon auszugehen, dass der im Zuge einer Innovation entstehende Weiterbildungsbedarf meist vom Management selbst erkannt und entsprechend berücksichtigt wird.

Bisher noch nicht thematisiert wurden die sowohl aus theoretischer als auch praktischer Sicht interessante *Beratung zwischen Betriebsrat und Beschäftigten* sowie der *Widerstand des Betriebsrats* gegen Innovationsprojekte. Über beides wird in den untersuchten Fällen eher selten berichtet. Die *Beratung zwischen Betriebsrat und den Beschäftigten* kommt insgesamt in nur sechs Fällen zur Sprache, dreimal bei den Personalinnovationen (PE-03, PE-06, PE-15), zweimal bei den Innovationen der Ablauforganisation (AB-02, AB-05), sowie einmal bei den IT-Fällen (IT-01). Interessant erscheint dieser Befund vor dem Hintergrund, dass aus partizipationstheoretischer Sicht gerade der spezifische Informationskanal zwischen den Beschäftigten und ihren Vertretern ein starkes Argument für die Mitbestimmung darstellt. Dabei wird unterstellt, dass durch diesen Kanal wichtige Informationen zugänglich gemacht werden, auf die das Unternehmen ansonsten nicht zurückgreifen könnte, die aber für Managemententscheidungen durchaus große Relevanz besitzen können. Zudem wird davon ausgegangen, dass die Informationen von den Beschäftigten zum Betriebsrat fließen und dieser sie bündelt und weiterleitet. Dies jedoch wurde nur in drei der sechs Fälle genannt (PE-06, PE-15, IT-01), in einem Fall passierte dies nur indirekt, indem sich der Betriebsrat bei der Auswahl geeigneter Projektmitarbeiter/innen beteiligte (AB-

02) und in zwei Fällen liefen die Informationen in umgekehrter Richtung, nämlich vom Betriebsrat zur Belegschaft (AB-05, PE-03). Wenn nun der Austausch zwischen Betriebsrat und Beschäftigten in den untersuchten Fällen kaum stattfindet, so lässt dies zwei unterschiedliche Schlüsse zu: Entweder lässt der Betriebsrat das Wissen der Beschäftigten ungenutzt, wobei unklar bliebe, welche Gründe hinter einem solchen Verhalten stecken, oder aber der Betriebsrat hat durch die tägliche Arbeit sein Ohr bereits so dicht an den Beschäftigten dran, dass er sich auf demselben Erfahrungs- und Wissenstand wie diese befindet und durch zusätzliche Konsultationen bei konkreten Innovationen kein weiterer Wissenszuwachs zu erwarten wäre. Einen Hinweis diesbezüglich liefern die Ergebnisse der quantitativen Analyse in Abschnitt 3.3.5.. Die gefundenen Zusammenhänge bestätigen in gewisser Weise die qualitativen Befunde, denn sie weisen ebenfalls nicht darauf bin, dass sich der Betriebsrat wichtige Informationen bei den Beschäftigten durch einen direkten Austausch mit ihnen erschließt und dieses Wissen dann in den Innovationsprozess einfließen lässt. Vielmehr scheint sich seine Beteiligung so auszuwirken, dass sie zu einer stärkeren direkten Partizipation der Beschäftigten am Innovationsprozess führt, die wiederum dazu führt, dass die Mitarbeiter/innen ihre Erfahrungen unmittelbar, und nicht über den Betriebsrat, in die Innovation einbringen. Ein derartiger Ablauf ist am ehesten mit den Schilderungen in Fall AB-02 in Einklang zu bringen, in dessen Verlauf der Betriebsrat aktiv für die Beteiligung von Beschäftigten als Projektmitarbeiter an der Innovation gesorgt hat. Wenn dies jedoch ein typisches Vorgehen wäre, liegt die Frage nahe, warum die Rolle des Betriebsrats als aktiver Förderer und Möglichmacher direkter Partizipation zwar als Interpretation der quantitativen Daten plausibel ist, jedoch bei der Fallrekonstruktion im Rahmen der Interviews praktisch nicht (mit Ausnahme von Fall AB-02) erwähnt wird. Eine passende Antwort könnte die in Unterkapitel 3.4 geäußerte Vermutung sein, dass die Schutzfunktion des Betriebsrats auch präventiv wirkt, so dass sich Beschäftigte generell freier äußern, weil sie im Zweifel den Betriebsrat anrufen könnten. Eine bewusste und intentionale Einflussnahme des Betriebsrats auf die Einbindung der Beschäftigten wäre dann gar nicht notwendig und könnte trotzdem die gefundenen Effekte erklären.

Ebenfalls in nur sechs Fällen wird vom *Widerstand* des Betriebsrats berichtet. In vier Fällen ging es dabei tatsächlich um die Ablehnung des jeweiligen Vorhabens als Ganzes oder in Teilen (z.B. bei der Einführung der neuen Arbeitszeitregelung, PE-02). Diese Art von Widerstand findet sich jedoch nur bei den personalbezogenen Innovationen und den Innovationen der Ablauforganisation, d.h. bei den Innovationstypen, bei denen sich der Betriebsrat insgesamt recht proaktiv verhält. Diese Fallgruppen scheinen somit ein besonders weites Tätigkeitsspektrum für Betriebsräte zu bieten. Überdies stehen Widerstand und eine rege inhaltliche Mitgestaltung nicht im Widerspruch zueinander, da in einigen Fällen beide Strategien zu finden sind (z.B. Einführung von Zielvereinbarungen, PE-06). Auch in der Gruppe der Softwareeinführungen und Veränderungen der Aufbauorganisation findet sich je ein Fall, in denen der Betriebsrat Widerstand leistete. Bei beiden Innovationen setzt der Betriebsrat seinen Widerstand aber nicht dafür ein, um ein Projekt wirklich zu verhindern, sondern als Verhandlungstaktik, um bestimmte Forderungen durchzusetzen (siehe Integration von Überhangpersonal [AUF-06] und Einführung eines neuen Abrechnungssystems [IT-04]).

4.3.2 Beiträge von Betriebsräten bei unterschiedlich erfolgreichen Prozessinnovationen

Der ursprüngliche Untersuchungsansatz sah als einen zentralen Analyseschritt vor, erfolgreiche und weniger erfolgreiche Innovationen in Bezug auf die Frage der betrieblichen Mitbestimmung einander gegenüberzustellen. Wie dargelegt wurde, war es bei der Fallakquise schwierig, Innovationen zu identifizieren, die von den Hauptbeteiligten übereinstimmend als gelungen oder nicht gelungen eingestuft wurden, da bei der Bewertung einzelne Kriterien sehr unterschiedlich gewichtet oder insgesamt unterschiedliche Kriterien herangezogen wurden. Allerdings ließen sich die untersuchten Fälle mithilfe der Angaben aus dem standardisierten Fragebogen, der auch eine Bewertung des Innovationsergebnisses beinhaltete, durchaus in eher erfolgreiche und weniger erfolgreiche Innovationen aufteilen, da durch die Mittelung der Antworten auf Fallebene jeder Innovation ein eindeutiger Erfolgswert zugeordnet wurde. Somit war es möglich zwei Gruppen von Innovationen zu bilden, die sich hinsichtlich ihres Erfolgs nachvollziehbar differenzieren lassen, so dass ein Vergleich unterschiedlich erfolgreicher Innovationen in Bezug auf die Betriebsratsbeteiligung letztlich doch durchgeführt werden konnte. Dabei wurde der Fokus auf diejenigen Fälle gerichtet, die an den äußeren Bereichen der Erfolgswerteverteilung der Stichprobe liegen. Dies hatte sowohl inhaltliche als auch forschungspraktische Gründe. Zum einen konnte dadurch die Zahl der zu vergleichenden Fälle auf eine handhabbare Größe beschränkt werden. Zum anderen wurde das Risiko verringert, dass aufgrund der Unsicherheit, mit der jede Messung verbunden ist, einzelne Fälle ungerechtfertigt der erfolgreichen oder der weniger erfolgreichen Fallgruppe zugeordnet wurden, zumal die Erfolgswerte der Stichprobe ohnehin nicht über die gesamte Antwortskala streuten, sondern eher im mittleren Wertebereich zusammenlagen. Aufgrund der Verhältnisse in der Stichprobe bot sich folgende Zuordnung an (vgl. Tab. 4.3). In der Gruppe der erfolgreichen Innovationen wurden alle Fälle mit einem Erfolgswert von *mindestens 1* zusammengefasst und in der Gruppe der weniger erfolgreichen Innovationen alle Fälle mit einem Erfolgswert von *0 oder kleiner* (die Konstruktion der Skalen zur Messung des Innovationserfolgs wurde in Abschnitt 3.2.1 erklärt). Alle Fälle mit einem Erfolgs-Wert zwischen 0 und 1 wurden nicht berücksichtigt.

Die Gegenüberstellung der Innovationen zeigt hinsichtlich der Betriebsratsbeteiligung bemerkenswert deutliche Unterschiede zwischen erfolgreichen und weniger erfolgreichen Fällen. Im Bereich der *inhaltlichen Ausgestaltung* treten Betriebsräte bei den erfolgreichen Fällen wesentlich proaktiver auf als bei den weniger erfolgreichen. So wurde in sechs der neun erfolgreichen Innovationen über eine kontinuierliche Projektbeteiligung des Betriebsrats im Sinne der machtvollen Mitgestaltung berichtet. In zwei dieser Fälle (Verbesserung der Work-Life-Balance [PE-09], Einführung von Vertrauensarbeitszeit [PE-14]) ging zusätzlich auch die Initiative zum jeweiligen Innovationsvorhaben vom Betriebsrat aus.

Tab. 4.3: Übersicht über erfolgreiche und weniger erfolgreiche Prozessinnovationen[a]

erfolgreiche Prozessinnovationen (Erfolgswert ≥ 1)	weniger erfolgreiche Prozessinnovationen (Erfolgswert ≤ 0)
Auslagerung eines Callcenters in eine eigene Servicegesellschaft (AUF-04)	Zusammenlegung mehrerer Küchen zu einer Zentralküche (AUF-02)
Integration von Überhangpersonal in die Betriebsorganisation (AUF-06)	Zusammenlegung mehrerer Laborstandorte zu einem Zentrallabor (AUF-03)
Restrukturierung des Geschäftskundenbereichs (AUF-08)	Übernahme und Integration eines Produktionsstandortes von einem Mitbewerber (AUF-05)
Prozessoptimierung zur Verkürzung der Durchlaufzeiten in der Produktion (AB-04)	Optimierung und Effizienzsteigerung im ärztlichen Dienst (AB-01)
Kosteneinsparung durch Effizienzsteigerung in allen Bereichen des Unternehmens (AB-06)	Bürokratieabbau und Verschlankung von Arbeitsprozessen (AB-05)
Einführung einer neuen Arbeitszeitregelung (PE-02)	Einführung eines neuen Ideenmanagementsystems (PE-11)
Maßnahmen zur besseren Vereinbarkeit von Familie und Beruf (PE-08)	Einführung eines Ideenwettbewerbs (PE-12)
Verbesserung der Work-Life-Balance (PE-09)	Einführung eines neuen Abrechnungs- und Kundendatenverwaltungssystems (IT-03)
Einführung von Vertrauensarbeitszeit (PE-14)	

a – Auf die erneute Auflistung der einzelnen Betriebsratsbeiträge wird hier verzichtet, siehe dazu Tabelle 4.2 *Betriebsratsbeiträge im Rahmen der untersuchten Prozessinnovationen*

In einem weiteren Fall ergriff der Betriebsrat immerhin die Initiative, auch wenn er im weiteren Verlauf seinen Fokus vom Inhalt der Innovation auf den Interessenschutz und die Akzeptanz der Beschäftigten verlagerte (Integration von Überhangpersonal [AUF-06]). Im Vergleich dazu ging in keinem der weniger erfolgreichen Fälle die Initiative auf den Betriebsrat zurück. Eine intensive begleitende Mitgestaltung gab es in nur zwei der acht Innovationsprojekte (Optimierung und Effizienzsteigerung im ärztlichen Dienst [AB-01], Einrichtung eines Zentrallabors

[AUF-03]). Die inhaltliche Ausgestaltung durch den Betriebsrat beschränkte sich ansonsten entweder auf Beiträge zu einzelnen Aspekten bzw. Themen der Innovation (vier Fälle) oder gar nur auf eine aktive Beobachterrolle (zwei Fälle).

Auch hinsichtlich ihres *Arbeitnehmerbezugs* unterscheiden sich die Betriebsratsbeiträge. Sehr klar zeigt sich dies bei der Frage, ob die Arbeitnehmervertretung um Akzeptanz für die Innovation bei den Beschäftigten wirbt. In sechs der neun erfolgreichen Fälle betätigte sich der Betriebsrat in dieser Richtung, dagegen nur zweimal in der Gruppe der weniger erfolgreichen. Umgekehrt, jedoch nicht ganz so deutlich, verhält es sich mit der Verteidigung von Schutzinteressen der Beschäftigten. Diese kommen in beiden Fallgruppen vor, scheinen aber bei den weniger erfolgreichen Innovationen eine größere Rolle zu spielen. So wurde bei den weniger erfolgreichen Innovationen in vier von acht Fällen berichtet, dass sich der Betriebsrat für die Interessen der Belegschaft stark machte, bei den erfolgreichen passierte dies nur in drei der neun Fälle. Zudem zeichnet sich ein qualitativer Unterschied in der Art der zu verteidigenden Interessen ab. Während es bei den erfolgreichen Innovationen ausschließlich um materielle Ansprüche geht, wie z.B. die Verhinderung von Gehaltseinbußen (AUF-06) oder Kündigungen (AB-06), setzte sich der Betriebsrat in den weniger erfolgreichen Innovationen neben diesen Themen auch für immaterielle Rechte ein mit dem Ziel, eine drohende Einschränkung der Autonomie der Arbeitnehmer/innen am Arbeitsplatz verhindern. So erreichte der Betriebsrat im Projekt zum Bürokratieabbau (AB-05) und bei der Einführung eines neuen Abrechnungs- und Kundendatenverwaltungssystems (IT-03), dass Verhaltens- und Leistungskontrollen, die geplant waren bzw. möglich gewesen wären, nicht durchgeführt wurden. Diese qualitativen Unterschiede stellen jedoch aufgrund der sehr geringen Fallzahl nur eine Mutmaßung dar. Die zwei weiteren Ausprägungen des direkten Mitarbeiterbezugs, der Informationsaustausch zwischen Betriebsrat und Beschäftigten sowie der Einsatz des Betriebsrats für Weiterbildung, spielen für die Unterscheidung zwischen erfolgreichen und weniger erfolgreichen Innovationen keine Rolle.

Auch die Gestaltung des *Innovationskontexts* scheint keinen Beitrag zur näheren Charakterisierung unterschiedlich erfolgreicher Innovationen zu leisten; in beiden Fallgruppen wurde der Betriebsrat diesbezüglich gleich häufig tätig (je dreimal). An den Kontextinhalten wird zudem deutlich, dass von diesem Handlungsfeld allein kaum Effekte auf den Innovationserfolg zu erwarten sind. Dies zeigt sich besonders bei zwei der drei weniger erfolgreichen Fälle (neues Abrechnungs- und Kundendatenverwaltungssystems [IT-03], Einrichtung einer Zentralküche [AUF-02]). In den beiden genannten Fällen setzte sich der Betriebsrat dafür ein, dass Barrieren aus dem Weg geräumt wurden, die einem reibungslosen Ablauf der Innovation entgegenstanden. So sorgte er etwa beim Fall IT-03 dafür, dass in der Zeit der Innovationseinführung, während der es zu erheblicher Mehrarbeit kam, die bestehende Überstundenregelung flexibilisiert wurde und schloss im Fall AUF-02 eine Vereinbarung zur Wochenend- und Schichtarbeit ab, mit der ein kontinuierlicher Betrieb der neuen Zentralküche gewährleistet wurde. Trotz dieser auf den ersten Blick sehr wichtigen Beiträge blieben die jeweiligen Innovationen vergleichsweise erfolglos, was vor dem Hintergrund interessant ist, dass sich der Betriebsrat ansonsten jeweils nur wenig beteiligte, insbesondere bei inhaltlichen Fragen. Im Vergleich dazu bezog sich in den erfolgreichen Fällen die Kontextgestaltung auf für das Gelingen der Innovation nicht so zentrale Sachverhalte (z.B. auf den Einsatz für eine externe Zertifizierung des Programms zur Vereinbarkeit von Beruf und Familie [PE-08]) und ging stets einher mit einer intensiven inhaltlichen Beteiligung des Betriebsrats. Dies lässt den möglichen Schluss zu, dass es nicht ausreichend ist, wenn sich der Betriebsrat auf die Gestaltung guter Rahmenbedingungen beschränkt, um eine Prozessinnovationen positiv zu beeinflussen. Dies könnte dann gezeigt werden, wenn es erfolgreiche Innovationen gäbe, bei denen dies der Schwerpunkt des Betriebsratshandelns war, was jedoch bei den verglichenen Fällen nicht vorkam. Die gerade aufgezeigten Unterschiede sind aufgrund der geringen Fallzahl allerdings als vorläufig anzusehen.

Widerstände eignen sich zur Beschreibung des Betriebsratsverhaltens in erfolgreichen und weniger erfolgreichen Prozessinnovationen ebenfalls kaum. Der Hauptgrund dafür liegt in dem seltenen Auftreten in den untersuchten Innovationsfällen, so dass hier von zufälligen Abweichungen zwischen beiden Gruppen ausgegangen werden muss.

4.3.3 Zusammenfassung der Ergebnisse

Die Analyse der untersuchten Fälle hat gezeigt, dass sowohl unterschiedliche Innovationstypen als auch unterschiedlich erfolgreiche Innovationen mit einem jeweils charakteristischen Profil der Betriebsratsbeteiligung einhergehen. Im Folgenden sollen die Ergebnisse noch einmal zusammengefasst dargestellt werden.

Innovationstypen: Hinsichtlich des Vergleichs unterschiedlicher Arten von Innovationen konnte gezeigt werden, dass das Muster des Betriebsratsverhaltens bei den Personal- und Softwareinnovationen klarer bzw. einfacher zu charakterisieren ist als bei den Innovationen der Aufbau- und Ablauforganisation (vgl. Tab. 4.4). So zeichneten sich die personalbezogenen Innovationen durch eine recht starke Beteiligung des Betriebsrats in inhaltlichen Fragen aus, auch die Initiative für eigene Projekte konnte hier häufiger als bei den anderen Innovationen beobachtet werden. Der Bezug zu den Arbeitnehmer/inne/n, wie beispielsweise der Schutz der Beschäftigteninteressen oder Qualifikationsmaßnahmen, spielte in dieser Fallgruppe dagegen eine eher untergeordnete Rolle.

Tab. 4.4: Betriebsratsbeteiligung bei unterschiedlichen Innovationsarten

Innovationsart	Schwerpunkt des Betriebsratshandelns
Innovationen im Bereich der Aufbauorganisation	inhaltliche Ausgestaltung o Schutz der Arbeitnehmerinteressen + Werben um Akzeptanz + Kontext +
Innovationen im Bereich der Ablauforganisation	inhaltliche Ausgestaltung + Schutz der Arbeitnehmerinteressen + Qualifikation o
Personalbezogene Innovationen	inhaltliche Ausgestaltung ++ dir. Arbeitnehmerbezug (Interessenschutz, Qualifikation, Akzeptanz) o
Einführung neuer Software	inhaltliche Ausgestaltung o Schutz der Arbeitnehmerinteressen ++ Kontext +

++ vergleichsweise stark ausgeprägt; + vergleichsweise etwas stärker ausgeprägt;
o vergleichsweise wenig ausgeprägt

Im Gegensatz dazu stand bei den Softwareeinführungen der Schutz der Arbeitnehmer/innen deutlich im Vordergrund. Dieser bezog sich in erster Linie darauf, Möglichkeiten der Verhaltens- und Leistungskontrolle mit der neuen Software zu verhindern und Regelungen für Mehrarbeit und Überstunden zu vereinbaren, die während der Einführungsphase anfielen. Durch diesen Einsatz beeinflusste der Betriebsrat auch den Kontext, d.h. die Rahmenbedingungen der Innovationen positiv, indem er für die Beseitigung organisatorischer Hürden sorgte. Inhaltlich nahm der Betriebsrat kaum Einfluss.

Die Innovationen der Aufbauorganisation lassen sich am ehesten durch den Einsatz für Schutzinteressen sowie das Werben um Akzeptanz bei den betroffenen Beschäftigten charakterisieren. Auch die Einflussnahme des Betriebsrats auf günstige Rahmenbedingungen konnte hier beobachtet werden. Inhaltliche Betriebsratsbeiträge waren dagegen eher unterrepräsentiert.

Bei den Innovationen der Ablauforganisation spielten sowohl die Mitgestaltung von inhaltlichen Aspekten als auch die Verteidigung von Schutzinteressen der Mitarbeiter eine wichtige Rolle für die betriebliche Mitbestimmung. Dabei war jedoch auf Ebene des Einzelfalls selten der Einsatz für beide Themengebiete üblich. Vielmehr stand meist einer der beiden Aspekte im Vordergrund, während der andere geringere Relevanz besaß.

Erfolgreiche und weniger erfolgreiche Innovationen: Die Muster der betrieblichen Mitbestimmung im Zusammenhang mit dem Innovationserfolg unterscheiden sich deutlich (siehe Tab. 4.5). So zeichnen sich die erfolgreichen Innovationsfälle durch eine starke Beteiligung des Betriebsrats an der inhaltlichen Ausgestaltung der Innovation aus; dies zeigte sich vor allem durch eine kontinuierliche Begleitung, manchmal ging dem sogar die Initiierung eines Innovationsprojekts voraus. Bei den weniger erfolgreichen Fällen leistete der Betriebsrat nur wenig inhaltliche Arbeit.

Neben der Beteiligung an inhaltlichen Fragen waren die Betriebsräte in den erfolgreichen Innovationen zudem bemüht, die Akzeptanz der Beschäftigten für das Projekt zu gewinnen. In den weniger erfolgreichen Fällen spielte dies kaum eine Rolle. Dafür setzte sich der Betriebsrat hier tendenziell stärker für den Schutz von Mitarbeiterinteressen ein.

Tab. 4.5: Betriebsratsbeteiligung bei unterschiedlich erfolgreichen Innovationen

Innovationserfolg	Schwerpunkt des Betriebsratshandelns
erfolgreich	inhaltliche Ausgestaltung ++ Werben um Akzeptanz ++ Schutz der Arbeitnehmerinteressen O
weniger erfolgreich	inhaltliche Ausgestaltung O Werben um Akzeptanz O Schutz der Arbeitnehmerinteressen +

++ vergleichsweise stark ausgeprägt; + vergleichsweise etwas stärker ausgeprägt; O vergleichsweise wenig ausgeprägt

4.4 Diskussion

Die Ergebnisse der qualitativen Fallauswertung haben zu einigen neuen und interessanten Erkenntnissen über die Rolle der betrieblichen Mitbestimmung bei Prozessinnovationen geführt. Im Rahmen der statistischen Auswertung (Abschnitt 3.3.4) wurde bereits klar gezeigt, dass eine stärkere Betriebsratsbeteiligung mit einem höheren Innovationserfolg einhergeht. Gleichzeitig wurde deutlich, dass es u.a. auf die Art der Innovation ankommt, ob sich Betriebsräte eher schwach oder stark beteiligen, wenngleich die Unterschiede im Ausmaß der Beteiligung zwischen den verschiedenen Innovationstypen zwar theoriekonform, jedoch nicht besonders stark ausgeprägt waren. In Ergänzung dazu konnte durch die Auswertung der Interviews für jeden Innovationstyp ein mehr oder weniger charakteristisches Beteiligungs- bzw. Tätigkeitsprofil des Betriebsrats herausgearbeitet werden. Diese Profile deuten auf qualitative Unterschiede jenseits der

Beteiligungsdimension „schwach versus stark“ hin und scheinen zudem aufgrund ihrer Spezifität einen höheren Erklärungswert zur Beschreibung von Mitbestimmung im Kontext unterschiedlicher Innovationsarten zu besitzen. Die breite Diskussion (und auch Forschung) hinsichtlich der Frage, ob für Innovationen eher eine starke oder schwache Betriebsratsbeteiligung zuträglich sei, greift vor diesem Hintergrund zwar einen wichtigen Aspekt der Thematik heraus, scheint jedoch nicht ausreichend zu sein, um die Rolle der Mitbestimmung im Innovationsgeschehen erschöpfend zu erörtern. Vielmehr dürfte die Debatte über Möglichkeiten und Chancen von Betriebsräten, auf Innovationen Einfluss zu nehmen, erst dann wirklich fruchtbar zu sein, wenn klar ist, um welchen Innovationsgegenstand es geht.

Dies zeigt sich besonders deutlich bei einem Vergleich der Innovationen der Aufbauorganisation mit den personalbezogenen Innovationen. Beide Innovationstypen zeichnen sich durch einen vergleichbaren Mittelwert hinsichtlich des Ausmaßes der Betriebsratsbeteiligung aus (3.59 bzw. 3.60). Durch die Analyse der Interviews wurde jedoch deutlich, dass diese auf den ersten Blick ähnliche Beteiligungsstärke auf völlig unterschiedliche Art und Weise erreicht wurde. Während sich der Betriebsrat bei den Personalinnovationen primär an inhaltlichen Fragen beteiligte, spielte dieser Aspekt bei den Innovationen im Bereich der Aufbauorganisation eine eher geringe Rolle; der Betriebsrat engagierte sich dafür stärker für den Schutz der Mitarbeiterinteressen und sorgte für eine höhere Akzeptanz der Innovation in der Belegschaft. Über solche Aktivitäten des Betriebsrats wiederum wurde bei den Personalinnovationen kaum berichtet. Andererseits weist die Art der Beteiligung bei Innovationstypen, die unterschiedliche Beteiligungswerte erreichen, durchaus Parallelen auf. So sind sowohl bei den Softwareinnovationen (Mittelwert Betriebsratsbeteiligung = 3.03) als auch bei den Innovationen im Bereich der Aufbauorganisation (Mittelwert Betriebsratsbeteiligung = 3.59) die inhaltlichen Beiträge eher gering und Interessenschutz sowie Kontextgestaltung sind ungefähr gleichermaßen bedeutsam.

Differenziert betrachtet werden muss auch die vermeintliche Abstufung von Beteiligungsrechten hinsichtlich sozialer, personeller und wirtschaftlicher Angelegenheiten. Zwar konnte eine solche Abstufung mit den Daten der Fragebogenerhebung im Großen und Ganzen bestätigt werden (siehe Abschnitt 3.3.4). Zu relativieren ist jedoch die Auffassung, die Betriebsratsbeteiligung bedeute im Falle von wirtschaftlichen bzw. strategischen Unternehmensentscheidungen die Beschränkung auf Informations- und Beratungsrechte (z.B. Keller 2008; Müller-Jentsch 2007). Selbst wenn dies aus theoretischer bzw. juristischer Sicht zum Teil zutreffend sein mag (nicht bei Betriebsänderungen nach §§ 111–113 BetrVG), so kann diese Beschränkung in der Praxis der untersuchten Fälle nicht beobachtet werden. Zunächst einmal kann angenommen werden, dass Innovationen, die unternehmerische Entscheidungen im engeren Sinne betreffen, vornehmlich in den Bereichen der Aufbau- und Ablauforganisation anzutreffen sind (z.B. Auslagerung eines Call-Centers [AUF-04], Übernahme eines Produktionsstandorts, [AUF-05], Verkürzung der Durchlaufzeiten [AB-05]), aber auch bei der Einführung neuer Software. Wie dargestellt, beschränken sich die Betriebsräte hier durchaus nicht darauf, vom Management über den aktuellen Stand auf dem Laufenden gehalten zu werden. Vielmehr bringen sie sich mit eigenen Beiträgen und Forderungen in den Innovationsprozess ein, vor allem hinsichtlich der Schutzinteressen der Beschäftigten und der Schaffung günstiger Rahmenbedingungen. Allerdings zeigt sich hier in gewisser Weise der Befund verschiedener Autoren, nach dem sich die Beiträge häufig primär um die soziale Dimension der Innovation drehen. Immerhin wurde bei den Ablauforganisationsprojekten auch über inhaltliche Inputs berichtet.

Die Beteiligungsprofile geben auch einen Hinweis darauf, für welche Themen in Abhängigkeit vom Innovationstyp bei Betriebsräten möglicherweise noch Sensibilisierungs- und Handlungsbedarf besteht, denn wie die Profile zeigen, gibt es in allen Fallgruppen Bereiche, die von den Arbeitnehmervertretungen tendenziell vernachlässigt werden. Dies scheint insbesondere auf die Software-Innovationen zuzutreffen. Bei diesen gäbe es aus Mitbestimmungssicht sicher mehr Ansatzpunkte zur Mitgestaltung als die Frage nach dem Umgang mit Leistungs- und Verhaltenskontrollen. Vereinzelt wird dem in den untersuchten Fällen zwar auch Rechnung getragen. Insgesamt ergibt sich jedoch der Eindruck, dass das Spektrum an Aspekten, mit denen sich der Betriebsrat beschäftigt, bei den IT-Einführungen besonders schmal ausfällt. Auch bei den Innovationen im Bereich der Ablauforganisation scheint die inhaltliche Ausgestaltung von Betriebsräten zu wenig beachtet zu werden. Bei den Personalinnovationen hingegen kommt auf den ersten Blick vor allem der direkte Arbeitnehmerbezug in Form von Interessenschutz, Einsatz für Qualifikation sowie das Werben um Akzeptanz der Innovation zu kurz.

Welcher Themen sich Betriebsräte mit Hinblick auf das Innovationsergebnis besonders annehmen sollten, lässt sich gut anhand der erfolgreichen Fälle ablesen. Demnach scheint eine Kombination aus intensiver Beteiligung an inhaltlichen Fragen mit dem Werben um die Akzeptanz der Innovation bei den Beschäftigten besonders effektiv zu sein. Der häufig geforderten Gestaltung günstiger Rahmenbedingungen scheint dagegen zumindest keine herausragende Bedeutung zuzukommen. Die weniger erfolgreichen Innovationen zeichnen sich demgegenüber durch eine nur schwach ausgeprägte Betriebsratsbeteiligung bezüglich Innovationsinhalt und Akzeptanz aus. Dafür ist in dieser Fallgruppe vergleichsweise häufiger der Einsatz für den Interessenschutz der Belegschaft zu beobachten. Während durch die Betriebsratspartizipation bei inhaltlichen Fragen sowie ein verstärktes Bemühen um Akzeptanz tatsächlich im Sinne eines Kausalzusammenhangs positive Auswirkungen auf das Innovationsergebnis plausibel sind, scheint der Befund des verstärkten Interessenschutzes bei den weniger erfolgreichen Fällen keine Ursache, sondern eher ein Symptom des geringen Erfolgs zu sein: Wenn die Bedürfnisse der Arbeitnehmer/innen bedroht sind und verteidigt werden müssen, so ist dies ein Indiz dafür, dass die Voraussetzungen für den sozialen Erfolg des Innovationsvorhabens nicht oder zumindest nur teilweise gegeben sind. Mitunter dürfte sich dies dann auch negativ auf den wirtschaftlich-organisatorischen Erfolg auswirken, etwa dann, wenn befürchtete Nachteile Widerstände in der Belegschaft gegen die anstehenden Veränderungen nach sich ziehen und die Innovation letztlich nicht wie geplant umgesetzt werden kann.

Unberührt von diesen Analysen bleibt die Frage, inwiefern eine nicht gezeigte Betriebsratsbeteiligung an der inhaltlichen Ausgestaltung von Innovationen bei der Aufbauorganisation und bei Softwareeinführungen theoretisch überhaupt möglich gewesen wäre. Wie Disselkamp (2005; vgl. auch Brandl et al. 2005) ausführt, ist als Voraussetzung von Innovationen das „Wollen“ alleine, d.h. die Innovationsbereitschaft, nicht ausreichend. Hinzukommen müssen das „Dürfen“, d.h. Innovationsfreiräume, sowie das „Können“, d.h. die Innovationsfähigkeit. Was das Dürfen angeht, so ist die betriebliche Mitbestimmung insbesondere bei Softwareeinführungen auf das Wohlwollen und die Kooperationsbereitschaft des Managements angewiesen, da auf Basis des Betriebsverfassungsgesetzes kein Anspruch auf Mitsprache besteht. Die Entscheidung zur Beteiligung an inhaltlichen Fragen liegt somit nicht nur in den Händen der Betriebsräte. Auch bei aufbauorganisatorischen Innovationen kann der Betriebsrat selbst bei einer Interpretation als Betriebsänderung nach den §§ 111–113 BetrVG nur einen Interessenausgleich erwarten. Allerdings ist es eine Frage der Interpretation, inwieweit Ausgleichsbemühungen nicht doch geradewegs in eine inhaltliche Mitgestaltung führen können, die dann einen Ausgleich überflüssig machen; im Sinne einer konstruktiven Konflikthandhabung würde das naheliegen (Fisher et al. 2009; Pruitt/Kim 2004).

In Bezug auf das Können stoßen Betriebsräte bei wirtschaftlichen und strategischen Angelegenheiten hingegen häufig an ihre eigenen Grenzen, nämlich die ihrer Fachkompetenz. So stellt Dörnen (1998) fest:

> „Die Ausbildung der Betriebsräte ist in der Regel nicht auf die Breite ihrer Kompetenzen ausgerichtet, die für ihre Amtsausübung notwendig ist. Je nach dem Grad der Bildung und Ausbildung der Betriebsräte bestehen in verschiedenen Bereichen Verständnisprobleme.“ (S. 189)

Auch wenn dies eine etwas pauschale Schlussfolgerung sein mag, so scheint eine hohe Qualifikation sowie permanente Weiterbildung für Betriebsräte eine Möglichkeit zu sein, sich noch stärker als bisher in das Innovationsgeschehen des Unternehmens einzubringen. Einerseits scheint angesichts dieser steigenden Anforderungen die Feststellung „Der Betriebsrat ist ein gewählter Interessenvertreter der Belegschaft und kein Manager des Unternehmens" (Kißler et al. 2011, S. 117) zunehmend obsolet zu werden. Andererseits ist noch einmal daran zu erinnern, dass auch der Betriebsrat nicht dem Faktum der begrenzten Rationalität des Menschen entkommen kann (siehe oben) und dass seine Ressourcen geringer sind als die des Managements. Insofern ist es für ihn besonders wichtig, seine Aufmerksamkeit, seine Zeit, seine ständige Weiterqualifizierung und sein kollegiales Netzwerk auf die wichtigsten Punkte auszurichten, wozu viele Innovationsarten und Anlässe gehören, aber vermutlich nicht alle. In dieser Hinsicht ist eine spezifische Innovationsschulung einzelner Betriebsratsmitglieder ebenso wichtig, wie die ständige Beratung, Unterstützung und Wissenssammlung durch die Gewerkschaft. Auch die Wissenschaft ist hier gefordert, und der vorgelegte Bericht soll dazu einen Beitrag leisten.

5 Muster der Arbeitnehmerbeteiligung in Verfahrensinnovationen

Alexandra Shajek

Während in den vorangegangenen Kapiteln die Mitbestimmung durch den Betriebsrat im Fokus der Analysen stand, soll im Folgenden die direkte Partizipation der von den Veränderungsprozessen betroffenen Arbeitnehmer/innen in den Blick genommen werden. Unter direkter Partizipation wird hier die unmittelbare Beteiligung von Beschäftigten an Informations-, Koordinations- und Entscheidungsprozessen im Rahmen der Innovationsprojekte verstanden, die vom Unternehmen freiwillig eingeräumt wird (siehe z.B. die Übersichten von Martins et al. 2008; Voß et al. 2003). Die betriebliche Mitbestimmung in den Projekten soll auch hier nicht völlig außer Acht gelassen werden, sie wird jedoch primär in Bezug auf ihre Rolle bei der direkten Einbeziehung der Beschäftigten analysiert.

Die Beschreibung der direkten Partizipation in den untersuchten Verfahrensinnovationen wird zunächst auf Grundlage der qualitativen Interviewdaten vorgenommen, da hierzu bislang nur wenige empirische Ergebnisse vorliegen und darüber hinaus eine größtmögliche Anschaulichkeit der Ergebnisse angestrebt wird. Die Analyse der Fragebogendaten, die sich insbesondere auf den Zusammenhang zwischen der direkten Partizipation und dem Innovationserfolg beziehen, erfolgt hingegen in Kapitel 6.

Zunächst werden jedoch einige theoretische Grundlagen zu den Formen und Dimensionen direkter Partizipation dargestellt, bevor die konkreten Forschungsfragen abgeleitet werden. Im Anschluss daran erfolgt eine kurze Beschreibung der verwendeten Auswertungsmethode. Der Ergebnisteil beinhaltet sowohl eine Übersicht über alle untersuchten Innovationsprojekte als auch die eigentliche Analyse der Beteiligungsmuster in Abhängigkeit vom Innovationstyp. Das Kapitel schließt mit einer Diskussion der Ergebnisse.

5.1 Theoretischer Hintergrund

Anders als bei der betrieblichen Mitbestimmung, die vor allem in der soziologischen Forschungsliteratur verortet werden kann, findet die direkte Arbeitnehmerpartizipation verstärkt in der organisationspsychologischen Literatur ihren Analyseschwerpunkt (Nerdinger et al. 2003, S. 147). Dies geschieht dabei jedoch nicht zwangsläufig auch unter dem Stichwort Partizipation. So liegt das Prinzip der Einbeziehung von Arbeitnehmer/inne/n in betriebliche Informations- und

Entscheidungsprozesse auch einer wachsenden Anzahl von Arbeiten zugrunde, die sich beispielsweise mit Empowerment (z.B. Spreitzer 1995), partizipativer Entscheidungsfindung (z.B. Black/Gregersen 1997) oder der Beteiligungsorientierung von Unternehmenskulturen (z.B. Nerdinger/Wilke 2008) beschäftigen (vgl. hierzu auch Dachler/Wilpert 1978).

Empirische Studien, die sich mit den verschiedenen Aspekten der direkten Partizipation beschäftigten, analysieren häufig den Zusammenhang zwischen Beteiligung und verschiedenen Leistungs- sowie Zufriedenheitsvariablen auf Unternehmens- bzw. Mitarbeiterseite (Nerdinger et. al. 2003; vgl. auch Kapitel 6). Je nach Fragestellung wird die Einbeziehung von Beschäftigten sowohl für Einzelentscheidungen, als auch in Bezug auf ganze Unternehmenskulturen betrachtet. Unabhängig vom untersuchten Abstraktionsniveau findet jedoch häufig eine Reduktion auf bestimmte Teilaspekte der von Beteiligung statt, nur selten wird auf ein umfassendes Partizipationskonzept zurückgegriffen (vgl. Conrad/Hucker 2003, S. 23). Partizipation bezeichnet jedoch keineswegs ein eindimensionales Konstrukt (z.B. Black/Gregersen 1997; Dachler/Wilpert 1978), sondern kann sich je nach Kontext sehr unterschiedlich gestalten. Merkmale, anhand derer sich unterschiedliche Formen der Mitarbeitereinbindung beschreiben lassen, werden allerdings in erster Linie theoretisch diskutiert. Für eine Beschreibung direkter, vom Unternehmen freiwillig eingeräumter Partizipation werden insbesondere die folgenden Dimensionen als zentral herausgestellt (die Ausführungen orientierten sich an den Zusammenstellungen von Dachler/Wilpert 1978, 1980; Voß et al. 2003).

5.1.1 Dimensionen direkter Partizipation

Der Zugang zu Entscheidungen beschreibt zunächst das Ausmaß, in dem die Mitglieder einer Organisation Einfluss auf die zu treffenden Entscheidungen nehmen können (Dachler/Wilpert 1980, S. 88f.). Die üblicherweise in der Erforschung von Entscheidungsprozessen untersuchten Partizipationsgrade variieren nach Dachler und Wilpert (1980, S. 85) von der reinen Vorabinformation der betroffenen Beschäftigten über Situationen, in denen diese ihre Auffassungen auch in Entscheidungsprobleme einbringen können, bis hin zu Prozessen, in denen diese Auffassungen auch tatsächlich berücksichtigt werden. Voß et al. (2003, S. 15) weisen zudem darauf hin, dass die Intensität der Beteiligung auch vom *Zeitpunkt der Einbeziehung* abhängig ist. Generell dürften dabei die Einflussmöglichkeiten umso höher ausfallen, je früher die Beteiligung erfolgt (ebd.). Üblicherweise werden in der Partizipationsliteratur drei Phasen des Arbeitsprozesses betrachtet, nämlich Zielsetzung, Konzeption und Ausführung von Plänen (Scully et al. 1995, S. 277).

Mit dem *Gegenstandsbereich der Beteiligung* bzw. dem *Partizipationsinhalt* wird ferner das jeweils zu treffende Entscheidungsproblem konkretisiert, in welches die Beschäftigten einbezogen werden (Voß et al. 2003). Interessant ist in diesem Zusammenhang die Kategorisierung von Greifenstein et al. (1993; vgl. auch Kißler 1996, S. 763), die zwei Grundformen von Beteiligung unterscheidet: Zum einen eine gestalterische „Konzeptionspartizipation“ (S. 31f.) und zum anderen eine reine „Korrekturpartizipation“ (ebd.). Erstere findet insbesondere in der Planungsphase statt und benötigt relativ hohe zeitliche und finanzielle Ressourcen, sie führt den Autoren zufolge jedoch eher zu dem Ziel, die Qualität von Entscheidungen zu verbessern und die Akzeptanz für getroffene Entscheidungen auf Seiten der Beschäftigten zu erhöhen (Breisig 1990, S. 168ff.). Eine Korrekturpartizipation wird stattdessen eingesetzt, um bei bereits getroffenen und umgesetzten Entscheidungen verbliebene Gestaltungsräume zu nutzen oder diese sozialverträglich abzuändern (ebd.; vgl. auch Greifenstein et al. 1993).

Von besonderer Bedeutung ist schließlich noch die Frage der *sozialen Reichweite* von Beteiligung (Voß et al. 2003, S. 15). Mit dieser Dimension wird die Personengruppe spezifiziert, die an den betrachteten Prozessen partizipiert (Dachler/Wilpert 1980, S. 90f.). Die soziale Reichweite ist dabei prinzipiell flexibel: Entscheidungen lassen sich sowohl unter Beteiligung einzelner (leitender) Angestellter als auch unter Beteiligung aller bzw. eines großen Teils der betroffenen Beschäftigten treffen (ebd.). Generell steigen jedoch die Partizipationschancen mit Zunahme der Hierarchieebene (ebd., S. 91).

Eine etwas andere Differenzierung verschiedener Partizipationstypen nehmen Scholl et al. (1978) sowie Scholl (2004) vor. Die Autoren unterscheiden anhand der beiden Dimensionen *Werte* bzw. *Interessen* und *Faktenwissen* vier Formen der Partizipation (siehe Abb. 5.1): Danach liegt eine Pseudopartizipation vor, wenn weder Interessen noch Faktenwissen eingebracht werden sollen, sondern lediglich die Illusion von Beteiligung suggeriert wird, um auf diese Weise die Akzeptanz von Beschäftigten für Entscheidungen zu erhöhen (Scholl 2004, S. 158). Können die Beschäftigten ausschließlich ihr Faktenwissen in den Prozess einbringen, nicht aber ihre Interessen, so handelt es sich um den Fall einer reinen *Informationspartizipation* (ebd., S. 159). Im umgekehrten Fall einer *Interessenpartizipation* spielt das Faktenwissen der Betroffenen im Entscheidungsprozess keine Rolle, wohl-

Abb. 5.1: Partizipationstypen

		Werte, Interessen: nein	Werte, Interessen: ja
Faktenwissen	nein	Pseudopartizipation	Wertepartizipation
Faktenwissen	ja	Informationspartizipation	Authentische Partizipation

(nach Scholl 2004, S. 159)

aber ihre Interessen (ebd., S. 158f.). Um *authentische Partizipation* handelt es sich den Autoren zufolge schließlich dann, wenn sowohl Interessen als auch Faktenwissen in den Entscheidungsprozess eingebracht werden können (ebd., S. 159).

Die konkrete Umsetzung verschiedener Partizipationsformen erfolgt in der Praxis üblicherweise über den Einsatz von Beteiligungsinstrumenten, die stetig weiter entwickelt, ausdifferenziert und unter Umständen neu kombiniert werden, sodass ihre systematische Strukturierung und vollständige Beschreibung nahezu unmöglich erscheint (vgl. Schanz 1987) und auch an dieser Stelle nur beispielhaft erfolgen kann. Ein Teil der Instrumente zur Umsetzung direkter Beteiligungsformen setzt an der Interaktionsbeziehung zwischen Führungskraft und Mitarbeiter/in an und versucht, diese im Sinne einer stärkeren Partizipation zu optimieren. Dies geschieht beispielsweise durch die Einführung *partizipativer Führungsstile* auf Seiten leitender Angestellter (Nerdinger et al. 2003, S. 147). Wesentliches Prinzip hierbei ist der Versuch, Arbeitnehmer/innen stärker in Entscheidungen einzubeziehen, von denen sie direkt betroffen sind (ebd.).

Andere Instrumente setzen stärker auf Gruppen- bzw. Teamebene an. Die bekanntesten sind nach wie vor verschiedene Formen der *Qualitätszirkel* sowie *teilautonome Arbeitsgruppen* (TAG) (vgl. Müller-Jentsch 2008, S. 176; Nerdinger et al. 2003, S. 147f.). Unter ersteren versteht man im Allgemeinen eine

> „Kleingruppe von 6 bis 12 Teilnehmern aus gleichen oder ähnlichen Arbeitsbereichen, die sich in regelmäßigem Turnus während der Arbeitszeit trifft, um unter der Leitung eines Moderators betriebs- und arbeitsbezogene Probleme zu diskutieren und Lösungen dafür zu erarbeiten." (Müller-Jentsch 2008, S. 176; ausführlicher hierzu Breisig 1990, S. 423–475; vgl. auch Horndasch 1996, Kap. 3; Martins et al. 2008, S. 29; Pekruhl 2001, Kap. 2.1)

Das ursprünglich japanische Konzept ist später in den westlichen Industrienationen aufgegriffen und weiterentwickelt worden (Martins et al. 2008, S. 29), etwa in Form von *Innovationszirkeln,* die speziell auf eine Steigerung der Innovativität eines Unternehmens abzielen (Domsch et al. 1995, S. 32ff.; Voß et al. 2003, S. 17). Von den Qualitätszirkeln abzugrenzen ist das insbesondere in den 1970er Jahren in Skandinavien und der BRD praktizierte Prinzip der teilautonomen Arbeitsgruppe, in der ein Team unterschiedlicher Hierarchiestufen eine ganzheitliche, zusammenhängende Aufgabe wie die Herstellung eines Produkts selbststeuernd und eigenverantwortlich übernimmt (Martins et al. 2008, S. 31; Pekruhl 2001, S. 83ff.; ausführlicher hierzu Breisig 1990, S. 55–90).

Weit verbreitet sind ferner Methoden, die explizit nach dem Wissen der Belegschaft fragen, um dieses für die Organisationsentwicklung zu nutzen. Hierzu gehört insbesondere das zunehmend auch als *Ideenmanagement* bekannte *Betriebliche Vorschlagswesen (BVW),* bei dem Arbeitnehmer/innen in verschiedenen Varianten aufgefordert werden, Verbesserungsvorschläge einzureichen, für die sie – im Falle der erfolgreichen Umsetzung – finanziell honoriert werden (Czarnitzki/Kraft 2008, S. 246f.). Zunehmender Beliebtheit erfreut sich auch die allgemeine sowie spezielle *Mitarbeiterbefragung* als Instrument der Organisationsentwicklung. Diese kann in vielfältiger Weise eingesetzt werden, hat aber prinzipiell die „Gewinnung von Informationen aus dem Kreis der Belegschaft" (Breisig 1990, S. 281) zum Ziel (zur Verbreitung siehe Domsch et al. 1995).

Gemeinsam ist den hier beispielhaft beschriebenen Beteiligungsformen, dass sie nicht nur vergleichsweise umfassend, sondern häufig auch längerfristig bzw. zeitlich unbefristet angelegt sind (siehe Pekruhl 2001, S. 100). Gerade für Innovationen lässt sich jedoch vermuten, dass die Beteiligung von Beschäftigten vor allem über den Einsatz *projektbezogener Instrumente* erfolgt. Hierzu gehören beispielsweise die Ausrichtung von *Workshops* und die Beteiligung von betroffenen Beschäftigten im Rahmen von *Projektgruppen* (vgl. ebd.). Die konkrete Ausgestaltung solcher Instrumente ist dabei äußerst vielseitig: In einer sehr umfangreichen Zusammenstellung differenzieren beispielsweise von Rosenstiel und Comelli (2003) in Anlehnung an Reiß (1997) und in Abhängigkeit vom thematisierten Inhalt allein mehrere unterschiedliche Workshopvarianten wie solche „zur Erstellung von Problemszenarios", „zur Definition notwendiger Veränderungen" oder auch „Konfrontationsworkshops mit offener Auseinandersetzung über Pro und Kontra der geplanten Veränderung" (S. 171f.). Darüber hinaus existieren neben der zeitlich unbegrenzten Dauerform auch temporäre Formen des betrieblichen Vorschlagswesens wie beispielsweise themenspezifische *Ideenwettbewerbe* (Voß et al. 2003, S. 16).

Von diesen Instrumenten, die im Allgemeinen auf eine Entscheidungsbeteiligung zielen, sind solche Strategien abzugrenzen, mit denen primär die Information der Belegschaft beabsichtigt wird. Hierzu gehören nicht nur relativ wenig aufwändige Verfahren wie *Newsletter* oder die Bereitstellung von Informationen im *Intranet,* sondern auch anspruchsvollere Formen der Beteiligung wie *projektbezogene Informationsveranstaltungen* oder *Auftaktveranstaltungen.* Auch Betriebsversammlungen werden zur Informationspartizipation der Beschäftigten im Rahmen von Innovationsprozessen genutzt.

Instrumente mit dem primären Ziel der Information von Beschäftigten werden bislang in der Literatur seltener diskutiert, sie dürften jedoch in den zur Zeit üblichen Formen des Projektmanagements eine mindestens ebenso große Rolle spielen wie die relativ komplexen Verfahren der Entscheidungspartizipation. Nach Trommsdorff und Schneider (1990) scheint zudem die Relevanz von Information als eine Möglichkeit zur Förderung der Innovationsbereitschaft auf Seiten der Beschäftigten unstrittig zu sein. Die Autoren sehen betriebliche Entscheidungsträger allerdings bei diesem Thema mit einem grundsätzlichen Dilemma konfrontiert:

> „Jeder Betroffene möchte so früh wie möglich informiert sein, auch um selbst noch Einfluß zu nehmen. Die Information kommt *immer zu früh,* weil noch vieles unstrukturiert und offen ist. Zugleich kommt sie *immer zu spät,* weil nicht mehr alle Einflußmöglichkeiten von Interessenten und Betroffenen gegeben sind." (S. 15)

Der verstärkte Einsatz unterschiedlicher Formen direkter Arbeitnehmerpartizipation in den letzten Jahrzehnten ist überwiegend auf die Initiative des Managements zurückzuführen (Keller 2008; Müller-Jentsch 2007, S. 102). Welche Rolle die betriebliche Mitbestimmung bei der direkten Beteiligung von Beschäftigten in der betrieblichen Praxis spielt, ist bislang noch selten in den Blick genommen worden. Dabei beinhaltet die unmittelbare Einbeziehung von Beschäftigten in betriebliche Informations- und Entscheidungsprozesse zunächst einmal „eine nicht unerhebliche Veränderung der eingespielten Verhandlungsroutinen zwischen Betriebsrat und Geschäftsleitung" (Minssen 1999, S. 131). Dennoch wird auch in Gewerkschaftskreisen darauf hingewiesen, dass mit einer Ausweitung direkter Beteiligungsverfahren keinesfalls eine Schwächung der betrieblichen Mitbestimmung einhergehen müsse. Müller-Jentsch (2007) sieht beispielsweise optimistisch

> „empirische Evidenz, dass starke und selbstbewusste Betriebsräte keine Angst vor Gruppenarbeit und Gruppensprechern haben; oftmals agieren sie sogar als Protagonisten weiterreichender Partizipationsmodelle, für die sie mit großem Engagement Betriebsvereinbarungen aushandeln." (S. 104)

Inwieweit jedoch Betriebsräte in konkreten Veränderungsprozessen die direkte Einbeziehung betroffener Beschäftigter tatsächlich aktiv fördern oder diese vielleicht nicht doch eher als Konkurrenz für die eigene Form der Interessenvertretung sehen, kann auf Grund der gegenwärtigen Forschungsliteratur jedoch noch nicht beantwortet werden.

Unabhängig vom Verhältnis direkter und indirekter Beteiligung lässt sich derzeit sowohl in der wissenschaftlichen als auch eher praxisorientierten Literatur im Großen und Ganzen eine Empfehlung zur partizipativen Umsetzung von Veränderungsprozessen beobachten. Dennoch ist nach wie vor nur wenig darüber bekannt, inwieweit solche Ansätze des beteiligungsorientierten Veränderungsmanagements auch tatsächlich Eingang in die betriebliche Innovationspraxis gefunden haben. Weitere Zweifel bestehen darüber hinaus in Bezug auf die Art und Weise der Umsetzung direkter Beteiligungsformen, denn:

> „Was sich in der betrieblichen Praxis (...) neben den plakativ geäußerten Größen ‚Mitarbeitermotivation' und ‚Wettbewerbsfähigkeit' hinter den Beteiligungsmodellen verbirgt, bleibt oft im Dunkeln." (Scholand 2001, S. 7)

Empirische Untersuchungen, die sich dieser Fragestellung im Rahmen von Feldstudien widmen, sind selten und beschreiben häufig eher Einzelfälle oder Best-

Practice-Modelle (z.B. Mambrey et al. 1989; Zink 2007; Zink/Braig 1995). Eine Ausnahme bilden die bereits in Kapitel 4 erwähnten Arbeiten des Projektverbunds „Transfer innovativer Unternehmensmilieus (TiM)“ (Nerdinger/Wilke 2008). In der Untersuchung wurden unter anderem die Beteiligungskulturen von insgesamt acht teilnehmenden Unternehmen der tatsächlichen Mitarbeiterbeteiligung in jeweils einem im Unternehmen durchgeführten betrieblichen Veränderungsprojekt gegenübergestellt (Pundt 2008b, S. 45). Interessant an dieser Untersuchung ist insbesondere der Ansatz, zur Typisierung der Beteiligungskulturen nicht nur die in der Organisation vorherrschenden Grundannahmen und Normen heranzuziehen, sondern einen weiteren Schwerpunkt auf die im Unternehmen eingesetzten Informations- und Beteiligungsinstrumente zu setzen. Die hieraus entstandene Typologie entscheidet zwischen „führungsgetragener“, „mitarbeitergetragener“ und „institutionengetragener“ Beteiligungskultur und weist somit dem „Träger der Beteiligung“ eine zentrale Bedeutung für die Unterscheidung verschiedener Kulturen zu (Nerdinger et al. 2009).

Im Typ „führungsgetragene Beteiligungskultur“ hängt die Einbeziehung der Mitarbeiter „entscheidend von der jeweiligen (einzelnen) Führungskraft und ihrer Überzeugung ab“ (Nerdinger et al. 2009, S. 23). Diese übernimmt – häufig zusammen mit dem Betriebsrat – aktiv die Informationsweiterleitung an die Beschäftigten. Darüber hinaus wird der Mitarbeiterpartizipation allerdings keine große Bedeutung beigemessen, sie erhält vielmehr „den Stellenwert einer Führungstechnik (...), die dazu genutzt wird, Fachwissen vor Ort für die Zwecke des Unternehmens zu nutzen“ (Pundt 2008, S. 99). In „institutionengetragenen Beteiligungskulturen“ ist die Partizipation der Beschäftigten stattdessen „formal geregelt und damit de jure abgesichert“ (Nerdinger et al. 2009, S. 23); sie wird vor allem über Institutionen wie die betriebliche Mitbestimmung sichergestellt (Horsmann 2008, S. 143f.). Auch hier erfolgt die Information der Belegschaft in der Regel gründlich und unter Einsatz einer Fülle von Instrumenten, die Beteiligung an Entscheidungsprozessen wird jedoch tendenziell eher durch den Betriebsrat wahrgenommen (ebd.). In „mitarbeitergetragenen Beteiligungskulturen“ kommt schließlich der direkten Partizipation die größte Bedeutung zu (Nerdinger et al. 2009). In den Unternehmen dieses Typs werden die Beschäftigten nicht nur sehr umfassend informiert, sondern darüber hinaus auch an Entscheidungsprozessen „je nach Art und Inhalt der Entscheidung mehr oder weniger intensiv (...) beteiligt“ (Martins 2008, S. 189).

Während die Autoren der Studie die jeweiligen Besonderheiten der verschiedenen Kulturtypen relativ klar herausarbeiten können, entspricht die tatsächliche Beteiligung der betroffenen Beschäftigten in den konkreten Veränderungsprojekten dem jeweils vorherrschenden Kulturtyp insgesamt nur sehr bedingt. Stattdessen resümieren Horsmann und Pundt (2008), „dass Beteiligung in allen Unternehmen eher zu späteren Zeitpunkten, als die Projekte bereits relativ weit fortgeschritten waren, in Betracht gezogen wurden [sic]“ (S. 231). Auch was die späteren Phasen der Projekte anbelangt, konnte von den Autoren eine nennenswerte, direkte Einbeziehung der Mitarbeiter unabhängig vom Betriebsrat nur in zwei der acht untersuchten Fälle beobachtet werden. Auffällig ist dabei, dass sowohl ein hohes als auch geringes Ausmaß der direkten Partizipation von den interviewten Untersuchungsteilnehmern zum Teil mit Verweis auf die konkreten Inhalte der Projekte zurückgeführt wird (ebd.). Ein genereller Schluss zur Bedeutung des Innovationstyps oder -inhalts für die direkte Mitarbeiterbeteiligung wird von den Autoren jedoch nicht gezogen. Dabei erscheint gerade angesichts der großen Vielfalt betrieblicher Änderungsmaßnahmen die Annahme plausibel, dass die konkrete Ausgestaltung der Beteiligung betroffener Beschäftigter nicht unbedingt nur von der Unternehmenskultur insgesamt oder dem Führungsverständnis einzelner Entscheidungsträger abhängt, sondern sich auch nach der Art der Innovation selbst richtet. Die einschlägige Literatur – unabhängig davon, ob es sich um eher praxisorientierte Beschreibungen oder anwendungsorientierte wissenschaftliche Arbeiten handelt – setzt sich jedoch in der Regel nicht mit den konkreten Anforderungen verschiedener Veränderungsprozesse auseinander. Stattdessen werden häufig eher Voraussetzungen beschrieben, die für den Erfolg partizipativer Entscheidungsprozesse generell gegeben sein müssen (z.B. Strauss 1998).

5.1.2 Ableitung der Fragestellung

Im Folgenden soll deshalb der Frage nachgegangen werden, ob unterschiedliche Typen von Veränderungsprojekten auch mit jeweils charakteristischen Partizipationsmustern einhergehen. Zentral ist dabei die Annahme, dass die tatsächliche Ausgestaltung von Mitarbeiterbeteiligung in Verfahrensinnovationen weniger von stabilen Merkmalen wie der Unternehmenskultur oder dem Führungsstil einzelner Entscheidungsträger, als vielmehr von situativen Variablen abhängig sein könnte, die wiederum in einem hohem Maße aus dem jeweiligen Innovationstyp resultieren. Dabei wird – im Gegensatz zur bisherigen Schwerpunktsetzung in der Forschungsliteratur – die Einbeziehung der Beschäftigten in Informations- und Entscheidungsprozesse im Rahmen der Innovation in einer umfassenden Weise beschrieben. Diese soll einerseits der Komplexität betrieblicher Veränderungsprozesse gerecht werden und sich andererseits an einer Systematik orientieren, die die verschiedenen Dimensionen des Konstrukts abbildet und somit an die theoretische Forschungsliteratur anknüpfen kann. Ebenfalls berücksichtigt werden die bereits von den Autoren der TiM-Studie als zentral eingestuften Fragen nach der Bedeutung einzelner Beteiligungsinstrumente sowie dem Träger der Beteiligung. Letztere ist vor allem deshalb interessant, weil bislang nur wenige Erkenntnisse darüber vorliegen, welche Rolle der Betriebsrat bei der direkten Einbeziehung betroffener Beschäftigter spielt und inwiefern er sich in seinen Beteiligungsinitiativen vom Management unterscheidet.

Für die inhaltliche Analyse der direkten Partizipation in den untersuchten Innovationsprojekten werden deshalb die folgenden Forschungsfragen formuliert:

1. Wie werden die betroffenen Beschäftigten in den verschiedenen Innovationsprojekten informiert und beteiligt? Zeigen sich spezifische Beteiligungsmuster in Abhängigkeit von der Art der Veränderung?
2. Lassen sich darüber hinaus allgemeine Merkmale direkter Arbeitnehmerbeteiligung in Verfahrensinnovationen aufzeigen, die über verschiedene Veränderungsarten hinweg deutlich werden?
3. Welche Rolle spielen die unterschiedlichen betrieblichen Entscheidungsträger bei der direkten Beteiligung betroffener Beschäftigter?

Im Fokus der folgenden Analysen steht somit die Beschreibung von Gemeinsamkeiten und Unterschieden in der direkten Partizipation verschiedener Innovationstypen. Der Zusammenhang zwischen dem Ausmaß der Beteiligung und dem Erfolg der Projekte wird hingegen in Kapitel 6 untersucht.[1]

5.2 Methode

Die Analyse der direkten Mitarbeiterbeteiligung erfolgt auf der Basis eines Kategoriensystems, das einen Vergleich anhand zentraler Dimensionen ermöglicht. Auch hier basiert die Auswertung der Fälle auf der Methode der qualitativen Inhaltsanalyse (Gläser/Laudel 2010; Mayring 2008). Dem oben formulierten Anliegen, sowohl der Komplexität betrieblicher Veränderungsprozesse gerecht zu werden, als auch an die existierende theoretisch-wissenschaftliche Literatur anzuknüpfen, wird dabei mit einer Kombination aus induktiver und deduktiver Vorgehensweise bei der Kategorienbildung Rechnung getragen.

Zu diesem Zweck wurden die Interviews eines Falls zunächst paraphrasiert, dann auf Fallebene zusammengeführt und sukzessive so abstrahiert, dass eine erste Version von zugrundeliegenden Faktoren entstand, die eine angemessene Beschreibung der direkten Partizipation in den untersuchten Fällen erlaubte. In einem weiteren Schritt wurden diese Faktoren mit den in der einschlägigen Literatur diskutierten Merkmalen zur Charakterisierung verschiedener Partizipations-

1 In diesem Beitrag wird nur ein Teil der Ergebnisse aus der Dissertation der Autorin vorgestellt. Für weiterführende Analysen siehe Shajek, A. (2013): *Widerstände und direkte Partizipation in Innovationsprozessen aus der Sicht betrieblicher Entscheidungsträger.* Berlin: Humboldt-Universität zu Berlin (unveröffentlichte Dissertation).

formen abgeglichen und angepasst. Das so entstandene Kategoriensystem soll im Folgenden kurz erläutert werden (siehe Tab. 5.1).

Tab. 5.1: Dimensionen und Teilaspekte direkter Partizipation

Dimension	Teilaspekt	Konkrete Ausprägung
Informationsbeteiligung	Zeitpunkt erstmaliger offizieller Information	– nach der Entscheidung für das Projekt – vor/mit Umsetzung des Projekts – nach Umsetzung des Projekts
	Beteiligungsinstrumente	– Bereitstellung schriftlicher Information (Intranet, Flyer) – Information auf allgemeinen Veranstaltungen (z.B. BV) – offizielle (Auftakt-)Veranstaltungen – Schulungen
	Träger der Beteiligung	– überwiegend BR – überwiegend MG – BR und MG – abgestimmte Informationspolitik von BR und MG
Entscheidungsbeteiligung	Beteiligungsinstrumente	– informelle Befragung der AN – Sammlung von Ideen und Anregungen auf BV – Workshops, Diskussionsrunden – Mitarbeit in Projektgruppe – Beteiligung von Schlüsselnutzern/Multiplikatoren – Einsatz des betrieblichen Vorschlagswesen
	soziale Reichweite der Beteiligung	– nur leitende Angestellte – einzelne, ausgewählte Arbeitnehmer – Einbeziehung eines größeren Teils der AN – breite Einbeziehung (nahezu) aller AN
	Inhalte	– Entscheidung für oder gegen Projekt – Bestandsaufnahme – Inhaltliche Ausgestaltung des Projekts – Interessen der Beschäftigten – Projektevaluation
	Träger der Beteiligung	– überwiegend BR – überwiegend MG – BR und MG – abgestimmte Informationspolitik von BR und MG – auf Initiative der AN

AN = Arbeitnehmer/-innen, BR = Betriebsrat, BV = Betriebsversammlungen, MG = Management

Die prinzipielle Unterscheidung in die beiden Hauptdimensionen *Informations- und Entscheidungsbeteiligung* bezieht sich auf den jeweiligen *Zugang der Beschäftigten zu Entscheidungen* (vgl. Dachler/Wilpert 1978, 1980). Mit den Kategorien der ersten Dimension soll zunächst beschrieben werden, inwieweit die Beschäftigten über die im Rahmen der Innovation zu treffenden Entscheidungen informiert werden. Dies geschieht deshalb, weil anzunehmen ist, dass insbesondere eine proaktive Beteiligung der Arbeitnehmer/innen nur dann möglich ist, wenn diese überhaupt vom geplanten Veränderungsprozess in Kenntnis gesetzt werden. Der *Zeitpunkt erstmaliger offizieller Information* wird dabei in drei eher grobe Ausprägungen unterschieden (siehe Tab. 5.1). Zusätzlich zum Zeitpunkt der erstmaligen Informationspartizipation stellt sich zudem die Frage nach den eingesetzten *Beteiligungsinstrumenten.* In diesem Zusammenhang ist vor allem aufschlussreich, inwieweit neben der Bereitstellung schriftlicher Informationen auch projektbezogene Veranstaltungen oder spezielle Schulungen durchgeführt werden. Die Kategorie *Hauptträger der Beteiligung* ermöglicht es schließlich, die Rolle der unterschiedlichen betrieblichen Entscheidungsträger in Bezug auf die direkte Partizipation in den Blick zu nehmen. Hier soll vor allem untersucht werden, ob die Kommunikation mit den Beschäftigten überwiegend über den Betriebsrat, das Management oder aber in gemeinsamer Abstimmung der beiden Funktionsgruppen erfolgt. Auch eine etwaige Konkurrenzsituation von Betriebsrat und Management findet in dieser Kategorie Berücksichtigung.

Die Kategorien der Dimension *Entscheidungspartizipation* beschreiben im Wesentlichen *ob* und *inwiefern* die Beschäftigten ihre Meinungen zu den anstehenden Entscheidungsproblemen im Rahmen der Innovation äußern können. Eine Berücksichtigung der von verschiedenen Autoren (z.B. Cotton et al. 1988) vorgenommenen Differenzierung zwischen der reinen Konsultation der Beschäftigten und der faktischen Berücksichtigung ihrer Vorschläge ist auf Basis der retrospektiven Interviewdaten jedoch nur in Ansätzen möglich. Insofern erfolgt an dieser Stelle eine Konzentration auf die Frage, ob die Betroffenen überhaupt die Möglichkeit hatten, ihre Meinungen in den Prozess einzubringen. Analog zur ersten Dimension sollen auch hier wieder sowohl die *Träger der Beteiligung* als auch die *eingesetzten* Instrumente untersucht werden.

Von besonderer Relevanz ist des Weiteren die Frage nach der *sozialen Reichweite* der Beteiligung. Mit dieser Kategorie wird näher bestimmt, ob primär einzelne, ausgewählte Arbeitnehmer/innen, leitende Angestellte oder (nahezu) alle betroffenen Beschäftigten in die Entscheidungsprozesse einbezogen werden.

Schließlich soll analysiert werden, auf welche *Inhalte* sich die Entscheidungspartizipation bezieht, das heißt, es erfolgt eine Annäherung an den *Gegenstand der Beteiligung.* Die einzelnen Ausprägungen dieser Kategorie ergeben sich wieder induktiv aus den einzelnen Fallbeschreibungen. Sie folgen keiner speziellen Theorie über die verschiedenen Phasen von Innovationsprozessen sondern wurden in erster Linie wieder so zusammengestellt, dass sie die unterschiedlichen Typen von Veränderungsprojekten abbilden können.

Da es sich bei den untersuchten Fällen um ebenso zahlreiche wie komplexe Entscheidungsprobleme handelt, kann im Rahmen dieser retrospektiven Feldstudie nicht die Informations- und Entscheidungspartizipation der Beschäftigten bei jeder einzelnen Entscheidung berücksichtigt werden. Somit gilt für alle hier dargestellten Kategorien, dass sie zur Beurteilung des Innovationsprozesses *insgesamt* dienen. Auch überlappen sich die Kategorien stellenweise und einzelne Ausprägungen ließen sich auch anderen Kategorien zuordnen. So werden beispielsweise die Beteiligungsinstrumente *Schulung* und *Auftaktveranstaltung* der Informationspartizipation zugeordnet, obwohl dabei den Beschäftigten in einigen Fällen durchaus die Gelegenheit gegeben wird, ihre Ansichten zum jeweiligen Entscheidungsproblem zu äußern. Entscheidend für die hier vorgenommene Zuordnung ist die primär intendierte Richtung des Informationsaustausches. Die Kommunikation im Rahmen von Schulungen oder Auftaktveranstaltungen wird in diesem Sinne eher als ein Top-Down-Prozess von den Entscheidungsträgern zu den Beschäftigten interpretiert.

Beim Inhalt der Entscheidungspartizipation ließ sich hingegen eine starke Überlappung der einzelnen Ausprägungen nicht vermeiden. So ist beispielsweise nicht auszuschließen, dass immer dann, wenn die Entscheidung für oder gegen ein Projekt oder dessen konkrete Ausgestaltung diskutiert wird, auch eine mögliche Gefährdung von Arbeitnehmerinteressen thematisiert wird. Für die vorgenommene Einstufung ist dabei entscheidend, was primäres Ziel der Beteiligung war.

5.3 Ergebnisse

Auf der Basis des vorgestellten Kategoriensystems sollen im Folgenden die Fälle jeweils einer Innovationsart hinsichtlich Gemeinsamkeiten und Unterschiede analysiert werden, um so typische Partizipationsmuster herauszuarbeiten. Abschließend wird der Frage nachgegangen, inwieweit sich neben innovationsartspezifischen Mustern auch Gemeinsamkeiten in der Arbeitnehmerbeteiligung finden, die über alle Fälle hinweg deutlich werden. Zum besseren Verständnis der nachfolgenden Analysen folgt an dieser Stelle zunächst ein nach Innovationsart gruppierter Überblick über die direkte Partizipation der betroffenen Beschäftigten in den untersuchten Projekten. Entsprechend der Ergebnisdarstellung zur Betriebsratsbeteiligung (siehe Kap. 4) wird dabei ein mittleres Abstraktionsniveau gewählt, das als Kompromiss zwischen Anschaulichkeit und Verallgemeinerbarkeit zu sehen ist. Darüber hinaus würde eine zu detaillierte Einzelfallschilderung auch die den Unternehmen zugesicherte Anonymität gefährden.

I. Innovationen im Bereich der Aufbauorganisation

AUF-01: Umwandlung eines internen Schulungszentrums in eine frei am Markt agierende Weiterbildungsakademie

Die Arbeitnehmer/innen werden auf allgemeinen Mitarbeiterversammlungen und in einer Betriebszeitschrift über das Projekt in Kenntnis gesetzt. Genauere Informationen folgen erst kurz vor Umsetzung auf Drängen des Betriebsrats. Das Management und zum Teil auch der Betriebsrat führen Einzelgespräche. Fachkundige Beschäftigte werden zudem aufgefordert, der Projektgruppe benötigte Informationen bereitzustellen. Darüber hinaus werden nur leitende Angestellte bzw. Führungskräfte in die Projektplanung einbezogen.

AUF-02: Zusammenlegung mehrerer Standortküchen zu einer Zentralküche

Die Arbeitnehmer/innen erfahren zunächst in Betriebsrats-Telegrammen von Gerüchten über geplante Maßnahmen. Eine offizielle Informationsveranstaltung mit dem Management findet erst ein Jahr nach Projektbeginn statt. Dabei kommt es zu Diskussionen über die zukünftigen Arbeitsbedingungen. Weitere Informationsveranstaltungen folgen. Der externe Berater initiiert für eine später verworfene Konzeptidee Arbeitnehmer-Kleingruppen. Das Management richtet eine wöchentliche Sprechstunde ein. Darüber hinaus finden Austauschveranstaltungen für leitende Angestellte statt.

AUF-03: Zusammenlegung mehrerer Standortlabore zu einem Zentrallabor

Die Arbeitnehmer/innen werden nach Abschluss der Konzeptionsphase offiziell über das Projekt informiert. Die weitere Kommunikation erfolgt über Betriebsrat und Management auf allgemeinen Mitarbeiterversammlungen. Der Betriebsrat befragt zudem spontan verschiedene nicht-ärztliche Arbeitnehmer/innen und erfragt Details über den Prozessverlauf. Insbesondere hochqualifizierte Beschäftigte werden als Mitarbeiter der Projektgruppe in die Prozessplanung einbezogen.

AUF-04: Auslagerung eines Callcenters in eine eigene Servicegesellschaft:

Die Arbeitnehmer/innen werden vier Wochen nach der Entscheidung für die Auslagerung auf einer Betriebsversammlung durch das Management in Kenntnis gesetzt, vorher kursieren jedoch bereits Gerüchte. Im weiteren Verlauf werden die Arbeitnehmer/innen nur auf Betriebsversammlungen informiert. Der Betriebsrat stellt sich in Diskussionsveranstaltungen und Einzelgesprächen der Kritik der Beschäftigten und diskutiert potenzielle Nachteile der Ausgliederung. Einzelne Schnittstellen-Arbeitnehmer/innen sind Mitglieder der Projektgruppe.

AUF-05: Übernahme und Integration eines Produktionsstandortes von einem Mitbewerber

Die Arbeitnehmer/innen werden erstmalig auf allgemeinen Mitarbeiterversammlungen nach der Entscheidung für das Projekt informiert, weitere Informationen erhalten die Beschäftigten über das Intranet und auf Betriebsversammlungen. Eine Gruppe von Arbeitnehmer/innen tritt mit konkreten Forderungen an den Betriebsrat heran und geht an die Öffentlichkeit. Die Geschäftsführung erklärt sich bereit, mit den Beschäftigten zu diskutieren. Es wird ein Workshop mit leitenden Angestellten und Meinungsbildnern aus der Belegschaft organisiert, um für das Projekt zu werben. Einzelne Beschäftigte werden in die Arbeit der Projektgruppe einbezogen.

AUF-06: Integration von Überhangpersonal in die Betriebsorganisation durch Bildung einer eigenen Abteilung

Auslöser für das Projekt ist die Initiative einer kleinen Gruppe unzufriedener Arbeitnehmer/innen. Im Vorfeld der Umsetzung findet schließlich eine vom Management initiierte offizielle Informationsveranstaltung für alle betroffenen Beschäftigten statt, zuvor kursierten jedoch bereits Gerüchte. Im weiteren Verlauf organisieren Betriebsrat und Management Workshops für alle betroffenen Arbeitnehmer/innen. Die Beschäftigten werden zu Einzelgesprächen eingeladen. Der Betriebsrat fragt einzelne Arbeitnehmer/innen nach Ideen zu verschiedenen Teilaspekten des Projekts.

AUF-07: Ansiedlung von Entwicklung und Herstellung eines neuen Produkts am Betriebsstandort

Höher qualifizierte Angestellte wissen von Anfang an über das Projekt Bescheid, einzelne werden spontan und nach Bedarf zu technischen Details befragt. Die übrigen Beschäftigten werden auf einer Betriebsversammlung informiert.

AUF-08: Restrukturierung des Geschäftskundenbereichs

Die Arbeitnehmer/innen werden nach einem Rahmeninteressenausgleich auf einer Kick-off-Veranstaltung über das Projekt in Kenntnis gesetzt. Betriebsrat und Management verfolgen im gesamten Prozess ein abgestimmtes Kommunikationskonzept und informieren in der Regel auf Betriebsversammlungen, weitere Informationen werden über das Intranet verbreitet. Darüber hinaus werden Diskussionsrunden ins Leben gerufen, in denen Arbeitnehmer/innen aus verschiedenen Ressorts zusammenkommen sollen. Ein Programm zur offenen Kommunikation wird initiiert, um den Veränderungsprozess voranzubringen.

II. Innovationen im Bereich der Ablauforganisation

AB-01: Optimierung und Effizienzsteigerung im ärztlichen Dienst

Die Beschäftigten werden erstmalig einige Wochen nach Projektbeginn auf einer Betriebsversammlung gemeinsam von Betriebsrat und Management über das Projekt informiert. Einzelne Arbeitnehmer/innen der mittleren Führungsebene sowie Assistenzärzte arbeiten in der Projektgruppe mit. Die übrigen Beschäftigten sollen zunächst im Rahmen von Arbeitsplatzbeschreibungen einbezogen werden, über die Hälfte der Beschäftigten lehnt diese Art der Mitarbeit am Projekt jedoch ab. Der Betriebsrat führt Einzelgespräche mit betroffenen Arbeitnehmer/innen.

AB-02: Optimierung und Effizienzsteigerung im Pflegedienst

Die Beschäftigten werden über die geplanten Änderungen vor Projektbeginn auf Betriebsversammlungen und über Mitarbeiterzeitungen informiert. Von der Projektleitung und dem Betriebsrat ausgesuchte Arbeitnehmer/innen arbeiten in der Projektgruppe mit, Mitglieder des Betriebsrats befragen einzelne Betroffene auf informellem Wege. Mit Projektumsetzung wird eine Auftaktveranstaltung organisiert, bei der alle Arbeitnehmer/innen aufgefordert werden, sich zu engagieren. Auch das betriebliche Vorschlagswesen wird aktiviert, um Ideen und Anregungen für das Projekt zu sammeln.

B-03: Optimierung und Effizienzsteigerung in der Physiotherapie

Die Arbeitnehmer/innen werden mit Projektbeginn informiert. Darüber hinaus erfolgt eine umfangreiche Beteiligung der Beschäftigten in Form von Quartalssitzungen, Besprechungsrunden und Teamsitzungen (Managementinitiative). Nach Kompetenz ausgewählte Arbeitnehmer/innen erarbeiten in Form von Kleingruppen Vorschläge zur effizienteren Gestaltung ambulanter und stationärer Abläufe; zwischen den Teams findet ein ständiger Austausch statt. Darüber hinaus werden Diskussionsrunden mit allen Arbeitnehmer/innen zu den befürchteten Folgen des Projekts initiiert.

AB-04: Prozessoptimierung zur Verkürzung der Durchlaufzeiten in der Produktion

Die Beschäftigten werden erstmalig zu Beginn des Projekts informiert. Weitere Informationen folgen über speziell für das Projekt angebrachte Schwarze Bretter, Betriebsversammlungen, Intranet, E-Mails und in allgemeinen Besprechungsrunden. Bereits zu Beginn werden regelmäßige Feedbackrunden mit einzelnen Arbeitnehmer/innen verschiedener Abteilungen und abteilungsweise Diskussionsrunden mit allen betroffenen Beschäftigten organisiert. Ungefähr zur Projektmitte begegnen Betriebsrat und Management dem Unverständnis der Arbeitnehmer/innen mit einer Auftaktveranstaltung. Das Management initiiert zudem eine Change-Management-Projektgruppe. Einzelne Beschäftigte werden in Projektgruppen im Rahmen der Bestandsaufnahme und Lösungsfindung eingebunden. Die Arbeitnehmer/innen haben die Möglichkeit, über einen „Kummerkasten" Feedback zu geben.

AB-05: Bürokratieabbau und Verschlankung von Arbeitsprozessen

Die Beschäftigten werden erstmalig nach der Entscheidung für das Projekt gemeinsam von Betriebsrat und Management informiert. Zu Beginn werden vom externen Berater über 100 Interviews mit betroffenen Arbeitnehmer/innen geführt. Die zunächst geringe Information wird im Verlauf durch Intranet, E-Mails und eine Projektzeitschrift intensiviert. Nahezu alle betroffenen Beschäftigten werden in die Erstellung von Tätigkeitsbeschreibungen eingebunden. Darüber hinaus finden Diskussionsrunden mit den Arbeitnehmer/innen, Führungskräften und dem Betriebsrat statt. Verschiedene qualifizierte Beschäftigte werden für die Mitarbeit in den Projektteams freigestellt.

AB-06: Kosteneinsparung durch Effizienzsteigerung in allen Bereichen des Unternehmens

Die Beschäftigten werden bereits zu Projektbeginn auf einer Auftaktveranstaltung von Betriebsrat und Management informiert. Weitere Informationen folgen im Verlauf über E-Mails, Newsletter, Intranet und auf Betriebsversammlungen. Der Betriebsrat gibt zudem informelle Mitschriften von seinen Sitzungen an die Arbeitnehmer/innen weiter. Nach der Entscheidung für verschiedene Maßnahmen folgt eine weitere Versammlungsrunde von Betriebsrat und Management mit den Beschäftigten. In einem Teilprojekt werden einzelne Arbeitnehmer/innen in die Projektgruppe eingebunden.

AB-07: Gestaltung von Richtlinien für ein konzernweites Effizienzprogramm

Die Beschäftigten werden bereits im Vorfeld des Projekts auf einer Betriebsversammlung von Betriebsrat und Management informiert. Auch im Verlauf erfolgt die Kommunikation mit den Arbeitnehmer/innen primär auf Betriebsversammlungen. Die Betroffenen werden vom Management zu weiteren Informationsveranstaltungen eingeladen.

AB-08: Einführung von Parkraumbewirtschaftung für Mitarbeiter und Besucher

Die erstmalige Information der Arbeitnehmer/innen geschieht nach Abschluss der Konzeptionsphase durch ein Telegramm des Betriebsrats. Weitere Informationen folgen im Verlauf der Umsetzung durch Standortverantwortliche und auf Betriebsversammlungen.

III. Personalbezogene Innovationen

PE-01: Einführung von regelmäßigen Mitarbeitergesprächen

Die erstmalige Information der Arbeitnehmer/innen erfolgt auf einer Mitarbeiterversammlung vor Projektumsetzung durch den Betriebsrat und das Management. Im Anschluss daran werden alle Betroffenen zu weiteren Präsentationen eingeladen. Die Führungskräfte werden zu Gesprächsführung und Zielsetzung geschult, die übrigen Arbeitnehmer/innen werden jedoch nicht in die Erarbeitung des Gesprächskonzepts einbezogen.

PE-02: Einführung einer neuen Arbeitszeitregelung

Die Arbeitnehmer/innen werden nach Abschluss der Verhandlungen mit Umsetzung des Projekts informiert. Darüber hinaus erfolgt keine weitere Beteiligung.

PE-03: Umsetzung des Entgelt-Rahmenabkommens (ERA)

Im Vorfeld des Projekts werden vom Betriebsrat Interviews mit einzelnen Arbeitnehmer/innen geführt, die Geschäftsleitung interviewt zudem Gruppenleiter zur Eingruppierung der Beschäftigten. Die Information der Arbeitnehmer/innen erfolgt auf einer offiziellen Infoveranstaltung in Anwesenheit von Betriebsrat und Management, auf einer Betriebsversammlung sowie über E-Mails, Flyer und das Intranet. Der Betriebsrat veröffentlicht regelmäßig Projektzwischenstände im Intranet und richtet Sprechstunden ein. Einzelne Arbeitnehmer/innen (insbesondere der Meisterebene) werden in die Tätigkeitsbeschreibungen und in die Klärung von Widersprüchen einbezogen. Der Betriebsrat befragt einzelne Beschäftigte.

PE-04: Neue Maßnahmen der Altersvorsorge

Die erstmalige Benachrichtigung der Arbeitnehmer/innen erfolgt auf einer offiziellen Informationsveranstaltung nach der Entscheidung für den Anbieter (Initiative des Managements). Weitere Veranstaltungen mit Management und dem Anbieter werden organisiert, Informationsmaterial wird im Intranet und per E-Mail bereitgestellt. Alternativvorschläge der Beschäftigten werden nach einer Prüfung durch das Management abgelehnt.

PE-05: Einführung einer regelmäßigen Mitarbeiterbeteiligung

Die Beschäftigten werden zunächst durch ein Anschreiben der Geschäftsleitung und informell durch Vorgesetzte informiert. Für die Führungskräfte werden Informationsveranstaltungen initiiert, an denen auch der Betriebsrat teilnimmt. Einzelne Arbeitnehmer/innen aus verschiedenen Fachbereichen nehmen auf freiwilliger Basis an Fokusgruppen und Workshops teil.

PE-06: Einführung von Zielvereinbarungen für Mitarbeiter/innen

Die Beschäftigten werden offiziell mit Veröffentlichung des Tarifvertrags durch das Management informiert. Der Betriebsrat fragt informell einzelne Arbeitnehmer/innen nach ihren Meinungen zum Thema Zielvereinbarung.

PE-07: Maßnahmen zur Prävention psychischer Fehlbelastungen

Die betroffenen Beschäftigten werden durch Management und Betriebsrat direkt zu Projektbeginn informiert. Im weiteren Verlauf erfolgt die Kommunikation mit den Arbeitnehmer/innen vor allem durch die externe Projektleitung auf offiziellen Informationsveranstaltungen. Eine Fragebogenerhebung wird initiiert. Mit den leitenden Angestellten werden Interviews durchgeführt, um die Probleme der Beschäftigten zur erfragen und aus den Ergebnissen Maßnahmen abzuleiten.

PE-08: Maßnahmen zur besseren Vereinbarkeit von Familie und Beruf

Die Beschäftigten werden zu Projektbeginn in Abteilungsbesprechungen und im Intranet durch den Betriebsrat informiert. Weitere Informationen werden über Flyer, Mitarbeiterzeitschriften und das Intranet bekannt gegeben. In Workshops des Managements werden die Arbeitnehmer/innen aller Bereiche und Hierarchiestufen zu ihren Wünschen befragt.

PE-09: Verbesserung der Work-Life-Balance

Das Projekt wird erstmalig auf der jährlichen Unternehmensversammlung nach Abschluss der Konzeptionsphase von Betriebsrat und Personalabteilung als gemeinsames Projekt vorgestellt. Weitere Informationen folgen über E-Mail und Intranet. Die Beschäftigten erhalten über allgemeine Mitarbeiterbefragungen die Möglichkeit, ihre Zufriedenheit mit dem Projekt mitzuteilen.

PE-10: Einführung eines Fehlerberichtsystems (CIRS)

Die Arbeitnehmer/innen werden auf einer offiziellen Informationsveranstaltung nach Abschluss der Konzeptionsphase informiert. Die Kandidaten für das Amt der Hauptverantwortlichen werden zunächst im Intranet vorgestellt, ihre Wahl erfolgt nach vorheriger Ankündigung per E-Mail auf einer Betriebsversammlung. Weitere Informationsveranstaltungen folgen, Flyer über das Projekt werden verteilt und Diskussionsrunden mit den Beschäftigten initiiert. Ausgewählte Arbeitnehmer/innen arbeiten als Teil der Projektgruppe an der Umsetzung mit.

PE-11: Einführung eines neuen Ideenmanagementsystems

Die Arbeitnehmer/innen werden auf einer Veranstaltung zum Thema Innovation durch die Betriebsleitung informiert. Einzelne Beschäftigte werden um ihre Einschätzung zur Prämienproblematik gebeten. Auf einer Abteilungsversammlung und einem Innovationstag wird für das neue System geworben. Weitere E-Mails und Sonderaktionen durch den Betriebsrat folgen.

PE-12: Einführung eines Ideenwettbewerbs

Die Arbeitnehmer/innen werden erstmalig über E-Mail kurz vor Inkrafttreten der Vereinbarung informiert. Weitere Informationen zum Projekt folgen auf einem Veranstaltungsabend der Personalabteilung und auf regulären Informationsveranstaltungen.

PE-13: Einführung einer Vertriebsprämie für Mitarbeiter des Vertriebs

Sowohl Betriebsrat als auch Management ziehen zunächst einzelne Arbeitnehmer/innen zu Rate; diese sollen das erarbeitete Konzept gegenlesen. Die betroffenen Beschäftigten werden dann jedoch erst mit Umsetzung der Vereinbarung auf einer Betriebsversammlung offiziell informiert.

PE-14: Einführung von Vertrauensarbeitszeit

Einzelne Arbeitnehmer/innen sind in einer Pilotphase Teil der Projektgruppe. Vor der Einführung werden die Beschäftigten vom Management beraten und regelmäßig informiert.

IV. Einführung neuer Software

IT-01: Einführung einer 3D-Konstruktionssoftware

Ein Teil der Beschäftigten ist bereits in die Entscheidung über die Auswahl der Software involviert. Die offizielle Information erfolgt über ein Schreiben der Geschäftsleitung. Weitere Informationen folgen auf einer vom Management organisierten Veranstaltung; auch auf Betriebsversammlungen werden die Arbeitnehmer/innen durch den Betriebsrat und das Management informiert und gebeten, das Projektteam zu unterstützen. Alle Arbeitnehmer/innen werden umfangreich geschult. Ausgewählte Beschäftigte werden als Schlüsselnutzer befragt und fungieren als Multiplikatoren und Interessenvertreter; diese werden auch intensiver geschult. Der Betriebsrat zieht zudem circa 10 % der Arbeitnehmer/innen spontan hinzu, damit diese eine Konzeptidee kritisch bewerten.

IT-02: Einführung einer Software zur effizienteren und einheitlichen Zusammenarbeit von Teams

Einzelne Arbeitnehmer/innen werden in die Verhandlungskommission von Betriebsrat und Management einbezogen. Die übrigen Beschäftigten werden erstmalig über Intranet und E-Mail im Rahmen der Betriebsrat-Management-Verhandlungen vor Einführung der Software informiert. Weitere Informationen folgen auf Betriebsversammlungen sowie abteilungsweisen Informationsveranstaltungen. Der Betriebsrat fragt auf Betriebsversammlungen nach Ideen und Anregungen der Arbeitnehmer/innen, die Beschäftigten reichen zudem über das Ideenmanagementsystem Vorschläge ein. Eine Gruppe interessierter Arbeitnehmer/innen sammelt eigeninitiativ Informationen, erstellt Benutzerinformationen und hält Vorträge. Einzelne Beschäftigte werden selektiv in der Projektgruppe beteiligt. Alle Betroffenen werden in eintägigen Workshops geschult.

IT-03: Einführung eines neuen Abrechnungs- und Kundendatenverwaltungssystems

Offiziell werden die Arbeitnehmer/innen erstmalig auf einer Betriebsversammlung vor Projektumsetzung durch das Management informiert. Weitere Informationen folgen über unterschiedliche Kommunikationskanäle (E-Mails, Mitarbeiterzeitschrift). Protokolle von Teamleitermeetings werden allen Arbeitnehmer/innen zugänglich gemacht. Für die Aufbereitung der wichtigsten Informationen in für alle Beschäftigten verständliche Texte wird ein externer Journalist eingestellt; ein Projektbüro mit Fotos der Ansprechpartner wird eingerichtet. Monate vor Umsetzung werden Schulungen und ein Testprogramm durchgeführt; auf Forderung des Betriebsrats kommt es zu Nachschulungen. Circa ein Viertel der Arbeitnehmer/innen wird an Testläufen beteiligt. „High Performer“ werden vom Projektteam fallweise zu technischen Fragestellungen befragt.

IT-04: Einführung eines Abrechnungssystems

Die erste Kick-off-Veranstaltung findet nur mit dem Betriebsrat ohne die betroffenen Arbeitnehmer/innen statt, diese werden erst auf einer Veranstaltung nach Abschluss der Konzeptionsphase offiziell informiert. Weitere Informationen folgen über Intranet, Betriebszeitung, Newsletter, E-Mail sowie allgemeinen und projektspezifischen Veranstaltungen im Rahmen eines Change-Management-Prozesses. Ein großer Teil der Betroffenen arbeitet dem Projektteam zu. Einzelne Arbeitnehmer/innen werden zu Projektbeginn als Schlüsselnutzer ausgewählt und dienen als Multiplikatoren und Testuser. Das Management initiiert Schulungen für alle Arbeitnehmer/innen. Rückmeldungen von den Beschäftigten werden im Intranet dokumentiert.

IT-05: Einführung einer neuen Software zur Anlagenführung

Die erstmalige Information der Arbeitnehmer/innen erfolgt auf einer Betriebsversammlung durch das Management. Weitere Informationen folgen über Intranet, Newsletter, Firmenzeitschrift sowie auf Informationsveranstaltungen durch die Projektleitung, immer in Absprache mit dem Betriebsrat. Projektinformationen werden darüber hinaus in Form von Aufklebern und Informationsplakaten weitergeleitet. Circa ein Viertel der Beschäftigten wird als Schlüsselnutzer in Testläufen beteiligt. In der Konzeptphase arbeitet insbesondere die Meisterebene dem Projektteam zu. Trainings für alle Betroffenen und weitere Schulungen für Schlüsselnutzer werden initiiert. Das Motivationstraining des externen Beraters wird von den Arbeitnehmer/innen abgebrochen; eine weitere Motivationsveranstaltung wird schließlich vom Management durchgeführt.

Anhand der zusammenfassenden Darstellung lässt sich bereits erkennen, wie stark die Beteiligung der betroffenen Arbeitnehmer/innen in den verschiedenen Projekten variiert. Im Weiteren erfolgt nun eine Analyse der Fälle jeweils einer Innovationsgruppe.

5.3.1 Innovationen im Bereich der Aufbauorganisation

Bei den Innovationen im Bereich der Aufbauorganisation fällt zunächst die tendenziell eher spät einsetzende erstmalige Information der Beschäftigten auf, die in der Regel im Vorfeld der Projektumsetzung stattfindet. Nur in den Projekten zur Gründung eines Call-Centers (AUF-04) und zur Übernahme eines Produktionsstandorts (AUF-06) werden die Beschäftigten bereits relativ kurz nach der Entscheidung für das Projekt auch darüber in Kenntnis gesetzt. Die Information der Betroffenen wird entweder auf offiziellen Projektveranstaltungen oder nur im Rahmen allgemeiner Betriebs- bzw. Mitarbeiterversammlungen vorgenommen. Darüber hinausgehende, umfangreichere Konzepte mit Flyern, Plakaten oder eigenen Projektzeitungen scheinen bei diesem Innovationstyp keine große Rolle zu spielen. Die offizielle Benachrichtigung der betroffenen Beschäftigten erfolgt zwar auf den ersten Blick eher durch das zuständige Management, der Betriebsrat ist jedoch in gut der Hälfte der Fälle an der Kommunikation mit den Beschäftigten beteiligt. Dabei tritt er nicht unbedingt immer auch selbst in Erscheinung, sondern versucht beispielsweise, die Information der Beschäftigten durch das Management zu beschleunigen. Die Weitergabe von Gerüchten an die Beschäftigten durch den Betriebsrat vor der offiziellen Information durch das Management wie im Fall der Zusammenlegung mehrerer Standortküchen zu einer Zentralküche (AUF-02) bildet zwar die absolute Ausnahme, aber auch von einer gemeinsamen Strategie der beiden Akteure im Sinne einer weitestgehend abgestimmten Informationspolitik wird nur in zwei Fällen berichtet.

Die Tendenz einer im Allgemeinen eher zurückhaltenden Beteiligung zeigt sich auch in Bezug auf die Entscheidungspartizipation: Im überwiegenden Teil der Projekte scheint die direkte Arbeitnehmerbeteiligung keine bedeutende Rolle zu spielen. In drei Fällen (AUF-01, AUF-03, AUF-07) lässt sich – von spontanen Befragungen einzelner Beschäftigter und der Einbeziehung hochqualifizierter Angestellter einmal abgesehen – kaum eine nennenswerte Entscheidungsbeteiligung beobachten. In weiteren zwei Projekten wird die Beteiligung der Beschäftigten vor allem in Form von Diskussionsrunden und Einzelgesprächen umgesetzt (AUF-02, AUF-04). Diese nutzen die Betroffenen vorrangig, um ihre Bedenken hinsichtlich negativer Auswirkungen durch die Innovation zu thematisieren.

Der Fall zur Integration von Überhangpersonal (AUF-06) ist insofern interessant, als hier eine kleine Gruppe besonders engagierter Arbeitnehmer/innen auf allgemeinen Veranstaltungen ihre Unzufriedenheit mit der bestehenden Abteilungsstruktur demonstriert und damit das Projekt überhaupt erst ins Rollen bringt. Dies ist vor allem deshalb bemerkenswert, weil diese Innovation eine der ganz wenigen darstellt, in der die Beschäftigten an der Initiative für das Innovationsprojekt beteiligt sind. Wie schon bei der Informationspartizipation sorgen überwiegend Betriebsrat und Management – entweder in Absprache oder unabhängig voneinander – für die Partizipation der Beschäftigten. Einzig die für diesen Innovationstyp vergleichsweise umfangreiche Beteiligung der Beschäftigten im Projekt der Übernahme eines Produktionsstandortes (AUF-05) wird primär durch das Management initiiert. Dieser Fall bildet jedoch in vielerlei Hinsicht einen recht deutlichen Kontrast zu dem in dieser Fallgruppe vorherrschenden Muster einer eher spontanen Befragung einzelner, ausgewählter Beschäftigter zu verschiedenen Problemen bzw. technischen Details und/oder Diskussionsrunden mit allen betroffenen Arbeitnehmer/inne/n zur Vermeidung von Nachteilen durch die Innovation für die Beschäftigten. In diesem Projekt findet stattdessen eine intensive Beteiligung aller Betroffenen statt, eine Gruppe Beschäftigter geht eigeninitiativ mit ihren Forderungen an die Öffentlichkeit und einzelne Arbeitnehmer/innen arbeiten an der Ausgestaltung der Innovation mit. Die „radikalste“ Maßnahme bildet jedoch ein zweitägiger Workshop der Betriebsleitung, bei dem nicht nur leitende Angestellte und die Meisterebene, sondern explizit auch die Meinungsbildner der Belegschaft vom Projekt überzeugt werden sollen.

5.3.2 Innovationen im Bereich der Ablauforganisation

Die Informationspartizipation in den Projekten zur Ablauforganisation erfolgt tendenziell etwas früher, vor allem aber deutlich umfassender als in den Innovationen aus dem Bereich der Aufbauorganisation. Neben allgemeinen Mitarbeiter- oder Betriebsversammlungen werden hier auch Newsletter, Schwarze Bretter, das Intranet, Sitzungsmitschriften sowie eigene Projektzeitungen zur Kommunikation mit den Beschäftigten genutzt, in der Regel sind hieran sowohl Betriebsrat als auch Management beteiligt. Lediglich im Fall zur Optimierung der Physiotherapie (AB-03) übernimmt ausschließlich das Management die Kommunikation mit der Belegschaft. Auch die Entscheidungsbeteiligung verläuft vergleichsweise abwechslungsreich: Die Bandbreite der eingesetzten Beteiligungsinstrumente ist hier so groß wie in keiner anderen Innovationsgruppe und es kommen so unterschiedliche Verfahren wie Kleingruppenarbeit, betriebliches Vorschlagswesen, Einzelinterviews oder Feedbackrunden zum Einsatz. Am intensivsten gestaltet sich die Einbeziehung der Beschäftigten in den Projekten zur Optimierung und Effizienzsteigerung in der Physiotherapie (AB-03), zur Verkürzung von Durchlaufzeiten (AB-04) und zum Bürokratieabbau (AB-05). Hier werden neben Auftaktveranstaltungen umfangreiche Diskussions- und Feedbackrunden mit allen betroffenen Arbeitnehmer/inne/n organisiert, in denen diese vorrangig ihre Ängste hinsichtlich möglicher Nachteile thematisieren. Aber auch in die inhaltliche Ausgestaltung werden die Beschäftigten einbezogen: In Workshops zur Prozessplanung führen sie Tätigkeitsbeschreibungen im Rahmen von Bestandsaufnahmen durch, einzelne Arbeitnehmer/innen sind feste Mitglieder der Projektgruppe oder erarbeiten in Kleingruppen Vorschläge zur Effizienzsteigerung. Die Beteiligung wird in den Projekten zur Ablauforganisation sowohl vom Betriebsrat als auch vom Management initiiert, einzige Ausnahme bildet der Fall zur Optimierung der Physiotherapie (AB-03), in dem der Betriebsrat den Beschäftigten gegenüber so gut wie überhaupt nicht in Erscheinung tritt.

Auch in dieser Innovationsgruppe gibt es wiederum zwei Fälle, die vom vorherrschenden Partizipationsmuster abweichen, weil sie sich durch eine vergleichsweise geringe Beteiligung auszeichnen: So werden die Beschäftigten im Fall der Einführung einer Parkraumbewirtschaftung (AB-08) über eine Ankündigung des Betriebsrats hinaus zwar durch Standortverantwortliche informiert, ansonsten aber nicht weiter beteiligt. Im Projekt zur Optimierung des ärztlichen Dienstes (AB-01) wird von den Verantwortlichen zunächst ebenfalls eine sehr zurückhaltende Informationsstrategie verfolgt und auch die Entscheidungsbeteiligung beschränkt sich auf die Einbeziehung einzelner Beschäftigter als Mitglieder der Projektgruppe. Dieser Fall ist auch deshalb bemerkenswert, weil in keinem anderen Projekt eine stärkere direkte Partizipation von den betrieblichen Entscheidungsträgern zwar zunächst gewünscht und initiiert wird, die betroffenen Beschäftigten die geplanten Maßnahmen jedoch zu einem großen Teil offen und aktiv boykottieren. Das Projekt bildet dabei einen deutlichen Kontrast zu den beiden ebenfalls im Krankenhaus durchgeführten und in ähnlicher Weise auf Effizienzsteigerung abzielenden Fälle aus den Bereichen Pflegedienst (AB-02) und Physiotherapie (AB-03). Insbesondere im letzteren Fall kommt es zu einer sehr umfangreichen und ausschließlich vom Management initiierten Beteiligung, deren Schwerpunkt in erster Linie auf der inhaltlichen Ausgestaltung der Innovation liegt: Die Beschäftigten erarbeiten über Wochen regelmäßig und intensiv Vorschläge zur Effizienzsteigerung, sie erhalten jedoch in weiteren Veranstaltungen auch die Möglichkeit, mit den Verantwortlichen über potenzielle Nachteile der Innovation zu diskutieren.

5.3.3 Personalbezogene Innovationen

Bei den personalbezogenen Innovationen fällt zunächst die große Gruppe von Projekten (PE-01, PE-02, PE-04, PE-05, PE-06, PE-12, PE-13, PE-14) ins Auge, in denen sich nur eine sehr geringe Informations- oder Entscheidungsbeteiligung beobachten lässt. Die betroffenen Beschäftigten werden erst kurz vor oder sogar erst nach Einführung der Maßnahme auf allgemeinen oder projektbezogenen Veranstaltungen informiert. Dies geschieht in einigen Fällen durch beide Entscheidungsträger, in einem anderen Teil der Projekte entweder nur durch den Betriebsrat oder nur durch das Management. Eine darüber hinaus gehende Beteiligung findet jedoch nicht statt. Lediglich im Projekt zur Einführung neuer Maßnahmen der Altersvorsorge (PE-04) initiieren einzelne Arbeitnehmer/innen selbst ihre Beteiligung, indem sie aus einer Unzufriedenheit mit dem ausgewählten Versicherungsanbieter heraus Alternativvorschläge in die Diskussion einbringen, die das Management jedoch nach einer Prüfung ablehnt.

Die übrigen Innovationen dieses Typs (PE-03, PE-07, PE-08, PE-09, PE-10, PE-11) zeichnen sich schließlich durch eine vergleichsweise hohe Beteiligung aus, wobei die betrieblichen Entscheidungsträger insbesondere auf eine umfassende Informationspartizipation setzten. Die Beschäftigten werden nicht nur relativ früh, sondern auch über unterschiedliche Kanäle und gemeinsam von Betriebsrats- und Managementvertretern informiert. Dies gilt insbesondere für das Projekt zur Umsetzung des Entgelt-Rahmenabkommens (PE-03), bei dem die Betroffenen direkt nach der Entscheidung für das Projekt auch darüber in Kenntnis gesetzt werden, regelmäßig Informationen über Zwischenergebnisse erhalten und mit Flyern, Plakaten und über das Intranet auf dem Laufenden gehalten werden. Die Entscheidungsbeteiligung beschränkt sich dabei allerdings überwiegend auf die Einbeziehung leitender Angestellter im Rahmen von Einzelgesprächen zur Tätigkeitsbeschreibung; der Betriebsrat führt jedoch auch Interviews mit einzelnen nicht-leitenden Angestellten.

Auch bei den personalbezogenen Innovationen zeigt sich zum Teil eine vergleichsweise große Varianz in der sozialen Reichweite der Beteiligung: Im Fall der Einführung eines Fehlerberichtssystems (PE-10) setzten die Hauptbeteiligten dabei vor allem auf eine breite Partizipation aller Betroffenen. Die Entscheidungsbeteiligung findet hier primär in Form von Diskussionsrunden statt, in denen die Beschäftigten ihre Ängste in Bezug auf datenschutzrechtliche Probleme äußern sowie den Hauptverantwortlichen für die Fehlermeldung wählen. Eine sehr selektive Beteiligung wird hingegen bei der Konzeption des Projekts zur Work-Life-Balance (PE-09) umgesetzt, indem die Interessen der Betroffenen stellvertretend durch zwei Personalverantwortliche vertreten werden. Allerdings steht den übrigen Beschäftigten die Möglichkeit offen, sowohl das Projekt als auch die einzelnen Maßnahmen zu bewerten. Dies ist vor allem deshalb bemerkenswert, weil sich in allen Innovationsgruppen nur sehr wenige Fälle ausfindig machen lassen, in denen die Arbeitnehmer/innen auch im Rahmen einer Evaluation einbezogen werden.

Vergleichsweise intensiv beteiligt werden die Beschäftigten schließlich auch in zwei Projekten, die im engeren Sinne als soziale Innovationen charakterisiert werden können: Die Projekte zur Prävention psychischer Fehlbelastungen (PE-07) und zur besseren Vereinbarkeit von Familie und Beruf (PE-08) gehen sowohl mit frühen und vielseitigen Informationskonzepten durch Betriebsrat und Management als auch mit einer hohen Einbindung der Beschäftigten bei der inhaltlichen Ausgestaltung der Innovationen einher. Dabei werden explizit die Arbeitnehmer/innen aller Bereiche und Hierarchieebenen einbezogen.

5.3.4 Einführung neuer Software

Die direkte Partizipation in den Projekten zur Einführung neuer Software läuft insgesamt nach einem sehr ähnlichen Muster ab. Auch wenn die betroffenen Beschäftigten in drei der fünf Fälle offiziell erst deutlich nach Projektbeginn von der Innovation erfahren und zu Beginn keine projektbezogenen Veranstaltungen bzw. Auftaktveranstaltungen stattfinden, so kann zumindest die Auswahl der in diesen Innovationsgruppe eingesetzten Instrumente zur Informationsbeteiligung als sehr vielfältig eingestuft werden: Die Beschäftigten werden vor allem über E-Mails, Intranet, Mitarbeiterzeitschriften oder Newsletter über die Projekte informiert, Plakate werden aufgehängt oder Flyer verteilt. Besonders typisch für diese Fallgruppe ist der Einsatz von Schulungen, an denen in der Regel auch alle betroffenen Beschäftigten teilnehmen. Die Kommunikation mit den Betroffenen überlässt der Betriebsrat in diesen Projekten tendenziell häufiger dem Management als in den übrigen Fällen, er ist jedoch in der Regel an der Information beteiligt, in zwei Fällen verfolgen Betriebsrat und Management zudem ein vergleichsweise abgestimmtes Partizipationskonzept. Einen besonders hohen Stellenwert nimmt die Information der betroffenen Beschäftigten im Fall der Einführung eines neuen Abrechnungs- und Kundendatenverwaltungssystems (IT-03) ein, in dem ein externer Journalist für das Projekt eingestellt wird, um die relevanten Informationen in für alle Beschäftigten verständliche Texte aufzubereiten.

Auch was die Entscheidungsbeteiligung anbelangt, lässt sich ein zentrales Prinzip identifizieren, dass für alle Fälle dieser Innovationsart zu gelten scheint, nämlich die Einbeziehung besonders interessierter und/oder kompetenter Arbeitnehmer/innen als Schlüsselnutzer und Multiplikatoren. Sowohl die Breite als auch die Intensität dieser vom Management initiierten Expertenbeteiligung variiert jedoch von Fall zu Fall: So wird die Schlüsselnutzerrolle entweder von einem großen Teil der betroffenen Beschäftigten oder nur von einzelnen Arbeitnehmer/innen eingenommen und nicht immer sind die Beteiligten auch formale Mitglieder der Projektgruppe oder werden an Testläufen beteiligt.

Abgesehen von diesem sehr ähnlichen Muster einer intensiven Expertenbeteiligung unterstützt durch eine breite Informationsbeteiligung aller Beschäftigten lassen sich zwei Besonderheiten beobachten: Im Fall der Einführung einer neuen Software zur Anlagenführung (IT-05) werden Beteiligungsinstrumente eingeführt, die explizit auf die Einstellung der betroffenen Arbeitnehmer/innen zielen. Diese vom externen Berater initiierten Motivationsveranstaltungen werden jedoch von den Beschäftigten abgebrochen, weil diese sich von den Veranstaltern nicht ernst genommen fühlen.

Das Projekt zur Einführung einer Software zur effizienteren und einheitlichen Zusammenarbeit von Teams (IT-02) hebt sich schließlich von allen anderen untersuchten Innovationen ab, da hier eine Gruppe interessierter Beschäftigter eigeninitiativ Informationen sammelt, Benutzerinformationen erstellt und kleine Vorträge über das Programm hält. Auch kommen in diesem Fall bereits vor Einführung der Software interessierte Arbeitnehmer/innen zusammen, die das neue Programm bereits unter der Hand nutzen und damit das Projekt überhaupt erst anstoßen.

5.3.5 Zusammenfassende Darstellung der Beteiligungsmuster

Die qualitative Analyse der untersuchten Prozesse hat gezeigt, dass die unterschiedlichen Innovationstypen tendenziell auch mit jeweils spezifischen Mustern der Informations- und Entscheidungsbeteiligung einhergehen. Dies gilt jedoch nicht für alle Fälle eines Innovationstyps und auch nicht für jeden einzelnen der untersuchten Teilaspekte.

In den Projekten zur *Ablauforganisation* werden die Beschäftigten über sehr unterschiedliche Kanäle informiert. Neben allgemeinen Veranstaltungen kommen hier auch viele innerbetriebliche Publikationsorgane wie etwa projektbezogene Flyer, spezielle Schwarze Bretter oder Projektzeitungen zum Einsatz. Die gewährte Beteiligung ist durch eine vergleichsweise hohe soziale Reichweite charakterisiert und wird noch durch die selektive Beteiligung einzelner Beschäftigter ergänzt. Primäres Ziel dieser breiten wie selektiven Partizipation ist vor allem in der inhaltlichen Ausgestaltung der Projekte zu sehen, sie dient aber durchaus auch dem Abbau von Widerständen, da die Beschäftigten häufig die

Möglichkeit erhalten, ihre Bedenken in Bezug auf die Folgen der geplanten Veränderungen zu diskutieren.

Die Informationsstrategie im Bereich der *Aufbauorganisation* verläuft insgesamt etwas zurückhaltender, die Betroffenen werden später und weniger umfassend informiert. Ähnlich wie im Bereich der Ablauforganisation werden einzelne Beschäftigte – wenn auch spontaner und weniger formalisiert – in die Ausgestaltung der Prozesse einbezogen. Auch die Entscheidungsbeteiligung findet hier überwiegend in Form von Diskussionsrunden zu potenziellen Nachteilen durch die Innovation statt.

Die *personalbezogenen Innovationen* laufen teilweise unter einer bemerkenswert geringen Partizipation ab, nicht selten werden die Mitarbeiter erst nach der Einführung einer Maßnahme auch darüber in Kenntnis gesetzt. Allerdings gibt es in dieser Gruppe auch einzelne Fälle mit sehr intensiver und zudem eher breiter Beteiligung, mit der den Arbeitnehmer/innen vor allem die Möglichkeit eingeräumt wird, ihre Interessen in den Prozess einzubringen.

Das deutlichste Partizipationsmuster zeigt sich schließlich in der Gruppe der Softwareeinführungen und ist vor allem durch die intensive Einbeziehung einzelner Beschäftigter gekennzeichnet, die als Schlüsselnutzer an der inhaltlichen Ausgestaltung der Projekte mitarbeiten und die Einführung der Software vorbereiten. Unterstützt wird diese Expertenbeteiligung von einer breiten Informationspartizipation, die insbesondere über Schulungen erfolgt.

5.3.6 Allgemeine Merkmale von Arbeitnehmerbeteiligung in Verfahrensinnovationen

Die beschriebenen Muster zeigen sich insbesondere für die eingesetzten Beteiligungsinstrumente und die soziale Reichweite der Partizipation. Keine einheitlichen Tendenzen können jedoch in Bezug auf die Hauptträger der Beteiligung herausgearbeitet werden. Vor allem die Informationspartizipation erfolgt über alle Innovationstypen hinweg sowohl über den Betriebsrat als auch über das Management. Häufig agieren die beiden Funktionsgruppen nebeneinander her, selten wird die gesamte Kommunikation mit den Beschäftigten in gemeinsamer Absprache durchgeführt. Die Entscheidungsbeteiligung wird tendenziell etwas stärker durch das Management initiiert, und zwar vor allem dann, wenn sich diese auf die inhaltliche Ausgestaltung der Innovation bezieht. Der Betriebsrat sorgt erwartungsgemäß eher dafür, dass die Beschäftigten ihre Bedenken gegenüber potenziellen Nachteilen durch die geplanten Änderungen äußern können. Er setzt sich jedoch in der Regel nicht dafür ein, dass diese als Mitglieder der Projektgruppe direkt Einfluss auf den Prozess nehmen können.

Über fast alle Fälle hinweg entsteht zudem der Eindruck, dass die Beschäftigten vor allem einbezogen *werden.* Nur in sehr wenigen Projekten kommt die

Initiative für die Beteiligung aus der Belegschaft, und wenn doch, beschränkt sich diese eher auf kleine Gruppen einzelner, besonders engagierter Arbeitnehmer/innen. Die jeweils gewährte Beteiligung wird dann in der Regel auch genutzt, nur in einzelnen Fällen wird darauf hingewiesen, dass die Beschäftigten mit der Beteiligung am Projekt überfordert waren oder sich gar weigerten, am Prozess teilzunehmen.

Die Partizipation beschränkt sich in der Regel auf die inhaltliche Ausgestaltung der Projekte sowie auf die Vermeidung möglicher Nachteile für die Beschäftigten. Die Arbeitnehmer/innen spielen bis auf wenige Ausnahmen weder bei der Entscheidung für oder gegen ein Projekt eine Rolle, noch werden sie im Rahmen abschließender Evaluationen einbezogen.

Bemerkenswert ist zudem, dass die Prozesse der direkten Arbeitnehmerpartizipation insgesamt eher aus dem Stegreif initiiert zu werden scheinen. Selbst in den komplexeren der untersuchten Projekte wird mehr oder weniger spontan auf die Widerstände der Beschäftigten reagiert bzw. je nach den jeweiligen Anforderungen immer wieder neu über den Umgang mit den Beschäftigten entschieden. Ein umfassendes und professionelles Change-Management wird zwar durchaus beschrieben, es bildet in dieser Analysestichprobe jedoch die Ausnahme.

5.4 Diskussion

Die vorliegenden Ergebnisse zeigen zunächst einmal, dass die Annahme spezifischer Muster der Arbeitnehmerpartizipation in Abhängigkeit vom Innovationstyp als sehr ergiebig beurteilt werden kann. Es erscheint beispielsweise intuitiv einsichtig, dass sich die Softwareeinführungen durch eine ausgeprägte Expertenbeteiligung auszeichnen, denn gerade bei Innovationen dieses Typs dürften die Verantwortlichen aus dem Management und dem Betriebsrat häufig nicht oder nur unzureichend über das benötigte Detailwissen verfügen. Aber auch die breite Informationspartizipation der betroffenen Beschäftigten ist für das Gelingen dieser Prozesse zentral, schließlich hängt der Erfolg hier in besonderem Maße von der erfolgreichen Nutzung der Software durch die Beschäftigten ab.

Die eher schwache Beteiligung im Bereich der Aufbauorganisation lässt sich vielleicht am plausibelsten durch die starke Betroffenheit der Beschäftigten erklären, denn in dieser Innovationsgruppe sind die möglichen und gegebenenfalls erwarteten Nachteile für die Arbeitnehmer/innen in der Regel besonders stark. Da aus dieser ungünstigen Ausgangssituation zum Teil massive Interessenskonflikte resultieren, spielen in dieser Fallgruppe vor allem die von von Rosenstiel und Comelli (2003) beschriebenen „Konfrontationsworkshops mit offener Auseinandersetzung über Pro und Kontra der geplanten Veränderung“ (S. 171f.) eine Rolle. Auch die Tatsache, dass betriebliche Entscheidungsträger in diesen Projekten vergleichsweise spät informieren und von den geplanten Maßnahmen zunächst nur im Rahmen allgemeiner Veranstaltungen berichten, ist nachvollziehbar: Derartige Projekte sollen erst dann bekannt werden, wenn zentrale Rahmenbedingungen geklärt sind, um die Beschäftigten nicht unnötigerweise zu verunsichern. Zumindest implizit dürfte den beteiligten Entscheidungsträgern wohl auch bewusst sein, dass Arbeitnehmer/innen kaum geneigt sein werden, hier konkrete Projekte inhaltlich mit zu gestalten und sich damit unter Umständen „ihr eigenes Grab" zu schaufeln. Dieses Problem wird häufig auch von den Interviewten selbst thematisiert, typisch sind beispielsweise die folgenden Aussagen einer Betriebsrätin und eines Managementvertreters aus zwei unterschiedlichen Fällen:

> „Wenn man so betroffen ist, wie die Kollegen, dann kann man nicht im Prozess frei diskutieren. Weil dieses Ausmaß einfach extrem ist." (Betriebsrat)

> „Mit Gänsen redet man nicht über Gänsebraten. Die Leute, die massiv betroffen sind, natürlich können sie die einbeziehen – aber die Interessenslagen sind so weit auseinander, das macht nicht so richtig Sinn. (...). Es kommt immer darauf an, wie das Projekt gestaltet ist. Wir wussten außerdem damals auch noch nicht, wer bleibt und wer geht." (Management)

Das Problem großer Betroffenheit als Argument gegen eine direkte Einbeziehung von Beschäftigten ist in diesem Zusammenhang nicht neu und auf die Notwendigkeit von Beschäftigungssicherheit als Voraussetzung für eine erfolgreiche Partizipation wurde bereits häufig hingewiesen (z.B. Strauss 1998, S. 207f.). Für viele Formen von Reorganisationen, bei denen Einsparungen im Personalbereich bereits beschlossen sind, scheint gerade diese Sicherheit allerdings häufig nicht gegeben zu sein. Diese Problematik wird auch auf einer politisch-abstrakten Ebene in der Regel völlig ausgeblendet, etwa wenn von verschiedener Seite ein höheres Innovationstempo verlangt wird. Selbst in vielen Konzepten zum Innovationsmanagement, die für eine intensive Beteiligung von Beschäftigten plädieren, sucht man vergeblich nach Empfehlungen zum Umgang mit diesem Konflikt. In diesem Zusammenhang wird auch eine alleinige Beteiligung des Betriebsrats nicht immer die Lösung sein, denn diese kann in vielen Fällen das implizite Erfahrungswissen der Beschäftigten nicht ersetzen. Zudem läuft der Betriebsrat unter Umständen Gefahr, durch ein starkes Engagement für eine Innovation erst recht den Unmut der von ihr betroffenen Beschäftigten auf sich zu ziehen. Aber auch eine zurückhaltende Informationspolitik führt nicht selten dazu, dass Gerüchte aufkommen und sich Widerstand formiert, bevor die betroffenen Arbeitnehmer/innen offiziell informiert werden.

Die umfassende und vergleichsweise vielfältige direkte Partizipation in den Projekten zur Ablauforganisation lässt sich zum einen damit erklären, dass die Entscheidungsträger in diesen Fällen stärker auf das Wissen der Belegschaft angewiesen zu sein scheinen. Zum anderen sind in dieser Innovationsgruppe die zu erwartenden Nachteile für die Beschäftigten wie Stellenabbau oder Arbeitsverdichtung tendenziell etwas geringer als in den Innovationen der Aufbauorganisation. Dementsprechend lässt sich hier nicht nur die von Greifenstein und Kollegen (1993, S. 31f.) beschriebene Korrekturpartizipation, sondern auch der Einsatz von Instrumenten beobachten, die stärker auf eine inhaltliche Ausgestaltung der Projekte abzielen (vgl. Abschnitt 5.1.1).

Wenn jedoch die starke Betroffenheit ein hohes Ausmaß an Partizipation verhindert, so stellt sich die Frage nach dem Grund für die vergleichsweise niedrige Beteiligung in den personalbezogenen Projekten. Obwohl hier in der Regel eher positive Wirkungen für die Arbeitnehmer/innen erwartet werden, ist sowohl die Informations- als auch die Entscheidungspartizipation in vielen Fällen erstaunlich gering. Dieser erwartungswidrige Befund könnte darauf zurückzuführen sein, dass der Stellenwert dieser Projekte – zumindest für das Management – oft weniger hoch und damit eine erfolgreiche Umsetzung der Projekte weniger zentral ist. Ebenfalls plausibel erscheint die Annahme, dass die Verantwortlichen insbesondere bei Innovationen, die tendenziell eher mit Vorteilen für die Beschäftigten einhergehen, auf eine zeitintensive Partizipation verzichten, weil sie keine Widerstände erwarten. Implizit würden dann primär die motivationalen Folgen von Partizipation berücksichtigt und nicht die kognitiven Effekte wie eine Erhöhung der Entscheidungsqualität. Schließlich betreffen viele der personalbezogenen Innovationen auch alle Arbeitnehmer/innen des Betriebs, so dass sehr viele Betroffene einbezogen werden müssten und deshalb eher auf eine alleinige Beteiligung des Betriebsrats als Vertreter von Arbeitnehmerinteressen gesetzt wird.

Neben der relativ großen Varianz in der Beteiligung fallen jedoch auch deutliche Gemeinsamkeiten ins Auge, die zwar nicht für jeden einzelnen Fall, aber doch für den größten Teil der Projekte zu gelten scheinen. Die Beobachtung, dass die Initiative für Projekte fast nie von den betroffenen Beschäftigten kommt, lässt sich – zumindest teilweise – damit erklären, dass in unserer Studie eine Konzentration auf Verfahrensinnovationen erfolgte. Es erscheint leicht nachvollziehbar, dass Beschäftigte keine Prozesse anstoßen, denen sie oder ihre Kolleg/inn/en später eventuell selbst zum Opfer fallen könnten. Der äußerst seltene Einsatz direkter Partizipation im Rahmen von Evaluationsprozessen kann vermutlich darauf zurückgeführt werden, dass in Unternehmen überhaupt nur selten Erfolgskontrollen durchgeführt werden. Diese Annahme lässt sich in Bezug auf die vorliegenden Daten nicht überprüfen, sie erscheint aber durchaus plausibel. Die vorliegende Untersuchung reproduziert damit die Befunde von Horsmann und Pundt (2008, S. 231; vgl. Abschnitt 5.1.1) insofern, als auch in den untersuchten Projekten der TiM-Studie die Beschäftigten in keinem der acht Fälle an der Initiative beteiligt waren und wenn überhaupt erst gegen Ende der Prozesse einbezogen wurden.

Was die vielfach eher spontane und wenig geplante Interaktion der betrieblichen Entscheidungsträger mit den betroffenen Beschäftigten anbelangt, so ist zwar nicht auszuschließen, dass es sich hierbei um eine Vermeidungsstrategie handelt, allerdings entsteht in den hier untersuchten Fällen eher der Eindruck, dass insbesondere der direkten Beteiligung im Projektmanagement ein vergleichsweise geringer Stellenwert zukommt und diese deshalb wenig im Voraus geplant wird. In vielen Fällen entwickelt sich bei den Hauptverantwortlichen im Verlauf der Prozesse jedoch durchaus ein Bewusstsein für die Notwendigkeit einer strategischeren Interaktion mit den Beschäftigten. Dies mag unter Umständen auch daran liegen, dass, obwohl im Grunde alle untersuchten Prozesse auch formal als Projekte definiert wurden, der generelle Prozessablauf in den Veränderungsprojekten häufig nicht vorhersehbar gewesen zu sein schien. In einigen Fällen dürfte die wenig geplante Arbeitnehmerbeteiligung somit auch mit einer insgesamt wenig vorausschauenden Projektplanung einhergehen.

Trotz dieser Gemeinsamkeiten über alle untersuchten Projekte hinweg ist mit Blick auf die Gesamtergebnisse dennoch festzuhalten, dass für die Unternehmen im Umgang mit den Beschäftigten durchaus Spielräume existieren, die es bestmöglich zu gestalten gilt. Dafür sprechen nicht zuletzt die breite Palette an eingesetzten Beteiligungsinstrumenten sowie die Flexibilität, mit der die betrieblichen Entscheidungsträger auf das Engagement und die Bedenken der Betroffenen während der Prozesse reagieren. Zukünftige Konzepte zum Innovationsmanagement sollten viel stärker auf die Herausforderungen bezogen werden, die mit einzelnen Innovationstypen einhergehen und auch Empfehlungen für eine erfolgreiche Beteiligung stärker darauf zuschneiden.

Sowohl die vergleichsweise deutlichen Muster der Beteiligung in Abhängigkeit vom Innovationstyp als auch die fallübergreifenden Gemeinsamkeiten sind vor allem deshalb bemerkenswert, weil sie der in Wissenschaft wie Praxis verbreiteten Annahme einer hohen Bedeutung von Unternehmens- bzw. Beteiligungskulturen widersprechen: Auch diese Ergebnisse stehen wiederum im Einklang mit denen der TiM-Studie, nach der die vorhandene Beteiligungskultur viel weniger eine Rolle für die tatsächliche Ausgestaltung der Beteiligung in konkreten Projekten zu spielen scheint als die Art der Innovation.

Schwer einzuschätzen ist schließlich die eigentliche Rolle von Betriebsrat und Management bei der direkten Beteiligung von Beschäftigten: Innovationsartübergreifend entsteht vor allem der Eindruck, dass sich, was die Information und Beteiligung der Beschäftigten anbelangt, die Funktionen der verschiedenen betrieblichen Entscheidungsträger nicht grundlegend voneinander unterscheiden. Eher scheint es so zu sein, dass sich mal der Betriebsrat und mal das Management stärker für die Beteiligung der betroffenen Beschäftigten zuständig fühlt. Dabei agiert der Betriebsrat tendenziell neben dem Management her und übernimmt eher die Informationspartizipation, weniger die Entscheidungsbeteiligung der Beschäftigten. Das Engagement des Betriebsrats für die direkte Partizipation erweist sich dabei im Übrigen als bei weitem nicht so stark, wie es in der Literatur bisweilen postuliert wird (z.B. Müller-Jentsch 2007, S. 104; vgl. Kap. 5.1.1). Diese Zurückhaltung ist jedoch weniger als grundsätzliches Misstrauen gegenüber einer direkten Arbeitnehmerbeteiligung zu interpretieren. Eher lässt sie sich als Hinweis darauf werten, dass die Betriebsräte es (noch) nicht als ihre Aufgabe betrachten, die Beschäftigten zusätzlich zur eigenen Beteiligung ebenfalls in die Prozesse einzubeziehen. Nicht wenige Interviewpartner dieser Funktionsgruppe machen im Interview explizit deutlich, dass sie die Verantwortung in dieser Hinsicht eher beim Management sehen.

Die hier durchgeführten Analysen stellen den ersten Schritt einer Betrachtung spezifischer Beteiligungsmuster in Abhängigkeit vom Innovationstyp in konkreten Veränderungsprozessen dar. Für zukünftige Untersuchungen lassen sich jedoch weitere Forschungsfragen formulieren, die mit der hier vorgestellten Studie nicht oder nur teilweise beantwortet werden können. So erscheint es für weiterführende Forschungsvorhaben notwendig, in Fallstudien auch die Arbeitnehmer/innen selbst zu befragen, um so die Wirkungen der jeweils unterschiedlichen Partizipationsmuster auf die betroffenen Beschäftigten zu beschreiben. Besonders aufschlussreich könnte auch ein Vergleich der Beteiligungsmuster von Verfahrens- und Produktinnovationen sein. Es wäre zu vermuten, dass sich – vor allem was die Initiative betrifft – für Produktinnovationen ein höheres Ausmaß an Arbeitnehmerbeteiligung feststellen ließe.

Nicht zuletzt sollten die hier vorgefundenen Beobachtungen in einer größeren Stichprobe mit einer stärker quantitativ ausgerichteten Methode erneut überprüft werden, um so einen Hinweis auf die Verallgemeinerbarkeit der Ergebnisse zu bekommen. Besonders spannend wäre es bei einer solchen Untersuchung auch – analog der TiM-Studie – auszuloten, welcher Anteil an den beschriebenen Informations- und Beteiligungsmustern jeweils durch die spezifische Innovationsart und die generelle Unternehmenskultur erklärt werden kann. Abschließend wäre es dann möglich, den allgemeinen Gestaltungsspielraum in Innovationsprozessen zu beschreiben und – im Rahmen von spezifischen Handlungsempfehlungen – Informations- und Beteiligungsmuster in den jeweiligen Innovationstypen zu optimieren.

6 Innovativität und direkte Partizipation

Alexandra Shajek

Die Ergebnisse aus Kapitel 5 haben gezeigt, dass die direkte Partizipation der betroffenen Beschäftigten in den untersuchten Projekten auf sehr unterschiedliche Art und Weise umgesetzt wird. Darüber hinaus deuten die Interviewdaten darauf hin, dass die konkrete Ausgestaltung der Beteiligung zu einem nicht unerheblichen Teil auch vom jeweiligen Innovationstyp abzuhängen scheint. Unabhängig von diesen spezifischen Partizipationsmustern soll im Folgenden der Frage nachgegangen werden, inwieweit sich auf der Basis unserer Untersuchung auch ein Zusammenhang zwischen dem Ausmaß der direkten Partizipation und dem Innovationserfolg sowie verschiedenen Prozessvariablen nachweisen lässt. Empirische Grundlage dieser Analysen bilden die Daten der Fragebogenerhebung, da nur diese eine statistische Überprüfung konkreter Hypothesen erlauben.

Zunächst wird jedoch ein Überblick über die relevante Forschungsliteratur zu den Effekten und Wirkmechanismen von Partizipation gegeben, bevor die einzelnen Hypothesen abgeleitet werden (Unterkapitel 6.1). Unterkapitel 6.2 beinhaltet eine kurze Darstellung der verwendeten Erhebungsinstrumente und der psychometrischen Qualität der einzelnen Skalen. Im Ergebnisteil erfolgt die inferenzstatistische Überprüfung der aufgestellten Hypothesen (Unterkapitel 6.3). Schließlich werden die zentralen Ergebnisse noch einmal zusammengefasst, bevor sie im letzten Abschnitt diskutiert werden (Unterkapitel 6.4).

6.1 Theoretischer Hintergrund

Die gegenwärtige Forschungsliteratur, die sich mit den Effekten und Wirkmechanismen von (direkter) Partizipation beschäftigt, zeichnet sich insgesamt durch eine große Heterogenität aus. So resümieren etwa Conrad und Hucker (2003),

> „dass bislang keine integrierte Theorie der Mitarbeiterbeteiligung existiert. Statt dessen wird dieser Bereich in verschiedenen wissenschaftlichen Disziplinen unter besonderen Forschungsfragestellungen und fachspezifischen Gesichtspunkten behandelt." (S. 23)

Ähnlich wie beim Innovationsbegriff handelt es sich auch beim Partizipationskonstrukt um ein „Querschnittsproblem, das Teildisziplinen der Psychologie (...) ebenso herausfordert, wie Gesellschaftstheorie, Soziologie, Betriebswirtschaftslehre und Theorie der Arbeitsbeziehungen" (Wilpert 1993, S. 364). Diese unterschiedlichen Perspektiven, aus denen der Forschungsgegenstand betrachtet wird, gehen nicht nur von verschiedenen Voraussetzungen zur Natur des Menschen aus, sondern prognostizieren jeweils auch spezifische Effekte, die wiederum durch eigene Wirkmechanismen erklärt werden.

Die in Kapitel 3 diskutierten Erklärungsansätze des Neo-Institutionalismus und der Partizipationstheorien lassen sich überwiegend der betriebswirtschaftlichen Perspektive zuordnen (siehe Conrad/Hucker 2003), sie sollen an dieser Stelle nicht noch einmal beschrieben werden. Die soziologische Forschungsliteratur nimmt zwar zunehmend neue Arbeitsformen und direkte Partizipationsmöglichkeiten in den Blick (ebd., S. 33), widmet sich aber nach wie vor bevorzugt der betrieblichen Mitbestimmung durch den Betriebsrat (Nerdinger et al. 2003, S. 147). Die Arbeits- und Organisationspsychologie richtet ihren Fokus hingegen überwiegend auf direkte Formen der Partizipation (ebd.). Da auch die in diesem Kapitel vorgestellten Hypothesen in dieser Forschungstradition stehen, soll sie im Folgenden etwas genauer erläutert werden.

6.1.1 Effekte und Wirkmechanismen direkter Partizipation

Die arbeits- und organisationspsychologischen Arbeiten, die sich mit den Effekten von Partizipation beschäftigen, untersuchen üblicherweise den Zusammenhang zwischen Mitarbeiterbeteiligung und Produktivität bzw. Leistung sowie (Arbeits-)Zufriedenheit (Nerdinger et al. 2003, S. 147). Dabei wird in der Regel von einer positiven Korrelation der Konstrukte ausgegangen. Die zentralen abhängigen Variablen werden üblicherweise auf Individualebene gemessen und beinhalten zumeist Selbstbeschreibungen oder aber die Einschätzung von Vorgesetzten, nur wenige Studien erfassen auch Kennzahlen auf Gruppen- oder Organisationsebene (zusammenfassend Wagner 1994, S. 320; Wegge 2000, S. 500). Zur Erklärung der angenommenen Zusammenhänge werden von den einzelnen Autoren jeweils unterschiedliche Wirkmechanismen postuliert. Der Zusammenhang zwischen Möglichkeiten der Beteiligung und der Arbeitszufriedenheit von Arbeitnehmer/innen lässt sich zunächst einmal damit begründen, dass diese durch Beteiligung eher ihre Interessen durchsetzen können, was sich zweifelsohne auf ihre Zufriedenheit auswirken dürfte (Locke/Schweiger 1979, S. 277). Darüber hinaus stößt man auch auf die Annahme, dass Partizipation einen positiven Effekt auf die Erfüllung von Bedürfnissen höherer Ordnung wie Respekt oder Unabhängigkeit ausübt (zusammenfassend Miller/Monge 1986, S. 730).

Wird dagegen eine produktivitätsorientierte Perspektive eingenommen und vor allem der Zusammenhang zwischen Beteiligung und Produktivität bzw. Effektivität betrachtet, so bestimmen im Wesentlichen *zwei* Wirkmechanismen die Debatte (Locke/Schweiger 1979): Auf der einen Seite wird angenommen, dass die Effekte von Beteiligung über unterschiedliche *kognitive Faktoren* wie einen verbesserten Informationsaustausch vermittelt werden, die unter anderem dazu führen, dass die Menge verfügbarer und relevanter Informationen erhöht und damit die Qualität von Entscheidungen gesteigert wird (ebd., S. 277f.; Schubert/ Zink, 1990, S. 83). Zudem erhalten die Beschäftigten durch partizipative Strategien bereits frühzeitig Kenntnisse vom jeweiligen Problemkomplex, was zu einer schnelleren und reibungsloseren Umsetzung von beschlossenen Maßnahmen führen sollte (ebd.). Auf der anderen Seite werden auch mit Blick auf die Produktivität *motivationale Wirkmechanismen* unterstellt. Am häufigsten genannt wird in diesem Zusammenhang das Argument, dass die Beteiligung von Beschäftigten helfen kann, die Akzeptanz und das Engagement für Entscheidungen sowie Zielsetzungen zu erhöhen (z.B. Locke/Schweiger 1979, S. 278). Schubert und Zink (1990; vgl. auch Miller/Monge 1986) weisen zudem darauf hin, dass Arbeitszufriedenheit und Arbeitsmotivation nicht nur als Ergebnisse partizipativer Prozesse betrachtet, sondern ebenfalls als Einflussfaktoren diskutiert werden, die ihrerseits positive Effekte auf die Arbeitsleistungen ausüben (ebd., S. 85). Schließlich dürfte sich auch eine hohe Arbeitsleistung wiederum positiv auf die allgemeine Arbeitsmotivation auswirken.

Mittlerweile existiert eine fast unüberschaubar große Anzahl von Studien, die die postulierten Zusammenhänge empirisch überprüfen. Sie werden im Großen und Ganzen durch die Übersicht von Locke und Schweiger (1979) sowie die Metaanalysen von Miller und Monge (1986), Wagner (1994) sowie Wagner et al. (1997) zusammengefasst. Gemeinsames Fazit dieser Arbeiten ist der Befund, dass Partizipation tendenziell stärker mit Arbeitszufriedenheit als mit Produktivität korreliert. Bemerkenswert ist jedoch vor allem die insgesamt eher geringe Höhe der Zusammenhänge: Die mittleren Korrelationen zwischen Partizipation und Produktivität variieren zwischen r = .15 (Miller/Monge 1986) und r = .21 (Wagner et al. 1997), für Arbeitszufriedenheit liegen sie im Bereich von r = .34 bzw. r = .30.

Ein besonders pessimistisches Fazit zieht dabei Wagner (1994) und hält fest:

> „Instead, support is provided for the conclusion that research has produced evidence of statistically significant but small relationships between participation and performance or satisfaction and that it has failed to verify the presence of strong, large relationships. (....) Together, the conclusions of this article give cause to question the practical significance of participation as a means of influencing performance or satisfaction at work." (S. 327)

Insbesondere den früheren Übersichten ist dabei gemeinsam, dass sie nicht explizit zwischen verschiedenen Partizipationsformen unterscheiden oder nur sehr grobe Kategorisierungen verwenden. Somit ließen sich die eher geringen Korrelationen theoretisch auch darauf zurückzuführen, dass die genannten Metaanalysen starke und weniger starke Effekte verschiedener Partizipationsformen vermischen. Genau diese Hypothese überprüften Cotton et al. (1988) in einer weiteren Übersicht und können tatsächlich auch unterschiedliche Ergebnisse für verschiedene Partizipationsformen nachweisen. Die Effekte direkter Partizipation im Rahmen von *Entscheidungen am Arbeitsplatz* fallen in Bezug auf die Produktivität überwiegend positiv aus, die Befunde hinsichtlich (Arbeits-)Zufriedenheit sind hingegen uneinheitlich. Die Studie liefert allerdings keinen Anhaltspunkt über die Höhe der Zusammenhänge und wurde auch aufgrund methodischer Schwächen kritisiert (insbesondere Leana et al.1990; vgl. aber auch Cotton et al. 1990).

6.1.2 Direkte Partizipation und Innovation

Die oben diskutierten Annahmen der allgemeinen Partizipationsforschung lassen sich auch auf den spezifischen Zusammenhang zwischen direkter Partizipation und dem Erfolg von Innovationsprozessen übertragen.

In den Kapiteln 1 und 3 wurde bereits argumentiert, dass Wissen, und zwar insbesondere das implizite Erfahrungswissen der betroffenen Arbeitnehmer/innen unterer Hierarchiestufen, zentral für das Gelingen betrieblicher Änderungsprozesse ist (z.B. Scholl 2004). Die Einbeziehung dieser Beschäftigten in den Innovationsprozess sollte insbesondere den Wissensaustausch zwischen betrieblichen Entscheidungsträgern und der Belegschaft fördern und damit auch die Qualität der zu treffenden Entscheidungen erhöhen.

Neben kognitiven Wirkmechanismen werden jedoch auch in der Innovationsforschung motivationale Einflussfaktoren diskutiert. Am häufigsten stößt man dabei auf die Hypothese, dass Mitarbeiterbeteiligung vor allem dazu führe, die Akzeptanz der geplanten Änderungen auf Seiten der Beschäftigten zu erhöhen. Eine solche motivationssteigernde Wirkung ist keineswegs trivial, denn

> „*Innovationen sind im Zweifel nicht willkommen.* Zwar werden alle Beteiligten und Betroffenen in einem Unternehmen ihre Bereitschaft zur Innovation bekunden, diese Äußerung ist aber oft nur ein Lippenbekenntnis. (...) Die Historie von Innovationen ist eine unendliche Geschichte des Widerstandes gegen sie." (Hauschildt/Salomo 2007, S. 178; Hervorhebungen im Original)

Entstehungsort, Ursachen und Erscheinungsbild von Widerständen können dabei äußerst vielfältig sein (Hauschildt 1999, vgl. auch Klöter 1997), ihre Wirkungen werden in der Regel jedoch als schädlich für den Prozess beurteilt. So können geplante Neuerungen durch Opposition verformt, verzögert oder auch ganz verhindert werden (ebd.).

Zur Erklärung von Widerständen in Innovationsprozessen wird häufig auf das Promotorenmodell von Witte (1973, 1999) zurückgegriffen, das im Wesentlichen zwei Arten von Barrieren[1] unterscheidet, die sich einer erfolgreichen

1 In der Regel werden die Begriffe Widerstand, Barriere und Opposition sowie ihre Pluralformen in der einschlägigen Forschungsliteratur synonym gebraucht, sodass auch in die-

Durchführung von Innovationsprozessen entgegenstemmen: motivational bedingte „Willensbarrieren“ (Witte 1973, S. 6) und kognitive Formen von „Fähigkeitsbarrieren“ (ebd., S. 8). Letztere sind angesichts der hohen Unsicherheit und Komplexität in Innovationsprozessen im Grunde unvermeidbar, denn wann immer mit neuen Ideen, Methoden oder Verfahren hantiert wird, können die jeweiligen Akteure nicht nur auf bewährte Routinen oder Altbekanntes zurückgreifen (Hauschildt/Salomo 2007, Kap. 4). So erklären sich Fähigkeitsbarrieren für Witte (1973) auch „aus dem Wesen der Innovation selbst“ (S. 8). Zusätzlich zu den Barrieren, die aus einem Mangel an Wissen und Können resultieren, spricht Witte (1973) jedoch auch von „Willensbarrieren“ (S. 6), die für den erfolgreichen Abschluss einer Innovation überwunden werden müssen und die der Autor verallgemeinernd auf „die Beharrungskräfte des Status quo“ (ebd.) zurückführt. Die oftmals implizierte Interpretation motivational begründeter Barrieren als irrational und vor allem auf der Trägheit von Individuen beruhend, greift jedoch zu kurz (vgl. Ortmann et al. 1990, S. 493ff.). Stattdessen dürfte in diesem Kontext vor allem der für Innovationsprozesse charakteristische *Konfliktgehalt* ausschlaggebend sein: Gerade Prozessinnovationen, wie sie hier im Mittelpunkt stehen, beinhalten immer eine Veränderung der betrieblichen Ressourcenverteilung und es ist keineswegs damit zu rechnen, „daß jedes Individuum für sich eine positive Bilanz ziehen kann“ (Meißner 1989, S. 108). In Bezug auf Verfahrensinnovationen ist deshalb anzunehmen, dass der Einsatz direkter Partizipation vor allem auf die Überwindung von Willensbarrieren abzielen könnte, da die betroffenen Beschäftigten in diesen Fällen – berechtigt oder nicht – vor allem Nachteile gegenüber dem Status quo befürchten dürften.

Während jedoch der Zusammenhang zwischen (direkter) Partizipation und Leistung bzw. Produktivität mit einer überaus großen Anzahl von empirischen Untersuchungen bedacht wurde, existieren deutlich weniger Studien, die speziell die Effekte von Partizipation auf den Erfolg von Innovationen in den Blick nehmen. Die existierenden Untersuchungen ergeben zudem ein eher widersprüchliches Bild, für das sich nach Blume und Gerstlberger (2007) verschiedene Gründe anführen lassen: Zum einen erlaubt die Komplexität von Innovationen es, ihren Erfolg auf unterschiedlichste Art und Weise zu operationalisieren; rechtliche wie ökonomische Kennziffern können in diesem Kontext genauso Berücksichtigung finden wie motivationale Indikatoren (ebd., S. 225). Darüber hinaus kann die innovative Leistung von Einzelpersonen, Teams oder aber die Innovativität ganzer Unternehmen herangezogen werden (ebd.). Ähnlich viel Spielraum besteht für die einzelnen Forscherinnen und Forscher natürlich auch hier hinsichtlich der Operationalisierung von Beteiligung (ebd., S. 227). In einer

ser Arbeit auf eine differenziertere Verwendung verzichtet wird (vgl. z.B. Hauschildt, 1999, S. 7).

neueren Übersicht der Autoren zu diesem Thema finden sich beispielsweise nur drei Studien, in denen die unabhängige Variable auch als direkte Partizipation operationalisiert wird. Alle drei Arbeiten untersuchen jedoch lediglich auf Unternehmensebene den Zusammenhang zwischen dem Einsatz partizipativer Organisationsformen bzw. der Qualität der Unternehmenskultur und der erfolgreichen Umsetzung einer Lernkultur (Nielsen/Lundvall 2003) sowie der Häufigkeit von Innovationen (Domsch et al. 1995; Michie/Sheehan 1999).

In ihrer eigenen Untersuchung nutzten Blume und Gerstlberger (2007) die Daten einer nordhessischen Unternehmensbefragung zur Analyse der Wirksamkeit von drei verschiedenen Formen von Beteiligung. Die Studie ist vor allem deshalb interessant, weil nicht nur direkte Partizipation und betriebliche Mitbestimmung, sondern auch Produkt- und Prozessinnovationen getrennt voneinander betrachtet wurden. Für partizipative Formen der Arbeitsgestaltung und des beteiligungsorientierten Wissensmanagements dokumentieren die Autoren sowohl mit dem Auftreten als auch mit der Intensität von Produkt- und Prozessinnovationen einen positiven Zusammenhang.[2] Für die Existenz eines Betriebsrats können Blume und Gerstlberger in ihren Daten hingegen keinen Effekt auf die Innovationstätigkeit nachweisen.

Czarnitzki und Kraft (2008) untersuchten mit einer Teilstichprobe des Mannheimer Innovationspanels (N = 1.321) ebenfalls den Zusammenhang zwischen verschiedenen Mitarbeiteranreizsystemen und dem Innovationserfolg, wobei letzterer als Kostenreduktion durch Verfahrensinnovationen sowie als Umsatzsteigerungen durch Qualitätsverbesserungen operationalisiert wurde. Für das betriebliche Vorschlagswesen zeigen die Autoren einen signifikanten Effekt auf beide abhängigen Variablen, für nicht-materielle Anreizsysteme wie Gruppenarbeit und Innovationszirkel allerdings nur auf den Indikator Umsatzsteigerungen durch Qualitätsverbesserungen.

In eine ähnliche Richtung weisen die Ergebnisse von Chen und Huang (2009), die für eine Stichprobe von N = 146 Firmen nachweisen, dass das generelle Ausmaß an Partizipation sowie weiterer Human Resource-Praktiken signifikant positiv mit der Innovationsleistung im technischen wie administrativen Bereich korreliert. Dieser Zusammenhang wird darüber hinaus über das Ausmaß an im Unternehmen umgesetzten Maßnahmen zum Wissensmanagement vermittelt.

Auch Schwarz-Kocher et al. (2011) nehmen in einer Studie den Zusammenhang zwischen dem Einsatz partizipativer Organisations- und Managementkonzepte und der Innovationsfähigkeit von Unternehmen in den Blick. Dabei können die Autoren insgesamt einen positiven Effekt von direkter Arbeitnehmer-

---

2 Die Autoren weisen jedoch darauf hin, dass der Effekt partizipativer Arbeitsgestaltung auf das Auftreten von Prozessinnovationen nur auf dem 20-Prozentniveau signifikant ist (ebd. S. 236).

beteiligung sowohl auf das Innovationspotenzial als auch auf den Innovationserfolg nachweisen. Dies gilt allerdings für den Erfolg von Produktinnovationen nur in Bezug auf den Indikator „Umsatzanteil mit neuen Dienstleistungen", kein Effekt zeigt sich hingegen für die abhängige Variable „Umsatz mit neuen Produkten". Für Prozessinnovationen ergibt sich zudem eine signifikante Korrelation mit den Kenngrößen „Termintreue" und „Ausschussquote", nicht jedoch mit der Arbeitsproduktivität (S. 99f.).

Aufschlussreich ist schließlich noch die Metaanalyse von Rizzuto und Reeves (2007). Die Autoren analysierten auf der Basis von N = 81 Publikationen die häufigsten personalen Barrieren, die sich bei der Implementierung neuer Software ergeben. Dabei untersuchten sie einerseits, wie häufig bestimmte Problemquellen und Symptome fehlgeschlagener Softwareeinführungen in der Literatur genannt werden und andererseits, inwieweit sich die Dominanz bestimmter Themen über die Jahre 1984 bis 2004 verändert hat. Die Autoren kommen zu dem Ergebnis, dass als Hauptquellen für fehlgeschlagene Softwareeinführungen die Themen „management" und „participation" wesentlich häufiger diskutiert werden als die potenziellen Probleme „training", „rewards" oder „feedback" (S. 232). Als Symptome fehlgeschlagener Implementierung werden wiederum Widerstände am häufigsten genannt (ebd.). Zudem stellen die Autoren fest, dass das Thema Partizipation in der frühen Literatur kaum diskutiert wurde, im Laufe der Zeit aber deutlich an Bedeutung gewann, während Widerstände in etwa gleich bedeutsam blieben.

Das Hauptdefizit der beschriebenen Untersuchungen ist primär darin zu sehen, dass keine konkreten Veränderungsprojekte in den Blick genommen werden und dass in der Regel auch keine Überprüfung mediierender Faktoren stattfindet.[3] Eine Ausnahme bildet die Studie von Scholl (2004), in der retrospektiv 42 konkrete Produkt- und Prozessinnovationen analysiert wurden. Für eine Substichprobe mit zehn Verfahrensinnovationen aus dem Bereich EDV kann der Autor zeigen, dass Projekte, die unter Einbeziehung der Beschäftigten durchgeführt werden, statistisch bedeutsam erfolgreicher sind, als solche ohne Partizipation. Darüber hinaus erbringt Scholl für die gesamte Stichprobe den Nachweis, dass Wissenszuwachs in den untersuchten Innovationen als eine Mediatorvariable signifikant mit dem Erfolg der Prozesse korreliert.

Auch wenn das Feldstudiendesign für eine hohe ökologische Validität dieser Studie spricht, so sind die Ergebnisse doch aufgrund einer lediglich dichotomen Einstufung der untersuchten Fälle in partizipativ/nicht-partizipativ sowie der sehr kleinen Stichprobe mit Vorsicht zu interpretieren. Auf eine deutlich größere Datenbasis konnten hingegen Wengel und Wallmeier (1999) zurück-

3 Auf das Phänomen, dass die Beteiligung in der Partizipationsforschung häufig als Blackbox behandelt wird, ist bereits in Kapitel 3 hingewiesen worden.

greifen. Anhand der ISI-Produktionsinnovationserhebung untersuchten die Autoren, wie sich direkte Partizipation in verschiedenen Typen bereits abgeschlossener Verfahrensinnovationen auf die Widerstände der betroffenen Beschäftigten auswirkt. Darüber hinaus werden verschiedene (Miss-)Erfolgsindikatoren berücksichtigt. Die Autoren kommen dabei zu sehr unterschiedlichen Ergebnissen. So beobachten sie in Projekten aus dem Bereich Rechnerunterstützung der Materialwirtschaft im Rahmen von Produktionsplanungs- und Steuerungssystemen (PPS), in denen betroffene Beschäftigte Teil des Projektteams sind, ein deutlich *größeres* Ausmaß an Widerständen als in Projekten, in denen die Beschäftigten nicht einbezogen werden. In Bezug auf andere abhängige Variablen, wie das „Nichteinhalten von Deadlines", „Budgetüberziehung" sowie der „Verwerfung des ursprünglichen Konzepts", schneiden die Prozesse mit Beteiligung allerdings genauso gut oder sogar besser ab als die Projekte ohne Beteiligung. Bei einer Berücksichtigung aller in der Studie untersuchten Innovationstypen fällt schließlich die Akzeptanz für das Projekt von Seiten der Beschäftigten tendenziell höher aus, wenn betroffene Arbeitnehmer/innen Teil der Projektgruppe sind. Dennoch interpretieren die Autoren ihre Ergebnisse äußerst vorsichtig:

> „However, the thesis of a widespread and significant positive impact on the acceptance of techno-organizational changes through the participation of employees concerned could not be proven." (S. 73)

Obwohl die Studie über eine sehr breite Datenbasis verfügt und den direkten Vergleich von Partizipation, Widerständen und Erfolgskriterien in konkreten Verfahrensinnovationen erlaubt, sind die Ergebnisse dennoch nur eingeschränkt aussagekräftig. Zum einen verzichten Wengel und Wallmeier (1999) auf eine genaue Dokumentation statistischer Kennwerte, so dass unklar bleibt, inwieweit die berichteten Ergebnisse tatsächlich signifikant sind. Zum anderen wird, wie auch in der Studie von Scholl (2004), Partizipation nur dichotom erfasst, sodass keine Aussage über die tatsächliche Höhe der Zusammenhänge möglich ist. Die insgesamt noch sehr dünne Forschungslage zum Zusammenhang von direkter Partizipation und dem Erfolg von Verfahrensinnovationen deutet eher auf eine positive Korrelation der Variablen hin. Die wenigen Studien lassen jedoch aufgrund der eingeschränkten Datenbasis und/oder der groben Erfassung direkter Partizipation noch viele Fragen offen.

Die Beteiligung von Beschäftigten in Innovationsprozessen wird schließlich nicht nur in Bezug auf ihre Wirkungen untersucht, von Interesse ist sie auch als abhängige Variable, das heißt, es wird die Frage gestellt, wann es überhaupt zu einer ausgeprägten Partizipation von Arbeitnehmer/inne/n kommt. Die im vorherigen Kapitel geschilderten Arbeiten im Projektverbund „TiM" untersuchten beispielsweise, inwieweit die Beteiligung in konkreten Veränderungsprojekten auch der generellen Beteiligungsorientierung im Unternehmen entspricht (Nerdinger/Wilke 2008). Die implizit zugrunde gelegte Annahme eines positiven Zusammenhangs der tatsächlichen Beteiligung und der allgemeinen Unternehmenskultur finden die Autoren jedoch nur bedingt bestätigt (Horsmann/Pundt 2008; vgl. Abschnitt 5.1.1).

6.1.3 Forschungsbedarf und Hypothesen

Der bisherige Forschungsstand zum Zusammenhang von direkter Partizipation und Innovationserfolg kann folgendermaßen zusammengefasst werden:

- Die umfangreiche Empirie zu den generellen Effekten von Partizipation auf die Produktivität spricht für signifikante, aber geringe Korrelationen zwischen den beiden Variablen. Es bleibt zudem unklar, inwieweit sich die in der Regel auf Individualebene gemessenen abhängigen Produktivitätsvariablen überhaupt auf die Ebene sozialer Einheiten mit mehreren Interaktionspartnern übertragen lassen (vgl. Wegge 2000). Die Befundlage zur spezifischen Wirksamkeit direkter Partizipation auf den Erfolg von Verfahrensinnovationen ist deutlich dünner, deutet aber in die gleiche Richtung.
- Hauptdefizit der existierenden Studien ist insbesondere darin zu sehen, dass in der Regel keine konkreten Innovationsprozesse untersucht werden und stattdessen eher globale Zusammenhänge zwischen der Existenz bzw. dem Einsatz partizipativer Organisationsformen sowie der generellen Innovativität von Unternehmen in den Blick genommen werden. Darüber hinaus erfolgt nur selten eine Überprüfung komplexer Wirkmechanismen; vermittelnde Variablen werden überwiegend theoretisch diskutiert. Dabei lassen sich die motivationalen und kognitiven Erklärungsmuster der generellen Partizipationsforschung auf den Zusammenhang von direkter Partizipation und Innovationserfolg übertragen.
- Der Einsatz von Partizipation könnte zum einen dazu dienen, die in Veränderungsprozessen häufig beobachteten Widerstände durch die betroffenen Beschäftigten zu überwinden, da es Individuen genereller leichter fallen dürfte, Entscheidungen zu akzeptieren, in die sie selbst eingebunden waren. Zum anderen sollte der hierarchieübergreifende Informationsaustausch dazu führen, dass die Qualität der im Rahmen der Innovationen getroffenen Entscheidungen steigt.
- Erste Hinweise auf eine mögliche Relevanz von Widerständen und Wissenszuwachs als Faktoren, die den Zusammenhang zwischen dem Erfolg von Verfahrensinnovationen und Mitarbeiterbeteiligung vermitteln, liefern die beschriebenen Studien von Wengel und Wallmeier (1999) sowie Scholl (2004).

- Ein weiteres Defizit der empirischen Partizipationsforschung ist schließlich darin zu sehen, dass bislang offen geblieben ist, inwieweit die generelle Beteiligungsorientierung im Unternehmen oder das Führungsverständnis einzelner Entscheidungsträger das im konkreten Innovationsfall tatsächlich gewährte Ausmaß an direkter Arbeitnehmerbeteiligung vorherzusagen vermag. Theoretisch ist hier von einer positiven Korrelation auszugehen, auch wenn die Analysen des Forschungsverbunds TiM (Nerdinger/Wilke 2008) eher auf schwache Zusammenhänge hindeuten.

Die nachfolgenden Analysen setzen an den bisherigen Forschungslücken an. Konkret wird das Ziel verfolgt, auf der Basis bereits abgeschlossener Verfahrensinnovationen den Zusammenhang zwischen direkter Partizipation, Wissenszuwachs, Widerständen und Innovationserfolg sowie der Einstellung betrieblicher Entscheidungsträger und des generellen Einflusses der Beschäftigten simultan in einem Modell zu untersuchen und dabei auch die tatsächliche Höhe der Zusammenhänge zu präzisieren. Die vorangegangenen theoretischen Ausführungen lassen sich in folgenden Hypothesen zusammenfassen:

- H1: Je größer der Wissenszuwachs im Projekt, umso erfolgreicher ist die Innovation.
- H2: Je geringer das Ausmaß an Widerständen durch die Beschäftigten ausfällt, umso erfolgreicher ist die Innovation.
- H3: Die direkte Partizipation der Beschäftigten ist wiederum positiv mit dem Wissenszuwachs korreliert.
- H4: Die direkte Partizipation der Beschäftigten ist darüber hinaus negativ mit dem Ausmaß an Widerständen korreliert.
- H5: Die direkte Partizipation fällt umso stärker aus, je größer der generelle Einfluss der Beschäftigten im Unternehmen ist.
- H6: Die direkte Partizipation fällt zudem umso stärker aus, je positiver die Einstellungen der beteiligten Entscheidungsträger gegenüber einer direkten Arbeitnehmerpartizipation.

6.2 Methode

Im folgenden Abschnitt werden die Konstruktion der verwendeten Instrumente und die psychometrische Qualität der Skalen dargestellt. Der allgemeine methodische Ansatz, die Stichprobe sowie das generelle Vorgehen bei der quantitativen Auswertung wurden bereits in Kapitel 2 dargestellt und werden an dieser Stelle nicht noch einmal beschrieben.

6.2.1 Erhebungsinstrumente

Ausmaß der direkten Partizipation im Innovationsprozess: Zur Erfassung der direkten Partizipation im Rahmen der Innovation *insgesamt* wurde eine Skala in Anlehnung an Black und Gregersen (1997) sowie die schematische Darstellung von Osterloh (1993, S. 151) zum Ablauf von Entscheidungsprozessen konstruiert. Beide differenzieren jeweils fünf Phasen und sind überwiegend deckungsgleich, allerdings fehlt bei Black und Gregersen (1997) die Phase der Durchführung, Osterloh (1993) vernachlässigt hingegen die Phase der Erfolgskontrolle. Beide Konzepte wurden deshalb zu einer Skala mit sechs Items kombiniert, die den gesamten Innovationsprozess beschreibt.

Die Frage „Wie stark haben die betroffenen Beschäftigten den Innovationsprozess in den einzelnen Phasen mitgestaltet? Beziehen Sie sich dabei bitte auf den *Innovationsprozess als Ganzes* und weniger auf bestimmte Einzelentscheidungen“ wurde anhand folgender Antworten bearbeitet: „Die betroffenen Beschäftigen haben ...

(1) bei ersten Vorüberlegungen und der Identifizierung eines Handlungsbedarfs für den Betrieb,
(2) bei der Informationssuche und Erarbeitung von Vorschlägen,
(3) bei der Beratung und Bewertung der Vorschläge,
(4) bei der Auswahl eines Vorschlags und Festlegung der zu erreichenden Ziele,
(5) bei der Umsetzung/Durchführung der Innovation,
(6) bei der Erfolgskontrolle, Überprüfung der Zielerreichung“

von „gar nicht mitgewirkt“ bis „stark mitgewirkt“ (siebenstufige Skala).

Genereller Einfluss der Beschäftigten im Betrieb: Die generelle Stärke der Beschäftigen gegenüber der Betriebsleitung wurde in Anlehnung an Kirsch et al. (1984, Kap. 4.2) über die Einflussmöglichkeiten verschiedener hierarchischer Personengruppen im Unternehmen erhoben. Die befragten Teilnehmer wurden instruiert, sich bei ihren Angaben auf den Zeitpunkt *vor* der Innovation zu beziehen, denn es kann davon ausgegangen werden, dass das Ausmaß der direkten Partizipation während des Innovationsprozesses vom Einfluss der Beschäftigten vor Beginn des Projekts abhängig ist. Die verschiedenen hierarchischen Gruppen „Geschäfts-/Betriebsleitung“, „oberes/mittleres Management“, „sonstige Beschäftigte/Arbeitnehmer/innen“, „Betriebsrat“ und „Gewerkschaft/en“ sollten jeweils hinsichtlich ihrer Einflussmöglichkeiten auf Entscheidungen im Betrieb eingestuft werden. Das Antwortformat der siebenstufigen Skala reichte von „0 = sehr schwach“ bis „6 = sehr stark“. Das Machtpotenzial der Beschäftigten wurde über die Differenz zwischen der Angabe für die Geschäfts-/Betriebsleitung und der Angabe für die Beschäftigten ermittelt. Zur besseren Nachvollziehbarkeit der Ergebnisse wurde dieses Distanzmaß so umgepolt, dass eine positive Korrelation zwischen dem Einfluss der Beschäftigten und der direkten Partizipation im konkreten Innovationsfall erwartet wird (vgl. Kap. 3).

Einstellung zur direkten Arbeitnehmerpartizipation: Die Items zur Erfassung der Einstellung zur direkten Arbeitnehmerpartizipation mussten für diese Untersuchung neu konstruiert werden. Die Skala wurde zu Beginn des Fragebogens unter der Überschrift „Generelle Fragen zur Mitbestimmung und direkten Partizipation" eingeleitet, um zu vermeiden, dass sich die Befragten in ihren Einschätzungen eher auf die Beteiligung im konkreten Innovationsfall beziehen. Die Items wurden eingeleitet mit der Aufforderung: „Bitte geben Sie an, inwieweit Sie den folgenden Aussagen zustimmen: Eine starke direkte Beteiligung der Beschäftigten zusätzlich zur Mitbestimmung durch den Betriebsrat ..." und lauteten:

(1) „ermöglicht in jedem Fall eine bessere Entscheidung,
(2) verzögert Entscheidungsprozesse erheblich,
(3) erhöht die Wahrscheinlichkeit von Konflikten,
(4) macht Entscheidungsprozesse noch komplexer,
(5) weckt bei den Beschäftigten unrealistische Erwartungen, die früher oder später zu Enttäuschungen führen."

Das Antwortformat war ebenfalls siebenfach gestuft („0 = stimmt gar nicht", „3 = stimmt teilweise", „6 = stimmt völlig"). Um zudem die bei diesem Konstrukt besonders wahrscheinliche Tendenz eines sozial erwünschten Antwortverhaltens zu reduzieren, wurden die Items (2) bis (4) in Richtung einer ablehnenden Haltung gegenüber der direkten Partizipation formuliert. Diese Items wurden für die Analysen so umgepolt, dass ein hoher Wert eine aufgeschlossene Einstellung zur direkten Beteiligung anzeigt.

Wissenszuwachs und Widerstände: Der Wissenszuwachs wurde in Anlehnung an die Arbeit von Scholl (2009) bzw. Bentz (2011) operationalisiert. Die Skala bestand aus sechs Items und wurde eingeleitet mit der Frage „Wie stark wurde/n im Verlauf des Innovationsprozesses ...

(1) neue Dinge ausprobiert und Erfahrungen gesammelt,
(2) besser verstanden, wo die eigentlichen Probleme liegen,
(3) grundsätzliche Zusammenhänge besser begriffen,
(4) neue Erkenntnisse gewonnen,
(5) von anderen Ideen und Erfahrungen übernommen und
(6) Fehler entdeckt und Prozesse verbessert?"

Die Zustimmung zu den Items wurde auf einer siebenstufigen Skala von „0 = gar nicht" über „3 = teilweise" bis „6 = sehr stark" angegeben.

Die sechs Items zur Erfassung der im Rahmen des Innovationsprozesses aufgetretenen Widerstände wurden teils für diese Untersuchung neu konstruiert, teils sind sie in Anlehnung an Greif et al. (2003) formuliert worden. Die einleitende Frage: „Wie haben Sie die Haltung der betroffenen Beschäftigten in Bezug auf die Innovation wahrgenommen?" wurde mit folgenden Antwortmöglichkeiten beantwortet: „Die betroffenen Beschäftigten ...

(1) erwarteten überwiegend Nachteile durch die Innovation,
(2) leisteten passiven Widerstand gegen die Innovation,
(3) standen der Innovation eher kritisch gegenüber,
(4) fürchteten sich vor den anstehenden Veränderungen,
(5) waren aufgrund negativer Erfahrungen aus vorherigen Projekten misstrauisch,
(6) lehnten die Innovation ab, da sie diese nicht für notwendig hielten."

Die Bewertung wurde auf einer siebenstufigen Skala von „0 = stimmt gar nicht" über „3 = stimmt teilweise" bis „6 = stimmt völlig" vorgenommen.

Innovationserfolg: Der Hintergrund zur Messung des Innovationserfolgs wurde bereits in Kapitel 3 erläutert. Auch hier sollen die Einschätzungen der Befragten zum wirtschaftlichen *und* sozialen Ergebnis in die Analysen einbezogen werden. Die Skala zur Erfassung des wirtschaftlich-organisatorischen Ergebnisses enthielt fünf Items: „Wie beurteilen Sie die Innovation in wirtschaftlicher Hinsicht, speziell in Bezug auf ...

(1) die Einhaltung der Zeitvorgaben,
(2) die Einhaltung des Budgetrahmens,
(3) Kosteneinsparungen,
(4) den erwarteten praktischen Nutzen,
(5) die gefundene Problemlösung?"

Die Befragten nahmen ihre Einschätzung auf einer siebenstufigen Skala vor, die von „–3 = völlig misslungen" über „0 = teils/teils" bis „+3 = völlig gelungen" reichte.

Der soziale Erfolg wurde ebenfalls mit einer fünfstufigen Skala erhoben. Die einleitende Frage lautete: „Wie beurteilen Sie die Konsequenzen der Innovation für die betroffenen Beschäftigten in Bezug auf ...

(1) die Arbeitsplatzqualität,
(2) das Arbeitsklima,
(3) die Entlohnung,
(4) die beruflichen Weiterentwicklungsmöglichkeiten,
(5) den Handlungsspielraum für die Beschäftigten?"

Zur Beantwortung stand den Befragten wiederum eine siebenstufige Skala zur Verfügung, die von „–3 = verschlechtert" über „0 = unverändert" bis „+3 = verbessert" reichte. Auch hier wird zur Ermittlung des Gesamterfolgs der Mittelwert aller Items auf beiden Skalen herangezogen (vgl. Kap. 3).

6.2.2 Reliabilitätsanalyse der verwendeten Skalen

Die Reliabilitäten der Skalen wurden als interne Konsistenzen mittels Cronbachs Alpha berechnet. Die ermittelten Koeffizienten weisen trotz der geringen Itemanzahl für alle verwendeten Skalen eine gute bis sehr gute Zuverlässigkeit aus (siehe Tab. 6.1). Für den generellen Einfluss der Beschäftigten kann dabei keine Reliabilität berechnet werden, da es sich hierbei um das Differenzmaß zweier Items handelt.

Tab. 6.1: Reliabilitäten der verwendeten Skalen

Skalenbezeichnung	Reliabilität (Cronbachs α)
Einstellung zur direkten Arbeitnehmerpartizipation	.82
direkte Partizipation im Innovationsprozess	.92
Wissenszuwachs	.89
Widerstände	.92
Innovationserfolg (gesamt)	.80

6.3 Ergebnisse

Im Folgenden werden zunächst exemplarisch die Angaben von Betriebsrats- und Managementvertretern zur direkten Partizipation und zum Ausmaß der Widerstände durch die betroffenen Beschäftigten vergleichend gegenübergestellt. Im Anschluss erfolgen die pfadanalytische Überprüfung der eingangs aufgestellten Hypothesen und eine differenzierte Betrachtung des sozialen sowie wirtschaftlich-organisatorischen Innovationserfolgs.[4]

6.3.1 Die Beteiligung von Beschäftigten an Verfahrensinnovationen

Da auch in diesem Kapitel die Überprüfung der aufgestellten Hypothesen auf der Ebene der aggregierten Fallmittelwerte vorgenommen wird (vgl. Kapitel 2), sollen zunächst die Einschätzungen zum Ausmaß der Beschäftigtenbeteiligung

4 In diesem Beitrag wird nur ein Teil der Ergebnisse aus der Dissertation der Autorin vorgestellt. Für weitergehende Analysen siehe Shajek, A. (2013): *Widerstände und direkte Partizipation in Innovationsprozessen aus der Sicht betrieblicher Entscheidungsträger.* Berlin: Humboldt-Universität zu Berlin (unveröffentlichte Dissertation).

von Betriebsräten und Arbeitgebervertretern einander gegenübergestellt werden. Im Vergleich zur Beurteilung der Betriebsratsbeteiligung (siehe Kapitel 3) sind auch hier Verzerrungen im Antwortverhalten der beiden befragten Gruppen nicht auszuschließen, allerdings tendenziell weniger wahrscheinlich. Dies liegt vor allem daran, dass es sich bei der Erfassung der direkten Partizipation in beiden Fällen um Fremdauskünfte handelt und anzunehmen ist, dass das Ausmaß der Beschäftigtenbeteiligung in einem Innovationsfall von beiden Funktionsgruppen ähnlich eingestuft werden sollte. Vorstellbar sind jedoch solche Verzerrungen, die durch ein unterschiedliches Anspruchsniveau der beiden Befragtengruppen zustande kommen. So ließe sich beispielsweise spekulieren, dass beide Befragtengruppen bei der Beantwortung des Fragebogens unterschiedliche Anspruchsniveaus für ihre Einschätzungen zugrunde legen, nicht dieselben Teilausschnitte der Prozesse persönlich erlebt haben oder sich ungleich stark zu einem sozial erwünschten Antwortverhalten gezwungen sehen.

Die vergleichende Gegenüberstellung der unterschiedlichen Einschätzungen auf Itemebene (siehe Tab. 6.2) zeigt, dass die Bewertungen der Arbeitgeberseite zwar durchgängig etwas höher ausfallen als die der Betriebsräte, die Abweichungen sind allerdings relativ gering. Ein Vergleich der Skalenmittelwerte beider

Tab. 6.2: Angaben von Betriebsrats- und Arbeitgebervertretern zum Ausmaß der direkten Arbeitnehmerbeteiligung in den untersuchten Prozessinnovationen

Wie stark haben die betroffenen Beschäftigten den Innovationsprozess in den einzelnen Phasen mitgestaltet?

	Betriebsräte (n = 29[a])		Arbeitgeber (n = 29[a])	
Die betroffenen Beschäftigten haben ...	M	SD	M	SD
... bei ersten Vorüberlegungen und der Identifizierung eines Handlungsbedarfs	1.97	1.72	2.09	1.75
... bei der Informationssuche und Erarbeitung von Vorschlägen	1.97	1.52	2.52	1.52
... bei der Beratung und Bewertung der Vorschläge[b]	2.21	1.71	2.45	1.52
... bei der Auswahl eines Vorschlags und Festlegung der zu erreichenden Ziele[b]	2.21	1.64	2.45	1.57
... bei der Umsetzung/Durchführung der Innovation	2.90	1.37	3.28	1.58
... bei der Erfolgskontrolle, Überprüfung der Zielerreichung ...	2.62	1.50	3.02	1.63

M = Mittelwert, SD = Standardabweichung; Antwortformat der Skala: 0 = gar nicht mitgewirkt, 3 = teilweise mitgewirkt, 6 = stark mitgewirkt

a – Gruppenvergleich nur mit den Fällen, in denen sowohl der Betriebsrat, als auch die Arbeitgeberseite geantwortet haben; b – n = 28

Gruppen zeigt dann auch, dass sich die beiden Gruppen in Bezug auf die Einschätzungen zum Ausmaß der Mitarbeiterbeteiligung nicht signifikant voneinander unterscheiden ($t = -1.11$, $p = .28$).

Bemerkenswert ist schließlich der Befund, dass sich Arbeitnehmer- und Arbeitgebervertreter in ihrer generellen Aufgeschlossenheit gegenüber der direkten Beteiligung nicht signifikant voneinander unterscheiden ($t = 0.53, p = .60$); die mittleren Einschätzungen liegen zudem auf beiden Seiten leicht unterhalb des theoretischen Skalenmittelwertes. Bei dieser Variable erscheinen allerdings nicht nur Niveauunterschiede in Bezug auf die Skalenmittelwerte von Interesse, sondern auch die durchschnittliche Zustimmung zu den einzelnen Items, da diese jeweils unterschiedliche Gründe thematisieren, die gegen bzw. für die direkte Arbeitnehmerbeteiligung an Entscheidungsprozessen angebracht werden können.

Wie Tabelle 6.3 zu entnehmen ist, trifft die einzig positiv formulierte Aussage, dass nämlich die direkte Partizipation in jedem Fall eine bessere Entscheidungsfindung ermöglicht, bei den Managementvertretern auf eine mittlere Zustimmung, bei den Befragten aus dem Betriebsrat fällt sie tendenziell etwas höher aus. Des Weiteren lässt sich anhand der durchschnittlichen Zustimmung zu den übrigen Items ablesen, dass Vertreter/innen des Managements gleichermaßen wie Angehörige des Betriebsrats bei einer starken direkten Partizipation insbesondere eine zunehmende Komplexität von Entscheidungsprozessen befürchten.

Tab. 6.3: Angaben von Betriebsräten und Arbeitgebervertretern zur Einstellung gegenüber direkter Arbeitnehmerpartizipation

Eine starke direkte Beteiligung der Beschäftigten zusätzlich zur Mitbestimmung durch den Betriebsrat ...

	Betriebsräte (n = 30[a])		Arbeitgeber (n = 30[a])	
	M	SD	M	SD
... ermöglicht in jedem Fall eine bessere Entscheidung.	4.20	1.67	3.07	1.87
... verzögert Entscheidungsprozesse erheblich.[b,c]	2.93	1.62	3.43	1.38
... erhöht die Wahrscheinlichkeit von Konflikten.[b,c]	3.28	1.28	2.85	1.58
... macht Entscheidungsprozesse noch komplexer.[b,c]	4.17	1.20	3.88	1.41
... weckt bei den Beschäftigten unrealistische Erwartungen, die früher oder später zu Enttäuschungen führen.[b,c]	3.28	1.89	3.03	1.64

M = Mittelwert, SD = Standardabweichung; Antwortformat der Skala: 0 = stimmt gar nicht, 3 = stimmt teilweise, 6 = stimmt völlig.

a – Gruppenvergleich nur mit den Fällen, in denen sowohl der Betriebsrat, als auch die Arbeitgeberseite geantwortet haben; b – Die Werte beziehen sich auf ein n = 29, da Missing Data; c – Die Items wurden an dieser Stelle nicht umkodiert, um die Interpretation der Mittelwerte zu erleichtern.

6.3.2 Widerstände im Rahmen von Prozessinnovationen

Die unterschiedlichen Einschätzungen zum Erfolg der untersuchten Prozesse von Betriebsräten und Arbeitgebern wurden bereits in Abschnitt 3.3.3 dargestellt und werden an dieser Stelle nicht noch einmal wiedergegeben. Stattdessen sollen die Angaben der beiden Befragtengruppen in Bezug auf das Ausmaß der Widerstände durch die Beschäftigten in den Blick genommen werden. Hier ist zu vermuten, dass die Betriebsräte, die – zumindest ihrem Selbstverständnis nach – einen engeren Kontakt zu den jeweils betroffenen Arbeitnehmer/inne/n pflegen, auch ein größeres Ausmaß an Widerständen wahrnehmen dürften. Denkbar wäre jedoch auch eine genau gegensätzliche Form der Verzerrung, etwa derart, dass die in der Regel stärker in die einzelnen Prozesse einbezogenen Befragten aus dem Management auch mehr mit den Widerständen von Seiten der Beschäftigten konfrontiert sind und somit zu höheren Einschätzungen kommen.

In Tabelle 6.4 sind wieder die Angaben der Arbeitnehmer- und Arbeitgebervertreter einander gegenübergestellt. Auch hier zeigen sich insgesamt geringe und nicht signifikante Unterschiede, auch wenn die Betriebsräte zu leicht höheren Einschätzungen kommen($t = 1.50$, $p = .14$).

Tab. 6.4: Angaben von Betriebsräten und Arbeitgebervertretern zum Ausmaß der Widerstände durch die Beschäftigten

Wie haben Sie die Haltung der betroffenen Beschäftigten in Bezug auf die Innovation wahrgenommen?

	Betriebsräte (n=30[a])		Arbeitgeber (n = 30[a])	
Die betroffenen Beschäftigten ...	M	SD	M	SD
... erwarteten überwiegend Nachteile durch die Innovation.	3.17	1.90	2.77	1.46
... leisteten passiven Widerstand gegen die Innovation.	2.03	1.50	2.35	1.35
... standen der Innovation eher kritisch gegenüber.	3.67	1.75	3.13	1.68
... fürchteten sich vor den anstehenden Veränderungen.	3.33	1.86	3.28	1.81
... waren aufgrund negativer Erfahrungen aus vorherigen Projekten misstrauisch.	3.67	1.77	2.85	1.83
... lehnten die Innovation ab, da sie diese nicht für notwendig hielten.	2.70	1.86	2.03	1.53

M = Mittelwert, SD = Standardabweichung; Antwortformat der Skala: 0 = stimmt gar nicht, 3 = stimmt teilweise, 6 = stimmt völlig

a – Gruppenvergleich nur mit den Fällen, in denen sowohl der Betriebsrat, als auch die Arbeitgeberseite geantwortet haben

6.3.3 Direkte Partizipation und Innovationserfolg

Zur Überprüfung der Hypothesen wurden diese in einem pfadanalytischen Modell zusammengefasst. Tabelle 6.5 zeigt die der Parameterschätzung zugrundeliegende Korrelationsmatrix sowie die Mittelwerte und Standardabweichungen der verwendeten Skalen auf aggregierter Fallebene. Besonders ins Auge fällt hier der Befund, dass die direkte Partizipation und der Innovationserfolg nur leicht positiv korrelieren ($r = .20$); dieser Zusammenhang ist zudem nicht signifikant ($p = .09$). Darüber hinaus lässt sich der Tabelle entnehmen, dass einerseits sowohl die Widerstände der Beschäftigten als auch der Wissenszuwachs vergleichsweise stark mit dem Innovationserfolg assoziiert sind und dass andererseits Wissenszuwachs und Widerstände nicht signifikant korrelieren ($r = -.21$, $p = .16$).

Um die Überprüfung der aufgestellten Hypothesen vorzunehmen, erfolgte in einem ersten Schritt die Schätzung des Pfadmodells mit dem Programm Mplus 5.2 (Muthén/Muthén 1998–2008). Die Beurteilung der Modellanpassung basiert dabei auf den Cut-Off-Richtwerten für Fit-Indizes, die von Weiber und Mühlhaus (2010) vorgeschlagen werden (vgl. Kap. 2). Diesen Empfehlungen entsprechend liegt eine hohe Modellgüte vor, wenn folgende Grenzwerte eingehalten werden: RMSEA $\leq .08$, SRMR $< .10$, CFI $> .90$.

Die Ergebnisse der Parameterschätzung sind in Abbildung 6.1 veranschaulicht. Sowohl der χ^2-Test als auch die Fit-Indizes weisen auf eine gute Anpassung an die Daten hin ($\chi^2 = 1.55$, $df = 8$, $p = .99$; RMSEA = 0.00; SRMR = 0.05; CFI = 1.00). Um nun auch für dieses Modell die Möglichkeit auszuschließen, dass die gefundene Zusammenhänge vor allem auf die Unterschiede zwischen den verschiedenen Innovationstypen zurückzuführen sind, wurde in einem zweiten Schritt das Pfadmodell noch einmal unter Einbeziehung des Innovationstyps als Cluster-Variable geschätzt (vgl. Abschnitt 3.3.3).

Tab. 6.5: Mittelwerte, Standardabweichungen und Produkt-Moment-Korrelationen der Skalen für das Modell zur Vorhersage des Gesamtinnovationserfolgs

Skala	M	SD[a]	1	2	3	4	5	6
rel. Beschäftigteneinfluss (1)	2.76	0.91	1	–.12	.29	–.06	–.07	–.07
Einstellung direkte Partizipation (2)	2.76	0.84		1	.09	.11	–.06	.02
direkte Partizipation (3)	2.38	0.94			1	.29	–.34	.20
Wissenszuwachs (4)	3.73	0.71				1	–.21	.40
Widerstände (5)	2.88	1.17					1	–.41
Gesamtinnovationserfolg (6)	0.55	0.58						1

N = 44; a – Die Standardabweichungen werden in SPSS nur für die einzelnen imputierten Datensätze ausgegeben. Aus diesem Grund werden die Werte der einzelnen Datensätze als arithmetisches Mittel angegeben.

Abb. 6.1: Überprüfung des Pfadmodells

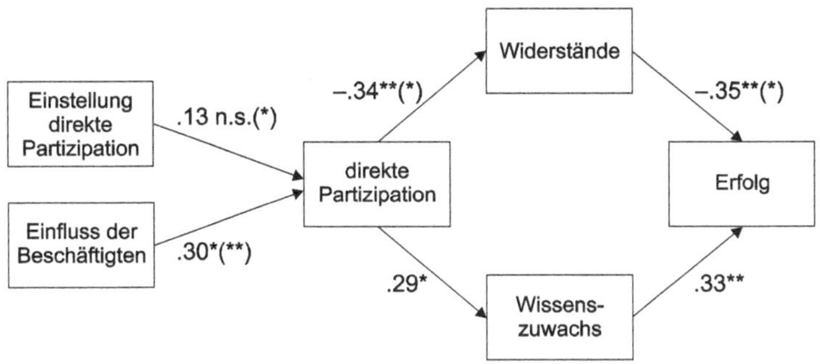

N = 44; * $p < .05$, ** $p < .01$.
Einfaches Pfadmodell: $\chi^2 = 1.55$, df = 8, p = .99; RMSEA = .00; SRMR = .05; CFI = 1.0
Modell mit Innovationstyp als Cluster-Variable: $\chi^2 = 4.69$, df = 8, p = .79; RMSEA = 0.01, SRMR = 0.05, CFI = 1.0 (abweichende Signifikanzen in Klammern).

Die Relevanz dieses Faktors erscheint aus verschiedenen Gründen sinnvoll. So lässt sich allein theoretisch argumentieren, dass die untersuchten Innovationstypen (Aufbauorganisation, Ablauforganisation, personalbezogene Innovationen, Softwareeinführungen) jeweils auch mit verschiedenen Rahmenbedingungen, Interessenlagen oder einer unterschiedlichen Konflikthaftigkeit einhergehen. Darüber hinaus haben auch die qualitativen Analysen im vorangegangenen Kapitel gezeigt, dass zumindest der Umgang mit den betroffenen Beschäftigten und die konkrete Ausgestaltung der direkten Partizipation in vielerlei Hinsicht auch von der Art der geplanten Änderung abhängig sind. Zudem ist nicht auszuschließen, dass sich auch auf weiteren Variablen Niveauunterschiede in Abhängigkeit vom Innovationstyp feststellen lassen. Bei Kontrolle der vier Innovationstypen ergeben sich zwar leichte, aber keine gravierenden Änderungen in der Modellanpassung ($\chi^2 = 4.69$, df = 8, p>.79; RMSEA = 0.01; CFI = 1.00; SRMR = 0.05).

Überprüfung der Hypothesen: Abbildung 6.1 ist darüber hinaus zu entnehmen, dass sich alle postulierten Zusammenhänge auch in signifikanten Pfadkoeffizienten wiederfinden; die standardisierten β-Koeffizienten indizieren dabei tendenziell eher schwache bis mittlere Zusammenhänge (siehe hierzu Cohen 1988).[5] Erwartungsgemäß ist der Innovationserfolg sowohl positiv mit dem Wissenszuwachs im Projekt (β = .33, H1) als auch negativ mit dem Ausmaß an Widerständen durch die betroffenen Beschäftigten (β = −.35, H2) assoziiert. Diese beiden

5 Für die hier durchgeführten Analysen werden nur die standardisierten Koeffizienten berichtet.

Variablen korrelieren zudem statistisch bedeutsam mit dem Ausmaß der direkten Partizipation, d.h., je umfangreicher die Beteiligung der Beschäftigten ausfällt, umso größer ist auch der Wissenszuwachs im Rahmen des Innovationsprozesses (β = .29, H3) und umso geringer sind die Widerstände der betroffenen Arbeitnehmer/innen (β = –.34, H4). Das Ausmaß der direkten Partizipation ist ebenfalls statistisch bedeutsam mit dem relativen Einfluss der Beschäftigten im Unternehmen korreliert (β = .30, H5). Bei Berücksichtigung des Innovationstyps lässt sich schließlich auch ein Zusammenhang zwischen der Beteiligung und der Einstellung der Entscheidungsträger zur direkten Partizipation nachweisen (β = .13, H6).

Indirekter Effekt: Neben den direkten Pfaden beinhaltet das Modell unter anderem zwei indirekte Pfade von der Beteiligung über die Prozessvariablen Wissenszuwachs und Widerstände auf den Innovationserfolg. Der standardisierte Koeffizient dieses indirekten Effekts beträgt .21 und ist signifikant ($p < .05$[6]). Die erklärte Varianz des Innovationserfolgs durch die Variablen im Modell beträgt 25% und ist ebenfalls statistisch bedeutsam ($p < .05$).

6.3.4 Differenzielle Befunde für den Innovationserfolg

Neben der pfadanalytischen Überprüfung der Hypothesen in Bezug auf den Gesamterfolg der Innovationsprozesse stellt sich auch an dieser Stelle die Frage, inwieweit sich unterschiedliche Zusammenhangsmuster ergeben, wenn der wirtschaftlich-organisatorische und der soziale Erfolg getrennt voneinander betrachtet werden.

Die Koeffizienten in Tabelle 6.6 zeigen, dass der soziale Erfolg mit allen drei Prozessvariablen signifikant und auf einem vergleichsweise hohen Niveau korreliert. Im Gegensatz zum Gesamterfolg ist der soziale Erfolg auch direkt mit dem Ausmaß der Beteiligung assoziiert. Für den wirtschaftlich-organisatorischen Erfolg zeigen sich hingegen keine statistisch bedeutsamen Zusammenhänge. Somit ist anzunehmen, dass auch die Korrelationen der Prozessvariablen mit dem Gesamtinnovationserfolg im Pfadmodell überwiegend auf die Zusammenhänge zwischen dem Ausmaß an Widerständen bzw. dem Wissenszuwachs und den sozialen Erfolgsindikatoren zurückzuführen sind.

6 In Mplus lässt sich bei imputierten Datensätzen der indirekte Effekt nur für die einzelnen Datensätze berechnen. Sowohl die β-Koeffizienten als auch die p-Werte wurden deshalb als arithmetische Mittel zusammengefasst.

Tab. 6.6: Produkt-Moment-Korrelationen (r) zwischen direkter Partizipation, Wissenszuwachs, Widerständen und Innovationserfolg bei Kontrolle des Innovationstyps

	wirt.-org. Erfolg r	sozialer Erfolg r
Mitarbeiterbeteiligung an der Innovation	–.06	. 42**
Wissenszuwachs	.15	.48**
Widerstände	–.12	–.54**

N = 44; ** p <.01

6.3.5 Zusammenfassung der Ergebnisse

Die Ergebnisse der Fragebogenanalyse zum Zusammenhang von direkter Arbeitnehmerpartizipation und dem Erfolg der untersuchten Innovationsprozesse lassen sich folgendermaßen zusammenfassen:

– Für die Variablen direkte Partizipation und Widerstände durch die Beschäftigten, die tendenziell am ehesten durch ein unterschiedliches Antwortverhalten von Betriebsrats- und Arbeitgeberseite verzerrt sein könnten, lassen sich keine signifikanten Mittelwertunterschiede feststellen. Somit scheinen hier etwaige Verzerrungen noch weniger eine Rolle zu spielen als bei der Einschätzung des Innovationserfolgs (vgl. Kap. 3). Bemerkenswert erscheint insbesondere der Befund, dass sich Betriebsrats- und Managementvertreter in ihrer generellen Aufgeschlossenheit gegenüber der direkten Mitarbeiterpartizipation nicht signifikant voneinander unterscheiden und dass beide Befragtengruppen bei einer starken direkten Beteiligung von Arbeitnehmer/innen insbesondere eine zunehmende Komplexität von Entscheidungsprozessen befürchten.
– Die pfadanalytische Überprüfung der zu Beginn aufgestellten Hypothesen ergibt auch bei Berücksichtigung des Innovationstyps eine gute Anpassung des Modells an die Daten und mündet ausschließlich in signifikante Pfadkoeffizienten. Hypothesenkonform lässt sich ein statistisch bedeutsamer Zusammenhang zwischen dem Innovationserfolg und den Widerständen sowie dem Wissenszuwachs im Innovationsprozess nachweisen. Die direkte Partizipation ist wiederum signifikant mit den Widerständen und dem Wissenszuwachs im Innovationsprozess assoziiert und korreliert des Weiteren statistisch bedeutsam mit dem relativen Beschäftigteneinfluss; tendenziell ist auch ein Effekt von der Einstellung der betrieblichen Entscheidungsträger auf die direkte Partizipation erkennbar. Der indirekte Effekt der direkten Partizipation über Wissenszuwachs und Widerstände auf den Gesamtinno-

vationserfolg ist ebenfalls signifikant, auch wenn sich keine substanzielle Korrelation zwischen Partizipation und dem Gesamtinnovationserfolg nachweisen lässt. Eine differenzierte Betrachtung der Erfolgsaspekte zeigt jedoch, dass sowohl die Widerstände als auch der Wissenszuwachs im Innovationsprojekt nur mit den sozialen Ergebniskriterien zusammenhängen, nicht jedoch mit den wirtschaftlich-organisatorischen Aspekten.

6.4 Diskussion

Die vorliegende Analyse lässt sich einreihen in die große Reihe von Studien, die den Zusammenhang zwischen Partizipation und Produktivität untersuchen, sie unterscheidet sich allerdings von der Mehrheit der Untersuchungen in verschiedener Hinsicht: Zum einen steht hier die direkte Mitarbeiterbeteiligung in Prozessinnovationen im Mittelpunkt, zum anderen wurden konkrete Veränderungsprojekte untersucht, um Beteiligung und Innovationserfolg direkt miteinander in Beziehung setzen zu können. Des Weiteren wurden mit dem Wissenszuwachs und den Widerständen sowohl eine kognitive als auch eine motivationale Mediatorvariable berücksichtigt, die den Zusammenhang zwischen Beteiligung und Innovationserfolg vermitteln könnten. Schließlich erfolgte in den durchgeführten Analysen eine Betrachtung verschiedener Innovationserfolgsmaße.

Die Ergebnisse zeigen zunächst einmal, dass die Arbeitnehmerbeteiligung *direkt* in erster Linie mit dem sozialen Innovationserfolg assoziiert ist. Dies kann als Indiz dafür gewertet werden, dass es den Arbeitnehmer/innen durch eine stärkere Beteiligung tatsächlich gelingt, ihre Interessen in den Innovationsprozess einzubringen und dass diese auch – zumindest in einem gewissen Ausmaß – von den betrieblichen Entscheidungsträgern berücksichtigt werden. Somit lässt sich in dieser Hinsicht durchaus von einer authentischen Partizipation in der Konzeption von Scholl et al. (1978; vgl. Abschnitt 5.1.1) sprechen, die dadurch gekennzeichnet ist, dass Beschäftigte nicht nur ihr Wissen, sondern auch ihre Interessen in Entscheidungssituationen einbringen. Vor diesem Hintergrund ist es dann bereits bemerkenswert, dass die direkte Partizipation *nicht negativ* mit dem wirtschaftlich-organisatorischen Innovationserfolg zusammenhängt, denn das würde bedeuten, dass eine stärkere Berücksichtigung der Belegschaftsinteressen nur auf Kosten des wirtschaftlichen Erfolgs erfolgen würde.

Die im Theorieteil skizzierte Diskussion um eine Prädominanz kognitiver versus motivationaler Erklärungsmodelle kann durch die vorliegende Studie weiter präzisiert werden: Die direkte Partizipation korreliert mit beiden Variablen auf einem mittleren Niveau. Dieses Ergebnis ist somit als Indiz für die Annahme zu werten, dass Partizipation gleichermaßen kognitive wie motivationale Prozesse beeinflusst. Die hier gefundenen Korrelationskoeffizienten liegen etwas höher als die gefundenen Zusammenhänge der eingangs dargestellten Übersichten und Metaanalysen, und zwar insbesondere in Bezug auf den kognitiven Wissenszuwachs, aber auch bei dem motivationalen Aspekt eines verringerten Widerstands. Inwieweit dies auf die abweichenden Operationalisierungen oder die hier vorgenommene Konzentration auf Verfahrensinnovationen bzw. auf konkrete Veränderungsprojekte zurückzuführen ist, ließe sich erst mit weiteren Untersuchungen entscheiden.

Die signifikante, aber niedrige Korrelation zwischen dem Ausmaß der Partizipation im Innovationsprojekt und dem generellen Beschäftigteneinfluss im Unternehmen reproduziert wiederum die skizzierten Befunde aus dem TiM-Projekt (vgl. Abschnitt 6.1.2) insofern, als auch hier der Zusammenhang tendenziell vorhanden, aber doch deutlich geringer ausfällt, als theoretisch erwartet wurde. Noch weniger relevant scheint zudem die Einstellung der Entscheidungsträger zur direkten Arbeitnehmerpartizipation zu sein. Dies lässt sich so interpretieren, dass die direkte Beteiligung der Beschäftigten im Einzelfall doch eher von situativen Gegebenheiten und weniger von überdauernden Merkmalen wie dem Führungsverständnis Einzelner abhängig ist.

Der große Vorteil des hier gewählten Ansatzes der Feldstudie liegt – im Gegensatz zu den vielen Untersuchungen mit experimentellem Design – vor allem in der hohen ökologischen Validität der Ergebnisse. Er birgt jedoch auch negative Implikationen, weil so nicht auszuschließen ist, dass die gefundenen Zusammenhänge durch andere, hier nicht berücksichtigte Faktoren zustande gekommen sein könnten. Darüber hinaus wäre beispielsweise denkbar, dass die Korrelation zwischen dem sozialen Innovationserfolg und dem Ausmaß der Beteiligung vor allem dadurch entsteht, dass die personalbezogenen Innovationen sowohl mit einer höheren Beteiligung als auch mit einem – aus Mitarbeitersicht – größeren sozialen Erfolg einhergehen könnten, da diese häufig nicht nur auf wirtschaftliche Ziele, sondern auch auf die Berücksichtigung der Mitarbeiterinteressen abzielen. Dieser Alternativerklärung widerspricht jedoch die Tatsache, dass gerade in den personalbezogenen Projekten die direkte Beteiligung der Beschäftigten tendenziell eher geringer ausfällt als in den übrigen Innovationstypen.

Eine methodische Einschränkung der vorliegenden Studie ist vor allem darin zu sehen, dass es nicht möglich war, die betroffenen Beschäftigten direkt zu befragen. Dies lag vor allem an forschungsökonomischen Gründen, zudem wäre es wohl nicht immer gelungen, zusätzlich noch das Einverständnis für eine Mitarbeiterbefragung sowohl vom Betriebsrat als auch von der Arbeitgeberseite zu bekommen. Mit dieser Beschränkung auf die Perspektive betrieblicher Entscheidungsträger sind zweifelsohne Abstriche am Erkenntnisinteresse verbunden, dennoch sprechen auch gewichtige Gründe für das hier gewählte Vorgehen: So kann das tatsächliche Ausmaß der direkten Partizipation im Projekt von den involvierten Entscheidungsträgern beurteilt werden, da die einzelnen Beschäftigten in der

Regel nur den Überblick über die Teilprozesse haben, in denen sie auch involviert werden, nicht aber über das gesamte Innovationsgeschehen. Für die Fälle, in denen nur wenig, bzw. zum Teil sogar keine Beteiligung stattgefunden hat, wäre zudem die Befragung der Beschäftigten nicht praktikabel gewesen. Aber auch den wirtschaftlich-organisatorischen Innovationserfolg und den Wissenszuwachs hätten die Beschäftigten kaum adäquat beurteilen können. Von Vorteil gewesen wäre eine direkte Befragung der betroffenen Beschäftigten insbesondere zur Erfassung der Widerstände, da zu vermuten ist, dass in dieser Untersuchung insbesondere sehr verdeckte Formen von Opposition keine Berücksichtigung gefunden haben. Die alleinige Befragung der betrieblichen Entscheidungsträger lässt sich jedoch auch in diesem Fall rechtfertigen: Gerade angesichts der Größe der Projekte, die sich in vielen Fällen über Monate erstreckten und an denen zahlreiche Akteure beteiligt waren, dürften die an der Innovation maßgeblich beteiligten Entscheidungsträger besser in der Lage gewesen sein, die generelle Höhe des Widerstands im einzelnen Innovationsprozess einzuschätzen, als einzelne wenige Beschäftigte. Für eine vergleichsweise abstrahierte Beschreibung der Opposition in den Projekten hätte aus dem Kreis der betroffenen Beschäftigten zudem eine sehr hohe Anzahl von Personen befragt werden, oder es hätte eine Fokussierung auf nur wenige Einzelfälle erfolgen müssen. Für alle Variablen kann darüber hinaus davon ausgegangen werden, dass die gleichzeitige Berücksichtigung der Management- und Betriebsratsperspektive dazu beigetragen haben dürfte, dass auch für die Konstrukte, die sich auf die betroffenen Beschäftigten beziehen, eine valide Messung gelungen ist.

Der hier gewählte Ansatz einer projektbezogenen Untersuchung der Zusammenhänge von Partizipation und zentralen Erfolgs- sowie Prozessvariablen hat sich als sehr vielversprechend herausgestellt. Zukünftige Studien sollten hier ansetzen und überprüfen, inwieweit sich die gefundenen Ergebnisse an einer größeren Stichprobe replizieren lassen. Darüber hinaus wäre auch ein Vergleich verschiedener Innovationsarten aufschlussreich. So ist insbesondere von Interesse, inwieweit die gefundenen Zusammenhänge auch für Produktinnovationen gültig sind.

7 Die Entwicklung von Vertrauen zwischen Management und Betriebsrat

Hanna Janetzke

Wer sich mit dem Thema Innovation beschäftigt stößt unweigerlich auf die Bedeutung von Vertrauen. Vertrauen hat sich in etlichen Untersuchungen als wichtiger Faktor für den Erfolg von Veränderungsprozessen (z.B. Rousseau/Tijoriwala 1999) und die Steigerung der Innovativität in Unternehmen erwiesen (z.B. Ellonen et al. 2008). Gerade bei mehrdeutigen Aufgaben, schwer beobachtbarem Verhalten oder schwer fassbaren Ergebnissen bietet Vertrauen eine Grundlage, auf deren Basis Handlungsfähigkeit trotz Unsicherheit und erschwerten Kontrollmöglichkeiten möglich ist (Morris/Moberg 1994). Innovationen sind – zumindest zu Beginn – im Allgemeinen gekennzeichnet durch Intransparenz, Vernetztheit und Eigendynamik der zugrunde liegenden Prozesse und weisen damit alle Merkmale einer komplexen Problemsituation auf (Dörner 2004). Damit verschieben sich auch die Anforderungen, die an die beteiligten Akteure im Vergleich zu Routinetätigkeiten gestellt werden. Zunehmende Flexibilisierung und Selbstorganisation werden notwendig, um rasch auf Veränderungen reagieren zu können (Tietel 2005). Unter diesen Voraussetzungen werden langfristig gültige Vereinbarungen und deren Kontrolle schwierig. Dies hat Auswirkungen auf die Zusammenarbeit zwischen Management und Betriebsrat. Auch hier wird ein flexibler Modus der Zusammenarbeit notwendig, der es unter Bedingungen hoher Unsicherheit ermöglicht, verbindliche Vereinbarungen zu treffen (ebd.). Vertrauen zwischen Betriebsrat und Management kommt demnach insbesondere bei Innovationen eine hohe Bedeutung zu.

Es stellt sich die Frage, welche Vertrauensmerkmale für Management und Betriebsrat jeweils vertrauenskonstituierend sind und wie sich die Akteure in ihren Einschätzungen in Abhängigkeit von ihren Rollen unterscheiden. Diesen Fragen wird zunächst anhand der Literatur und dann anhand der Interviewauswertungen nachgegangen.

7.1 Vertrauensforschung

Trotz der großen Heterogenität der Ansätze, die sich mit Vertrauen beschäftigen (vgl. Kramer 1999), ist ihnen im Kern doch eine Annahme gemeinsam: Vertrauen wird verstanden als die Bereitschaft, sich verletzlich zu zeigen bei der gleichzeitigen Erwartung, dass diese Verletzlichkeit nicht ausgenutzt wird (Mayer et al.

1995; Rousseau et al. 1998). Je nach Fachgebiet werden jedoch sehr unterschiedliche Ausschnitte betrachtet und verschiedenen Mechanismen untersucht. Im Folgenden wird eine Auswahl an Ansätzen beschrieben, die für die anschließende Analyse von Interesse ist.

7.1.1 Eine kurze Geschichte von fast allem: Vertrauen

Zunächst einmal wird danach unterschieden, *wem* vertraut wird. Handelt es sich dabei um Personen, spricht man von *personalem* (oder interpersonalem) Vertrauen, handelt es sich um Systeme, spricht man von *institutionellem* (oder unpersönlichem) Vertrauen (vgl. Neubauer 1999). Currall und Inkpen (2002) führen eine weitere Differenzierung ein, indem sie zwischen Personen, Gruppen und Unternehmen unterscheiden. Für die Untersuchung des Vertrauens zwischen Betriebsrat und Management ist die Unterscheidung zwischen Personen und Gruppen wichtig, da sowohl Betriebsrat als auch Management – auch wenn es sich um die Interaktion zwischen Einzelpersonen handelt – jeweils als Repräsentanten einer Gruppe auftreten.

Die Ansätze zum dyadischen interpersonalen Vertrauen beschäftigten sich zum einen mit der Frage, welche Persönlichkeitsmerkmale auf der Seite des Vertrauensgebers dessen Vertrauensbereitschaft beeinflussen (vgl. Rotter 1971, zur generellen Vertrauensbereitschaft als situationsübergreifende Disposition) und zum anderen mit der Frage, welche Merkmale und Verhaltensweisen den Vertrauensnehmer vertrauenswürdig erscheinen lassen. Solche Signale der Vertrauenswürdigkeit fassen Mayer et al. (1995) in ihrem integrativen Modell zu den drei Kategorien Kompetenz *(ability)*, Integrität *(integrity)* und Wohlwollen *(benevolence)* zusammen (S. 171ff.). Kompetenz bezieht sich auf alle Kenntnisse, Fähigkeiten und Eigenschaften, die den Vertrauensnehmer in die Lage versetzen, den Prozess erfolgreich zu beeinflussen. Integrität bezieht sich auf die Intention des Gegenübers, sein Handeln an ethischen und moralischen Prinzipien zu orientieren, die vom Vertrauensnehmer geteilt werden. Und Wohlwollen beschreibt die beim Gegenüber vermutete Absicht, die Interessen des Vertrauensgebers zu berücksichtigen, ihn zu unterstützen und ihm unabhängig von Eigeninteressen Gutes zu tun. Colquitt et al. (2007) konnten in einer Metaanalyse zeigen, dass alle drei Merkmale zwar eng miteinander zusammen hängen, aber dennoch eigenständige Beiträge zur Entstehung von Vertrauen leisten.

Der Bildung dieser Vertrauenserwartungen liegen kognitive und affektive[1] Prozesse zugrunde (Lewis/Weigert 1985; McAllister 1995). Beide Aspekte wer-

1 Mit kognitiven Prozessen sind „alle Prozesse geistiger Informationsverarbeitung gemeint“ (Scholl 2004), sie beziehen sich auf das Denken als Grundlage des Handelns. Affektive Prozesse beziehen sich auf „den Aspekt des Fühlens als Determinante des Handelns“ (ebd., S. 122).

den im Folgenden näher ausgeführt, beginnend mit der kognitiven Ebene. Vertrauen, das auf Schlussfolgerungen aus den Merkmalen des Interaktionspartners basiert, wird auch als *kognitionsbasiertes* Vertrauen bezeichnet (McAllister 1995, cognition-based trust). Dabei können verschiedene Informationsquellen genutzt werden. Wenn Verhaltensprognosen aus persönlichen Erfahrungen mit der Person abgeleitet werden, wird auch von *wissensbasiertem* Vertrauen gesprochen (Lewicki/Bunker 1996, knowledge-based trust). Insgesamt geht es dabei um folgende Frage: Wie gut kann ich das Verhalten des Vertrauensnehmers aufgrund der vorhandenen Informationen und unserer gemeinsamen Vorerfahrungen vorhersagen? Besonders bedeutsam für diese Einschätzung sind Integrität und Kompetenz des Interaktionspartners (Dirks/Skarlicki 2004, S. 28).

Die Tatsache, dass bereits vorhandenes Vertrauen auch als Moderator wirkt und beeinflusst, wie das Verhalten des Vertrauensnehmers wahrgenommen und interpretiert wird, ist bisher in der Diskussion über Vertrauen vergleichsweise wenig beachtet worden (vgl. Kramer/Cook 2004). Dirks und Ferrin haben bereits 2001 auf diesen Punkt hingewiesen und einige Studien aufgeführt, in denen die moderierende Rolle von Vertrauen deutlich wurde; drei werden im Folgenden kurz beschrieben: Robinson (1996) konnte beispielsweise zeigen, dass das Vertrauen zu Beginn einer Beziehung beeinflusst, wie eine Verletzung des psychologischen Vertrags[2] erlebt wird. Bei hohem Vertrauen wird die Verletzung eher als unbeabsichtigt oder als Missverständnis und damit external und instabil attribuiert, während sie bei niedrigem Vertrauen eher internal und stabil attribuiert wird. Die Autorin führt dies auf das Bedürfnis des Vertrauensgebers zurück, kognitive Konsistenz herzustellen. Rousseau und Tijoriwala (1999) konnten nachweisen, dass Vertrauen beeinflusst, welche Absichten dem Management aus Sicht der Beschäftigten bei organisationalen Veränderungen unterstellt werden. Bei hohem Vertrauen in das Management wurden eher positive Absichten (Qualitätsverbesserung) angenommen, bei niedrigem eher negative (Eigennutz, politische Motive), was sich wiederum jeweils mehr (bei positiven) oder weniger (bei negativen) günstig auf die Bereitschaft auswirkte, die Implementierung zu unterstützen. Abschließend sei eine Studie von van den Bos, Wilke und Lind (1998) erwähnt. Die Autoren beobachteten, dass eine faire Prozessgestaltung dann besonders wichtig ist, wenn keine Informationen über die Vertrauenswürdigkeit einer Autorität vorliegen. Ist diese Information jedoch verfügbar, sinkt vergleichsweise die Bedeutung der fairen Prozessgestaltung.

McKnight et al. (1998) heben in ihrem integrativen „initial trust-building model" ebenfalls die Bedeutung kognitiver Prozesse hervor. Sie unterscheiden

2 Ein psychologischer Vertrag „regelt die gegenseitigen Erwartungen und Ansprüche. Hierbei kommt es nicht auf objektive, sondern auf wahrgenommen Erwartungen und Ansprüche an. (Osterloh/Weibel 2006, S. 86)

zwei Mechanismen: soziale Kategorisierung und Kontrollillusionen. Demnach wird Vertrauen dadurch begünstigt,

1) dass aus anderen Quellen positive Vorinformationen über den Vertrauensnehmer, z.B. über dessen Reputation, vorliegen (vgl. Kramer 1999, S. 576f.),
2) dass der Vertrauensnehmer als Mitglied der Ingroup betrachtet wird oder
3) dass der Vertrauensnehmer durch seine Eigenschaften und Merkmale günstige Stereotypisierungsprozesse in Gang setzt (vgl. Kramer 1999, category-based trust, S. 577).

Diese Effekte werden verstärkt durch Kontrollillusionen, bei denen die Güte der eigenen Beurteilung überschätzt wird (McKnight et al. 1998). Neben Kognitionen spielen bei der Vertrauensbildung – wie bereits erwähnt – Affekte eine zentrale Rolle (Jones/George 1998; Lewis/Weigert 1985; McAllister 1995; Williams 2001). Damit sind Gefühle und Stimmungen gemeint, aber auch Sympathie und Verbundenheitsgefühle gegenüber dem Vertrauensnehmer. Auch hier ist wieder zu unterscheiden, ob es sich um eine Differenzierung phänomenal und funktional verschiedener Vertrauensformen handelt oder um die Beschreibung der zugrundeliegenden emotionalen Prozesse, die auf der Basis vorhandenen Vertrauens oder nicht vorhandenen Vertrauens ablaufen.

Beim *Affekt-basierten Vertrauen* (McAllister 1995, affect-based trust) oder *beziehungsorientierten* Vertrauen (Rousseau et al. 1998, relational trust) steht – im Unterschied zum kognitionsbasierten (McAllister 1995) und wissensbasierten Vertrauen (Lewicki/Bunker 1996; Rousseau et al. 1998) – nicht das Wissen über den anderen, sondern die Qualität der emotionalen Beziehung im Mittelpunkt. Bedeutsam für diese Form von Vertrauen ist das wahrgenommene Wohlwollen des Gegenübers. Wird der Interaktionspartner als jemand empfunden, der die eigenen Anliegen ernst nimmt und bemüht ist, sie zu berücksichtigen, entsteht affektives Vertrauen.

Die Untersuchung der zugrundeliegenden Affekte wie Angst, Ärger oder Freude und ihr Einfluss auf die kognitiven Prozesse ist in der Vertrauensliteratur bisher noch wenig berücksichtigt (zwei Ausnahmen sind Dunn/Schweitzer 2005; Kiefer 2005). In der Sozialpsychologie finden sich aber einige Befunde, die für diese Fragestellung von Interesse sind (für einen Überblick siehe z.B. Forgas 2008; Schwarz/Clore 2007). Affekte können die Wahrnehmung, die Verarbeitung und die Bewertung von Informationen beeinflussen, sind also eng mit den kognitiven Prozessen verknüpft. Positive Gefühle führen beispielsweise zu einer größeren Bereitschaft, andere als Mitglieder der eigenen Gruppe wahrzunehmen (Forgas 2008, S. 98). Negative Gefühle wie Angst oder Ärger verstärken hingegen den Einfluss von Stereotypisierungen auf das Urteil (ebd.). Dies gilt vermutlich auch für das Stereotyp von Management und Betriebsrat als gegensätzliche Vertreter von Kapital und Arbeit, das dann schneller aktiviert werden kann, sofern es nicht schon chronisch aktiv ist. Vorhandenes Vertrauen beeinflusst allerdings, ob solche Gefühle in die Vertrauenserwartung einfließen. Dunn und Schweitzer (2005) stellten beispielsweise fest, dass der nachteilige Einfluss negativer Affekte bei bereits vorhandenem Vertrauen aufgehoben wird. McAllister (1997, S. 99) identifizierte in diesem Zusammenhang drei Mechanismen, die bei affektivem Vertrauen auftreten können, um kritisches Verhalten des Gegenübers „vertrauenskonform" zu interpretieren: das Abschwächen der Bedeutung des kritischen Verhaltens, die Umdeutung des Verhaltens in einem positiven Licht und das Aufführen von Gegenargumenten.

Neben der affektiven/relationalen und der kognitiven/wissensbasierten Basis von Vertrauen spielen in der theoretischen Diskussion zwei weitere Aspekte eine Rolle: Nutzenabwägungen, die den instrumentellen Charakter von Vertrauen betonen (vgl. Lewicki/Bunker 1996, calculus-based trust) und gemeinsame Ziele und Werte als Grundlage von Vertrauen (ebd., identification-based trust). Beim kalkulationsbasierten Vertrauen steht die Abwägung von Vor- und Nachteilen im Vordergrund: Welcher Nutzen entsteht durch vertrauensvolles Verhalten und mit welchen Nachteilen ist bei einem Vertrauensbruch zu rechnen? Diese Vertrauensform basiert demnach überwiegend auf der Einschätzung der Folgen und nicht so sehr auf der Einschätzung der Vertrauenswürdigkeit des Gegenübers oder der Beziehungsqualität. Nach dem Modell von Lewicki und Bunker (1996) geht das kalkulationsbasierte Vertrauen durch zunehmende Kenntnis des Vertrauenspartners in wissensbasiertes Vertrauen über und diese Vertrauensform kann sich wiederum zum identifikationsbasierten Vertrauen weiterentwickeln. Das identifikationsbasierte Vertrauen betont am stärksten den interaktiven Charakter von Vertrauen. Orientiert sich das Gegenüber an den gleichen Werten und verfolgt er oder sie ähnliche Ziele wie man selbst und würde er diese Ziele auch stellvertretend für die eigene Person unterstützen? Diese Vertrauensform entwickelt sich, wenn eine emotionale Beziehung und zunehmend positive Gefühle zum Vertrauenspartner bzw. der Vertrauenspartnerin aufgebaut werden (Lewicki/Bunker 1996, S. 124). Da aus der Literatur nicht eindeutig hervorgeht, ob es sich um situationsübergreifende Werte handeln muss oder ob bereits gemeinsame situationsspezifische Ziele ausreichen, um von identifikationsbasiertem ertrauen zu sprechen, wird diese Vertrauensform aufgrund ihrer emotionalen Basis im Folgenden in das oben beschriebene affektive/relationale Vertrauen integriert. Es wird dadurch die affektive Grundlage in den Mittelpunkt gestellt und eine umgekehrte Wirkungsrichtung angenommen: affektives/relationales Vertrauen basiert auf Sympathie, einer positiven Beziehungsqualität und Wohlwollen, welche wiederum durch geteilte Werte und Ziele zustande kommen (können).

McKnight et al. (1998) berücksichtigen in ihrem Modell einen weiteren Aspekt, der bei der Betrachtung von Vertrauensprozessen in Organisationen von Bedeutung ist: das institutionelle Vertrauen (vgl. auch Rousseau et al. 1998).

Vertrauenserwartungen und deren Handlungswirksamkeit basieren nicht allein auf personenbezogenen Merkmalen, sondern werden auch durch institutionelle Rahmenbedingungen geformt. Dabei spielen zwei Faktoren eine Rolle: die situationale Normalität und die strukturelle Absicherung (McKnight et al. 1998, S. 478f.). Die *situationale Normalität* bezieht sich auf die Erwartung, dass in der gegebenen Situation ein positives Ergebnis wahrscheinlich ist, weil sie nach den gewohnten Regeln abläuft. Dazu gehört beispielweise auch die Orientierung an sozialen Rollen. Dieser Aspekt ist vergleichbar mit dem rollen- (role-based) und regelbasiertem (rule-based) Vertrauen von Kramer (1999).[3] Im Zusammenhang mit dem Phänomen des „swift trust“, also Vertrauen in zeitlich begrenzten Arbeitsbeziehungen, wurde die Bedeutung von Rollen und Normen besonders betont (Meyerson et al. 1996). Die *strukturelle Absicherung* bezieht sich auf Vorschriften, Garantieerklärungen und gesetzliche Verträge und Vereinbarungen. Nach Einschätzung der Autoren ist die strukturelle Absicherung zu Beginn einer Vertrauensbeziehung wichtiger als zu einem späteren Zeitpunkt, wenn mehr Informationen über den Vertrauensnehmer zur Verfügung stehen (S. 479). Auch Whitener et al. (1998) gehen auf die organisationalen Rahmenbedingungen ein. Dabei betonen sie die Bedeutung der Organisationsstruktur und -kultur und der Strategien und Praktiken der Personalabteilung. Genauso wie Six und Sorge (2008) heben sie dabei besonders die Bedeutung von Signalen des Wohlwollens hervor, die durch organisationale Praktiken vermittelt werden (Six/Sorge 2008, relational signalling; Whitener et al. 1998, demonstrating concern).

7.1.2 Je mehr, desto besser?

Obwohl im Allgemeinen die positiven Auswirkungen von Vertrauen diskutiert werden, ist der Rückschluss eines „je mehr, desto besser“ nicht uneingeschränkt gültig (z.B. Wicks et al. 1999). Welcher Vertrauenstyp und/oder welches Ausmaß an Vertrauen funktional ist, hängt nämlich stark von den beteiligten Akteuren und von Kontextfaktoren ab.

Gargiulo und Ertug (2006) beschreiben drei Konsequenzen von Vertrauen, die je nach Ausprägung positive oder negative Effekte haben können. Vertrauen führt zunächst einmal zu geringerer Wachsamkeit und Kontrolle, zu höherer Verbindlichkeit zwischen den Vertrauensparteien und zu einer Ausweitung und Intensivierung der Beziehung. Daraus können – je nach Ausmaß des Vertrauens – positive oder negative Folgen entstehen. Positive Folgen sind beispielsweise die Reduzierung der Unsicherheit, ein Senken der Transaktionskosten und ein Zugewinn an Zufriedenheit. Negative Folgen sind auf der anderen Seite jedoch ein

3 Wobei dieser sich stärker auf die Stereotype zu bestimmten Berufsbildern bezieht (z.B. Ärzte oder Anwälte).

übermäßiges Verpflichtungsgefühl dem Vertrauenspartner gegenüber und/oder – bei „exzessivem" oder „blindem Vertrauen" – eine gewisse Nachlässigkeit beim Überprüfen der Informationen (vgl. auch Szulanski et al. 2004). Vertrauen hat also zum einen den Vorteil, dass die Handlungsfähigkeit erhalten bleibt, weil nicht alle Einzelheiten verifiziert und abgesichert werden müssen, auf der anderen Seite aber den Nachteil, dass auf diese Weise kritische Punkte übersehen werden können. Problematisch ist eine unreflektierte Akzeptanz der Beiträge und Entscheidungen des Interaktionspartners insbesondere dann, wenn die Vertrauensparteien nicht die gleichen Interessen und Ziele verfolgen, sondern eigene abweichende Interessen im Hintergrund mitschwingen. Atkinson und Butcher (2003) haben in ihrer Untersuchung zur Bedeutung von Vertrauen in Management-Beziehungen ebenfalls auf diesen Punkt hingewiesen,

> „Factors like emotional intimacy, open communication and balance of power that would be deemed important in determining 'quality' in a close, romantic relationship, may be less applicable in an environment where such behaviour is unacceptable, even undesirable." (S. 295)

Auch andere Autoren haben sich mit der Frage beschäftigt, wann ausgeprägtes Vertrauen funktional ist und wann nicht. Wicks et al. (1999) verweisen beispielsweise auf die Bedeutung von gegenseitiger Abhängigkeit als wichtigem Einflussfaktor. Bei starken Abhängigkeitsbeziehungen ist hohes, affektiv geprägtes Vertrauen eher angebracht als bei geringer Abhängigkeit. Dort ist niedriges Vertrauen und eine stärkere Absicherung durch Kontrollen, Sanktionen und gemeinsame Anreize funktionaler, um potenziellem Opportunismus vorzubeugen (ebd.). Ein weiterer Einflussfaktor ist das Hierarchieverhältnis. Gerade in asymmetrischen Beziehungen kann Vertrauen nämlich auch „als Herrschaftsinstrument zur ideologischen Formierung ‚von oben' genutzt werden" (Dörre 1996, S. 15).

Wie können nun die positiven Wirkungen von Vertrauen beibehalten und gleichzeitig die negativen Nebeneffekte minimiert werden? Gargiulo und Ertug (2006) unterscheiden zwischen *optimalem* und *exzessivem* Vertrauen, wobei sie annehmen, dass bei einem optimalen Ausmaß an Vertrauen das Bewusstsein vorhandener Risiken nicht völlig ausgeblendet wird. Damit nehmen sie implizit an, dass Vertrauen und Misstrauen gleichzeitig auftreten können und Misstrauen unter bestimmten Bedingungen durchaus funktional sein kann. Lewicki et al. (1998) haben diesen Gedanken zu einem Modell ausgebaut. Darin betrachten die Autoren Vertrauen und Misstrauen als zwei eigenständige Dimensionen, die gleichzeitig auftreten und unabhängig voneinander in ihrer Ausprägung variieren können. Hohes Vertrauen ist gekennzeichnet durch Hoffnung, Glaube, Zuversicht, Sicherheit und Initiative und geringes Vertrauen durch das Fehlen dieser Faktoren. Hohes Misstrauen geht dagegen mit Furcht, Wachsamkeit, Skepsis, Vorsicht und Zynismus einher und geringes Misstrauen mit dem Fehlen dieser Faktoren. Bei einer Einteilung in jeweils hohe und niedrige Ausprägungen ergeben sich insgesamt vier Kombinationen, die durch spezifische Annahmen, Verhaltensweisen und Kooperationsformen gekennzeichnet sind. Die Kombination aus *hohem Vertrauen und geringem Misstrauen* zeichnet sich beispielsweise durch eine ausgeprägte Werte-Übereinstimmung der Vertrauensparteien aus. Kooperationsgelegenheiten werden aktiv gesucht und die wechselseitige Abhängigkeit wird verstärkt. Die Kombination aus *hohem Vertrauen und hohem Misstrauen* ist dagegen geprägt von dem Motto „trust, but verify" (S. 445). Kooperationsmöglichkeiten werden zwar wahrgenommen, sind aber segmentiert und werden fortwährend auf mögliche Risiken hin kritisch geprüft. Bei der Kombination aus *geringem Vertrauen und hohem Misstrauen* stehen die Unterstellung böswilliger Absichten und eine entsprechend starke Kontrolle im Vordergrund. Hier gilt das Motto „Angriff ist die beste Verteidigung" (S. 445). Die vierte Kombination mit einer *niedrigen Ausprägung auf beiden Dimensionen* ist eher typisch für lose Beziehungen. Hier werden Austausch und Abhängigkeit begrenzt und von distanzierter Höflichkeit begleitet. Obwohl in diesem Modell die verschiedenen Ebenen (affektiv, kognitiv) beider Dimensionen nicht systematisch für alle Felder ausgearbeitet werden und eine mittlere Ausprägung auf beiden Dimensionen fehlt, bietet es dennoch eine gute Ausgangsbasis, um die Vertrauensbeziehung in der „Konfliktpartnerschaft" (Müller-Jentsch 1999) zwischen Betriebsrat und Management zu untersuchen, da hier durch die unterschiedlichen Interessenschwerpunkte verschiedene Ausprägungen von Vertrauen und Misstrauen zu erwarten sind.

7.1.3 Besonderheiten in verschiedenen Vertrauensbeziehungen

Die meisten bisherigen Untersuchungen zum Thema Vertrauen beschäftigen sich mit dem personalen Vertrauen, insbesondere dem Vertrauen zwischen Führungskräften und ihren Mitarbeitern aus Sicht der Beschäftigten (für eine Metaanalyse siehe Dirks/Ferrin 2002). Mittlerweise ist aber auch das Interesse an anderen Akteurs-Konstellationen erwacht, z.B. am Vertrauen zwischen Mitarbeitern (z.B. Ferres 2004) oder am Vertrauen aus Sicht des Managements (Atkinson 2004; Atkinson/Butcher 2003). Die Bedeutung der einzelnen Faktoren variiert in Abhängigkeit von den beteiligten Akteuren und der jeweiligen Situation. Je nachdem, ob sich das Vertrauen auf einen Kollegen, einen Mitarbeiter oder einen Vorgesetzten bezieht, sind verschiedene Merkmale relevant.

Kramer (1996) konnte beispielsweise verschiedene Effekte von asymmetrischer Machtverteilung beobachten. Personen in einer weniger einflussreichen Position reagieren – aufgrund ihrer größeren Unsicherheit und des größeren Vertrauensrisikos – sensibler auf negatives Verhalten, schätzen Vertrauen gleichzeitig als bedeutsamer ein und äußern sich differenzierter und ausführlicher über relevante Vertrauensbedingungen. Ihr Vertrauen basiert außerdem stärker auf beziehungsbezogenen Faktoren, z.B. einem respektvollen Umgang, als auf aufgabenbezogenen bzw. instrumentellen Faktoren. Auch die *Entwicklung* von Vertrauensbeziehungen ist von Kontextfaktoren abhängig. In Beziehungen mit Informationsasymmetrien entwickeln diejenigen schneller Vertrauen, die über mehr Informationen verfügen (Schoorman et al. 2007, S. 351).

Daher wurde in jüngerer Zeit vermehrt gefordert, Kontextfaktoren bei der Untersuchung von Vertrauensbeziehungen stärker zu berücksichtigen, insbesondere die Rolle von Macht und Informationsasymmetrien (ebd., S. 351). Gerade, wenn es darum geht Empfehlungen für die Gestaltung von vertrauensvollen Beziehungen abzuleiten, ist es wichtig zu verstehen, welche Bedingungen Vertrauen fördern bzw. erschweren und wie verschiedene Vertrauensformen in unterschiedlichen Kontexten wirken. Daher sollen nun die Besonderheiten in verschiedenen Vertrauenskonstellationen beschrieben werden, bevor es im Anschluss um die Besonderheiten des Vertrauens zwischen Betriebsrat und Management geht.

Das Vertrauen von Kontaktpersonen: Die Anforderungen, die an Betriebsräte und Manager als Repräsentanten verschiedener Interessengruppen gestellt werden, sind in Teilen vergleichbar mit denen von sogenannten *„boundary spanners"* bzw. Kontaktpersonen. Sie sind die personalen Verbindungsglieder zwischen kooperierenden Organisationen und haben die Aufgabe, die eigene Organisation nach außen darzustellen, Informationen in beide Richtungen weiterzuleiten und die Interessen der eigenen Organisation mit denen der anderen Seite in Einklang zu bringen. Dabei sind sie mit einer Vielzahl an Erwartungen konfrontiert, die einerseits aus den verschiedenen Abteilungen der eigenen Organisation kommen (z.B. Forschung und Entwicklung, Controlling, Marketing) und andererseits von außen an sie herangetragen werden. Perrone et al. (2003) haben die besonderen Bedingungen für das Entstehen von Vertrauen in dieser Personengruppe untersucht. Sie konnten zeigen, dass der Rollenautonomie eine zentrale Bedeutung zukommt. Je geringer der Einfluss ist, den andere Bereiche auf die Entscheidungen der Kontaktpersonen nehmen können *(functional influence)*, je länger die organisationale Zugehörigkeit *(company tenure)* und je größer damit der auf den Kenntnissen interner Strukturen und der internen Vernetzung basierende Einfluss ist, umso leichter fällt es den Kontaktpersonen so zu agieren, dass beim externen Interaktionspartner Vertrauen entstehen kann. Damit ist beispielsweise gemeint, dass die Kontaktpersonen bei sich ändernden Anforderungen über genügend Freiräume verfügen, um eigeninitiativ und flexibel auf die Interessen des Gegenübers einzugehen. Gleichzeitig sollten sie mit ausreichenden Entscheidungsbefugnissen ausgestattet sein, um eigenmächtig verbindliche Absprachen zu treffen. Eine Unternehmenskultur, die stärker auf die soziale Kontrolle durch eine ausgeprägte Unternehmenskultur setzt *(clan culture)* als auf formale Regeln und Rollenvorgaben, unterstützt die Vertrauensbildung ebenfalls. Insgesamt können autonome Kontaktpersonen so stärker als Person und weniger als „Rollenträger" in Erscheinung treten. Kooperative Handlungen können auf diese Weise stärker mit ihnen als Person in Verbindung gebracht und als positive Absichten interpretiert werden, was beim externen Verhandlungspartner letztlich das Vertrauen in die Kontaktperson stärkt.

Vertrauen in Management-Beziehungen: Atkinson und Butcher (2003) haben die Spezifika von Vertrauensbeziehungen im Management untersucht (siehe auch Atkinson 2004). Art und Ausmaß des erforderlichen Vertrauens unterscheiden sich ihrer Einschätzung nach von dem in anderen Beziehungen. Da das Management stärker unter öffentlicher Beobachtung steht, spielt beispielsweise der Einfluss von Dritten eine größere Rolle, ebenso wie die politische Dimension. Sehr enge, persönliche Beziehungen und übermäßiges Vertrauen können hier dysfunktional sein, weil sie zu wenig Schutz vor opportunistischem Verhalten bieten und hinderlich für organisationale Veränderungsprozesse sein können (Atkinson 2004; Atkinson/Butcher 2003). Vertrauen im Management ist nach Einschätzung der Autoren stärker geprägt durch unpersönliches Vertrauen, das auf Reputation und Rollen basiert als durch persönliches, das durch zwischenmenschliche Interaktionen und persönliche Beziehungen entsteht. Vertrauen kann dementsprechend rein auf der Grundlage aufgabenbezogener Kompetenz entstehen *(competence-based trust),* ohne dass dafür eine persönliche Beziehung notwendig wäre. Genauso gibt es aber auch Vertrauensbeziehungen, die stärker vom persönlichen Kontakt geprägt sind und darauf basieren, dass beim Gegenüber positive Motive vermutet werden *(motive-based trust).* Wann welcher Typ vorherrschend ist, hängt von der persönlichen Präferenz[4] des Managers, von der Situation und vom Status des Interaktionspartners ab. Handelt es sich beispielsweise um einen Partner mit hohem Status, spielt der Beziehungsaspekt eine größere Rolle als bei einem Partner mit niedrigem Status.

7.1.4 Vertrauen zwischen Betriebsrat und Management

Ein Interaktionspartner des Managements ist der Betriebsrat. Trotz der hohen Bedeutung dieser Beziehung wurde die Vertrauensentwicklung zwischen diesen Akteuren bisher lediglich in zwei Studien empirisch untersucht (Kerkhof et al. 2003; Meifert 2003). Dies ist umso erstaunlicher als Betriebsräte in deutschen Unternehmen als Repräsentanten der Belegschaft und als Verhandlungspartner des Managements bei vielen Entscheidungen eine hervorgehobene Rolle spielen und über eine Reihe von Möglichkeiten verfügen, um Innovationen zu fördern oder zu erschweren.

---

4 Insbesondere vom Bindungstyp (ebd., S. 578ff.)

Dass Vertrauen als wichtiger Bestandteil in der Zusammenarbeit zwischen Management und Betriebsrat gilt, wird schon in der Forderung des Betriebsverfassungsgesetzes nach einer vertrauensvollen Zusammenarbeit zwischen Arbeitgeber und Betriebsrat deutlich (§ 2 Abs. 1 BetrVG):

> „Arbeitgeber und Betriebsrat arbeiten unter Beachtung der geltenden Tarifverträge vertrauensvoll und im Zusammenwirken mit den im Betrieb vertretenen Gewerkschaften und Arbeitgebervereinigungen zum Wohl der Arbeitnehmer und des Betriebes zusammen."

Dessen sind sich die Vertreter des Betriebsrats wie des Managements bewusst. Eine Umfrage des Instituts der deutschen Wirtschaft macht dies beispielsweise für die Management-Seite deutlich. Demnach befürworten es 80% der befragten Unternehmer, die vertrauensvolle Zusammenarbeit noch weiter auszubauen (Niedenhoff 1994, S. 15, zitiert nach Tietel 2005, S. 295). Bisher liegen aber nur sehr wenige Erkenntnisse darüber vor, wie Vertrauen aus Sicht von Management und Betriebsrat entsteht bzw. welche Faktoren für die Entstehung von Vertrauen besonders relevant sind.

Kerkhof et al. (2003) betrachten die relative Bedeutung von instrumentellen und relationalen Faktoren für die Entwicklung von Vertrauen aus Sicht des Betriebsrats. Ausgangspunkt ihrer Überlegungen ist die vorhandene Macht- und Informationsasymmetrie in dieser spezifischen Konstellation. Aufgrund der schwächeren Position des Betriebsrats sollte dieser sich bei der Vertrauensbildung stärker am Prozess als am Ergebnis orientieren, wie Lind und Tyler das in ihrem *group value Modell* für Personen mit geringerem Einfluss vorhersagen (Tyler/ Lind 1992), da der Prozess mehr Aufschluss über die Motive des Interaktionspartners gibt als das Ergebnis (siehe auch Tyler/Degoey 1996). Diese Fragestellung wurde in einer Längsschnitt-Befragung von 75 Betriebsräten untersucht. Tatsächlich konnten die Autoren zeigen, dass die befragten Betriebsräte einem respektvollen Umgang und einem fairen Vorgehen *(relationale Faktoren)* eine größere Bedeutung bei der Vertrauensbildung beimaßen als dem tatsächlichen Einfluss auf Entscheidungen des Managements *(instrumentelle Faktoren).*

Welche Faktoren aus der Sicht des Managements vertrauensbildend wirken, war bisher noch nicht Gegenstand einer systematischen Untersuchung. Aus der Untersuchung von Meifert (2003) zum Vertrauensmanagement in Unternehmen lassen sich aber einige interessante Erkenntnisse ableiten. Der Autor führte vier umfangreiche Fallstudien durch, in denen er die Mechanismen der Vertrauensbildung und die Auswirkungen von Vertrauen auf den betrieblichen Alltag untersuchte. Wo ein Betriebsrat vorhanden war (dies war in drei Unternehmen der Fall), betrachtete er auch die Vertrauensbeziehung zwischen Management und Betriebsrat. Im ersten Unternehmen trifft er auf einen „resignierten" Betriebsrat, der sich dem Management gegenüber kooperativ verhält und zurückhaltend agiert (ebd., S. 176ff.). Die schlechte wirtschaftliche Lage und der fehlende Rückhalt in der Belegschaft bringen den Betriebsrat in eine schwache Position gegenüber dem Management. Er wird von der Geschäftsführung häufig spät und unzureichend informiert und kaum in Entscheidungen einbezogen. Zusammen mit dem ausbleibenden Unternehmenserfolg führt dies beim Betriebsrat zu sinkendem Vertrauen dem Management gegenüber, ohne dass er aufgrund seiner eingeschränkten Handlungsfähigkeit mit einer stärkeren „Mobilisierung allokativer und autoritativer Ressourcen" reagieren könnte (ebd., S. 179). Die Sicht des Managements wird in diesem Fall nicht berichtet. Im zweiten Unternehmen besteht zwischen Betriebsrat und Management ein ausgeprägtes Vertrauensverhältnis. Aus Sicht des Betriebsrats basiert es auf einer großen Offenheit und Ehrlichkeit des Managements, einer frühen Einbeziehung des Betriebsrats und einem Entgegenkommen bei dessen Forderungen über die gesetzlichen Vorgaben hinaus.[5] Aus Sicht des Managements spielen auf Betriebsratsseite insbesondere dessen Ehrlichkeit, die konstruktive Konfliktlösung und die Unterstützung der Unternehmensinteressen eine Rolle. Auch im dritten Unternehmen ist das Vertrauen zwischen Betriebsrat und Management hoch. Alter wie neuer Betriebsratsvorsitzender führen dies auf das starke Entgegenkommen der Geschäftsführung zurück, die Interessen des Betriebsrats zu berücksichtigen. Außerdem fühlen sie sich früh, umfassend und offen informiert und fair und freundlich behandelt. Die Geschäftsführung wird außerdem als kompetent, kompromissbereit und verlässlich erlebt. Diese wiederum betont die Offenheit der Betriebsratsvorsitzenden. Durch die Teilnahme an allen Besprechungen der Führungsebene ist der Betriebsrat über auftretende Probleme informiert. Die Möglichkeit, sich auch offen über Schwierigkeiten mit ihm auszutauschen, sein Verständnis sowie seine Kompromissbereitschaft wirken auf das Management vertrauensbildend. Das Management betont aber auch, dass das gute Vertrauensverhältnis stark mit den beteiligten Akteuren im Betriebsrat zu tun habe. Gefördert wird das Vertrauen außerdem durch das Leitbild „einer egalitären und familiären Familienkultur" (ebd., S. 252). Das vertrauensvolle Verhältnis zwischen Betriebsrat und Management ist nach Wahrnehmung des Managements für den Betriebsrat nicht ganz unproblematisch.

> „Die Geschäftsführung bietet dem Betriebsrat wenig Angriffsfläche zur eigenen Profilierung bzw. Abgrenzung, da sie seinen Forderungen oft nachgibt und den Betriebsrat in ihre Politik bis zur Unkenntlichkeit einbindet." (Ebd., S. 252)

Dies macht nochmals deutlich, dass Betriebsrat und Management nicht im „luftleeren Raum" interagieren, sondern in ein System eingebettet sind, in dem ihre

5 Es handelte sich hier – wie der Autor bemerkt – häufig um sehr konkrete, leicht umzusetzende Anliegen, die weniger strategischer Natur waren.

Beziehung von Dritten beobachtet wird. Tietel (2005) fasst diese Problematik aus Sicht des Betriebsrats folgendermaßen zusammen:

> „Zeigt ein Mitglied des Betriebsratsgremiums zu viel Verständnis für die Gegenseite, regt sich schnell Misstrauen in den eigenen Reihen und der Betroffene wird unversehens als Abtrünniger entlarvt." (S. 298)

Beschäftigte wie Führungskräfte ziehen aus der Konflikthaftigkeit der Beziehung auch Rückschlüsse auf das Durchsetzungsvermögen der beiden Parteien.

Die Beziehung zwischen Management und Betriebsrat unterscheidet sich in mehrfacher Hinsicht von der zwischen Vorgesetzten und Mitarbeitern oder von der Beziehung zwischen den Mitgliedern einer Gruppe, wie beispielsweise Managern oder Mitarbeitern. Zwischen Management und Betriebsräten besteht kein so eindeutiges *Hierarchieverhältnis* wie zwischen Vorgesetzen und Mitarbeitern. Nicht-freigestellte Betriebsräte agieren in einer Doppelrolle – einerseits als Mitarbeiter, die als Untergebene an die Weisungen ihrer Vorgesetzten gebunden sind – und andererseits als Betriebsräte, die mit dem Management bei bestimmten Themen gleichberechtigt verhandeln. Ist ein Betriebsrat zusätzlich in wichtige Entscheidungsgremien eingebunden (z.B. in den Aufsichtsrat), während sein unmittelbarer Vorgesetzter dort nicht vertreten ist, wird das Hierarchieverhältnis weiter aufgeweicht. Freigestellte Betriebsräte befinden sich schließlich insgesamt in einer geringeren Abhängigkeitsbeziehung.

Auch der Zugang zu Informationen und die Entscheidungsbefugnisse sind – vor allem bei konflikthaften Themen – im allgemeinen weitreichender als in der klassischen Konstellation zwischen Management und Mitarbeiter/inne/n, besteht doch dem Betriebsrat gegenüber bei bestimmten Themen eine Informations-, Beratungs- oder Mitbestimmungspflicht. Damit geht der Zugang zu Informationen und Entscheidungsbefugnissen über den (formal erforderlichen) zwischen Vorgesetzten und Mitarbeitern hinaus. Wann und wie umfangreich die Information erfolgt, kann vom Management jedoch unterschiedlich gehandhabt werden. Allerdings gibt es auf Seiten des Betriebsrats Informationen, die dem Management nicht zur Verfügung stehen. Mitarbeiter/innen wenden sich in unter Umständen eher an den vertrauten Betriebsrat als an Vorgesetzte, um neue Ideen oder Bedenken zu äußern. In manchen Fällen geben sogar Personen aus dem Management unter der Hand Informationen an den Betriebsrat weiter, wenn sie sich anderweitig nicht mit ihren Anliegen durchsetzen können; sie spielen sozusagen über Bande. Ist der Betriebsrat zugleich im Aufsichtsrat vertreten, dann ist er über manche strategischen Überlegungen früher und besser informiert als Vertreter/innen des Managements. Schließlich sind Betriebsräte oft länger im Unternehmen als Manager, kennen die internen Strukturen besser und sind oft in ein großes Netzwerk eingebunden. So wissen sie manchmal besser, wie bestimmte Informationen zu interpretieren sind und können auch die Reaktionen der Belegschaft besser abschätzen. Ob und in welche Richtung eine Informationsasymmetrie existiert, ist daher von vielen generellen und situativen Faktoren abhängig, insgesamt fällt sie aber wohl häufiger zugunsten des Managements aus.

Im Unterschied zu einzelnen Mitarbeiter/inne/n, vertritt der Betriebsrat formal nicht seine persönlichen Interessen, sondern die der gesamten Belegschaft. Als gewählter Vertreter der Belegschaft hat er eine *Repräsentationsfunktion.* In Anbetracht der Tatsache, dass er im Betrieb häufig unterschiedliche Gruppierungen vertritt, denen er aufgrund ihrer Heterogenität kaum allen gerecht werden kann, muss der Betriebsrat die unterschiedlichen Interessen abwägen und im Gremium abstimmen (Tietel 2005). Diese Problematik wurde oben im Zusammenhang mit den Aufgaben von Kontaktpersonen zwischen Unternehmen bzw. zwischen einzelnen Abteilungen eines Unternehmens diskutiert. Seine Interessen müssen dabei nicht immer identisch sein mit denen der von ihm repräsentierten Gruppen und können auch persönlicher Natur sein, wenn es z.B. um die eigene Wiederwahl geht. Das Gleiche gilt für das Management. Auch das Management hat eine Repräsentationsfunktion. Gerade bei der Einbindung in einen internationalen Konzern gilt es, die Interessen der eigenen Abteilung und/oder des eigenen Betriebs/Standorts mit den übergeordneten Interessen in Einklang zu bringen.

Schließlich ist in der Interaktion zwischen Management und Betriebsrat der besondere Charakter der *„Konfliktpartnerschaft"* hervorzuheben (Müller-Jentsch 1999). Durch die Verlagerung einiger vorwiegend distributiver Konfliktfelder wie den Tarifverhandlungen nach außen in das Aufgabenfeld der Gewerkschaften wurde zwar die partnerschaftliche und friedliche Konfliktaustragung zwischen Betriebsrat und Management erleichtert. Trotzdem gibt es an etlichen Stellen Interessendivergenzen, die zu Konflikten führen können, „auf der einen Seite das Interesse an angemessenem Lohn, Arbeitsplatzsicherheit, Arbeitssicherheit, Qualifikation und beruflicher Autonomie, auf der anderen Seite das unternehmerische Interesse an effizienter Nutzung der Arbeitskraft und profitabler Kapitalverwertung" (Kißler 2010, S.462). Und selbst wenn eine sehr harmonische Beziehung gelingt, kann dies für den Betriebsrat nicht unproblematisch sein. Eine nach außen konfliktarm erscheinende Beziehung zwischen Management und Betriebsrat wird in der Wahrnehmung der Beschäftigten nämlich möglicherweise als zu geringe Vertretung ihrer Interessen interpretiert, wie oben bereits thematisiert wurde (Meifert 2003, S. 208ff.). Diese Problematik kann auch für das Management nicht ganz ausgeschlossen werden. Auch dort kann ein zu harmonisches Verhältnis mit dem Betriebsrat von Seiten der Führungskräfte oder anderer Unternehmensvertreter als Schwäche interpretiert werden. Es gilt daher eine Balance zu finden zwischen friedlicher Interessenaushandlung und der „Vermarktung" der eigenen Konfliktbereitschaft und der ausgehandelten Zugeständnisse.

7.1.5 Fragestellung der Untersuchung

Vertrauen ist ein wichtiger Faktor zur erfolgreichen Gestaltung und Bewältigung von Veränderungsprozessen. Es wurden unterschiedliche Merkmale und Entwicklungsschritte zur Entstehung von Vertrauen diskutiert, denen in Abhängigkeit von den beteiligten Akteuren und dem spezifischen Kontext eine unterschiedliche Bedeutung zukommt. Bei der bisherigen Betrachtung von Vertrauensbeziehungen wurde das Vertrauen zwischen Betriebsrat und Management bisher kaum beachtet. Aufgrund seiner hervorgehobenen Rolle als Verhandlungspartner des Managements ist seine Bedeutung aber gerade bei Prozessinnovationen nicht zu unterschätzen. In der qualitativen Auswertung der untersuchten Prozessinnovationen stehen daher folgende Fragen im Vordergrund:

- Welche personalen, organisationalen und situationalen Faktoren spielen für die Vertrauensentwicklung zwischen Betriebsrat und Management eine Rolle?
- Worin unterscheiden sich die beteiligten Akteure aus Betriebsrat und Management in ihren Einschätzungen und worin stimmen sie überein?
- Welche Rolle spielt Misstrauen zwischen Management und Betriebsrat im Kontext von Prozessinnovationen?

7.2 Methodisches Vorgehen

Da bei der Analyse der Vertrauensfaktoren subjektive Wahrnehmungs- und Interpretationsprozesse des Betriebsrats bzw. des Managements im Zentrum standen und gruppenspezifische Besonderheiten erhalten bleiben sollten, war eine Auswertung auf Fallebene zunächst nicht sinnvoll. Anders als in den beiden vorangegangenen Themenkomplexen Mitbestimmung und Partizipation fand daher keine Aggregation auf Fallebene statt. Die Analyse erfolgt vielmehr auf Personenebene und basiert auf den Individualaussagen: Auf Management-Seite wurden dafür die Aussagen der Management-Vertreter/innen, nicht die der Projektleitungen, betrachtet. Die Darstellung ist getrennt nach den beiden Gruppen Betriebsrat und Management, um die gruppenbezogenen Spezifika besser herauszuarbeiten.

Das Untersuchungsdesign und der grundsätzliche methodische Ansatz sind in Unterkapitel 2.2 beschrieben. Dort wird auch auf die Methode der qualitativen Inhaltsanalyse nach Mayring (2008) eingegangen, an der sich die nachfolgende Analyse orientiert. Für die Analysen wurden diejenigen Passagen aus den Interviews ausgewertet, in denen es explizit um das Thema Vertrauen zwischen Management und Betriebsrat ging. Dies sollte es ermöglichen, die Aspekte zu identifizieren, die die Befragten bewusst als vertrauensgenerierend erlebten. Die Aussagen wurden auf Basis der transkribierten Interviews paraphrasiert und in ein Kategoriensystem eingeordnet, das in einem alternierenden Vorgehen aus induktiven und deduktiven Schritten entstand.

Daraus wurde ein fallübergreifendes Modell abgeleitet, das die empirisch vorgefundenen Vertrauensfaktoren – unter Zuhilfenahme der oben dargestellten theoretischen Erkenntnisse – zusammenfasst und miteinander verknüpft.

7.3 Ergebnisse der qualitativen Auswertung

Im Folgenden werden zunächst die Faktoren dargestellt, die aus Sicht der jeweils befragten Gruppe – Betriebsrat bzw. Management – bedeutsam für die Vertrauensentwicklung im Rahmen der Prozessinnovationen waren. Aus diesen Beschreibungen wird ein fallübergreifendes Modell entwickelt. Im Anschluss werden rollenspezifische Unterschiede analysiert. Abschließend wird die Bedeutung von Misstrauen genauer beleuchtet und im Zusammenspiel mit Vertrauen untersucht.

7.3.1 Darstellung der Vertrauensfaktoren

Die Vertrauensfaktoren werden getrennt für Betriebsrat und Management dargestellt. Dabei geht die Darstellung über eine reine Beschreibung der Kategorien hinaus, um zeitliche und kausale Bezüge zwischen den Faktoren deutlich zu machen und eine bessere Lesbarkeit zu unterstützen. Aus Gründen der Anonymisierung werden die Innovationen hier nicht ausführlich beschrieben, sondern mit Kürzeln versehen, die Fall-Reihenfolgen sind im Vergleich zu den vorangegangenen Darstellungen verändert und die Reihenfolge der Betriebsratsfälle ist nicht analog zu den Fällen auf Management-Seite. Da hier nicht auf Fallebene ausgewertet wird, sondern auf Rollenebene und von den Befragten teilweise sehr persönliche Einschätzungen berichtet wurden, ist hier eine stärkere Anonymisierung notwendig als in den vorhergehenden Analysen, um eine personale Zuordnung zu vermeiden.

In den Tabellen 7.1 und 7.2 sind die berichteten vertrauensrelevanten Aspekte stichwortartig wiedergegeben. Zur einfacheren Unterscheidung werden Vertrauensaspekte in Normalschrift aufgeführt, Misstrauensaspekte hingegen kursiv geschrieben.

Tab. 7.1: Vertrauensfaktoren aus Sicht der Betriebsräte

I. Innovationen im Bereich der Aufbauorganisation

AUF-A	– Personenabhängigkeit: unterscheidet zwischen Vertrauen zur Leitung auf verschiedenen Ebenen (z.B. Konzernleitung versus lokale Geschäftsführung); zu lokaler GF Vertrauen mit der Zeit aufgebaut; anfangs BR passiv, da wenig Erfahrung mit vergleichbaren Projekten – zu Beginn Vorbehalte, später Wahrnehmung von Ehrlichkeit der GF, Zuverlässigkeit, Geradlinigkeit, Verzicht auf Mikropolitik – *grundsätzlich hat BR aber bei neuen Projekten Misstrauen, da er verdeckte Interessen bei Konzernleitung vermutet*
AUF-B	– Management war für BR jederzeit ansprechbar – Vertrauen zu mittlerer Führungsebene, „nahen Berufsgruppen", vorhanden, da hier Offenheit – *insgesamt aber: Vertrauen nicht vorhanden, eher Misstrauen, bedingt durch unterschiedliche Interessen in einem konfliktträchtigen Bereich; BR und Management haben zwar beide Interesse am Verhindern einer Insolvenz, aber Management verfolgt auch „egoistische" Interessen* – *fehlende Offenheit der GF, BR vermutet verdeckte Interessen (Personalabbau)* – *Management versuchte BR zu vermitteln, dass sie dessen Interessen berücksichtigen, war für BR aber nicht glaubhaft* – *Vertrauen in Unternehmensberatung nur bedingt, da zwar sachlich korrekt vorgetragen wird, aber BR vermutet, dass Informationen vorenthalten wurden*
AUF-C	– Vorstände vermitteln BR gegenüber, dass sie rollenbezogene Positionsbestimmungen akzeptieren und umgekehrt („wenn es hart auf hart kommt, muss jeder seine Rolle spielen") – Sympathie, private Treffen und informelle Absprachen mit dem Vorstand – BR und Vorstand wussten jeweils, wie weit das Gegenüber gehen konnte – Erfahrung, dass Vorstand Informationen offener weitergibt als die Managementebenen darunter, diese werden als „taktischer" wahrgenommen, führt auf BR-Seite zu „Bypassposition", d.h. Übergehen der mittleren Führungsebene – freigestellte BR mit Aufsichtsratstätigkeit haben besseren Zugang zu Informationen und dadurch mehr Vertrauen – Ansprechbarkeit des Vorstands, Ernstnehmen der BR-Anfragen (teilweise Priorität vor Management-Terminen) – Verlässlichkeit von Absprachen – *grundsätzlich: „inneres Misstrauen" bei Betriebsräten vorhanden*
AUF-D	– Management tritt offen an BR heran, wird als zugänglich erlebt – Durch Gewerkschaften Kontakte zu europäischen Kollegen anderer Unternehmen, Sammeln von Hintergrundinformationen zum Abbau von Bedenken – *insgesamt aber: unterschiedliche Interessen bzgl. Tarifvertrag* – *wenig differenzierte Argumente, „Wortklauberei", wörtliche Auslegung der Vereinbarungen, ohne den Sinn ernst zu nehmen* – *keine konkreten Informationen (nur „Wischiwaschi")* – *Kommunikation mit dem Management funktionierte nicht aufgrund unterschiedlicher Kulturen (jung versus alt)* – *Verzögerungen von Entscheidungen, Nichterfüllen von BR-Forderungen* – *BR wird in seinen Bedenken vom Management nicht gehört (zu geringe Wahrnehmung der Interessen des Standorts, Verlust des Vertrauens der MA)* – *mehrfacher Wechsel des beteiligten Managements* – grundsätzliches Misstrauen des BR gegenüber unbekannten Verhandlungspartnern, Verantwortung gegenüber den MA durch Wahlamt

Tab. 7.1: (Fortsetzung)

Noch: I. Innovationen im Bereich der Aufbauorganisation

AUF-E	– hohe Offenheit zwischen beteiligten Personen – gemeinsames Ziel (keine Nachteile für MA), ähnliche Wertvorstellungen – kontinuierlicher gegenseitiger Abgleich der Vorstellungen, Aufbau von Verständnis – Preisgeben von unangenehmen Gefühlen – ehrliche Versprechen, ernsthafter Versuch, zusammen zu arbeiten – Unternehmenskultur erleichtert es, Probleme offen anzusprechen – *gleichzeitiges Vorhandensein von Skepsis beim BR („Blackbox Sozialauswahl")*
AUF-F	– Klarheit, dass BL und BR in die gleiche Richtung gehen – gegenseitiges Verständnis – gegenseitige Transparenz – Betriebsverfassungsgesetz als Grundlage: gewährleistet, dass BR nicht ausgebremst werden kann – Austragen von Konflikten – gegenseitiger Respekt – klare Kommunikation „wie man denkt und handelt" – Grundvertrauen vorhanden – Gesprächsbereitschaft über das Thema
AUF-G	– *fehlende Transparenz und Nachvollziehbarkeit der zugrunde liegenden Berechnungen* – *Wechsel der Themen von Sitzung zu Sitzung* – *zu späte Information des BR* – *Anregungen des BR wurden nicht aufgenommen* – *mangelhafte fachliche Vorbereitung der anderen Projektgruppen-Mitglieder* – *statt regelmäßiger Projekttreffen wie ursprünglich geplant, kurzfristige Einberufung von Projekttreffen, was dazu führte, dass BR oft nicht teilnehmen konnte* – *führt zu Vertrauensverlust und zum Aufbau von Misstrauen: „voller Vertrauen in das Projekt gegangen und voller Misstrauen raus gekommen"*

II. Innovationen im Bereich der Ablauforganisation

AB-A	– bestehendes Vertrauensverhältnis zu beteiligten Akteuren, langjährige Bekanntheit, kollegiales Miteinander, wertschätzender Umgang – gleichberechtigter Status des BR in Lenkungsgruppe neben der GF – keine Nachteile (z.B. Ansehensverlust) durch die BR-Tätigkeit – Annehmen der Ideen und Unterstützungsangebote des BR durch das Management – offene Kommunikation, kein Zurückhalten von Informationen
AB-B	– in diesem Fall konnte kein BR befragt werden

Tab. 7.1: (Fortsetzung)

Noch: II. Innovationen im Bereich der Ablauforganisation

AB-C	– Zuverlässigkeit – Personenabhängigkeit (vertrauensvoll versus formal), mit beteiligten Akteuren vertrauensvoll – Management-Vertreter werden als engagiert erlebt, lückenhafte oder verzögerte Information durch das Management wird durch Überlastung der Akteure aus dem Management erklärt – Anliegen des Managements, die MA offen zu informieren – Vertrauen des Managements in BR – Gegenseitigkeit – generell gutes Verhältnis zum MG (offene Kommunikation, konsensuale Entscheidungen) – Erarbeitung von Vertrauen *„man fängt meistens mit Skepsis an und dann kann man sich Vertrauen ja erarbeiten"*
AB-D	*Zunächst:* – *kein offener Informationsaustausch, stattdessen dosiertes Preisgeben von Informationen anstatt das „Gesamtpaket" ehrlich vorzustellen* – *Informationen aus anderen Teilen des Unternehmens, dass Einsatz der Unternehmensberatung zu Stellenabbau geführt hat* – *verdeckte Interessen des Managements vermutet (Personalabbau, Kontrolle der MA), dadurch Misstrauen* Im weiteren Verlauf Kooperation mit (neuem) PL: – Zuverlässigkeit (Einhalten von Vereinbarungen) – Durchsetzungsfähigkeit der Vereinbarungen gegenüber dem Management durch neuen Ansprechpartner – Personenabhängigkeit – regelmäßige Information, Erklären des Vorgehens – Teilnahme an Lenkungsausschusssitzungen, intensiver Kontakt, Gespräche mit PL – Wahrnehmen und Ernstnehmen des BR
AB-E	– offene Information über Ziele des Projekts, offener Austausch über die gegenseitigen Verhandlungsgrenzen (z.B. beim BRV Personalabbau) – gute persönliche Chemie mit Vorständen, Gespräche über Mitbestimmungsthemen hinaus; Akzeptanz des BRV durch das Management – Wissensvorsprung des BRV durch persönlichen Kontakt zu GF und Vorständen – gemeinsames Interesse („etwas für das Unternehmen zu machen") – Verzicht auf Machtausübung, Bereitschaft zur gemeinsamen Erarbeitung der Projektergebnisse („nicht Durchsetzung, sondern auch Konsensfindung") – Zuhören, Argumente vortragen lassen – gegenseitige Kenntnis der Einflussmöglichkeiten (GF kennt die Möglichkeiten des BR, Prozesse zu prüfen und zu verzögern) – *fehlende Kompromissbereitschaft der Unternehmensberatung (vom BR-Gremium wird hierfür auch das Management verantwortlich gemacht als deren Auftraggeber)* – *teilweise fehlendes Verständnis im BR-Gremium, strategische Ziele im heterogenen Gremium schwer vermittelbar, aggressives Auftreten statt Verhandlungsbereitschaft, fehlende fachliche Kompetenz; Instabilität von Vertrauen: „kann auch wieder knallhart einbrechen, da darf man nicht blauäugig sein"*

Tab. 7.1: (Fortsetzung)

Noch: II. Innovationen im Bereich der Ablauforganisation

AB-F	– unterscheidet zwei Ebenen: AG-Vertreter und Führungskräfte im Betrieb; Personenabhängigkeit/längere Bekanntheit – zu Beginn gab es zwar Unterstützung des BR durch das Management – guter Kontakt des GBR zum Management, Wertschätzung des GBR und Vertrauen ihm gegenüber durch Management, bedingt auch durch „persönliche Chemie" – *aber später: fehlende Unterstützung des BR durch das Management* – *Management hat mündliche Zusagen nicht eingehalten ohne eine Erklärung dafür abzugeben (BR vermutet knappe personelle Ressourcen)* – *keine Information des BR, dass Management eigene Parallel-Veranstaltungen durchführt* – *fehlende Bereitschaft mit BR ein gemeinsames Konzept zu entwickeln, Ignorieren von dessen Anregungen; BR fühlt sich getäuscht, hat „für den Papierkorb" gearbeitet, kein interner Projektabschluss* – *Management wollte BR lediglich als Promotor gegenüber den MA, kein Interesse an inhaltlicher Zusammenarbeit* – *Rahmenbedingungen: häufige Restrukturierungen in der Vergangenheit, teilweise mit Personalabbau, führte zu Vertrauensverlust der MA und des BR*
AB-G	– Verlässlichkeit (Einhalten von Versprechungen) – gemeinsames Verständnis – Diskretion – Transparenz bzgl. Nicht-Machbarkeit – gemeinsame Bewältigung von schwierigen Projekten in der Vergangenheit
AB-H	– Personenabhängigkeit: Vertrauen war zu erstem Verantwortlichen höher, da er von außen in das Unternehmen kam und über Erfahrungen als GF und mit Mitbestimmung verfügte; *bei seinem Nachfolger wurde Parteilichkeit vermutet* – sehr gute Vorbereitung (methodisch und inhaltlich) des BR führte zu Vertrauen des Managements und Offenheit gegenüber den Darstellungen des BR, was der BR wiederum als vertrauensfördernd wahrnahm – schließlich aber fehlende Offenheit, Täuschung der MA auf Betriebsversammlung, bedrohte auch die Glaubwürdigkeit des BR gegenüber den MA

III. Personalbezogene Innovationen

PE-A	– gemeinsame Kernziele bei *gleichzeitigem Bewusstsein, dass beide Seiten auch „egoistische Ziele" vertreten, „Black Box"* – teilweise Vertretung der Interessen der Gegenseite – Personenabhängigkeit: Vertrauen zum GF, jahrelange Zusammenarbeit mit Personalleiter – offener Umgang miteinander, dadurch Einschätzung des Gegenübers möglich – Beteiligung des BR durch GF – respektvoller Umgang – private Treffen – Trennung von Mensch und Rolle ("man sieht Menschen, nicht Mandatsträger") – konstruktive Konfliktlösung, Sachkonflikt ohne Beziehungskonflikt möglich

Tab. 7.1: (Fortsetzung)

Noch: III. Personalbezogene Innovationen

PE-B	– *zunächst: kein Vertrauen wegen entgegengesetzten Zielen (Entgelt)* – *beim Management wird Hidden Agenda vermutet, keine ergebnisoffene Verhandlung* – später: gegenseitige Zugeständnisse, Zuverlässigkeit (Umsetzen von Vereinbarungen)
PE-C	– Ehrlichkeit – Verzicht auf Mikropolitik/Taktiken, Verhandeln auf Augenhöhe mit dem Management durch Verhandlungskompetenz des BR – langjährige persönliche Bekanntheit der GF (duzen), auch in anderen Rollen (selbst Berater), gemeinsame Karriereentwicklung – informelle Kontakte – Verlässlichkeit (Einhalten von mündlichen Vereinbarungen) – Personenabhängigkeit – Offenheit und Klarheit bzgl. möglicher Zugeständnisse und Grenzen – Ernstnehmen des Gegenübers – Glaubwürdigkeit – Sympathie, Trennung von Mensch und Rolle ermöglicht intensive Auseinandersetzung in Verhandlung, Konfliktfähigkeit ohne negative Auswirkung auf Beziehung – *Skepsis als ständiger Begleiter, Ergebnisse müssen im BR-Gremium vorgestellt und akzeptiert werden*
PE-D	– Information und Beteiligung des BR durch das Management – Ernstnehmen des BR – keine negativen Vorerfahrungen des BR mit Management – Offenheit: der BR erhält die gleichen Informationen wie die Führungskräfte, Management lässt sich auch auf Diskussion über problematische Themen ein – regelmäßige Treffen zwischen BR und Management als Basis für Vertrauen/personelle Kontinuität – persönliche Eigenschaften des BR: geradlinig, auch an strategischen Fragen interessiert – Einbindung des BR in andere Gremien, in denen er Hintergrundinformationen erhält (viele Informationsquellen) – *Rahmenbedingungen: durch Umstrukturierung entstand Unsicherheit und Angst bei den MA, Geschäftsführung hat den Bereich bei Konzernleitung aber gut vertreten, dadurch wurde Vertrauen wieder hergestellt; erschwert wurde das Projekt aber durch die Ankündigung von Personaleinsparungen auf Konzernebene*
PE-E	– *Ausgangsbasis negative Entwicklung: während der zurückliegenden Phase des Personalaufbaus kollegialer Stil und frühzeitige Einbeziehung des BR, Aufnahme seiner Kritik und Hinweise; später Phase des Personalabbaus, späte und geringere Information des BR, nur noch Einbeziehung „wenn es nicht anders ging"; während der Projektphase bereits verschlechtere Zusammenarbeit: BR erfährt Informationen von MA, Verschlechterung der Kommunikation* – keine Nachteile für bestehende Belegschaft durch Projekt

Tab. 7.1: (Fortsetzung)

Noch: III. Personalbezogene Innovationen

PE-F	– BR hat das Projekt selbst initiiert, insofern wurden seine Interessen umgesetzt – verantwortliche Führungskraft ist engagiert, sieht Chance in dem Projekt – durchführende PL wurden von beiden Seiten akzeptiert, dadurch konnte BR sich aus der aktiven Rolle zurückziehen – *Rahmenbedingungen: Vorbehalte gegenüber der Betriebsleitung: stellt Technik über MA, BL hat geringes Interesse an Zusammenarbeit mit BR* – *beteiligte MA (selbst Führungskräfte) haben Vorbehalte gegenüber dem BR, daher war Zurückhaltung des BR aus seiner Sicht sinnvoll*
PE-G	– BR hat das Projekt selbst initiiert, insofern wurden seine Interessen umgesetzt – *zunächst zwar Misstrauen im Gremium, von HR „instrumentalisiert“ zu werden und an Sichtbarkeit zu verlieren, Vertrauen musste erst „wachsen“* – Übernahme der BR-Vorschläge durch Management, kein Eigeninteresse an Profilierung – Unterstützung durch HR, Akzeptanz der Vorschläge des BR – persönliche Eigenschaft des BR: gibt grundsätzlich Vertrauensvorschuss – gegenseitige Wertschätzung auch bei kritischen Punkten – keine vorgefertigten Meinungen, gegenseitiges Zuhören, keine „hidden agenda“ – beschreibt Vertrauen als etwas „Menschliches“, das durch intensive Zusammenarbeit und offene Diskussionen entsteht
PE-H	– faires Abwägen zwischen Unternehmens- und MA-Interessen auf beiden Seiten – Management denkt BR-Interessen bereits bei der Ausgestaltung von Entwürfen mit, Perspektivenübernahme, durchdachte Entwürfe vom Management – über Grundrichtung einig, gleiche Ziele in dem Projekt – Eingehen auf Anregungen des BR – Vertrauen wird vom Management erwidert/Gegenseitigkeit – positive Erfahrungen aus der Vergangenheit/Zuverlässigkeit – *Rahmenbedingungen: Versuch der Konzernebene, Druck auf BR auszuüben, Austesten der Grenzen; aber nach kurzen Schwierigkeiten Rückbesinnung mit lokaler Management-Ebene auf kooperative Zusammenarbeit*
PE-I	– zu wenig Kontakt mit Management, um sichere Aussagen über Vertrauen machen zu können
PE-J	– Unterscheidung zwischen Vertrauen zur Standortleitung und zum Management des Unternehmens – Standortleitung: gegenseitige Anerkennung der Kompetenzen; Unterstützung des BR bei der Durchführung von Innovationsveranstaltungen, Aufgreifen seiner Vorschläge zur Steigerung des Innovationsklimas; gegenseitige Sympathien; gemeinsame Interessenlage, den Standort möglichst positiv darzustellen – *Unternehmen: Prämien im neuen System sind geringer als im alten (Nachteile für die MA); Führungskräfte zu wenig eingebunden in der Aktivierung der MA; begrenzte Einflussmöglichkeit der Standortleitung*

Tab. 7.1: (Fortsetzung)

Noch: III. Personalbezogene Innovationen

PE-K	– *(in erster Verhandlungsrunde andere Akteure, kein Vertrauen, Einigungsstelle)*, in zweiter Verhandlungsrunde: – Grundsätzliche Vertrauensbereitschaft – Einzelgespräche mit Verhandlungsführer, Lernprozesse mit einzelnen Personen – Personenabhängigkeit: Mit Leitung der Personalabteilung hätte es nicht funktioniert aufgrund fehlender gegenseitiger Sympathie – restliches Gremium vertraut dem Management ebenfalls, weil sie die Verhandlungsführung des verantwortlichen BR überzeugt

IV. IT-bezogene Innovationen

IT-A	– frühzeitige Einbindung über gesetzliche Vorgaben hinaus – keine verdeckten Interessen des Managements – Personenabhängigkeit: keine Kunstkniffe bei Verhandlungen, kompetente Führungskraft, die mit Menschen umgehen kann und sich mit Technologien auskennt – Offener Umgang, Verlässlichkeit (Einhalten von Vereinbarungen) – direkter Zugang zum Projektteam, Teilnahme durch BR-Vertreter – *fehlendes Vertrauen zur Personalabteilung, konnte aber durch Vertrauen zu Verhandlungsführer ausgeglichen werden* – *erschwerende Rahmenbedingungen: häufige Umstrukturierungen in der Vergangenheit, teilweise verbunden mit Standortschließungen führten zu Vertrauensverlust bei MA und BR*
IT-B	– keine negativen Absichten des Managements (Fehler passieren nicht „mutwillig"; Fehlertoleranz) – Rückmeldungen des BR werden vom Management interessiert aufgenommen – offene Kommunikation, Zugang zu Unterlagen – negative Konsequenzen für AG beim Verheimlichen von Informationen, Abschalten des Systems möglich, was in Vorgängerprojekt auch bereits erfolgt ist – klare Prozessabläufe (Transparenz, was wann wo eingereicht wird) – Einbindung des BR in die Projektstruktur, Umsetzen von BR-Hinweisen – *grundsätzlich gleichzeitig Skepsis angebracht, da AG die Rechte zwar nicht mutwillig verletzt, aber beim Ziel, Prozesse zu optimieren und Kosten zu reduzieren, Dinge übersehen kann*
IT-C	– Übertragen von Verantwortung – Vertrauen als Basis wird von beiden Seiten geschätzt
IT-D	– *Weiterleitung korrekter Informationen* – *persönliche Bekanntheit des Vorstands* – *Zuverlässigkeit des Vorstands (Einhalten von Absprachen)* – *regelmäßige Vier-Augen-Gespräche in kleinem Kreis mit Vorstand und Bereichsleiter („vorfühlen"), ausführliche Erklärungen des Vorhabens durch das Management*

Tab. 7.1: (Fortsetzung)

Noch: IV. IT-bezogene Innovationen

IT-E	– vorhandenes Vertrauen war Basis für Vertrauen im Projekt – langjährige Erfahrung mit der Leitung, personelle Kontinuität hat Beziehungsaufbau ermöglicht – Management ist nicht auf Konfrontation mit dem BR aus, partnerschaftlicher Führungsstil der Leitung, Bewusstsein der gemeinsamen Verantwortung für MA – Zusammenarbeit trotz unterschiedlicher Positionen, Aufzeigen von Grenzen wurde akzeptiert – Management hat Forderungen des BR umgesetzt – offener Austausch über Probleme – klare Kommunikation, wo die Grenzen des BR sind, es entstanden keine ernsten Konflikte – Management weiß, dass BRV gute Beziehungen zu einigen Vorständen hat (wurde früher häufiger als Druckmittel vom BR genutzt, nun immer seltener) – sachliche und umfassende Einführung der Software – Möglichkeit, jederzeit nachzufragen, Management stellt Informationen auf Anfragen im BR vor – keine Nachteile (kein Personalabbau), sondern Vorteile für MA – BR ist neuen Verfahren gegenüber aufgeschlossen – Vertrauen auf gemeinsames Ziel, die Zukunftsfähigkeit des Werks zu sichern – *grundsätzliche Skepsis („Misstrauen kann man es nicht nennen") beim BR vorhanden, Vertrauen geht nicht so weit, dass die Kontrolle und Nachdruck bzgl. der Umsetzung entfällt*

AG = Arbeitgeber, GF = Geschäftsführung, MG = Management, BR = Betriebsrat, BRV = Betriebsratsvorsitzender, MA = Mitarbeiter; *die Reihenfolge stimmt nicht mit der Reihenfolge der Management-Aussagen überein,* um eine fallbezogene Zuordnung zu vermeiden

Tab. 7.2: Vertrauensfaktoren aus Sicht des Managements

I. Innovationen im Bereich der Aufbauorganisation

AUF-a	– befragter MG war im Prozess zu wenig beteiligt, glaubt aber nicht, dass hauptbeteiligtes MG dem BR vertraut hat
AUF-b	– Vertrauen aus vorherigen Erfahrungen als Basis; entsteht durch permanenten, engen Kontakt – Hauptinteraktionspartner BRV, partnerschaftliches Verhältnis – Personenabhängigkeit – Interessen des anderen werden im Vorfeld bei Überlegungen berücksichtigt – offene Information, auch Austausch von konträren Meinungen, zentral: Ehrlichkeit; Lügen würden zu einem Vertrauensbruch führen – regelmäßige, informelle, persönliche Kontakte
AUF-c	– persönliche Erfahrungen, positive Vorgeschichte – hat Verständnis für das Engagement des BR für die MA – nutzt dem MG, da es die Arbeitszufriedenheit der MA steigert
AUF-d	– BR setzt gemeinsame Vereinbarungen in seinem Gremium durch positive Vorerfahrungen bzgl. Vertraulichkeit – gemeinsamer Erfolg, Schicksalsgemeinschaft in Vergangenheit – Vertrauen beim BR/Gegenseitigkeit – Ergebnis: erfolgreiche Vereinbarung – Rahmenbedingungen: Unternehmenskultur geprägt durch konstruktive, „unternehmerisch orientierte" Zusammenarbeit mit BR, intensive Einbeziehung des BR, enge Abstimmung, Einladung zu Fachveranstaltungen
AUF-e	– Ausgangsvertrauen war vorhanden – offene, frühe Kommunikation; kein Zurückhalten von Informationen durch BR (hat Projekt initiiert) – Austausch über unterschiedliche Interessen – konstruktive Konfliktlösung – „ehrenwertes Ziel" des BR – Transparenz bzgl. der Vorhaben des BR, Abstimmung mit MG (z.B. Kontaktaufnahme zu Vorständen, Kommunikation mit MA)
AUF-f	– Personenabhängigkeit: Vertrauen hängt stärker von Personen ab als vom Thema – gegenseitige Vertraulichkeit (keine Weitergabe vertraulicher Informationen) – gemeinsame positive Erfahrungen in der Zusammenarbeit (gegenseitiges Zuhören, Ernst nehmen der „Befindlichkeiten")
AUF-g	– *GF kam neu in das Unternehmen, zunächst erschwerende Bedingungen, da im Unternehmen keine vertrauensvolle Zusammenarbeit zwischen BR und MG* – *zu Beginn hatte der GF kein Vertrauen wegen geringer Vertrauenskultur und weil BR das Projekt verzögerte* – Personenabhängigkeit: differenziert zwischen unterschiedlichen BR-Mitgliedern, vertraut nicht allen – gibt aber generell Vertrauensvorschuss – MG streut Gerüchte und prüft, ob BR bei ihm nachfragt oder sie ungeprüft verbreitet – später: mit zunehmender positiver Erfahrung in der Zusammenarbeit boykottiert BR nicht mehr, stattdessen konstruktive Unterstützung durch BR (Hinweise zu Formulierungen bzw. rechtlichen Vorgaben mit gleichzeitigen Veränderungsvorschlägen)

Tab. 7.2: (Fortsetzung)

II. Innovationen im Bereich der Ablauforganisation

AB-a	– häufige Vier-Augen-Gespräche mit BRV (zur Abstimmung über Sitzungen, Verläufe, Ergebnisse) mit ähnlichen Einschätzungen durch MG und BR – gegenseitige Loyalität: weder MG noch BR konnte man gegeneinander aufbringen
AB-b	– Verzicht auf Forderungen, die das MG als Arbeitserschwernis erlebt – Kooperation
AB-c	– Vertrauen nur aus Sicht des Betriebsrats beschrieben
AB-d	– Vertraulichkeit (keine Weitergabe von vertraulichen Informationen an MA, hätte „Panik und Chaos“ ausgelöst), war Voraussetzung dafür, BR in Einzelprojekte einzubinden – positive Erfahrungen aus früherer Zusammenarbeit als Basis, insbesondere auch in vorangegangenen kritischen Situationen – Zuverlässigkeit (gemeinsame Umsetzung von Vereinbarungen) – Grundvertrauen als Personenmerkmal des MG – Unternehmensorientierung des BR („im Sinne des Unternehmens nachgedacht haben, was ist sinnvoll für einen nachhaltigen Erfolg des Unternehmens“) – *Vertrauen zu einzelnen BR in Einzelprojekten war weniger stark ausgeprägt, wurde aber durch das gute Verhältnis zum GBR und dessen Eingreifen bei Problemen aufgewogen; Konflikte konnten mit dem GBR auf Lenkungsebene besprochen werden*
AB-e	– wegen späten Einstiegs der befragten Person in das Projekt nur bedingte Einschätzung möglich – konstruktive Mitarbeit des BR in späteren Sitzungen; bedauert aber, dass keine kontinuierlichere Teilnahme des BR an Meetings erfolgt
AB-f	– persönliche Bekanntheit, MG ist früherer Vorgesetzter des BR – positive Vorerfahrungen in der Zusammenarbeit: sehr menschliche Zusammenarbeit, MG ist vom BR nie hintergangen worden – gemeinsames Interesse, etwas zu verändern und gemeinsame Idee umzusetzen – einzige Unterstützung und Stärkung bei dem Projekt kam für das MG durch den BR – informelle Kontakte mit BR
AB-g	– gemeinsame Erfahrungen aus anderen Projekten – Verständnis für schwierige Situation des BR: müssen sich teilweise gegen die GF stellen, da dies von den MA erwartet wird
AB-h	– *fühlte sich nicht verstanden, Worte wurden aus dem Zusammenhang gerissen* – *keine Unterstützung vom BR (MG musste viel argumentieren, um mitarbeiterbezogene Themen anzubringen; kein Entgegenkommen des BR)* – *BR hat Interessen der MA zu wenig berücksichtigt ("Rollenverschiebung")* – *personenbezogen, bei einzelnen gab es massive Störungen, bei einzelnen sogar Vertrauensbruch (verfolgten Eigeninteressen, z.B. bzgl. Karriereaussichten, Wunsch nach positiver Selbstdarstellung), mit anderen war es gut* – *BR ist zu direktiv aufgetreten ("dass man hart sein und durchgreifen müsse")*

Tab. 7.2: (Fortsetzung)

III. Personalbezogene Innovationen

PE-a	– *Vertrauen zu Beginn nicht vorhanden, keine konstruktive Konfliktlösung („viel gestritten", „verbale Angriffe");* hat sich aber durch längere Zusammenarbeit aufgebaut – Zuverlässigkeit/ Einhalten von Vereinbarungen – Personenabhängigkeit: Vertrauen findet zwischen einzelnen Personen statt, nicht auf der gesamten Ebene; Verständigungsschwierigkeiten mit einem Mitglied des BR (eingeschränkte rhetorische Fähigkeiten, Beharren auf Interessen seiner Zielgruppe), informelle Absprachen – *aber BR nutzt „Unregelmäßigkeiten" aus, um seine Interessen durchzusetzen* – *immer wieder neues Aushandeln erforderlich bei neuen Themen, bei neuen Aspekten kommt von Seiten des MG auch wieder Misstrauen hinzu*
PE-b	– stabiles Vertrauensverhältnis aus vorheriger Zusammenarbeit als Basis – Personenabhängigkeit, persönliche Bekanntheit des BRV; informelle Kontakte – Wertschätzung der konstruktiven und lösungsorientierten Art des BRV
PE-c	– vorhandene gemeinsame Vertrauensbasis sehr wichtig – Offenheit von beiden Seiten, aufeinander zuzugehen und über „tradierte Rollen" hinauszugehen – Grundvertrauen bei einzelnen BR unterschiedlich ausgeprägt, wichtige Rolle des BRV in der Kommunikation mit dem Gremium – BR bringt aktiv Ideen mit ein, die das MG dann aufgreift und teilweise umsetzt; BR ist für das MG ein konstruktiver Diskussionspartner – BR hält die Ebene des Betriebs und die des Konzerns auseinander und vermittelt das auch den MA gegenüber (erklärt Handlungseinschränkungen des lokalen MG) – Vertraulichkeit (keine Weitergabe von vertraulichen Informationen) – Vertrauen, dass BRV sich um Fehler seiner Mitglieder kümmert und sie in Ordnung bringt bei gleichzeitigem Verständnis dafür, dass Fehler auftreten können (Fehlertoleranz gegenüber BR) – gegenseitige Offenheit auch bei kritischen Themen, Ansprechen der eigenen Handlungseinschränkungen – *im MG unterschiedlich ausgeprägtes Vertrauen: positives Ergebnis hat Zweifler im Management überrascht*
PE-d	– Vertraulichkeit (in Kleingruppen diskutierte Themen dringen nicht nach draußen)
PE-e	– Einigkeit zwischen MG und BR in Bezug auf die Bedeutung des Themas, Bedarf wurde von beiden Seiten gesehen, kein kontroverses Thema – Kompetenz des BR auf dem Gebiet (Gesundheit) – positive Rahmenbedingungen: Phase des wirtschaftlichen Aufschwungs ermöglichte, dass Ressourcen zur Verfügung gestellt wurden
PE-f	– Vertraulichkeit (keine Weitergabe vertraulicher Informationen) – offene Diskussionen im Team (auch Bestandteil der Unternehmenskultur) – hohe Transparenz im Vorgehen; Abgleich der internen Kommunikation mit dem MG, „ist das OK so oder haue ich Euch damit in die Pfanne" – positive Erfahrungen aus anderen Projekten

Tab. 7.2: (Fortsetzung)

Noch: III. Personalbezogene Innovationen

PE-g	– BR verzichtet darauf, alle Mitbestimmungsmöglichkeiten „bis zum letzten Buchstaben des Gesetzes“ einzufordern – ausgeprägte Vertrauenskultur zwischen BR und MG – konstruktive BR-Arbeit, Akzeptanz durch MA – Personenabhängigkeit; hohe personelle Kontinuität im MG wie im BR – Zuverlässigkeit (BR vertritt vor der Belegschaft nicht etwas anderes als mit MG besprochen wurde)
PE-h	– direkter Austausch zwischen BR und MG, Dialog, kein Austausch über Dritte – Konsens
PE-i	– durchdachte, sachbezogene Entscheidungen des BR – Abwägung zwischen Unternehmens- und MA Interessen
PE-j	– Vertrauensvorschuss des MG, Erwartung der Gegenseitigkeit – gegenseitige Achtung und Respekt, Verhandlungsführer verstehen sich gegenseitig – Aufteilung von Verantwortung: gemeinsame Leitung der Projekt-Jours-Fixes – Zuverlässigkeit (Umsetzung von Vereinbarungen, bei Schwierigkeiten rechtzeitige Information), Transparenz und Offenheit – keine Mikropolitik (kein Taktieren) – gemeinsames Ziel: wirtschaftlicher Erfolg und Entwicklung der MA – *skeptisch, ob BR immer ein breites Meinungsbild der MA zurückspiegelt oder nicht doch eher ein selektives verallgemeinert*
PE-k	– Art der Verhandlungsführung, Verzicht auf Mikropolitik (ständiges Aufwerfen neuer Themen, Infragestellen von getroffenen Vereinbarungen, Verschieben von Terminen aus „fadenscheinigen Gründen“) – Erfahrungswerte durch persönlichen Kontakt (ermöglicht z.B. Interpretation von nonverbalen Signalen im Rahmen von Verhandlungen) – positive Rahmenbedingungen: regelmäßiger Austausch, wöchentlicher Jour Fixe, Ansprechen von Problemen bei offener Agenda

IV. IT-bezogene Innovationen

IT-a	– persönliche Erfahrung aus früherer Zusammenarbeit – gegenseitiges Aussprechen von Vertrauen – differenziert zwischen verschiedenen Unternehmensbereichen, in denen das Vertrauen zum BR unterschiedlich stark ausgeprägt ist
IT-b	– jahrelange Erfahrung miteinander, gefestigtes Verhältnis
IT-c	– BR hat Verständnis für Handlungsnotwendigkeit, um Wettbewerbsfähigkeit des Unternehmens zu sichern – *„Partial-Interessen“ im BR vorhanden, treten aber vor der gesamten Vertrauensbasis zurück*
IT-d	– BR und MG können miteinander reden, gegenseitiges Verständnis

Tab. 7.2: (Fortsetzung)

Noch: IV. IT-bezogene Innovationen

IT-e	– Zuverlässigkeit des BR (Einhalten von Vereinbarungen) – Verzicht auf Mikropolitik, getroffene Entscheidungen werden beim nächsten Treffen nicht wieder in Frage gestellt; Geradlinigkeit – kontroverse Themen werden rasch adressiert – konstruktive Diskussion, Lösungsorientierung

AG = Arbeitgeber, GF = Geschäftsführung, MG = Management, BR = Betriebsrat, BRV = Betriebsratsvorsitzender, MA = Mitarbeiter; *die Reihenfolge stimmt nicht mit der Reihenfolge der BR-Aussagen überein,* um eine fallbezogene Zuordnung zu vermeiden

7.3.2 Entwicklung eines Vertrauensmodells

Die beiden Übersichten machen deutlich, aus welch verschiedenen Facetten sich Vertrauen aus Sicht der Befragten zusammensetzt. Im Folgenden wird der Versuch unternommen, die Vertrauensfaktoren, die in den Interviews genannt wurden, thematisch zu ordnen und – zunächst rollenübergreifend – in ein gemeinsames Modell zu integrieren (siehe Abb. 7.1).

Rahmenbedingungen: Die Vertrauenssituation im konkreten Projekt ist eingebettet in personale und institutionelle Rahmenbedingungen. Als relevante *Personenmerkmale* auf Seite des Vertrauensgebers werden in den Interviews die generelle Bereitschaft, einen Vertrauensvorschuss zu leisten (vgl. Rotter 1971) und die subjektive Selbstwirksamkeit (z.B. in Bezug auf die eigene Verhandlungskompetenz) genannt (z.B. AUF-g, PE-C). Auch das eigene Rollenverständnis, das sich beispielsweise im Interesse an strategischen Fragen oder der Offenheit gegenüber neuen Verfahren äußert (IT-E), hat Einfluss auf die eigene Vertrauensbereitschaft. Werden Personenmerkmale des Gegenübers betrachtet, dann wird insbesondere die Rollenautonomie thematisiert (z.B. AB-D, AUF-d), d.h. die formalen und informellen Entscheidungsbefugnisse, mit denen der Vertrauensnehmer ausgestattet ist (vgl. Perrone et al. 2003), aber auch die Sozial- und Fachkompetenz (IT-A).

Auf der anderen Seite stehen *institutionelle Faktoren*, wie die strukturelle Absicherung und die situationale Normalität (vgl. McKnight et al. 1998). Die strukturelle Absicherung kann durch rechtliche Regelungen erfolgen, wie sie z.B. im Betriebsverfassungsgesetz verankert sind (AUF-F), durch die Einbindung in übergeordnete Gremien und Netzwerke, z.B. in den Aufsichtsrat (z.B. AUF-C) oder durch die formale Einbindung in das Organigramm des Innovationsprojekts (z.B. IT-B). Alle drei Faktoren ermöglichen es, Unsicherheiten zu reduzieren und

Abb. 7.1: Modell der Vertrauensfaktoren

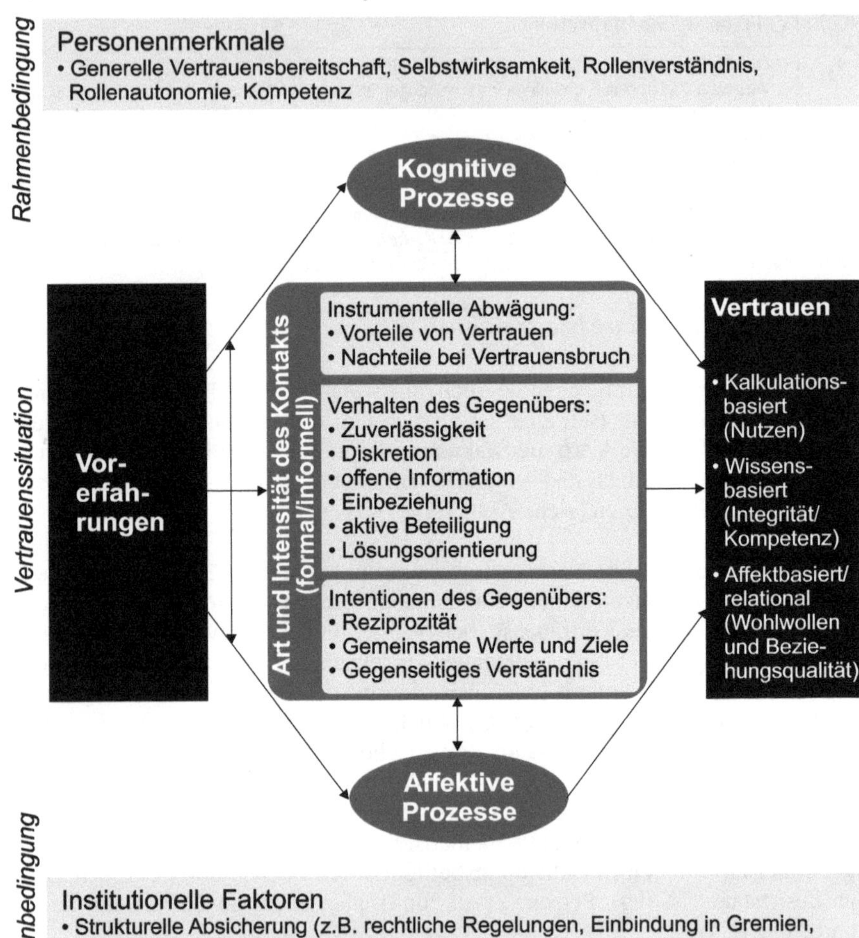

Risiken abzufedern, indem sie Zugang zu zusätzlichen Informationen und erweiterte Einflussmöglichkeiten bieten. Neben der strukturellen Absicherung spielt auf institutioneller Ebene die situationale Normalität eine Rolle. Dieser Punkt bezieht sich nach McKnight et al. (1998) darauf, inwiefern der vorhandene Kontext günstige Bedingungen für eine Vertrauensbeziehung schafft, wenn alles nach den gewohnten Regeln verläuft. Hierunter fallen z.B. kulturelle Faktoren wie ein insgesamt vertrauensvoller Umgang zwischen Betriebsrat und Management, eine generelle Wertschätzung der Betriebsratsarbeit bzw. der Arbeit des Managements (z.B. AUF-d, AB-A) oder eine ausgeprägte Fehlerkultur, die das offene Ansprechen von Problemen auch zwischen Betriebsrat und Management erleichtert (AUF-E). Schließlich spielt auch die Ausstattung mit Ressourcen eine unterstützende Rolle, da eine positive Ausstattung es beispielsweise erleichtert, mitarbeiterfreundliche Aktivitäten umzusetzen (z.B. PE-e).

Vertrauenssituation: Im Zentrum des Modells steht die betrachtete Vertrauenssituation. Hier spielen zunächst einmal die Vorerfahrungen eine Rolle, die mit einzelnen Personen oder Gruppen in der zurückliegenden Zusammenarbeit gemacht wurden (vgl. Kramer, 1999, history-based trust). Management wie Betriebsräte betonen beide *positive Vorerfahrungen* mit der jeweils anderen Seite als Basis für das Vertrauen in dem konkreten Innovationprozess (z.B. AUF-b, PE-A). Die Erfahrung, dass auch schwierige Projekte in der Vergangenheit erfolgreich miteinander bewältigt werden konnten, ermöglicht es, einen Vertrauensvorschuss für das aktuelle Projekt zu geben (z.B. AB-d). Aber auch positive Erfahrungen in anderen Rollenkonstellationen (z.B. der Betriebsrat als ehemaliger Mitarbeiter) wirken sich günstig aus, wenn sie Rückschlüsse auf die Vertrauenswürdigkeit der Person zulassen (PE-C). Hohe personelle Kontinuität erleichtert dabei das Entstehen einer gemeinsamen Erfahrungsbasis, häufige Wechsel erschweren sie:

> „Und Kontinuität. Wir haben im Management relativ selten Wechsel, d.h. unsere Führungsmannschaft ist über Jahre gewachsen und seit Jahren an Bord. Gleiches gilt aber auch auf der Betriebsratsseite. Durch Vorruhestand ergibt sich mal die eine oder andere Änderung, aber im Prinzip sind das hier gewachsene Strukturen." (PE-g)

Waren die Vorerfahrungen allerdings nicht positiv bzw. wird Voreingenommenheit vermutet, kann ein Wechsel auch vertrauensbildend wirken (AB-H). Diese Vorerfahrungen bestimmen das Ausgangsniveau des Vertrauens. Sie wirken – zusammen mit den oben geschilderten Rahmenbedingungen – auf die aktuelle Situation, indem sie Wahrnehmung, Erleben und Interpretation der Vertrauenswürdigkeit des Interaktionspartners und der Folgen eines Vertrauensaktes beeinflussen. In Konstellationen, in denen keine Vorerfahrungen vorhanden sind, entfällt dieser Punkt. Dort können dann zunächst institutionelle Faktoren eine größere Rolle spielen und die persönliche Interaktion überlagern (AUF-g).

Bei der konkreten Interaktion ist es von Bedeutung, wie intensiv Management und Betriebsrat miteinander in Kontakt stehen; wird der Betriebsrat beispielsweise nur gelegentlich im formalen, gesetzlich vorgeschriebenen Umfang informiert oder gibt es weiterreichende informelle Kontakte, in denen auch persönliche, über das Projekt hinausgehende Informationen ausgetauscht werden? Im konkreten Kontakt wird das Gegenüber erlebbar und immer besser einschätzbar. Vorerfahrungen – möglichst in verschiedenen und auch kritischen Projekten (siehe oben) – und die Intensität des aktuellen Kontakts sind entscheidend für die Sicherheit, mit der die Vertrauenserwartung eingeschätzt werden kann (PE-I) und Art und Ausmaß des Vertrauens. Im konkreten Innovationsprojekt erleichtert ein *intensiver persönlicher Kontakt,* der über formale Erfordernisse hinausgeht, die vertrauensvolle Zusammenarbeit:

> „Meinen Vorstandsvorsitzenden habe ich in der Kneipe bei einem Glas Wein getroffen, er hat mir alles erzählt, ich ihm ebenfalls und dann hat man gesagt, wie weit man zusammengehen könne. Wenn es dann hart auf hart kommt, muss jeder seine Rolle spielen. Das verstehe ich unter vertrauensvoller Zusammenarbeit.“ (AUF-C)

Im Verlauf des Innovationsprojekts stehen unterschiedliche Überlegungen im Vordergrund, in denen in zunehmendem Grad das Gegenüber in die Reflexionen einbezogen wird.

Bei den *instrumentellen Überlegungen* geht es zunächst hauptsächlich um den eigenen Nutzen bzw. den Nutzen der vertretenen Zielgruppe/n. Dabei wird reflektiert, welche Vorteile durch gegenseitige Vertrauenshandlungen entstehen und mit welchen Nachteilen bei einem Vertrauensbruch zu rechnen ist (z.B. PE-F).

Im Verlauf der Interaktion wird der Blick stärker auf das Gegenüber gerichtet. Dabei wird das Gegenüber auf Basis seines Verhaltens bezüglicher seiner Vertrauenswürdigkeit eingeschätzt. Für den Aufbau von Vertrauen spielen dabei insbesondere folgende *Verhaltensaspekte* eine Rolle:

- *Zuverlässigkeit* zeigt sich darin, dass Absprachen eingehalten und Vereinbarungen umgesetzt werden (z.B. IT-e, AB-C).
- *Diskretion* äußert sich darin, dass keine vertraulichen Informationen nach außen dringen (z.B. PE-f, AB-G).
- *Offene Information* bezieht sich darauf, dass relevante Informationen, die zur Meinungsbildung und zur Erledigung der Aufgaben benötigt werden, so früh, umfassend, verständlich und spezifisch wie möglich zur Verfügung gestellt werden (vgl. Bies/Moag 1986, informationale Gerechtigkeit). Dabei geht es nicht nur um die Weitergabe reiner Fakten, sondern auch darum, die eigenen Handlungseinschränkungen transparent zu machen:

  > „Das ist so ein bisschen Henne und Ei. Wenn man erstmal eine Vertrauensbasis erarbeitet hat, ist es einfacher. Kritische Themen sind immer so, wie man dann damit umgeht, es kann eher vertrauenszerstörend oder vertrauensbildend sein, je nachdem, in welcher Offenheit man über bestimmte Punkte redet, inwieweit man auch eine Transparenz darlegt über das, was man letztendlich machen will. Nicht

irgendwie bestimmte Dinge verschleiern oder oder oder, sondern frühzeitig offen ansprechen. Das ist schon vertrauensbildend."(PE-c)

Der Austausch kann über einen rein fachlichen Austausch auch insofern hinausgehen, dass neben Sachinformationen auch Gefühle preisgegeben werden, z.B. vorhandene Ängste und Unsicherheiten in Bezug auf das Innovationsprojekt (AUF-E).

- Neben der Information des Vertrauenspartners spielt aber auch dessen tatsächliche *Einbeziehung* eine Rolle für die Vertrauensbeziehung (z.B. AB-A, AB-h). Anders als bei dem vorhergehenden Punkt – Information kann auch einseitig erfolgen – ist es bei der Einbeziehung entscheidend, dass die Reaktionen, die bei der Gegenseite hervorgerufen werden und die sich in Form von Meinungsäußerungen, Nachfragen oder Vorschlägen manifestieren, ernst genommen (vgl. Leventhal 1980; Thibaut/Walker 1975, prozedurale Gerechtigkeit) und berücksichtigt werden. Einbeziehung äußert sich auch darin, dass Verantwortung abgegeben wird, etwa durch die gemeinschaftliche Steuerung einer Projektgruppe (z.B. AB-A). Die Perspektive der Gegenseite kann auch bereits im Vorfeld in Konzepten mitgedacht und berücksichtigt werden (z.B. PE-H).
- Neben der Frage, wie der Vertrauensnehmer den Vertrauensgeber einbezieht – also z.B. das Management den Betriebsrat – spielt es für das gegenseitige Vertrauensverhältnis auch eine Rolle, wie dieser sich selbst am Prozess beteiligt. Eine *aktive Beteiligung* äußert sich z.B. durch eine gute inhaltliche Vorbereitung auf Projekttreffen, durch proaktive Hinweise auf missverständliche Formulierungen und durch das Einbringen von eigenen Vorschlägen (z.B. AUF-g, AUF-G).
- Und schließlich spielen der konstruktive Umgang mit Konflikten und der Verzicht auf mikropolitische Strategien eine Rolle für die Vertrauensbeziehung im Sinne einer *Lösungsorientierung.* Das Interesse, eine rasche Lösung zu erzielen, äußert sich durch eine *konstruktive Konflikthandhabung,* die von Kompromissbereitschaft und differenzierter und sachlicher Argumentation geprägt ist (z.B. PE-A, AUF-e). Die Lösungsorientierung manifestiert sich außerdem im Verzicht auf *mikropolitische Strategien* (z.B. PE-k, AUF-A), wie dem wiederholten Verschieben von Terminen unter „fadenscheinigen" Gründen, hinhaltendem Taktieren, Themenwechseln von Sitzung zu Sitzung, dem Infragestellen bereits getroffener Vereinbarungen oder „Wortklauberei" (wörtliche Auslegung der Vereinbarungen). Vertrauensbildend ist stattdessen eine rasche, geradlinige Verhandlung der kritischen Punkte.

Bei der Einschätzung der Verhaltensweisen des Gegenübers finden zwar bereits Bewertungen statt. Diese können, müssen aber keine Rückschlüsse auf tieferliegende Absichten beinhalten. Die Interpretation der dahinterliegenden *Intentio-*

nen des Gegenübers wird deshalb als eigener, dritter Schritt aufgeführt. Aus den Vorerfahrungen und dem konkreten Verhalten werden die Motive und Absichten abgeleitet. Die Annahme, dass das Gegenüber ebenfalls Vertrauen entgegen bringt *(Reziprozität;* z.B. PE-H, IT-a), dass beide *gemeinsame Ziele und Interessen* verfolgen und *Verständnis* füreinander besteht, stärkt das Vertrauen auf beiden Seiten (z.B. AB-f, AUF-F). Solche Ziele sind beispielsweise die Vermeidung von Nachteilen für die Beschäftigten (AUF-E), die Berücksichtigung von Unternehmensinteressen oder die positive Darstellung des Betriebs im Gesamtunternehmen (PE-J). Der Schluss auf positive Intentionen des Interaktionspartners aufgrund von Reziprozität, gemeinsamen Werten und Zielen und gegenseitigem Verständnis setzt einen stärker interpretativen Akt beim Vertrauensgeber voraus als die Einschätzung der Vertrauenswürdigkeit aufgrund des Verhaltens oder die instrumentellen Abwägungen, die sich auf die Einschätzung des eigenen Nutzens beziehen.

Wie oben bereits erwähnt, wird die Wahrnehmung und Bewertung der aktuellen Vertrauenssituation durch *kognitive Prozesse* gefiltert. Ein solcher Mechanismus, der die Wahrnehmung beeinflusst, ist die Trennung von Person und Rolle bzw. von „Mensch" und „Mandatsträger" (z.B. PE-A, AUF-C). Auf diese Weise kann zwischenmenschliches Vertrauen auch bei konflikthaftem Verhalten des Gegenübers erhalten bleiben, indem die Ähnlichkeiten trotz vorhandener Unterschiede betont werden. Wenn kritisches Verhalten als Rollenanforderung interpretiert wird, kann die Vermutung, dass auf persönlicher Ebene trotzdem Wohlwollen besteht, beibehalten werden. Ein weiterer Mechanismus ist die externale, instabile Attribution von „Fehlverhalten". Werden beispielsweise Informationsdefizite mit situationsbedingten, äußeren Faktoren wie Überlastung und Stress erklärt und nicht durch bewusstes Vorenthalten von Informationen, wird das Vertrauen nicht beeinträchtigt (z.B. AB-C, PE-c). Kognitive und Verhaltensebene beeinflussen sich gegenseitig. Einerseits wird das Verhalten in der konkreten Interaktion durch die Kognitionen gefiltert, andererseits sind die Kognitionen durch konkrete positive oder negative Erlebnisse in der Interaktion zwischen Betriebsrat und Management veränderbar.

Neben den kognitiven Prozessen gibt es auch auf *affektiver Ebene* vertrauensförderliche Signale. Solche affektiven Hinweise sind die „persönliche Chemie" bzw. Sympathie zwischen den beteiligten Akteuren (z.B. AB-E, PE-j). Faktoren wie Wertschätzung und Respekt spielen hier mit rein (vgl. Bies/Moag 1986, interpersonale Gerechtigkeit). Ein intensiver, über formale Erfordernisse hinausgehender Kontakt, in dem auch persönliche Befindlichkeiten ausgetauscht werden, wirkt sich positiv auf die affektive Beziehung aus. Und umgekehrt ist ein solcher informeller Kontakt, der vom Austausch von vertraulichen Informationen geprägt ist, in einer affektiv positiv getönten Beziehung wahrscheinlicher (z.B. PE-C).

Aus der Summe dieser Eindrücke werden schließlich die Vertrauenserwartungen gebildet. Sie entstehen durch die (affektiv und kognitiv gefilterte) Wahrnehmung und Bewertung der konkreten Interaktion unter den gegebenen Rahmenbedingungen. Je nach Fokus basieren diese Erwartungen überwiegend auf instrumentellen Abwägungen (kalkulationsbasiertes Vertrauen, z.B. AB-b), auf der Einschätzung der Integrität und der Kompetenz des Interaktionspartners (wissensbasiertes Vertrauen; z.B. IT-e, PE-e, AUF-A) oder auf der Einschätzung des Wohlwollens und der Beziehungsqualität (affektives/relationales Vertrauen; z.B. AUF-C, PE-b). Diese Phase ist dabei nicht losgelöst von der vorhergehenden zu betrachten, beide Phasen sind vielmehr zirkulär miteinander verknüpft.

Die *Kompetenz wird von Betriebsrat und Management verhältnismäßig selten* explizit als vertrauensbildendes Merkmal genannt. Dies deckt sich mit Befunden aus der Forschungsliteratur (vgl. Neubauer 1999, S. 95). Vereinzelt wird die Bedeutung der vorhandenen Weisungsbefugnis bzw. der Einflussnahme auf das Gremium im Zusammenhang mit Vertrauen genannt (siehe oben). Auch Fachkompetenz und Sozialkompetenz werden erwähnt, im Vergleich zu den anderen Merkmalen tritt die Kompetenz jedoch zurück. Dies sollte aber nicht zu dem Schluss verleiten, dass die Kompetenz im Zusammenhang mit Vertrauen keine Rolle spielt. Wenn die Befragten auf wichtige Eigenschaften der beteiligten Akteure angesprochen werden, wird dieser Punkt durchaus thematisiert. Im Zusammenhang mit der expliziten Frage nach vertrauenskonstituierenden Faktoren scheint er aber zunächst nicht im Vordergrund zu stehen. Dies mag auch daran liegen, dass in den meisten der untersuchten Innovationsfälle von einem hohen Kompetenzniveau auszugehen ist, zumal in über der Hälfte der Fälle Betriebsräte mit Führungsverantwortung oder zusätzlichen Funktionen befragt wurden und es sich analog auf Management-Ebene ebenfalls in den meisten Fällen um das gehobene Management oder die Geschäftsführungsebene handelte.

Befragte aus dem Betriebsrat wie aus dem Management betonen, dass Vertrauen *personenabhängig* ist und nicht undifferenziert auf das gesamte Gremium (aus Sicht des Managements) bzw. das gesamte Management (aus Sicht des Betriebsrats) generalisiert wird (z.B. AB-C, AUF-f). Dabei wird vom Management insbesondere der Kontakt zum Betriebsratsvorsitzenden bzw. dem Gesamtbetriebsratsvorsitzenden hervorgehoben. Ein guter Kontakt zum Vorsitzenden kann ein weniger stark ausgeprägtes Vertrauen zu einzelnen Mitgliedern im Gremium ausgleichen. Dies gilt insbesondere, wenn der Betriebsratsvorsitzende über genügend Einfluss verfügt, um gegenseitige Absprachen verbindlich umzusetzen und um Unstimmigkeiten und Konflikte innerhalb des Betriebsrats zügig zu lösen (vgl. die Ausführungen zur Rollenautonomie). Aus Sicht des Betriebsrats kann ein guter Kontakt zur lokalen Geschäftsführung eine vertrauensvolle Zusammenarbeit auf Betriebsebene ermöglichen, die aber gleichzeitig mit erhöhter Wachsamkeit gekoppelt ist, wenn das Vertrauen zur Unternehmensleitung fehlt.

7.3.3 Wie Du mir, so ich Dir? Unterschiede in den Einschätzungen

Das oben beschriebene Modell basiert auf den Aussagen *beider* Gruppen, Management wie Betriebsrat, die im Rahmen der untersuchten Prozessinnovationen befragt wurden und hatte das Ziel, die Gemeinsamkeiten darzustellen. Eine differenzierte Betrachtung, die die spezifischen Sichtweisen der jeweiligen Gruppe berücksichtigt, findet im folgenden Abschnitt statt. Wie aus den fallspezifischen Darstellungen hervorgeht, gibt es jedoch in allen Punkten Überschneidungen zwischen Betriebsrat und Management. Bei dieser Analyse soll daher nicht der Eindruck der Ausschließlichkeit entstehen. Es geht vielmehr um den Versuch, insgesamt eine fallübergreifende, rollenbezogene Schwerpunktsetzung vorzunehmen.

Betriebsrat: In den untersuchten Innovationsfällen sind für die befragten Betriebsräte *offene Information* und *die Einbeziehung* durch das Management die zentralen Vertrauensmerkmale. Offene Information äußert sich durch die frühe, konkrete und spezifische Kommunikation von Seiten des Managements, bei der kritische Punkte und eigene Handlungseinschränkungen nicht ausgespart werden. Wichtig ist es, dass das geplante Vorgehen und die zu erwartenden Ergebnisse für den Betriebsrat durch mündliche Erklärungen und Einsicht in schriftliche Unterlagen transparent und nachvollziehbar werden. Neben der offenen Weitergabe von Information ist die eigentliche Entscheidungsbeteiligung des Betriebsrats zentral. Beteiligung bedeutet zum einen, dass Beiträge des Betriebsrats vom Management „gehört" werden und zum anderen, dass sie vom Management auch tatsächlich aufgegriffen werden. Bedeutsam für das Vertrauensverhältnis aus Sicht des Betriebsrats ist insbesondere auch die *Zuverlässigkeit* des Managements. Vereinbarungen und Zusagen müssen vom Management eingehalten werden, um für den Betriebsrat glaubwürdig zu bleiben.

Für beide Seiten ist die Wahrnehmung wichtig, dass das Gegenüber *positive Absichten* verfolgt, dass beide *gemeinsame Ziele und Interessen* verfolgen und *Reziprozität* und *Verständnis* füreinander besteht. Allerdings wird dieser Aspekt vom Betriebsrat stärker betont als vom Management und differenzierter beschrieben. Für den Betriebsrat ist es besonders wichtig, dass für die Beschäftigten keine Nachteile wie Personalabbau, Kontrolle oder Lohneinbußen entstehen – er argumentiert hier stärker aus seiner Schutzrolle heraus.

Eine *konstruktive Lösung von Meinungsverschiedenheiten* wird ebenfalls von beiden Seiten als vertrauenskonstituierend erlebt. Von einigen Betriebsräten wird hier zusätzlich darauf hingewiesen, dass eine sachliche Auseinandersetzung möglich sein sollte, ohne die persönliche Ebene zu beeinträchtigen. Die *affektive Ebene* spielt für die befragten Betriebsräte insgesamt eine größere Rolle als für das befragte Management, zumindest nennen die Betriebsräte Sympathie und „persönliche Chemie“ häufiger als vertrauensbildende Merkmale.

Und schließlich werden vom Betriebsrat *institutionelle Faktoren* stärker thematisiert als vom Management. Hier wird zum einen das Betriebsverfassungsgesetz genannt, das dem Betriebsrat Einflussmöglichkeiten bis hin zu potenziellen Blockademöglichkeiten gibt und verhindert, dass er vom Management „ausgebremst“ wird. Auch die Einbindung in andere Gremien wirkt sich positiv auf das Vertrauen aus, da sie dem Betriebsrat zusätzliche Hintergrundinformationen liefert, die diesem helfen, die aktuellen Prozesse besser einzuordnen. Gleichzeitig kann durch die Einbindung in weitere Gremien, z.B. den Aufsichtsrat, ein Netzwerk an Kontakten geknüpft werden, das den Einfluss des Betriebsrats zusätzlich erhöht. Eine prinzipiell offene Unternehmenskultur, die das Ansprechen von Schwierigkeiten erleichtert, wirkt sich ebenfalls positiv auf das Vertrauen aus. Und schließlich fördert eine grundsätzlich in der Unternehmenskultur verankerte kollegiale Zusammenarbeit zwischen Management (auch der Unternehmensleitung) und Betriebsrat das Vertrauen.

Management: Im Unterschied zum Betriebsrat äußert sich das Management generell *weniger differenziert* über vertrauensbildende Faktoren aus der eigenen Perspektive. In einigen Beschreibungen geht das Management stattdessen viel genauer auf die Perspektive des Betriebsrats ein, d.h. auf die Punkte, an denen dieser die Vertrauenswürdigkeit des Managements erkennen kann (z.B. AB-c). Die eigene Vertrauensperspektive wird dagegen weniger vielschichtig beschrieben. Diese Beobachtung deckt sich mit den Ergebnissen von Kramer (1996), der beobachtet hat, dass in asymmetrischen Beziehungen die einflussreichere Partei insgesamt weniger Vertrauensmerkmale nennt als die weniger einflussreiche Partei.

Ebenso wie für den Betriebsrat, sind für das Management *gemeinsame Ziele und Interessen, Reziprozität* und *gegenseitiges Verständnis* vertrauensgenerierend. Vom Management werden jedoch insbesondere übereinstimmende Interessen be-

Tab. 7.1: Zusammenfassung der Unterschiede

Betriebsrat	Management
– offene Information – Einbeziehung des Betriebsrats – Zuverlässigkeit (Einhalten von Vereinbarungen) – positive Intentionen (häufiger und differenzierter thematisiert, andere inhaltliche Schwerpunkte) – konstruktive Konfliktlösung (Sachkonflikte ohne Beziehungskonflikte) – affektive Faktoren (häufiger) – institutionelle Absicherung und Vertrauenskultur	– generell weniger differenzierte Reflexion der Vertrauensfaktoren – aktive Beiträge des Betriebsrats – Diskretion – positive Intentionen (seltener, weniger differenziert, andere inhaltliche Schwerpunkte) – konstruktive Konfliktlösung (Kompromissbereitschaft, keine Verzögerungen) – affektive Faktoren (seltener) – Vertrauenskultur und gute Ressourcenausstattung

tont, die sich auf die Sicherung des wirtschaftlichen Erfolgs, die gemeinsame Veränderungsbereitschaft und die Ermöglichung von Chancen für die Beschäftigten, sich weiter zu entwickeln und ihre Arbeitszufriedenheit zu steigern, beziehen.

Mehr Bedeutung als beim Betriebsrat erhält beim Management der Aspekt der *Diskretion.* Die befragten Manager weisen stärker darauf hin, wie wichtig es ihnen ist, dass vertrauliche Informationen, die in kleiner Runde besprochen wurden, nicht nach außen dringen. Dies wird u.a. damit erklärt, dass solche Informationen Unruhe in der Belegschaft auslösen könnten.

Daneben wirken *aktive Beiträge* des Betriebsrats vertrauensfördernd. Wenn der Betriebsrat als konstruktiver Diskussionspartner erlebt wird, der eigene Gestaltungshinweise liefert und das Management auf potenzielle Fallstricke hinweist, stärkt dies beim Management das Vertrauen in den Betriebsrat. Analog werden vom Management bei der *konstruktiven Lösung von Meinungsverschiedenheiten* stärker die Kompromissbereitschaft des Betriebsrats betont und der Verzicht auf Forderungen, die rechtlich möglich wären, den Prozess aber erschweren oder verzögern würden.

Das Management thematisiert *institutionelle Faktoren* seltener und wenn, dann mit einem anderen Fokus. Aus Sicht des Managements spielt zwar auch eine insgesamt positiv ausgeprägte Vertrauenskultur eine Rolle, zusätzlich werden hier aber auch die vorhandenen Ressourcen thematisiert. Eine gute Ressourcenausstattung erleichtert es, mitarbeiterfreundliche Aktivitäten umzusetzen.

7.3.4 Vertrauen und Misstrauen

Auch wenn in den meisten der untersuchten Fälle vertrauensbildende Merkmale und Signale identifiziert werden konnten, werden von vielen Betriebsräten auch kritische Verhaltensweisen des Managements beschrieben. Ob dies nun damit zusammenhängt, dass Betriebsräte aufgrund ihrer weniger einflussreichen Position sensibler auf negatives Verhalten reagieren (Kramer 1996, nimmt dies für den weniger einflussreichen Vertrauenspartner an) oder ob sie mit mehr kritischem Verhalten konfrontiert sind, ist aus den Daten nicht eindeutig abzulesen. Feststellen lässt sich aber, dass Vertrauen in vielen Fällen – insbesondere auf Seite des Betriebsrats – gleichzeitig von einer kritischen Grundhaltung begleitet wird. Diese bezeichnen einige Betriebsräte als „Skepsis“ oder als „gesundes Misstrauen“. Die kritische Grundhaltung hat die Funktion, dem Management gegenüber aufmerksam zu bleiben:

> „Ein gesundes Misstrauen ist O.K. und richtig, dieses Nichttrauen bestärkt einen immer selber im Nachfragen und so weiter. Man lässt sich nicht so schnell einlullen.“ (AUF-B)

Diese Skepsis entsteht nicht unbedingt daraus, dass dem Management bewusst negative Absichten oder Täuschungsintentionen unterstellt werden. Sie wird eher mit der Ausrichtung des Managements auf Effizienzgewinn und Kosteneinsparungen begründet, bei der die unmittelbaren Mitarbeiterinteressen aus dem Blick geraten können:

> „Ich muss es hinterfragen. Das ist nicht mal böswillig, ich will dem Arbeitgeber nicht unterstellen, dass er die Rechte mutwillig oder vorsätzlich verletzt, sondern einfach, Mensch, das ist ja klasse, da können wir mal das und das optimieren und die Software einführen, aber dass dann da im Nachgang zehn Leute runterfallen, beachtet der Arbeitgeber in dem Punkt nicht. Er will das optimieren, schneller und kostengünstiger machen und da beachtet man die eine oder andere Sache nicht." (IT-B)

In einigen Fällen bezieht sich die Skepsis auf die unmittelbaren Verhandlungspartner, in einigen Fällen jedoch auch auf andere Management-Bereiche, die Unternehmensleitung oder die beteiligte Unternehmensberatung und manifestiert sich dort – wenn verdeckte Interessen vermutet werden – als Misstrauen. Misstrauenskonstituierend waren insbesondere fehlende Offenheit, fehlende Einbeziehung der Betriebsräte und vermutete negative Absichten wie Personalabbau, finanzielle Einbußen oder Kontrolle der Mitarbeiter. Das Misstrauen konnte zwar teilweise durch das gute Vertrauensverhältnis zu den unmittelbaren Verhandlungspartner/inne/n aufgefangen werden, so dass die Handlungsfähigkeit erhalten blieb. Sie wurde dann aber von einer erhöhten Wachsamkeit begleitet. Interessant ist hier die Rolle des gesamten Gremiums. In einem Fall, in dem ein sehr enges Vertrauensverhältnis zwischen Betriebsratsvorsitzendem und Management bestand, äußerte dieser Misstrauen der beauftragten Unternehmensberatung gegenüber und kritisierte deren geringe Kompromissbereitschaft. Das Management als Auftraggeber der Unternehmensberatung blieb von seiner kritischen Einschätzung ausgespart. Das Gremium sah hingegen das Management stärker als Auftraggeber in der Verantwortung und äußerte sich auch ihm gegenüber kritisch. In einem anderen Fall beschreibt der Betriebsratsvorsitzende das Gremium explizit als kritisches Korrektiv, das auch die eigene Wachsamkeit steigert:

> „Misstrauen begleitet einen immer. Man hat immer eine gewisse Skepsis. Auch, weil man das Verhandlungsergebnis intern im Betriebsrat präsentieren muss und sagen, wir haben uns auf diesen Kompromiss geeinigt. Man ist darauf angewiesen, dass man vom gesamten Betriebsrat das O.K. bekommt." (PE-A)

Auch auf Seite des Managements wird in einigen Fällen eine kritische Grundhaltung beschrieben, allerdings deutlich seltener als beim Betriebsrat. Dies deckt sich mit der Beobachtung von Kramer (1996), dass in asymmetrischen Beziehungen der einflussreichere Part weniger Ereignisse als kritisch erlebt als der weniger einflussreiche. Allerdings gab es auch auf Managementseite Vorbehalte.

Solche Vorbehalte einzelnen Betriebsratsmitgliedern gegenüber können durch das gute Verhältnis zu anderen Vertretern des Betriebsrats aufgefangen werden. Werden beispielsweise die Vorsitzenden als kooperativ und als einflussreich erlebt und sind in der Lage, betriebsratsinterne Unstimmigkeiten rasch zu klären, erhalten sie vom Management einen Vertrauensbonus. Wenn allerdings im restlichen Management Skepsis herrscht, wirkt sich das auch auf die unmittelbare Beziehung zwischen Management und Betriebsrat aus, indem die Aktivitäten des Betriebsrats stärker überprüft werden: „Das Management war auch manchmal unsicher, ob ich ihnen in die Schublade was reinschiebe, die haben das natürlich laufend rechtlich überprüfen lassen.“ (AUF-E)

In einem Fall, in dem der Betriebsrat als Mitglied des Steuerungsgremiums eine sehr einflussreiche Position hatte, entstand auf Seite des Managements der Eindruck einer „Rollenverschiebung“. Das Management sah sich selbst stärker in der Rolle, die Mitarbeiterinteressen zu vertreten, als der Betriebsrat, der aus Sicht des Managements sehr direktiv auftrat und überwiegend eigene Interessen im Blick hatte. Dies führte auf Management-Seite zu Misstrauen. Hier war die Machtasymmetrie zu Gunsten des Betriebsrats ausgeprägt und bewirkte beim (weniger stark beteiligten) Management ähnliche Reaktionen wie sie ansonsten in einigen Betriebsratsinterviews berichtet wurden.

7.4 Diskussion

In der vorliegenden Untersuchung ging es darum, Vertrauensfaktoren zu identifizieren, die für die spezifische Beziehung zwischen Management und Betriebsrat im Kontext von Prozessinnovationen von Bedeutung sind. Basierend auf den Interviewdaten und theoretischen Überlegungen wurde ein übergreifendes Modell entwickelt, das personale Faktoren, institutionelle Rahmenbedingungen und situationale Faktoren prozesshaft miteinander verknüpft. Anders als in vielen empirischen Studien zum Vertrauen, die sich zumeist auf einzelne Ausschnitte konzentrieren, werden darin verschiedene Ebenen simultan betrachtet und zueinander in Beziehung gesetzt (eine Ausnahme bildet z.B. Meifert 2003). Obwohl es viele Überschneidungen in den vertrauenskonstituierenden Faktoren zwischen Betriebsrat und Management gab, ließen sich doch fallübergreifend einige rollenspezifische Schwerpunkte herausfiltern. Außerdem wurde das Verhältnis von Vertrauen und Misstrauen im Kontext der Konfliktpartnerschaft zwischen Management und Betriebsrat näher untersucht. Aus den Ergebnissen lassen sich insgesamt eine Reihe von Schlussfolgerungen ableiten, wie sich die vertrauensvolle Zusammenarbeit zwischen Betriebsrat und Management unterstützen lässt:

Gegenseitige Offenheit: Offenheit ist insbesondere für den Betriebsrat ein zentraler vertrauenskonstituierender Faktor. Eine frühe und umfassende Information, in der auch kritische Punkte nicht ausgespart bleiben, signalisiert dem Betriebsrat, dass das Management keine „hidden agenda“ verfolgt und die Voraussetzungen für den Betriebsrat schafft, sich adäquat zu beteiligen. Der Kommunikation von Gefahren kommt dabei eine besondere Bedeutung zu. Gerade, wenn noch wenig Vertrauen vorhanden ist, verstärken Hinweise auf potenzielle Probleme die Glaubwürdigkeit (vgl. Cvetkovich et al. 2002; Siegrist/Cvetkovich 2001). Aus den Interviews geht hervor, dass fehlende Offenheit und die vermutete Verschleierung von Informationen zentrale Punkte bei der Entstehung von Misstrauen waren. Einladungen zu Treffen der Führungskräfte, die formale Einbeziehung in die Projektstruktur und grundsätzlich „offene Türen“ bei Fragen und Diskussionsbedarf können dagegen als Signale der Transparenz und Wertschätzung wirken. Die Möglichkeit zum informellen Austausch erleichtert dabei den Aufbau höherer Vertrauensformen. Wasti et al. (2010) beobachteten beispielsweise, dass dem Austausch von persönlichen Informationen auch im beruflichen Kontext für den Vertrauensaufbau eine große Bedeutung zukommt. Allerdings ist es von der Akzeptanz des Betriebsrats im Gremium und in der Belegschaft abhängig, wie solche Treffen interpretiert werden. Dieser Punkt wird weiter unten vertieft. Personelle Kontinuität auf beiden Seiten erleichtert dabei den Aufbau höherer Vertrauensformen:

> „[Es ist] schwierig, wenn Führungskräfte ausgewechselt werden, dann erfolgt ein neues Ausloten. Da muss man erstmal sehen, mit welchem Aspekt kommt der an, was ist seine Aufgabe, er wird doch nicht von der Geschäftsführung eingesetzt an der Stelle, er hat doch eine genaue Maßgabe, die kann sich doch dahinter in den Verträgen dieser Führungskräfte ganz anders abbilden als es nach vorne für uns ersichtlich ist. Man muss das ganz genau beobachten, man muss auch jemanden kennen lernen und man muss auch das Vertrauen gegenseitig erwerben. “ (PE-D)

Im Ergebnisteil wurde deutlich, dass Vertrauen zwischen Betriebsrat und Management differenziert personenbezogen wahrgenommen und nicht zwangsläufig auf die gesamte Gruppe übertragen wird. Um zu vermeiden, dass der Austausch zwischen Betriebsrat und Management auf Einzelpersonen beschränkt bleibt, sind Diskussionsrunden mit dem gesamten Gremium hilfreich. Auf diese Weise haben auch die anderen Betriebsräte die Möglichkeit, die Vertreter/innen des Managements als Personen kennenzulernen und affektives bzw. relationales Vertrauen aufzubauen:

> „[...] auch mit den neuen Gremien muss man erstmal Vertrauen schaffen. Wir hatten z.B. in der letzten Woche eine Betriebsratskonferenz, wo alle Betriebsratsmitglieder zusammengekommen sind und da habe ich dann auch gesagt, dass wir am nächsten Tag noch mal unabhängig von dem formalen Vortrag, den ich da

halten musste, so eineinhalb Stunden da bin für Diskussionen zu den unterschiedlichsten Themen. Da kamen Fragen quer durch den Wald, von ganz konkret bis intergalaktisch. Ich glaube, das ist auch ein Zeichen, dass man sich als Geschäftsführung noch mal zwei Stunden da hinsetzt und mit den Betriebsrat diskutiert. Danach kamen dann auch ein oder zwei zu mir und haben gesagt, das war toll, man trifft sich ja sonst auch nicht so oft. Ich habe ja am meisten zu tun mit den Vorsitzenden und dem geschäftsführenden Betriebsrat und nicht so sehr mit den örtlichen, aber das fanden die ganz toll, dass wir da auch sehr offen über kritische Themen diskutiert haben und dass ich auch versucht habe, alle Themen zu beantworten und da wo ich es nicht konnte oder auch nicht wollte, habe ich es offen gesagt." (PE-c)

Von Seiten des Betriebsrats sollte ebenfalls die Möglichkeit wahrgenommen werden, das Management umfassend über das eigene Vorgehen in Kenntnis zu setzen. Insbesondere, wenn Kontakte zu anderen Stellen geknüpft werden (z.B. zu Vorständen), bewirkt eine vorhergehende Ankündigung, dass das Management sich nicht übergangen fühlt.

„Insofern haben wir unsere Betriebsleitung immer wissen lassen, wir würden jetzt mal den Herrn [Vorstand] einladen wollen, wir reden mal über die Standortgrenzen hinweg, mit wem wir in welche Richtung marschieren. Das war transparent." (AUF-F)

Wichtig ist es auch, dass mögliche Handlungseinschränkungen (aufgrund von strategischen oder rechtlichen Vorgaben oder mangelnden Ressourcen) der anderen Seite gegenüber transparent gemacht werden. Dies kann Enttäuschungen und Vertrauensverlust verhindern:

„Wenn Herr [...] von Anfang an gesagt hätte, dass er es zwar auch gerne machen will, aber dass er nicht die personellen Ressourcen dafür hat, dann hätten wir uns viel Arbeit sparen können. Wir sind ihm also wirklich hinterhergerannt [...] Also eigentlich hat er uns nur immer gesagt ‚wir machen das'. Er hat nie ehrlich gesagt, dass er es ressourcenmäßig nicht hinbekommt." (AB-F)

Das gilt selbstverständlich auch für den Betriebsrat. Wenn er bestimmte Themen nicht vertraulich behandeln kann, weil er sich im Gremium abstimmen muss, ist es ebenfalls wichtig, dies im Vorfeld deutlich zu machen:

„Auf der einen Seite hat so ein Betriebsrat im Projektteam immer die Pflicht die anderen Betriebsräte zu informieren, auf der anderen Seite wünscht das HR-Management natürlich, dass das Projektteam für sich Dinge ausarbeitet und erst dann, wenn es fertig und abgestimmt ist, dann nach außen gibt. Das ist so ein eingebauter Widerspruch, wo man die richtige Balance finden muss. [...] ja wir sind hier zwar das Projektteam, aber wir sind hier auch nur Gesandte, wir müssen das auch abstimmen. Per Gesetz geht das nicht anders. Wir sind rein formal nicht entscheidungsbefugt, dass man da auch das Verständnis für weckt. Und nicht den

> Anschein erweckt, dass man die Sachen rausposaunt, weil das ja alles neu oder interessant ist, sondern dass man sagt, pass auf, hier sind wir an einem Punkt, das müssen wir erstmal rein formal in unserem Betriebsrat abstimmen.“ (PE-G)

Trotz dieser Einschränkungen sollten die Verhandlungspartner aber mit genügend Entscheidungsbefugnissen ausgestattet sein, um verbindliche Absprachen treffen zu können. Dem Management ermöglicht sie ein zügiges Vorankommen und dem Betriebsrat, dass Vereinbarungen nicht an weiteren Hürden scheitern oder – aufgrund einer schwachen Position des Verhandlungspartners – nicht eingehalten werden. Wenn die Verhandlungspartner auf beiden Seiten nicht über die notwendigen Befugnisse bzw. eine ausreichende Rollenautonomie verfügen, wird das Vertrauensverhältnis erschwert.

Berücksichtigung der Rollenanforderungen: Um dem komplexen Beziehungsgeflecht, bestehend aus Geschäftsleitung, Gewerkschaft und Belegschaft, in das der Betriebsrat eingebunden ist, gerecht zu werden, schlägt Tietel (2005) vor, von „triangulärem Vertrauen“ zu sprechen (S. 293). Triangulär soll deutlich machen, dass der Betriebsrat nicht auf einer Seite zu verorten ist, sondern eine eigene Position einnimmt und die anderen Akteure ebenfalls miteinander in Beziehung stehen. Als Vertrauensbasis spielen nicht nur die eigenen Erfahrungen mit einer der Personen oder Gruppen eine Rolle, sondern auch die wahrgenommene Beziehung der anderen Akteure untereinander. Abbildung 7.2 illustriert die Vertrauensbeziehungen, die im organisationalen Kontext zu berücksichtigen sind. Aus dieser Abbildung sollen beispielhaft drei Beziehungen herausgegriffen werden, die für die Vertrauensbildung zwischen Management und Betriebsrat relevant sind:

1. Die Vertrauensbeziehung zwischen Betriebsratsvorsitzendem und seinem Gremium wird davon beeinflusst, wie das Gremium den Vorsitzenden in der Interaktion mit dem Management erlebt: Wie transparent arbeitet er? Wie stark wird das Gremium in Entscheidungen einbezogen? Wie intensiv werden ihre Interessen und die Interessen der Belegschaft vertreten? Ein Betriebsratsvorsitzender hebt besonders den Aspekt der Transparenz hervor: „Vor was hat ein Vorsitzender immer Angst? Davor, dass einer aufsteht und sagt, man würde heimliche Dinge mit dem Vorstand machen.“ (AUF-C)
2. Die Vertrauensbeziehung zwischen Belegschaft und Betriebsrat wird ebenfalls davon beeinflusst, wie die Interaktion zwischen Betriebsrat und Management nach außen wirkt. Hier spielen ebenfalls Transparenz und Interessenvertretung eine entscheidende Rolle (vgl. Meifert 2003). Inwiefern dabei die Beteiligung der Beschäftigten von Bedeutung ist, wurde im vorhergehenden Kapitel thematisiert.
3. Gleichzeitig beeinflusst die Vertrauensbeziehung zwischen Betriebsrat und Management auch das Vertrauen bzw. das Misstrauen, das die Belegschaft

dem Management gegenüber empfindet. Wenn der Betriebsrat den Beschäftigten gegenüber signalisiert, dass er dem Management vertraut und das geplante Vorgehen unterstützt, kann dies auch das Vertrauen der Mitarbeiter dem Management gegenüber positiv beeinflussen. Steht hingegen ein ausgeprägtes Misstrauen im Vordergrund, kann dies auch die Mitarbeiter dem Management gegenüber voreingenommen machen und die Akzeptanz gegenüber dem Innovationsprojekt beeinträchtigen. Die Akzeptanz der Mitarbeiter bzw. der Abbau von Widerständen (siehe Abschnitt 6.3.4) ist jedoch in vielen Fällen eine wichtige Voraussetzung für den Erfolg von Prozessinnovationen. Dieser Punkt spielt daher in der Argumentation des Managements eine große Rolle:

> „Die Akzeptanz in der Belegschaft wäre nicht da. Wenn es ein Misstrauen des Betriebsrats geben würde gegen dieses Projekt, würde er das auch nach außen kommunizieren. Es würde sich seine Beteiligung reduzieren und er würde das auch entsprechend nach außen kommunizieren, so nach dem Motto, dieser Arbeitgeber erzählt nur was von Familienfreundlichkeit, in Wirklichkeit ist das ja jemand, der nur seine eigenen Interessen im Kopf hat." (PE-g)

Werden die rollenbezogenen Anforderungen vom Interaktionspartner wahrgenommen und berücksichtigt, kann dies vertrauensfördernd wirken:

> „Ich muss das unseren damaligen Vorständen, alle gestandene Leute, die aus dem Westen kamen, hoch anrechnen, die sagten: Pass mal auf. Wenn wir in Deinen Kreis kommen, können wir damit leben, dass Du ‚Arschloch' sagst, nicht wörtlich, aber sinngemäß. Wir sind das gewöhnt. Wenn das für die Positionsbestimmung wichtig ist, akzeptieren wir das auch. So hat sich dann eine Vertrauensbasis entwickelt." (AUF-C)

Dies gilt ebenso für das Management. Wenn der Betriebsrat dem Management die Möglichkeit gibt, das eigene Engagement bei mitarbeiterorientierten Projekten hervorzuheben und sich in diese Richtung gegenüber den Mitarbeitern zu profilieren, kann dies vom Management durch vermehrte Unterstützung des Projekts beantwortet werden:

> „Wir haben dadurch [durch die Zusammenarbeit mit dem Management] eine andere Reichweite. Also wenn man es jetzt rein von der Sache sieht, dann haben wir doch mehr Wirkung. Was das Image des Betriebsrats angeht, haben wir uns vielleicht ein bisschen zurückgenommen zu Gunsten der Breitenwirkung." (PE-F)

Vertrauen, Misstrauen und Skepsis: Vertrauen wird insbesondere von den befragten Betriebsräten häufig zusammen mit einer kritischen Grundhaltung beschrieben. Dort, wo die kritische Grundhaltung bei Einzelpersonen gering ausgeprägt ist, kann das Gremium korrektiv wirken, indem es Entscheidungen kritisch hin-

Abb. 7.2: Vertrauen im Rahmen von Rollenbeziehungen

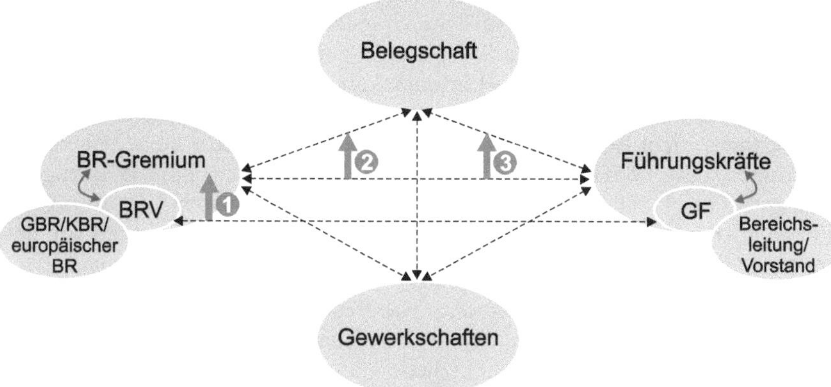

(Erweitert in Anlehnung an Tietel 2005, S. 297)

terfragt. Bereits die internalisierte Erwartung einer kritischen Stellungnahme im Gremium kann bei den verhandelnden Betriebsräten die eigene kritische Reflexion fördern. Gleichzeitig kann aber eine zu kritische Grundeinstellung im Gremium Entscheidungen durch langwierige Diskussionen verzögern. Es ist eine Herausforderung für den Betriebsrat, hier die richtige Balance zu finden. Auch beim Management wird Vertrauen gleichzeitig von einer gewissen Skepsis begleitet, allerdings wird sie erwartungsgemäß nicht so stark thematisiert wie vom Betriebsrat.

Entscheidend für das Entstehen von Misstrauen ist nach Sitkin und Roth (1993) die Verletzung von Werten, die für den Vertrauensgeber zentral sind. Wird die Wertinkongruenz generalisiert, entsteht Misstrauen. Bezieht sich das Fehlverhalten der Vertrauenspartei dagegen nicht auf zentrale Werte und wird sie außerdem als kontextabhängig interpretiert, wird sie als Unzuverlässigkeit verbucht und senkt nach Ansicht der Autoren das Vertrauen, führt aber nicht zu Misstrauen (S. 371f.). Dort, wo negative Absichten beim Management oder Betriebsrat vermutet werden, schlägt die Skepsis demnach in Misstrauen um. Inwieweit sich ausgeprägtes Misstrauen mit höheren Vertrauensformen vereinbaren lässt, wurde in der vorliegenden Analyse nicht systematisch untersucht. Anzunehmen ist aber, dass affektives/relationales Vertrauen mit Misstrauen, das auf einer erlebten Wertinkongruenz zwischen den Vertrauensparteien basiert, nicht vereinbar ist. In dem Moment, wo negatives Verhalten internal attribuiert wird, ist vermutlich kein affektives Vertrauen möglich. Diese Überlegungen decken sich mit den Befunden von Graeff (1998), dass bei der Entscheidung über Vertrauen oder Misstrauen zum Vorgesetzten der emotionalen Beziehung eine besondere Bedeutung zukommt: Positive *emotionale* Erfahrungen führen zu Vertrauen, negative zu Misstrauen. Eine skeptische Grundhaltung, bei der die spezifischen Rollenanforderungen des Interaktionspartners und mögliche externe Vorgaben kritisch reflektiert und als externe Einschränkung der Gegenseite akzeptiert werden, lässt sich aber vermutlich durchaus mit affektivem Vertrauen verbinden. Skepsis muss nicht zwangsläufig mit geringerem Vertrauen einhergehen, wie Sitkin und Roth (1993) dies vermuten. Sie kann bewirken, dass in Bezug auf bestimmte Fragestellungen eine erhöhte Wachsamkeit entsteht, die Beziehung dadurch aber nicht gefährdet ist. Auf diese Weise können die Gefahren von naivem Vertrauen verhindert und die Vorteile von Vertrauen genutzt werden.

Bedeutung institutioneller Absicherung: Die Bedeutung institutioneller Absicherung durch gesetzliche Regelungen und Vereinbarungen ist differenziert zu betrachten. Einerseits ermöglichen gesetzliche Vorgaben dem Betriebsrat eine Stärkung seiner Position bei Verhandlungen mit dem Management. Insbesondere dort, wo das Vertrauensverhältnis zwischen Betriebsrat und Management von Misstrauen geprägt ist, kommt der juristischen Basis und der Vereinbarung vermutlich eine größere Bedeutung zu (vgl. Sitkin/Roth 1993, zur Bedeutung von rechtlicher Absicherung bei Misstrauen). Ein Betriebsrat beschreibt diese Grundhaltung folgendermaßen:

> „Misstrauen hat man ja immer, das ist ja nicht weg, aber wir haben Vertrauen in unsere Vereinbarung, dass sie was bringt. Da war schon Vertrauen da, dass man die Sache gemeinsam weiterbringt. Das ist eine komplizierte Frage, natürlich versucht die Firmenleitung immer so viel für sich rauszuholen, wir versuchen immer so viel für die Kollegen rauszuholen, von daher ist Misstrauen eine Grundvoraussetzung der Zusammenarbeit, weil man immer weiß, aha, wenn man da nicht aufpasst, man reicht den kleinen Finger und dann ist die Hand ab." (PE-F)

Wo hingegen ein ausgeprägtes Vertrauensverhältnis und lediglich moderate Skepsis besteht, kommen Teilvereinbarungen auch ohne schriftliche Absicherung aus. Allerdings werden auch dort negative Konsequenzen eines Vertrauensbruchs durch alternative Sanktionsformen deutlich gemacht:

> „Ne, wir haben da keine Vereinbarungen, nichts was man aufschreibt. Wir haben uns gegenseitig mehr oder weniger versprochen, dass wir eine vertrauensvolle Basis haben und ich habe auch gesagt, wenn das missbraucht wird, an der einen oder anderen Stelle, dann werden wir die Betriebsräte aus den Lenkungsschüssen rausnehmen. Was auch O.K. ist. Aber genauso wird der Betriebsrat reagieren, wenn der Arbeitgeber das Vertrauen bricht." (PE-c)

Allerdings ist die Skepsis in keinem der Fälle so gering ausgeprägt, dass bei kritischen Themen explizit auf schriftliche Vereinbarungen verzichtet wird. (Betriebs-)Vereinbarungen werden als probates Mittel erachtet, um die Verlässlichkeit und Verbindlichkeit von Absprachen zu sichern, und nicht als Signal von Wertinkongruenzen interpretiert. Insgesamt stärken gesetzliche Vorgaben die Position des Betriebsrats und ermöglichen gleichzeitig – auf Management- wie Betriebsratsseite – ein Entgegenkommen und ein Signal des Wohlwollens, wenn Zugeständnisse über formale Vorgaben hinweg gemacht werden.

Bedeutung von kognitiven und affektiven Prozessen: Die Trennung von „Person" und „Mandatsträger", die Differenzierung zwischen verschiedenen Personen und Vorgaben durch das Gremium bzw. die Unternehmensleitung und schließlich die Attribuierung von Informationsdefiziten oder Unstimmigkeiten auf externale Faktoren sind kognitive Strategien, die es ermöglichen Vertrauen auch bei kritischem Verhalten aufrechtzuerhalten bzw. zu entwickeln. Eine vertiefende Analyse dieser Strategien erfordert eine systematische Analyse der Argumentationsmuster, was in der vorliegenden Untersuchung aus forschungsökonomischen Gründen nicht erfolgt ist. Für zukünftige Studien stellt diese Fragestellung aber ein interessantes Feld dar. Das gilt ebenso für die Untersuchung von affektiven Prozessen, die bei der Vertrauensbildung eine Rolle spielen. Eine vertiefende Analyse dieser Prozesse erfordert darüber hinaus aber auch ein Design, das mehr Raum für narrative Passagen ermöglicht. Explizit werden emotionale Faktoren bei der Entwicklung von Vertrauen von den befragten Akteuren kaum thematisiert. Aussagen wie die folgende machen aber deutlich, dass Emotionen bei der Urteilsbildung durchaus nicht zu unterschätzen sind:

> „Jetzt kommt beispielsweise gerade ein neuer Vorstand – da muss man sich erst mal *vorfühlen*, das kann ja Monate dauern, bis man da wieder Vertrauen fasst. Das gilt für beide Seiten." (IT-D; Hervorh. d. A.)

Ein Mitglied des Managements verweist insbesondere auf die Bedeutung von nonverbalen Hinweisreizen, um die Kompromissbereitschaft des Gegenübers einzuschätzen:

> „Es gibt eine Menge Indikatoren woraus sie erkennen können, ob einer interessiert ist oder nicht. Das ist wieder ein Erfahrungswert, also die Summe der Wahrnehmungen. Da reicht ein gesenkter Blick um zu wissen, O.K., das wollen die nicht wirklich." (PE-j)

Inwiefern negative Gefühle wie Ärger, Angst oder Enttäuschung als Informationen genutzt werden und das Vertrauen beeinflussen und welche Rolle ihnen bei der Entstehung von Misstrauen zukommt, ist ebenfalls ein interessanter Punkt, der weitere Beachtung verdient.

Verschiedene Arten von Vertrauen: Vertrauen in den vorliegenden Fällen wird selten ausschließlich auf der Basis von Kosten-Nutzen-Einschätzungen konstruiert. Diese Beobachtung deckt sich mit den Ergebnissen aus den Fallstudien von Meifert (2003), wo *kalkulationsbasiertes* Vertrauen ebenfalls eine untergeordnete Rolle spielt (S. 296f.). Dieses Ergebnis hängt aber möglicherweise auch mit Selektionseffekten der Stichprobe zusammen. Denkbar ist, dass sich eher solche Betriebsräte und Manager bereit erklärt haben an der Studie teilzunehmen, deren Vertrauensverhältnis relativ stabil und durch eine gute Beziehung geprägt ist. In den ausführlichen Fallbeschreibungen wird zwar deutlich, dass dies nicht für alle Innovationsprojekte gilt, trotzdem ist eine positive Auswahl anzunehmen. Daher kann es hier nicht darum gehen, Aussagen über die repräsentative Verteilung der unterschiedlichen Vertrauensformen zu machen, sondern eher darum, die zugrunde liegenden Mechanismen transparent zu machen.

In der vorliegenden Stichprobe basieren die Vertrauensbeziehungen sehr stark auf vorhandenen Erfahrungen und der Einschätzung von Integrität und Wohlwollen des Gegenübers. Inwiefern die Verhaltensweisen des Gegenübers, z.B. ein offener Informationsaustausch oder eine starke Einbeziehung, als Integrität, Wohlwollen oder als opportunistisches Verhalten interpretiert werden, z.B. als Vereinnahmungsversuch des Managements, hängt davon ab, welche Intentionen beim Gegenüber vermutet werden. Orientiert sich die Offenheit überwiegend an gesetzlichen Vorgaben, dann wird das Verhalten vermutlich eher als Integrität ausgelegt, geht sie dagegen über gesetzliche Vorgaben hinaus, wird sie vermutlich eher als Wohlwollen interpretiert. Nimmt der Betriebsrat hingegen an, dass er nur deshalb in eine Projektgruppe eingebunden wurde, damit die Beschäftigten den Eindruck gewinnen, der Arbeitgeber würde deren Interessen berücksichtigen, entsteht vermutlich keine höhere Vertrauensform (z.B. AB-F). Wissensbasiertes Vertrauen, das sich auf die Kenntnis der Integrität (und der Kompetenz) des Gegenübers stützt, nimmt in den untersuchten Fällen eine zentrale Position ein. Dies mag auch daran liegen, dass Integrität leichter von außen beobachtbar ist und auf Nachfrage leichter abgerufen werden kann. Die Einschätzung von Wohlwollen erfordert einen Rückschluss auf die zugrunde liegenden Intentionen der Vertrauensparteien. Auch Wohlwollen und eine positive Beziehungsqualität – als Basis von *affektivem/relationalem* Vertrauen – werden jedoch in vielen Interviews genannt. Dies gilt insbesondere für den Betriebsrat, trifft aber auch auf das Management zu. Interessant wäre es hier in vertiefenden Einzelfallanalysen zu untersuchen, welche Faktoren zur Entstehung der verschiedenen Vertrauenstypen besonders bedeutsam sind und von welchen personellen und organisationalen Merkmalen dies beeinflusst wird.

Wie die Ausprägung der Vertrauensmerkmale bei expliziter Nachfrage eingeschätzt wird und welche Wirkung Vertrauen auf die Zusammenarbeit zwischen Management und Betriebsrat und den Innovationserfolg hat, wird im folgenden Kapitel genauer untersucht.

8 Innovationserfolg durch Vertrauen?

Zur Wirkung und zum Zusammenspiel von Vertrauen und Misstrauen

Hanna Janetzke

Die positiven Auswirkungen von Vertrauen zwischen Betriebsrat und Management wurden im vorhergehenden Kapitel bereits an einigen Stellen beschrieben. Dabei war die Blickrichtung aber eine andere als im Folgenden: Es ging vornehmlich um die Frage, welche personalen, situationalen und organisationalen Merkmale die *Entwicklung* von Vertrauen begünstigen bzw. bestehendes Vertrauen stabilisieren. Im folgenden Kapitel steht die Frage im Zentrum, welche Rolle Vertrauen im Innovationsprozess spielt, wenn Vertrauen nicht als Ergebnis, sondern als *Auslöser* von Prozessen der Zusammenarbeit betrachtet wird. Beide Sichtweisen sind aufgrund der dynamischen Natur von Vertrauen nicht klar voneinander abzugrenzen, denn Verhalten und Vertrauen bedingen sich im Sinne einer „Vertrauensspirale“ gegenseitig (vgl. Zand 1972). Vertrauen fördert Offenheit, Kooperation und Verantwortungsdelegation und diese stärken wiederum das Vertrauen. Insbesondere wenn Vertrauen als Verhalten verstanden wird (zur Unterscheidung von Vertrauenserwartungen und Verhalten vgl. z.B. Mayer et al. 1995), ist eine Abgrenzung schwierig. Trotzdem erscheint es sinnvoll, das Thema Vertrauen auch gesondert unter dem Aspekt der Wirkrichtung zu beleuchten, um die Bedeutung von Vertrauen für den Innovationsprozess und Innovationserfolg zu untersuchen.

8.1 Theoretischer Hintergrund

Wie im vorangegangenen Kapitel bereits deutlich wurde, hat Vertrauen eine Reihe von positiven Konsequenzen auf den Innovationsprozess. Dabei wirkt Vertrauen über zwei unterschiedliche Mechanismen: Zum einen, indem es direkt auf Faktoren wirkt, die in einem positiven Zusammenhang zum Innovationsgeschehen stehen, und zum anderen, indem es als Katalysator bzw. Moderator dazu beiträgt, dass einige Faktoren ihre Wirkung überhaupt erst in einem positiven Sinne entfalten können. Diese Unterscheidung haben Dirks und Ferrin (2001) in ihrem Übersichtsartikel über die Bedeutung von Vertrauen im organisationalen Kontext deutlich herausgearbeitet. Im Folgenden wird zunächst der direkte Einfluss von Vertrauen beleuchtet.

8.1.1 Wie kann Vertrauen Innovationen fördern?

Vergleicht man die Erfolgsfaktoren für Innovationen mit den Prozessen, die durch Vertrauen positiv beeinflusst werden, ergibt sich ein großer Überschneidungsbereich. Vertrauen fördert eine offene Kommunikation, eine konstruktive Konfliktlösung und kooperative Verhandlungsführung, Organizational Citizenship Behavior (OCB) und die Bereitschaft, sich selbst zu beteiligen und anderen die Beteiligung zu ermöglichen (Dirks/Ferrin 2001, S. 453f.). Diese Faktoren werden auch im Zusammenhang mit Innovationen als Erfolgsfaktoren diskutiert – insbesondere ein offener Informationsaustausch und Konflikthandhabungsstile, bei denen die Interessen aller Seiten berücksichtigt werden und auf den Einsatz von Macht verzichtet wird, haben sich empirisch als förderlich für den Innovationserfolg erwiesen (z.B. Scholl 2004).

McEvily und Zaher (2006) haben die Wirkungen von Vertrauen in einem Modell zu drei Gruppen zusammengefasst. Ihre Überlegungen konzentrieren sich zwar auf die Kooperation zwischen organisationsinternen und -externen Akteuren, da es sich – wie in Unterkapitel 7.1 ausgeführt wurde – bei Betriebsrat und Management aber um Repräsentanten von verschiedenen Interessengruppen oder zumindest um Verhandlungspartner mit unterschiedlichen Schwerpunkten handelt, lässt sich diese Aufteilung auch auf diese Konstellation übertragen. Vertrauen wirkt sich demnach positiv auf drei Faktoren aus:

- Steigerung des Transaktionswerts durch vermehrten Austausch von vertraulichen Informationen,
- Senken der Transaktionskosten durch weniger Konflikte und erleichterte Verhandlungen,
- „Steuerung durch Beziehung“ *(relational governance),* d.h. gemeinsame Planung, Problemlösung, Verantwortungsübernahme und gegenseitige Anpassung.

Was heißt dies nun übertragen auf die Zusammenarbeit zwischen Betriebsrat und Management?

8.1.2 Informationsaustausch und Konflikthandhabung

> „If you have an apple and I have an apple and we exchange these apples, then you and I will still each have one apple. But if you have an idea and I have an idea and we exchange these ideas, then each of us will have two ideas.“ (George Bernard Shaw)

Wie können Management und Betriebsrat von einem verstärkten gegenseitigen Informationsaustausch im Rahmen von Prozessinnovationen profitieren? Wever (1994) identifizierte in ihren Fallstudien verschiedene Beiträge, die der Betriebsrat leisten kann. Betrachtet man diese Beiträge unter dem Blickwinkel des Informationsaustauschs, dann lassen sie sich in zwei Gruppen teilen: 1) die Erweiterung der Informationsbasis durch das Einbringen von zusätzlichem Wissen und 2) die Intensivierung der Informationsverarbeitung. Einerseits kann zusätzliches Wissen dadurch entstehen, dass der Betriebsrat Vorschläge sammelt und weiterleitet, die auf den Erfahrungen der Mitarbeiterinnen und Mitarbeiter basieren. Daneben können die Erfahrungen von Betriebsräten aus anderen Standorten oder externen Unternehmen als Informationsquelle genutzt werden, um daraus Erkenntnisse und Ideen für das eigene Vorhaben abzuleiten. Auf der Basis dieser verschiedenen Informationsquellen und eigener Überlegungen kann der Betriebsrat alternative Vorschläge entwickeln, die den Innovationsprozess befördern können. Andererseits kann er aber auch als kritisches Korrektiv fungieren, indem er die Überlegungen des Managements hinterfragt, das Management dazu bringt, Gründe für deren Entscheidungen zu benennen und weiter zu denken als bisher, und indem er Probleme identifiziert, auf die das Management nicht geachtet hat.

Das setzt allerdings voraus, dass der Betriebsrat über die relevanten Informationen von Seiten des Managements verfügt, d.h. dass er rechtzeitig und umfassend über die Gründe und Ziele des Veränderungsprozesses und das geplante Vorgehen informiert wird und während der Umsetzung die Möglichkeit hat, fehlende Informationen zeitnah zu erfragen. Das Gleiche gilt aber auch für Innovationen, die auf die Initiative des Betriebsrats hin entstehen. Auch dort ist eine frühzeitige und umfassende Information – diesmal des Managements – hilfreich, um den Interaktionspartner von der Innovation zu überzeugen und eine gemeinsame Entwicklung zu initiieren.

Gerade bei Prozessinnovationen, die häufig weitreichende Veränderungen für Arbeitsabläufe und Arbeitsbedingungen zur Folge haben, ist nicht davon auszugehen, dass Betriebsrat und Management immer einer Meinung sind. Meinungsverschiedenheiten können den Prozess aber durchaus bereichern und zu zusätzlichen Erkenntnissen führen – vorausgesetzt die Meinungsverschiedenheiten werden in einer Form ausgehandelt und gelöst, die für beide Seiten befriedigend ist (z.B. Jehn 1995). Scholl (2004) konnte in einer Studie zeigen, dass eine Berücksichtigung der gegenseitigen Interessen den Innovationserfolg – vermittelt über einen vermehrten Wissenszuwachs und eine erhöhte Handlungsfähigkeit – fördert, während Machteinsatz in negativer Beziehung zum Wissenszuwachs steht (ebd., Kap. 7.11). Übertragen auf die Beziehung zwischen Betriebsrat und Management bedeutet das, dass eine kooperative Aushandlung der Interessen dem Einsatz von Machtmitteln überlegen ist, da bei kooperativer Konfliktlösung der zu erwartende Wissenszuwachs größer ist.

Für den Informationsaustausch und die Konflikthandhabung spielt Vertrauen eine wichtige Rolle. Wie bereits erwähnt, fördert Vertrauen einen offenen Informationsaustausch. Dies äußert sich beispielsweise darin, dass insgesamt mehr

Informationen weitergegeben werden und insbesondere kritische und wichtige Informationen nicht vor der Weitergabe gefiltert werden (z.B. Roberts/O'Reilly 1974). Überträgt man diese Erkenntnisse auf die Zusammenarbeit zwischen Management und Betriebsrat, dann sollte Vertrauen hier einen positiven Effekt auf den Innovationsprozess haben, da auch potenziell konflikthafte Informationen, z.B. über geplante Einsparungen oder Umstrukturierungen, bei vorhandenem Vertrauen frühzeitig und offen ausgetauscht werden und Interessenunterschiede und Meinungsverschiedenheiten durch Vertrauen konstruktiver und integrativer gelöst werden können (Friedman 1993; Zaheer 1998).

8.1.3 Komplexitätsmanagement und Berücksichtigung von Emotionen

Entscheidend für das Gelingen einer Innovation ist, dass die Informationen und Erkenntnisse, die durch einen intensiveren Austausch und eine aktivere kritische Auseinandersetzung gewonnen werden, auch in den weiteren Innovationsverlauf einfließen und nicht „in der Schublade verschwinden". Bei organisationalen Veränderungen ist man im Allgemeinen mit einer hohen Komplexität konfrontiert, die

> „entsteht durch zu fassende Wechselwirkungen zwischen Zielen, Veränderungsmaßnahmen und den Merkmalen der beteiligten Menschen, die sich jederzeit ändern können, wenn sich Situationsbedingungen oder die Beteiligten unerwartet verändern." (Greif 2004, S. 77)

Um Fehlentwicklungen vorzubeugen ist es daher notwendig neue Erkenntnisse zu nutzen, um die ursprünglichen Ziele zu konkretisieren und bei Bedarf anzupassen. Eine Abwehr neuer Informationen, eine „Überplanung" ohne flexible Anpassung oder eine Abwehr von kritischen Einwänden ist dagegen kontraproduktiv (Dörner 2003, aus Greif et al. 2004, S. 82). Ein Entscheidungsmodell, das diese Vielschichtigkeit und Dynamik von Veränderungsprozessen berücksichtigt, ist das „Modell des adaptiven Problemlösens" (March/Simon 1958, aus Scholl 2004, Kap. 7.5). Da das vorhandene Wissen für eine im Vorfeld klar definierte Zielhierarchie aufgrund der „beschränkten Rationalität" des Einzelnen zu lückenhaft ist, müssen Entscheidungsprozesse – vergleichbar mit dem Prozess des Problemlösens – zunächst mit groben Zielen beginnen, „die dann im Laufe der Informationsgewinnung über das Problem präzisiert werden können, dabei aber auch oft modifiziert werden müssen" (S. 178). Das Herunterbrechen in Teilziele und das regelmäßige Überprüfen, ob der eingeschlagene Weg noch zielführend ist oder angesichts unvorhergesehener Probleme oder veränderter Rahmenbedingungen revidiert werden muss, sind dabei wichtige Schritte, um der Komplexität zu begegnen und vorschnelle Entscheidungen zu vermeiden. Dörner (2003) formuliert hier eine einfache Regel für ein pragmatisches Komplexitätsmanagement:

„Immer wieder neu die Situation zu analysieren und sich immer wieder fragen, ob es nicht auch bessere Lösungen gibt!" (Zitiert nach Greif et al. 2004, S. 81). Gerade in Innovationsprojekten hat sich das adaptive Problemlösen als erfolgreiche Strategie erwiesen, wie Scholl (2004) in seiner Untersuchung beobachten konnte (S. 187f.).

Dabei ist aber zu beachten, dass eine zu starke Öffnung gegenüber Alternativen und ein kontinuierliches Infragestellen des Vorgehens auch negative Effekte nach sich ziehen. Öffnende Prozesse sollten daher von integrierenden Prozessen begleitet werden, um die Handlungsfähigkeit nicht zu beeinträchtigen (Boerner/Gebert 2004). Für Boerner und Gebert (2004) sind Orientierung und Konsens zwei Mechanismen, um die Öffnung des Meinungsspektrums wieder so zusammenzuführen, dass eine koordinierte Handlung möglich ist. Orientierung wird erreicht, indem die übergeordnete Zielrichtung transparent gemacht wird und Konsens entsteht durch die Erhöhung der Einigungsfähigkeit (S. 75). Nur wenn die Öffnung und die kritische Auseinandersetzung gleichzeitig von integrativen Mechanismen begleitet werden, lässt sich der Vorteil von neuen Impulsen nutzen, ohne dass negative Sekundäreffekte wie zu heterogene Ansprüche oder „Endlos-Diskussionen" (S. 74) zu Einbußen der Handlungsfähigkeit führen. Diese integrativen Maßnahmen zielen darauf ab, Konfliktpotenziale zu reduzieren und die Ausrichtung auf gemeinsame Ziele zu erleichtern. Diesen Aspekt hebt auch Luhmann hervor, wenn er von der Reduzierung der „sozialen Komplexität" als zentraler Funktion von Vertrauen spricht (Luhmann 2005):

> „Man schließt durch Vertrauen gewisse Entwicklungsmöglichkeiten von der Berücksichtigung aus. Man neutralisiert gewisse Gefahren, die nicht ausgeräumt werden können, die aber das Handeln nicht irritieren sollen." (S. 30)

Durch Vertrauen wird das Spektrum potenziell möglicher Konsequenzen auf einen engeren Ausschnitt reduziert, indem ein Teil von der Betrachtung ausgeschlossen wird, z.B. mögliche Gefahren durch die Weitergabe vertraulicher Informationen. Dadurch ist Handeln auch in komplexen Situationen möglich. Die eben beschriebenen Ansätze des Umgangs mit der Komplexität in Innovationsprozessen betonen insbesondere den kognitiven Aspekt.

Bisher relativ wenig beachtet wurden die emotionalen Auswirkungen solcher vielschichtigen Veränderungsprozesse (vgl. Greif/Kurtz 1999 für die folgenden Ausführungen). Meist werden emotionale Reaktionen auf Veränderungen – wie Angst und Unsicherheit – ausschließlich aus Sicht der Mitarbeiterinnen und Mitarbeiter diskutiert. Solche schwer vorhersehbaren Prozesse können aber auch bei den Akteuren der Leitungsebene unangenehme Gefühle auslösen. Gerade von Führungskräften wird jedoch erwartet, dass sie auch unter Druck nach außen hin Sicherheit ausstrahlen und rasch Entscheidungen treffen. Unangenehme Gefühle werden daher ignoriert oder nicht offen ausgesprochen. Auch wenn eine derartige

Selbstkontrolle oder Selbstdisziplinierung von Emotionen ein rasches Reagieren ermöglicht, ist sie nicht unproblematisch. Im Unterschied zu einer *Selbstregulation,* die unangenehme Gefühle als Signale zulässt und in Überlegungen einbezieht, erfolgt bei der Emotionskontrolle nämlich kein Durchspielen von alternativen Möglichkeiten, sondern lediglich die Aktivierung automatisierter Reaktionsmuster. Dies kann dazu führen, dass schnelle und einfache Lösungen zum Tragen kommen, selbst wenn diese Lösungen der Situation nicht gerecht werden und eine Neuorientierung und ein Ausloten von alternativen Herangehensweisen erforderlich wäre (ebd., S. 37f.).

> „Um auch in turbulenten Innovationsprozessen für komplexe Probleme und neue Lösungen offen zu bleiben, dürfen aufkommende Unsicherheits- und Angstgefühle nicht vollkommen unterdrückt werden." (Greif et al. 2004, S. 191)

Greif plädiert nun nicht dafür, diese Gefühle ungefiltert nach außen zu tragen, sondern vielmehr dafür, sie „sich selbst gegenüber und gegenüber Personen, denen man vertrauen kann" (S. 191) zuzugestehen und als Signal ernst zu nehmen, dass der Entscheidungsprozess noch einmal zu hinterfragen sei. Auch Boerner und Gebert (2004) thematisieren in ihrem Modell die Möglichkeiten, Schwäche zu zeigen und Zweifel zu äußern, als wichtige Elemente im Entscheidungsprozess.[1] Eine emotionale Öffnung ist in einem Umfeld, das durch Respekt und Wertschätzung geprägt ist, einfacher und wahrscheinlicher.

Vertrauen zwischen Betriebsrat und Management kommt in diesem Zusammenhang eine doppelte Bedeutung zu. Einerseits sollte Vertrauen die Bereitschaft erhöhen, auch solche Gefühle wie Angst und Unsicherheit zu thematisieren – und zwar sowohl die eigenen als auch die Ängste und Unsicherheiten, die von Seiten der Mitarbeiter/innen geäußert werden – und respektvoll und wertschätzend miteinander umzugehen. Ein offener Informationsaustausch und eine konstruktive Konfliktlösung zwischen Betriebsrat und Management machen solche Ängste transparent und vermitteln gleichzeitig einen respektvollen und ernsthaften Umgang mit diesen Gefühlen. Andererseits sollte sich Vertrauen positiv auf die Komplexitätsbewältigung auswirken, da in einer vertrauensvollen Beziehung die Bereitschaft höher ist, Informationen auszutauschen, die Vorschläge der Interaktionspartner zu akzeptieren und zu einem gemeinsamen Ergebnis zu kommen (z.B. Dirks/Ferrin 2001; Neubauer 1999). Wenn es beispielweise darum geht, die Reaktionen der Mitarbeiter/innen auf Veränderungen einzuschätzen und ein darauf abgestimmtes Kommunikationskonzept zu entwickeln, kann der Betriebsrat wichtige Impulse liefern. Kontraproduktive Verhaltensweisen, wie

---

1 Diesen Aspekt bezeichnen die Autoren als „Vertrauen". In der vorliegenden Arbeit wird er eher als Folge von Vertrauen verstanden, da Vertrauen als Einschätzung der Vertrauenswürdigkeit des Interaktionspartners erhoben und vom eigenen vertrauensvollen Verhalten abgegrenzt wird.

die Abwehr von neuen oder kritischen Informationen und eine fehlende Berücksichtigung im weiteren Prozessverlauf, sollten hingegen durch Vertrauen reduziert werden. Dabei sind Betriebsrat und Management jeweils nicht nur als die Vertreter eigener Interessen zu verstehen, sondern insbesondere als Repräsentanten der Interessen der von ihnen vertretenen Gruppen.

8.1.4 Vertrauen als interaktive Beziehung

Obwohl bereits der Begriff „Vertrauensbeziehung" nahelegt, dass es sich um einen interaktiven Prozess handelt, wurde Vertrauen bisher überwiegend aus einer Perspektive betrachtet und nur selten aus der Perspektive beider (oder aller) an der Vertrauensbeziehung beteiligten Akteure. Dies gilt insbesondere für quantitative Studien. Untersuchungen, die den interaktiven Charakter berücksichtigen, machen aber deutlich, dass das volle Potenzial von Vertrauen nur dann ausgeschöpft wird, wenn auf beiden Seiten Vertrauen besteht (z.B. Brower et al. 2009). Nienhüser und Hoßfeld (2010a, 2010b) haben in einer groß angelegten Fragebogenerhebung den Zusammenhang zwischen gegenseitigem Vertrauen bei Management und Betriebsrat und der Verbetrieblichungsneigung[2] untersucht. Sie beobachteten beispielsweise, dass beim Management die Bevorzugung des Betriebsrats als Verhandlungspartner bei beidseitigem Vertrauen stärker ausgeprägt war als in allen anderen Konstellationen. Besonders niedrig war die Präferenz bei geringem gegenseitigem Vertrauen. Analog befürworteten Betriebsräte bei beidseitigem Vertrauen die Verlagerung von Verhandlungen auf die Betriebsebene deutlich stärker als bei wechselseitig geringem Vertrauen (ebd., S. 231).

Vertrauen kann seine Wirkung nur dann voll entfalten, wenn *beide* Interaktionspartner offen sind, die gegenseitigen Angebote wohlwollend interpretieren und mit Kooperation beantworten. Hat einer der beiden Handlungspartner kein Vertrauen, dann erfolgen auch nur einseitige Vertrauenshandlungen, z.B. nur eine einseitige Öffnung oder Kompromissbereitschaft. Wenn es darum geht, die Wirkung von Vertrauen auf den Innovationsprozess und -erfolg zu untersuchen, ist es daher wichtig, die Perspektiven beider Vertrauensparteien zu berücksichtigen.

8.1.5 Fragestellungen und Hypothesen

Die positive Bedeutung von Vertrauen für innovationsförderliche Prozesse ist mittlerweile vielfach empirisch belegt (z.B. Dirks/Ferrin 2001; Gebert 2002; Rousseau/Tijoriwala 1999). Für die Beziehung zwischen Betriebsrat und Ma-

---

2 Das heißt die Bereitschaft, Verhandlungen (z.B. über Löhne) auf die Betriebsebene zu verlagern (ebd. S. 219).

nagement gibt es diesbezüglich aber noch keine systematischen Untersuchungen.[3] Insgesamt haben außerdem nur wenige Studien die Wirkungen von Vertrauen aus Sicht von *beiden* Vertrauensparteien untersucht und Vertrauen, Zusammenarbeit im Innovationsprozess und Innovationserfolg miteinander in Beziehung gesetzt. Daher ist bisher offen, ob die postulierten Effekte auch für diese Konstellation zu finden sind und noch ungeklärt, über welche Mechanismen Vertrauen zwischen den betrieblichen Akteuren den Erfolg von Innovationsprojekten beeinflussen kann. Bedeutsame vermittelnde Mechanismen, durch die Vertrauen zwischen Betriebsrat und Management positiv Einfluss auf den Innovationserfolg nehmen kann, sind vermutlich der offenere Informationsaustausch, die konstruktivere Konfliktlösung und dadurch bedingt eine bessere Bewältigung der Komplexität und eine stärkere Berücksichtigung von Emotionen, die sich in einem respektvolleren Umgang manifestiert. Dies gilt es nun in einem Modell zu prüfen, in dem die Einflussfaktoren und die vermuteten Beziehungen gleichzeitig getestet werden. Folgende *Hypothesen* stehen daher im Zentrum der nachfolgenden quantitativen Analyse:

1: Je höher das gegenseitige Vertrauen zwischen Betriebsrat und Management, umso wirtschaftlich und sozial erfolgreicher sind die Innovationen. Der Zusammenhang wird vermittelt über den offenen Informationsaustausch, die konstruktive Konfliktlösung, das Komplexitätsmanagement und die Berücksichtigung von Emotionen.

- 1a: Je höher das gegenseitige Vertrauen, umso offener ist der Informationsaustausch.
- 1b: Je höher das gegenseitige Vertrauen, umso konstruktiver ist die Konflikthandhabung.
- 1c: Je offener der Informationsaustausch, umso besser ist das Komplexitätsmanagement und umso eher werden Emotionen berücksichtigt.
- 1d: Je konstruktiver die Konflikthandhabung, umso besser ist das Komplexitätsmanagement und umso eher werden Emotionen berücksichtigt.
- 1e: Je besser es gelingt, die entstehende Komplexität zu bewältigen, umso höher ist der wirtschaftliche und soziale Erfolg.
- 1f: Je stärker Emotionen berücksichtigt werden, umso höher ist der wirtschaftliche und soziale Erfolg.

---

3 Meifert (2003) thematisiert diesen Punkt zwar in seiner Untersuchung, geht aber nicht vertiefend darauf ein und arbeitet nicht die spezifische Bedeutung für Innovationsprojekte heraus.

8.2 Methodisches Vorgehen

Im folgenden Kapitel werden die für die statistische Analyse verwendeten Skalen dargestellt und das Vorgehen kurz beschrieben. Für eine ausführliche Beschreibung der Stichprobe und eine Erläuterung des generellen Untersuchungsdesigns sei auf Kapitel 2 verwiesen.

8.2.1 Vertrauen

Vertrauen wurde in dieser Untersuchung als Vertrauenserwartung auf Basis der Einschätzung der Vertrauenswürdigkeit des Gegenübers operationalisiert (vgl. Mayer et al. 1995). Die Skala zur Erfassung von Vertrauen orientiert sich dabei an den drei übergeordneten Kategorien, die von verschiedenen Autoren als zentral identifiziert wurden: Kompetenz, Integrität und Wohlwollen (Dietz/den Hartog 2006; Krause 2004; Mayer et al. 1995). Die meisten Instrumente sind auf die Erfassung des Vertrauens gegenüber Vorgesetzten aus Sicht der Mitarbeiter/innen ausgerichtet. Für die spezifische Konstellation Betriebsrat und Management im Kontext von Innovationsprojekten war keines der vorhandenen Instrumente geeignet. Daher wurde auf der Basis vorhandener Instrumente eine neue Skala konstruiert, die der Fragestellung besser gerecht wurde. Die Dimension Kompetenz berücksichtigte stärker die Einbettung in den organisationalen Kontext, d.h. neben der Fachkompetenz auch andere Aspekte, die zur erfolgreichen Durchführung der Innovation relevant sind, wie die Kenntnisse der organisationalen Abläufe und Strukturen oder den Einfluss auf die Umsetzung der Entscheidungen (vgl. dazu den Aspekt Rollenautonomie in Kap. 7). Sie wird im Folgenden als „Können" bezeichnet, um die organisationale Einbettung stärker deutlich zu machen. Bei der Dimension Integrität wurde der Akzent stärker auf das Verhalten in Verhandlungen gesetzt. Integritätsaspekte, die sich auf die Kongruenz gemeinsamer Werte bezogen, wurden nicht einbezogen, um zu starke Überschneidungen zwischen den Kategorien Integrität und Wohlwollen sowie mit der vermittelnden Variable Komplexitätsmanagement zu vermeiden. Und schließlich war die Kategorie Wohlwollen stärker auf die spezifische Beziehung als „Konfliktpartnerschaft" zugeschnitten, wobei die Beziehung gleichzeitig weniger asymmetrisch verstanden wurde als in einigen bestehenden Instrumenten (z.B. wurde statt von „Hilfestellung" von „Unterstützung" gesprochen). Dabei wurden die Befragten gebeten, ihre Einschätzungen auf die Phase zu *Beginn* der Innovation zu beziehen. Dies sollte ermöglichen den Einfluss des anfänglichen Vertrauens auf das nachfolgende Verhalten besser von Wechselwirkungen während des Innovationsprozesses abzugrenzen. Die Einschätzungen erfolgten auf einer siebenstufigen Skala von „stimmt gar nicht", über „stimmt teilweise" bis „stimmt völlig". Die Werte wurden zu den drei Einzeldimensionen Können, Integrität und Wohlwollen sowie zum Gesamtwert „Vertrauen" durch Mittelwertbildung zusammengefasst.

Tab. 8.1: Operationalisierung von Vertrauen

Dimension	Operationalisierung	Unterdimension
	Ich vertraute darauf, dass das zuständige Management[a] ...	
K	... die Auswirkungen der Innovation realistisch einschätzen würde.	Strategische Kompetenz (vgl. work-related judgements, Gillespie 2003)[b]
K	... in der Lage sein würde, auftretende Problemen zu lösen.	Problemlösekompetenz (neu)
K	... über alle fachlichen Kenntnisse verfügt, die für das Gelingen der Innovation zentral sein würden.	Fachkenntnisse (vgl. task-related skills and abilities, Gillespie 2003)[b]
K	... genaue Kenntnisse von den relevanten Abläufen und Strukturen im Betrieb hat.	Kenntnis der Organisation (neu) (vgl. Greif et al. 2003, S. 12)
K	... in der Lage sein würde, gemeinsame Beschlüsse im eigenen Bereich durchzusetzen.	Durchsetzungsfähigkeit/Entscheidungskompetenz (neu)
K	... in der Lage sein würde, die betroffenen Beschäftigten zu überzeugen.	Durchsetzungsfähigkeit/Soziale Kompetenz (neu)
I	... bei der Innovation aufrichtig verhandeln würde.	Ehrliche Verhandlungsführung (Cummings/Bromiley 1996)[bc]
I	... Zusagen und Absprachen einhalten würde.	Verlässlichkeit/ Einhalten von Vereinbarungen (Cummings/Bromiley 1996)[bc]
I	... bei Gesprächen und Verhandlungen die Wahrheit sagen würde.	Ehrlichkeit (Cummings/Bromiley 1996)[bc]
I	... sensible Informationen von Seiten des Betriebsrats diskret behandeln würde.	Diskretion (Butler 1991)[c]
W	... nicht versuchen würde, sich auf Kosten des Betriebsrats einen Vorteil zu verschaffen.	keine Vorteilsnahme auf Kosten anderer (Cummings/Bromiley 1996)[bc]
W	... bei dieser Innovation dem Betriebsrat gegenüber aufgeschlossen sein würde.	Offenheit (Tyler 2003)[b]
W	... den Betriebsrat bei dieser Innovation in seiner Arbeit unterstützen würde.	Unterstützung (Clark/Payne 1997)[b]
W	... sich bei Problemen hinter den Betriebsrat stellen würde.	Loyalität (Clark/Payne 1997)[b]
W	... die Interessen des Betriebsrat bei dieser Innovation ernst nehmen würde.	Interessenberücksichtigung (Tyler 2003)[b]
W	... auch dann auf die Interessen des Betriebsrats eingehen würde, wenn es deswegen Abstriche bei der Umsetzung eigener Interessen machen müsste.	Bereitschaft zu Zugeständnissen/Opfern (Zsafrir/Dolan 2004)[b]

a – Analog für das Management: „Ich vertraute darauf, dass der zuständige Betriebsrat ... “. Da die Formulierungen bis auf den Adressaten (Management statt Betriebsrat) identisch sind, wird die Version der Übersichtlichkeit halber nur für eine Seite beschrieben.

Anmerkung: Die Auswahl der Dimensionen erfolgte auf der Basis von zwei umfangreichen Analysen von Vertrauensdefinitionen und -instrumenten

b – Dietz/den Hartog 2006, S. 581ff.; c – Krause, 2004, S. 144f., S. 148

8.2.2 Informationsaustausch

Die Güte des Informationsaustausches zwischen Betriebsrat und Management wurde in Anlehnung an den Fragebogen von Maier et al. (2007) erhoben. Dabei handelt es sich um die deutsche Version des Fragebogens zur organisationalen Gerechtigkeit von Colquitt (2001), der neben anderen Fairness-Aspekten auch Fragen zur informationalen Gerechtigkeit enthielt.

> „Die informationale Gerechtigkeit bezieht sich darauf, inwiefern das Informationsverhalten der entscheidungstreffenden Person wahrheitsgemäß ist, Begründungen und spezifische Informationen enthält sowie zeitnah erfolgt.“ (Maier et al. 2007, S. 99)

Das Informationsverhalten wurde erfasst über vier Dimensionen, deren Ausprägungen jeweils für den Austausch „vom Betriebsrat zum Management“ und für den Austausch „vom Management zum Betriebsrat“ einzuschätzen waren: „Wie war bei wichtigen Fragen und Entscheidungen im Rahmen der Innovation der Austausch von Informationen ...

1) offen,
2) umfassend,
3) verständlich und
4) rechtzeitig.“

Die Zustimmung zu den Items wurde auf einer siebenstufigen Skala von „stimmt gar nicht“ bis „stimmt völlig“ vorgenommen und zum Gesamtwert offener Informationsaustausch gemittelt.

8.2.3 Konstruktive Konflikthandhabung

Das Instrument zur Erhebung der Konflikthandhabungsstile wurde in Anlehnung an Bilsky und Wülker (2000) formuliert. Analog zu Scholl (2004, 2009) und Bentz (2011) wurden die Konflikthandhabungsstile auf den konkreten Innovationsfall bezogen. Im Folgenden wird die konstruktive Konflikthandhabung näher betrachtet. Sie wurde bei beiden Seiten erhoben über Fragen zum Verhalten beider Seiten: „Der/die Hauptbeteiligte des Betriebsrats/Managements ...

(1) versuchte, zu einer gemeinsamen Problemlösung mit der anderen Seite zu kommen,
(2) versuchte, die Interessen aller zu berücksichtigen,
(3) versuchte, die eigenen Ideen mit den anderen abzustimmen, um zu einer für beide Seiten bestmöglichen Lösung zu kommen.“

Die Items wurden auf einer siebenstufigen Skala von „stimmt gar nicht“, über „stimmt teilweise“ bis „stimmt völlig“ eingeschätzt und zu einem Gesamtwert gemittelt.

8.2.4 Komplexitätsmanagement

Die Skala zur Erfassung des Komplexitätsmanagements umfasst zwei Aspekte: *öffnende Prozesse,* in Form von adaptivem Problemlösen (vgl. March/Simon 1958, aus Scholl 2004, Kap. 7), das die flexible Anpassung des Vorgehens beschreibt, und *schließende Prozesse,* die durch klare Orientierung und Konsens abgebildet werden (vgl. Boerner/Gebert 2004). Da es in dieser Untersuchung um die Rolle von Vertrauen in konkreten Innovationsprojekten ging, wurden die Konstrukte, die bei Boerner und Gebert (2004) auf die Erfassung der Unternehmenskultur ausgerichtet waren, stärker auf den Projektkontext zugeschnitten. Daraus ergaben sich folgende Fragen: „Bitte geben Sie an, wie sehr folgende Einschätzungen auf den Innovationsprozess zutreffen:

(1) Die gegenseitigen Erwartungen waren für alle transparent.
(2) Die Ziele der Innovation waren allen Beteiligten klar.
(3) Die Beteiligten stimmten in ihren Projektzielen überein.
(4) Es gab ein klares Konzept für das Vorgehen.
(5) Die Ziele wurden in bewältigbare Teilziele herunter gebrochen.
(6) Im Innovationsprozess wurde in regelmäßigen Abständen überprüft, ob der eingeschlagene Weg noch sinnvoll war.
(7) Es wurden vorschnelle Entscheidungen getroffen“ (umgepolt).
(8) Teilziele wurden nicht an veränderte Rahmenbedingungen angepasst, obwohl das sinnvoll gewesen wäre“ (umgepolt).

Die Befragten wurden gebeten, ihre Einschätzung auf einer siebenstufigen Skala von „stimmt gar nicht“, über „stimmt teilweise“ bis „stimmt völlig“ vorzunehmen. Aus den Einschätzungen auf den acht Variablen wurde ein Mittelwert gebildet, der die Komplexitätsbewältigung insgesamt erfasste. Komplexitätsmanagement in diesem Sinne kann auch als Richtschnur zur Sicherung der Handlungsfähigkeit verstanden werden (siehe Kap. 3).

8.2.5 Berücksichtigung von Emotionen

Neben der Erfassung der Komplexitätsbewältigung sollte auch die Rolle von affektiven Faktoren berücksichtigt werden. Dazu wurde die Skala „Berücksichtigung von Emotionen“ konstruiert. Analog zu den Ausführungen im Theorieteil dieses Kapitels sollten Angst und Unsicherheit nicht unterdrückt werden, sondern im Prozess in einer respektvollen, wertschätzenden Atmosphäre geäußert werden können und ernst genommen werden (Greif/Kurtz 1999). Das Konstrukt wurde mit fünf Fragen erhoben: „Bitte geben Sie an, wie der gegenseitige Umgang im Innovationsprojekt war:

(1) Die Beteiligten behandelten sich gegenseitig respektvoll.
(2) Wenn jemand Unsicherheit äußerte, wurde das als Schwäche betrachtet (umgepolt).
(3) Die Zusammenarbeit war geprägt von gegenseitiger Wertschätzung.
(4) Ängste wurden ernst genommen.
(5) Die Beteiligten begegneten sich auf Augenhöhe.“

Die Zustimmung erfolgte wieder über eine siebenstufige Skala von „stimmt gar nicht“, über „stimmt teilweise“ bis „stimmt völlig“. Die Einschätzungen wurden über die fünf Items zu der Skala gemittelt.

8.2.6 Erfolg von Prozessinnovationen

Die theoretischen Überlegungen zur Konstruktion der Skala zur subjektiven Erfolgseinschätzung der Prozessinnovationen wurden bereits in Unterkapitel 3.2 ausführlich beschrieben. Daher werden hier lediglich die verwendeten Items noch einmal aufgeführt: Der wirtschaftlich-organisatorische Erfolg wurde mit fünf Items erfasst: „Wie beurteilen Sie die Innovation in wirtschaftlicher Hinsicht, speziell in Bezug auf

(1) die Einhaltung der Zeitvorgaben,
(2) die Einhaltung des Budgetrahmens,
(3) Kosteneinsparungen,
(4) den erwarteten praktischen Nutzen,
(5) die gefundene Problemlösung?“

Die Auswirkungen auf die betroffenen Mitarbeiter/innen wurden als „sozialer Erfolg“ mit fünf Items gemessen: „Wie beurteilen Sie die Konsequenzen der Innovation für die betroffenen Beschäftigten in Bezug auf

(1) die Arbeitsplatzqualität,
(2) das Arbeitsklima,
(3) die Entlohnung,
(4) die beruflichen Weiterentwicklungsmöglichkeiten,
(5) den Handlungsspielraum für die Beschäftigten?“

Die Bewertung konnte auf einer siebenstufigen Skala angegeben werden, mit den verbalen Ankern „–3 = völlig misslungen“, über „0 = teils/teils“ bis „+3 = völlig gelungen“ für den wirtschaftlich-organisatorischen Erfolg bzw. „–3 = verschlechtert“ über „0 = unverändert“ bis „+3 = verbessert“ für den sozialen Erfolg. Zur Ermittlung des Gesamterfolgs wurde der Mittelwert aller zehn Items gebildet.

8.2.7 Reliabilitätsanalyse der verwendeten Skalen

Zur Beschreibung der Skalenreliabilitäten wurde für alle Skalen Cronbach's Alpha berechnet. Alle weisen eine gute Reliabilität auf (nach Lance et al. 2006, S. 205f., mit Verweis auf Nunnally 1978). Die Ergebnisse sind in Tabelle 8.2 dargestellt.

Tab. 8.2: Reliabilitäten der verwendeten Skalen[a]

Skalenbezeichnung	Reliabilität (Cronbach's α)
Vertrauen gesamt	.93
Vertrauen in die Kompetenz	.89
Vertrauen in die Integrität/Konsistenz	.84
Vertrauen in das Wohlwollen	.90
Informationsaustausch	.90
Konflikthandhabung	.87
Komplexitätsmanagement	.87
Berücksichtigung von Emotionen	.90
Innovationserfolg	.80

a – Berechnet auf Basis der Gesamtstichprobe (n = 86)

8.3 Ergebnisse der quantitativen Analyse

Im folgenden Abschnitt werden die Ergebnisse der statistischen Analysen beschrieben. Der Abschnitt gliedert sich in drei Teile: Er beginnt mit dem Vergleich zwischen Management und Betriebsrat auf verschiedenen Vertrauensdimensionen. Im zweiten Teil werden die Haupthypothesen anhand eines pfadanalytischen Modells getestet. Den Abschluss bildet schließlich eine Analyse, in der die moderierende Rolle von Vertrauen untersucht wird.

8.3.1 Wer vertraut wem – und wenn ja wie sehr?

Da aus verschiedenen Studien bekannt ist, dass das Ausmaß an Vertrauen in Abhängigkeit von der jeweiligen Position unterschiedlich ausgeprägt sein kann (Kramer 1996; Nienhüser et al. 2010a, für die Konstellation Management und Betriebsrat), betrachten wir zunächst die Höhe von Vertrauen für die beiden Gruppen. Insgesamt ist das Vertrauen in unserer Stichprobe auf beiden Seiten etwas geringer ausgeprägt als in der Stichprobe von Nienhüser und Hoßfeld

(2010b)[4], liegt aber ebenfalls über der Skalenmitte. In der vorliegenden Studie verwenden wir ein anderes Instrument zur Erfassung von Vertrauen, das stärker auf den Kontext von Innovationsprojekten zugeschnitten ist und zwischen den drei Dimensionen Können, Integrität und Wohlwollen differenziert. Darüber hinaus erfassen wir nicht das generelle Vertrauen zwischen Betriebsrat und Management über verschiedene Projekte hinweg, sondern das Vertrauen in Bezug auf spezifische Innovationsprojekte.

Tab. 8.3: Angaben zum Ausmaß des Vertrauens in die andere Seite. Mittelwerte (M) und Standardabweichungen (SD) für Betriebsräte und Managementvertreter sowie Vergleich beider Gruppen (t-Test für abhängige Stichproben, einseitiger Test)

Vertrauen	Betriebsrat (n = 30)		Management (n = 30)		
	M	SD	M	SD	t
Vertrauen gesamt	3.77	.99	4.18	0.92	−1.83*
Vertrauen in das Können	3.68	1.09	4.10	1.05	−1.59+
Vertrauen in die Integrität	4.22	1.16	4.69	1.08	−1.63+
Vertrauen in das Wohlwollen	3.54	1.21	3.91	0.99	−1.47+

Skala: 0 = stimmt gar nicht, 3 = stimmt teilweise, 6 = stimmt völlig; + $p < 0.10$, * $p < .05$; der Vergleich wurde auf Basis derjenigen Fälle berechnet, in denen Betriebsrat und Management die Fragebögen beantwortet hatten (Datensatz ohne multiple Imputation)

Insgesamt ist das Vertrauen des Managements gegenüber dem Betriebsrat – wie bei Nienhüser und Hoßfeld (2010b) – etwas höher als das Vertrauen des Betriebsrats in das Management, wobei in unserer Untersuchung die Höhe jeweils in Abhängigkeit von der Vertrauensdimension variiert. Das Vertrauen in die Integrität des Gegenübers, d.h. die Einschätzung der Zuverlässigkeit, Diskretion und Aufrichtigkeit ist auf beiden Seiten am höchsten ausgeprägt, das Vertrauen in das Wohlwollen am geringsten. Auf beiden Dimensionen ist aber jeweils das Vertrauen des Managements (tendenziell) höher als das des Betriebsrats. Dies stimmt – wie bereits erwähnt – mit Befunden überein, dass in asymmetrischen Beziehungen der Vertrauenspartner mit dem höheren Machtpotenzial ein insgesamt höheres Vertrauen berichten (vgl. Kramer 1996).

4 Der Gesamtwert bei Nienhüser und Hoßfeld für den Betriebsrat von 3.07 (auf einer vierstufigen Skala von 1 bis 4) würde einem Wert von 4.14 (auf einer siebenstufigen Skala von 0 bis 6) entsprechen. Für das Management würde sich bei einem Wert von 3.28 ein Vergleichs-Wert von 4.56 errechnen. Da es sich um eine andere Skala und eine sieben- statt vierstufige Abfrage handelt, sind diese Vergleichswerte allerdings nur als grobe Anhaltspunkte zu interpretieren.

8.3.2 Einfluss von Vertrauen auf den Innovationserfolg

Die Hypothesen, in denen ein Zusammenhang zwischen Vertrauen und Innovationserfolg vermutet wird, der über einen offeneren Informationsaustausch und eine konstruktivere Konfliktlösung zustande kommt, die wiederum zu einem verbesserten Komplexitätsmanagement und zu einer stärkeren Berücksichtigung von Emotionen führen (vgl. Unterkapitel 8.2), wurden mit Hilfe eines pfadanalytischen Modells mit manifesten Variablen geprüft. Die Güte der Modellanpassung wurde anhand von folgenden Richtwerten beurteilt: Diesen Empfehlungen entsprechend liegt eine hohe Modellgüte vor, wenn folgende Grenzwerte eingehalten werden: RMSEA $\leq$ .08, SRMR $<$ .10, CFI $>$ .90 (vgl. Weiber/Mühlhaus 2010).

Wie in Hypothese 1 angenommen wird der Einfluss von Vertrauen auf den Innovationserfolg vermittelt über die Prozessvariablen. Der direkte Pfad von Vertrauen auf den Innovationserfolg sinkt von .40 ($p = .002$) auf .04 ($p = .41$), wenn die Prozessvariablen in das Modell aufgenommen werden. Das nachfolgende Modell wird daher ohne den direkten Pfad von Vertrauen auf Innovationserfolg gerechnet.

Einfaches Pfadmodell: Insgesamt weist das Pfadmodell eine gute Modellanpassung auf: Das theoretisch angenommene Modell weicht nicht signifikant von den empirischen Daten ab ($\chi^2 = 5.96$, $df = 7$, $p = .54$). Der CFI-Wert „gibt an, um wie viel das Zielmodell besser auf die Daten passt als das (in der Regel sparsamere) Unabhängigkeitsmodell“ (ebd., S. 60). Der CFI von 1.00 spricht für ein sehr gutes Modell, ebenso wie der RMSEA-Wert von .00. Der SRMR-Wert liegt mit .06 ebenfalls unter dem Grenzwert.

Mehrebenenanalyse: Zusätzlich zum einfachen Pfadmodell wurde eine Mehrebenenanalyse gerechnet, in der die Rolle der Innovationstypen berücksichtigt wurde. Die verschiedenen Innovationstypen (Aufbauorganisation, Ablauforganisation, personalbezogene Maßnahmen, Einführung neuer Software) sind nicht nur gekennzeichnet durch ein unterschiedliches Ausmaß an (rechtlichen) Gestaltungsmöglichkeiten für den Betriebsrat. Sie unterscheiden sich auch in der Komplexität und in den Konsequenzen für die Beschäftigten. Dass daraus spezifische Muster der Mitbestimmung und der Beteiligung folgen, wurde in den vorangegangenen Kapiteln bereits ausführlich diskutiert. Es scheint daher angebracht, die Innovationstypen als Einflussfaktor zu berücksichtigen. Wird das Modell für die vier Innovationstypen kontrolliert, dann fällt die Modellanpassung geringfügig schlechter aus mit $\chi^2 = 7.30$, $df = 7$, $p > .10$; CFI = .99, RMSEA = .04 und SRMR = .06; alle liegen aber noch unter den Grenzwerten. Die Pfade sind in Abbildung 8.1. dargestellt. Die Ergebnisse des Originalmodells sind oberhalb, die Ergebnisse der Mehrebenenanalyse mit den veränderten Signifikanzen in den Klammern dargestellt, falls sie vom Originalmodell abweichen.

Abb. 8.1: Überprüfung des Pfadmodells zur Auswirkung von Vertrauen auf den Innovationserfolg

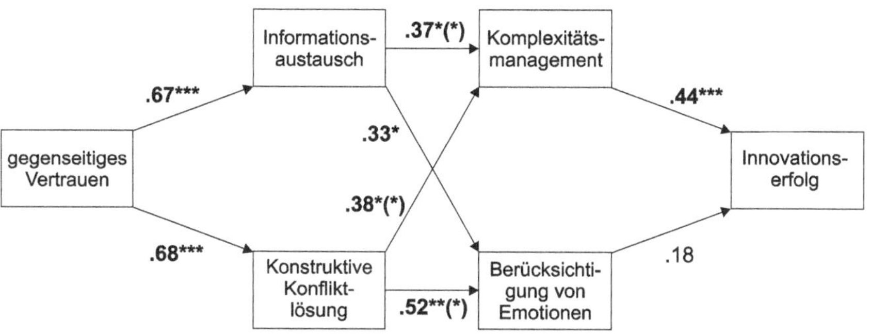

Anmerkungen: n = 44; + p < .10, * p < 0.5, ** p < .01, *** p < .001
Einfaches Pfadmodell: χ^2 = 5.96, df = 7, p = .54; RMSEA = .00; SRMR = .06; CFI = 1.0
Kontrolle des Innovationstyps: χ^2 = 7.30, df = 7, p ≥ .20, RMSEA = 0.4, SRMR = 0.6, CFI = .99

Indirekter Effekt: Vertrauen → Innovationserfolg: β = .32

Überprüfung der Einzelhypothesen: Die Hypothesen konnten überwiegend bestätigt werden. Je höher das gegenseitige Vertrauen zu Beginn der Prozessinnovation ist, umso offener ist der Informationaustausch (1a) und umso konstruktiver werden Konflikte gelöst (1b). Je offener Informationen ausgetauscht werden, umso besser können sich die Beteiligten auf gemeinsame Ziele einigen und den Prozess im weiteren Verlauf bei Bedarf anpassen (Komplexitätsmanagement) und umso eher können (vorhandene und durch den offenen Informationsaustausch auch thematisierte) Ängste in einem respektvollen und wertschätzenden Umgang berücksichtigt werden (Berücksichtigung von Emotionen) (1c). Das gleiche gilt für die konstruktive Konfliktlösung. Je konstruktiver die gegenseitigen Interessen ausgehandelt werden, umso besser gelingt eine Einigung auf gemeinsame Ziele und eine flexible Prozessanpassung (Komplexitätsmanagement) und umso eher entsteht eine respektvolle und wertschätzende Atmosphäre, in der Ängste und Unsicherheiten berücksichtigt werden können (Berücksichtigung von Emotionen) (1d). Und je ausgeprägter das Komplexitätsmanagement, umso höher ist der Innovationserfolg (1e). Anders als in den Hypothesen vermutet hat die Berücksichtigung von Emotionen selbst jedoch keinen signifikanten Einfluss auf den Innovationserfolg (1f); ein so kleiner Effekt in der angenommen Richtung würde zum sicheren Nachweis eine wesentlich größere Stichprobe benötigen.[5]

---

5 Zur Prüfung der Modellstabilität wurde das Modell außerdem ohne den nicht-signifikanten Pfad (Berücksichtigung von Emotionen > Innovationserfolg) gerechnet. χ^2, RMSEA, SRMR und CFI liegen weiterhin im optimalen Bereich.

Offensichtlich gelten die postulierten Prozesse aber nicht für alle Innovationstypen gleichermaßen stark. Wenn das Modell für die vier Innovationstypen kontrolliert wird, verschlechtert sich die Modellanpassung etwas. Insbesondere die Pfade vom Informationsaustausch und der konstruktiven Konfliktlösung haben offensichtlich nicht für alle Innovationstypen eine gleich große Bedeutung für das Komplexitätsmanagement und die Berücksichtigung von Emotionen. Insgesamt zeigt das Modell aber auch nach Kontrolle der Innovationstypen eine gute Anpassung.

Indirekter Effekt: Betrachtet man den indirekten Zusammenhang zwischen Vertrauen und Innovationserfolg, vermittelt über die Variablen Informationsaustausch, konstruktive Konfliktlösung, Komplexitätsmanagement und die Berücksichtigung von Emotionen, zeigt sich ein signifikanter Effekt von $ß = .32$. Die Wirkung von Vertrauen auf den Innovationserfolg kommt insbesondere dadurch zustande, dass sie das Komplexitätsmanagement, d.h. eine adaptivere Problemlösung und eine bessere Orientierung fördert – der überwiegende Teil des indirekten Effekts geht auf das Komplexitätsmanagement zurück ($ß = .22$). Insgesamt werden durch das Modell 31% der Varianz des Innovationserfolgs aufgeklärt ($p < .05$).

Reihenfolge der Variablen: Für die im Modell angenommene Abfolge aus Vertrauen, das auf die soziale Interaktion (Informationsaustausch, Konfliktlösung) wirkt, welche wiederum den Prozess (Komplexitätsmanagement, Berücksichtigung von Emotionen) und darüber den Innovationserfolg beeinflusst, sprechen verschiedene Überlegungen: Vertrauen wurde so operationalisiert, dass es das Vertrauen zu Beginn der Innovation abfragte, deshalb steht es am Anfang des Modells. Der Innovationserfolg steht klassischerweise am Ende des Innovationsprojekts und entsprechend am Ende des Modells. Vertauscht man die Reihenfolge der vier Verlaufsvariablen, d.h. der beiden Interaktionsvariablen und der beiden Prozessvariablen, so dass der Einfluss des Komplexitätsmanagements und der Berücksichtigung von Emotionen auf den Informationsaustausch und die konstruktive Konfliktlösung untersucht wird, statt – wie oben angenommen – umgekehrt, dann verschlechtert sich die Modellanpassung deutlich ($\chi^2 = 22.002$, $df = 7$, $p = .003$; $CFI = .84$; $RMSEA = .22$, $SRMR = .12$) bzw. ($\chi^2 = 21.76$, $df = 7$, $p = .004$; $CFI = .87$; $RMSEA = .22$, $SRMR = .12$ bei Kontrolle der vier Innovationstypen) und die Grenzwerte werden alle nicht eingehalten. Dies spricht für die oben vermutete Reihenfolge für die Variablen.

Illustration aus den Interviews: Einige Zitate aus den Interviews sollen die im Modell postulierten Zusammenhänge etwas anschaulicher machen. Vertrauen führt zu einem offeneren Informationsaustausch „Dem Betriebsrat kann man auch Dinge offen sagen, die man der Belegschaft so nicht sagen kann.“ (AUF-c), einer erhöhten Offenheit gegenüber der Gegenseite und einer größeren Bereitschaft, die positiven Aspekte wahrzunehmen:

> „Das ist so, wie wenn Sie durch einen Wald laufen und nicht immer aufpassen müssen, dass ein Jäger Sie erschießt. Sie gucken dann mehr auf die Blumen und den Wald und sehen die wertvollen Dinge." (AUF-F)

Bei geringem Vertrauen stellt sich hingegen der gegenteilige Effekt ein und es findet eine eingeschränkte Kommunikation statt:

> „Ich bin sonst sehr kommunikativ, transparent, mache Entscheidungen und mache meine Gründe dafür deutlich. Habe dann weniger kommuniziert und genau überlegt, was ich sage." (AB-b)

Besonders bedeutsam für die Interaktion zwischen Management und Betriebsrat ist der konstruktive Umgang mit Konflikten, der durch einen Verzicht auf Mikropolitik und durch gegenseitige Kompromissbereitschaft geprägt ist. Ein Betriebsrat formuliert dies folgendermaßen: Bei Vertrauen

> „gehen Sie nicht mit einer Taktik, sondern mit Sachargumenten in eine Verhandlung rein, bauen sich nicht eine künstliche Verhandlungsmasse auf, sondern gehen in Richtung Abschluss." (PE-I)

Ein anderer Betriebsrat beschreibt eine integrative Verhandlungsstrategie:

> „[...] dass man sagt, diese Punkte sind wichtig, da kann ich nicht darauf verzichten. In Punkt zwei könnte ich es mir vorstellen, wenn es so nicht geht, dass wir darauf verzichten." (PE-D)

Vertrauen, insbesondere solches, das auf einer längeren gemeinsamen Geschichte basiert, kann auch dabei helfen, Konflikten vorzubeugen, indem die Interessen des Gegenübers bereits im Vorfeld berücksichtigt werden:

> „Man weiß, was der andere will, kann ihn besser einschätzen und wie er reagieren wird. Also weiß ich, was ich tun muss, um eine Uneinigkeit zu verhindern." (PE-c)

Wie oben beschrieben fördert Vertrauen aber auch die Bereitschaft, sich auf gemeinsame Ziele zu verständigen und den Prozess entsprechend zu verändern:

> „Ich kann jetzt schlecht auf die Betriebsratsseite schauen, ich kann nur sagen, wie wir das sehen. Und auf unserer Seite ist da sicherlich Bereitschaft und Offenheit da gewesen, Ziele miteinander neu zu vereinbaren, zu strukturieren. [...] und hinter der Offenheit steht ja letzten Endes Vertrauen." (PE-f)

8.3.3 Vertrauen als Moderator

Offenheit und konstruktive Konfliktlösung sind Verhaltensweisen, die im Allgemeinen positiv interpretiert werden. Wie wirkt Vertrauen aber bei weniger eindeutigen Signalen, z.B. bei kritischen Anmerkungen von Seiten des Betriebsrats? Wie bereits thematisiert, werden Meinungsverschiedenheiten und Konflikte in der aktuellen Forschungsdiskussion nicht mehr ausschließlich als Störfaktor angesehen, sondern differenzierter betrachtet. In Abhängigkeit davon, um welchen Konflikttyp es sich handelt, können Konflikte auch neue Impulse geben und als Bereicherung erlebt werden. Bedeutsam ist hier insbesondere die Unterscheidung zwischen Aufgabenkonflikten und Beziehungskonflikten (vgl. Jehn 1995 für die folgenden Ausführungen). Während Konflikte auf persönlicher Ebene (Beziehungskonflikte) die Aufgabenbewältigung beeinträchtigen, weil durch sie die Offenheit gegenüber Vorschlägen sinkt, kognitive Ressourcen gebunden werden und unnötig viel Zeit und Energie auf die Bearbeitung von Beziehungsaspekten gelenkt wird (Pelled 1995), können Aufgabenkonflikte durchaus einen positiven Effekt haben. Dies gilt insbesondere dann, wenn es sich nicht um eine Routineaufgabe handelt und wenn die Gruppenmitglieder zur Erledigung der Aufgabe aufeinander angewiesen sind – beide Voraussetzungen sind insbesondere bei Innovationen für die Zusammenarbeit zwischen Betriebsrat und Management gegeben. Eine intensive Diskussion von verschiedenen Vorstellungen, potenziellen Schwierigkeiten und möglichen Alternativen kann zu einem effektiveren Einsatz von Ressourcen und einer besseren Gesamtlösung führen (Schwenk/Valacich 1994; Tjosvold et al.1992).

Vertrauen spielt in diesem Zusammenhang eine wichtige Rolle: Es beeinflusst, ob ein Aufgabenkonflikt seine potentiell positiven Wirkungen entfalten kann oder nicht. Simons und Peterson (2000) fanden beispielsweise heraus, dass bei niedrigem Vertrauen ein Aufgabenkonflikt negativ interpretiert wird und sich zu einem Beziehungskonflikt entwickelt, während ein Aufgabenkonflikt bei hohem Vertrauen ohne negative Auswirkungen auf der Beziehungsebene ausgetragen werden kann. Übertragen auf die Interaktion zwischen Betriebsrat und Management bedeutet das, dass gegenseitiges Vertrauen beeinflusst, wie die kritischen Anmerkungen des Betriebsrats aufgefasst und für den Prozess genutzt werden. Bei hohem gegenseitigem Vertrauen wird der Betriebsrat seine Kritikpunkte vermutlich anders formulieren und das Management ist gleichzeitig dem Betriebsrat gegenüber offener als bei geringem gegenseitigem Vertrauen. Bei geringem gegenseitigem Vertrauen können auch wohlmeinende Anregungen missverstanden werden und aufgrund der Vorbehalte nicht zu einem Wissenszuwachs führen. Diese Annahmen sollen im Folgenden geprüft werden.

Um die Beiträge des Betriebsrats im Rahmen der Prozessinnovation besser differenzieren zu können, wurde eine Skala entwickelt, die sowohl Items zur Erfassung der gestalterischen Rolle als auch Items zur Erfassung der kritischen

Reflexion enthielt.[6] Im Folgenden werden die Items zur kritischen Reflexion berichtet. Die Skala wurde auf Basis der Befunde von Wever (1994) neu konstruiert. Sie wurde mit folgender Frage eingeleitet: „Bitte geben Sie an, wie sich der Betriebsrat beteiligte. Der Betriebsrat ...

(1) thematisierte potenzielle Hindernisse für die Umsetzung der Innovation,
(2) verlangte ausführliche Begründungen für Entscheidungen des Managements,
(3) identifizierte Schwachstellen in der Planung,
(4) setzte sich kritisch mit den Konsequenzen der Innovation für die Beschäftigten auseinander.“

Die Zustimmung erfolgte auf einer siebenstufige Skala von „stimmt gar nicht“, über „stimmt teilweise“ bis „stimmt völlig“. Die Einschätzungen wurden über die vier Items zu der Skala kritische Reflexion gemittelt. Die Skala zur Erfassung des Wissenszuwachses bestand aus sechs Items (Scholl, 2009; Bentz, 2011): „Wie stark wurde/n im Verlauf des Innovationsprozesses

(1) neue Dinge ausprobiert und Erfahrungen gesammelt,
(2) besser verstanden, wo die eigentlichen Probleme liegen,
(3) grundsätzliche Zusammenhänge besser begriffen,
(4) neue Erkenntnisse gewonnen,
(5) von anderen Ideen und Erfahrungen übernommen und
(6) Fehler entdeckt und Prozesse verbessert?“

Die siebenstufige Antwortskala reichte von „0 = gar nicht“ bis „6 = sehr stark“, Die Einschätzungen wurden über die sechs Items gemittelt. Die Reliabilitäten sprechen mit α = .83 (kritische Reflexion) bzw.α = .89 (Wissenszuwachs) für eine gute Skalenqualität.

Um die Wirkung von Vertrauen als Moderator zu prüfen, wurden folgende Hypothesen untersucht:

- Der Zusammenhang zwischen kritischer Reflexion und dem Ausmaß an Wissenszuwachs wird moderiert durch Vertrauen. Der Zusammenhang ist positiver, wenn das Vertrauen hoch ist.
- Bei höherem Vertrauen und vermehrter kritischer Reflexion durch den Betriebsrat kommt es zu einem höheren Wissenszuwachs als in den anderen Bedingungen.

Um diese Annahmen zu prüfen wurde zunächst ein Mediansplit bei den Variablen Vertrauen und kritische Reflexion durchgeführt. Die Moderatorhypothese (1) wurde anhand eines Korrelationsvergleichs der beiden Subgruppen hohes

6 Die Gesamtskala ist im Anhang enthalten. Es wurde eine Faktorenanalyse der Gesamtskala durchgeführt, die die beiden Dimensionen bestätigte.

versus geringes Vertrauen geprüft.[7] Hypothesenkonform zeigte sich bei hohem Vertrauen ein statistisch bedeutsamer positiver Zusammenhang (r = .43*, p = .04, n = 22)[8], während bei geringem Vertrauen kein positiver Zusammenhang zwischen kritischer Reflexion und Wissenszuwachs (r = –.17, p = .23, n = 22) zu beobachten war. Der Unterschied zwischen den beiden Korrelationen ist signifikant (z = 1.95, p < .05).

Entsprechend der Annahme, dass sich nur die Gruppe mit hohem gegenseitigen Vertrauen durch einen erhöhten Wissenszuwachs von den anderen drei Bedingungen unterscheiden sollte, zwischen diesen drei Gruppen jedoch kein Unterschied zu erwarten war, wurden zunächst zwei Gruppen gebildet: Gruppe 1 bildete die Bedingung hohes Vertrauen/hohe kritische Reflexion ab, Gruppe 2 die restlichen Bedingungen (hohes Vertrauen/geringe kritische Reflexion, geringes Vertrauen/hohe kritische Reflexion und geringes Vertrauen/geringe kritische Reflexion).[9]

Tab. 8.4: Vergleich des Wissenszuwachses. Mittelwerte (M) und Standardabweichungen (SD) sowie Vergleich beider Gruppen (t-Test für unabhängige Stichproben, einseitiger Test)

	Gruppe 1 (Vertrauen hoch/Reflexion hoch), n = 11[a]		Gruppe 2 (restliche drei Bedingungen), n = 33		
	M	SD	M	SD	t
Wissenszuwachs	4.18	0.75–0.82[b]	3.59	0.50–0.68	2.13*

Skala: 0 = gar nicht, 3 = teilweise, 6 = sehr stark; a – n wurde gerundet (aufgrund des Mediansplit bei multiplen Imputationen ergaben sich im zusammengefassten Ergebnis des t-Tests nicht-ganzzahlige n, die hier jeweils gerundet wurden); b – für die Streuung wird der Range der imputierten Datensätze angegeben, da es bisher noch kein einheitliches Verfahren gibt, um die Streuungen aus imputierten Datensätzen zusammenzuführen; * p < .05, n = 44

Beide Gruppen wurden in einem t-Test miteinander verglichen, der einen statistisch relevanten Unterschied ergab: t(40)[10] = 2.13, p = .02[11]. Demnach war der Wissenszuwachs in der Gruppe, in der hohes gegenseitiges Vertrauen herrschte

7 Die ebenfalls berechnete moderierte Regressionsanalyse kommt zu dem gleichen Ergebnis. Der Anschaulichkeit halber werden hier Korrelationsvergleiche und t-Tests berichtet.

8 Einseitiger Test mit Spearmans Rho.

9 Die drei Gruppen unterschieden sich nicht signifikant voneinander und konnten daher zu einer Gruppe zusammengefasst werden (alle ts ≤ .44, ps ≥ .62).

10 Da mit imputierten Daten gerechnet wurde, ergeben die Freiheitsgrade im zusammengefassten Ergebnis df = 40, für die Einzeldatensätze df = 42.

11 Der U-Test von Mann-Whitney für nonparametrische Verfahren kommt zum gleichen Ergebnis.

und der Betriebsrat viele kritische Beiträge lieferte (Gruppe 1), höher ausgeprägt als in den restlichen drei Bedingungen (Gruppe 2). Beide Hypothesen ließen sich bestätigen.

8.3.4 Zusammenfassung der Ergebnisse

Die Befunde aus den quantitativen Analysen lassen sich folgendermaßen zusammenfassen:

- Das Vertrauen des Managements in den Betriebsrat ist in der vorliegenden Stichprobe tendenziell höher als das Vertrauen des Betriebsrats in das Management. Dieses Ergebnis stimmt mit empirischen Befunden zur Vertrauensthematik aus einer anderen Untersuchung überein (Nienhüser et al. 2010b) und ist vergleichbar mit Ergebnissen in anderen Konstellationen mit asymmetrischem Machtverhältnis, in denen der einflussreichere Part ein höheres Vertrauen berichtet (Kramer 1996).
- Vertrauen wirkt positiv auf den Innovationserfolg, indem es einen offenen Informationsaustausch und eine konstruktive Konflikthandhabung fördert, welche wiederum das Komplexitätsmanagement erleichtern und eine stärkere Berücksichtigung von Emotionen begünstigen. Ein besseres Komplexitätsmanagement, das sich durch adaptiveres Problemlösen und eine klarere Orientierung auszeichnet, wirkt sich dann positiv auf den Innovationserfolg aus. Die Berücksichtigung von Emotionen könnte in geringem Maße auf den Innovationserfolg wirken, aber die fehlende Signifikanz in der relativ kleinen Stichprobe erlaubt keine eindeutigen Schlussfolgerungen.
- Vertrauen wirkt auch als Moderator, indem es das Potenzial, das in kritischen Beiträgen des Betriebsrats liegt, nutzbar macht. Nur bei höherem gegenseitigem Vertrauen führt kritische Reflexion von Seiten des Betriebsrats zu einem vermehrten Wissenszuwachs, bei geringem gegenseitigem Vertrauen sind kritische Reflexion und Wissenszuwachs unabhängig. Insgesamt ist bei hohem Vertrauen und starker kritischer Reflexion durch den Betriebsrat der Wissenszuwachs am höchsten.

8.4 Diskussion

Für alle drei Bereiche, die von McEvily und Zaheer (2006) identifiziert wurden, lassen sich auch für die Beziehung zwischen Betriebsrat und Management positive Wirkungen von Vertrauen beobachten:

- Vertrauen fördert einen offeneren Austausch von Informationen (Steigerung des Transaktionswerts)

- Vertrauen erleichtert Verhandlungen durch eine konstruktivere Konfliktlösung (Senken der Transaktionskosten)
- Vertrauen fördert die gemeinsame Planung, Problemlösung und die gegenseitige Anpassung (Steuerung durch Beziehung)

In dieser Studie wurden diese Aspekte zum ersten Mal simultan in einem Modell getestet. Dadurch ist die Wirkungsweise von Vertrauen zwischen Management und Betriebsräten – insbesondere im Rahmen von solchen komplexen Prozessen wie Innovationen – deutlicher geworden: Gegenseitiges Vertrauen zwischen Betriebsrat und Management beeinflusst die Zusammenarbeit zwischen Betriebsrat und Management positiv, erleichtert den Innovationsprozess durch besseres Komplexitätsmanagement und eine stärkere Berücksichtigung von Emotionen und fördert darüber vermittelt den wirtschaftlichen und sozialen Innovationserfolg.

In unserem Untersuchungsdesign wurden die Befragten gebeten, retrospektiv das gegenseitige Vertrauen, die Zusammenarbeit und den wirtschaftlichen und sozialen Innovationserfolg in einer spezifischen Prozessinnovation einzuschätzen. Retrospektive Befragungen werden zur Erforschung organisationaler Phänomene zwar häufig eingesetzt, sind aber aufgrund möglicher Urteilsverzerrungen nicht unumstritten (z.B. Golden 1992). Miller et al. (1997) konnten jedoch in einer Reanalyse von Goldens (1992) Befunden zeigen, dass ein Teil der möglichen Verzerrungen auch auf den Einsatz wenig reliabler und valider Untersuchungsinstrumente zurückzuführen ist. Sie halten retrospektive Befragungen durchaus für aussagekräftig, wenn reliable Instrumente eingesetzt werden, offene Fragen gestellt werden, mehrere Informanten zu möglichst konkreten Ereignissen befragt werden und der zeitliche Abstand zum Ereignis nicht zu groß ist. Diese Hinweise wurden im Design berücksichtigt: Selbstwertdienlichen Verzerrungen wurde versucht durch die Einbeziehung mehrerer Perspektiven entgegenzusteuern (vgl. die Ausführungen dazu in Abschnitt 3.3.2), offene Fragen in den Interviews wurden durch differenzierte Fragen und reliable Messinstrumente im Fragebogen ergänzt und die Befragten äußerten sich zu einer konkreten Prozessinnovation, die außerdem zeitlich nicht zu weit zurück lag.

Da es sich um eine Querschnittstudie handelte, ist eine Interpretation von kausalen Zusammenhängen nur sehr eingeschränkt möglich. Diese Problematik wurde in der Studie u.a. dadurch berücksichtigt, dass wir die Befragten baten, das Vertrauen zu Beginn der Innovation einzuschätzen, um es stärker von dem Vertrauen, das sich im Verlauf der Innovation entwickelte, abzugrenzen. Informationsaustausch, Konflikthandhabung, Komplexitätsmanagement und die Berücksichtigung von Emotionen liegen außerdem zeitlich vor dem Ergebnis, dem Innovationserfolg. Die differenzierten Ausführungen in den Interviews zu den einzelnen Punkten lassen vermuten, dass die Erinnerung noch nicht zu sehr von dem Endergebnis überlagert wurde. Immerhin waren die angenommenen Wirkungsrichtungen des Pfadmodells mit den empirischen Daten sehr gut vereinbar, im Unterschied zu alternativen Wirkungsrichtungen. Dennoch ließen sich die Wirkungsrichtungen, wenn sie sich in einem Längsschnittdesign replizieren ließen, überzeugender nachweisen.

In dieser Untersuchung wurde das Vertrauen von beiden Seiten simultan berücksichtigt. Bisherige Studien, die beide Seiten erfassen, sind selten und erheben dann auch nicht durchgängig alle abhängigen Variablen aus beiden Perspektiven (z.B. Brower et al. 2009). In dieser Studie wurden Selbst- und Fremdeinschätzung differenziert erfasst und systematisch kombiniert. Die Werte auf Fallebene spiegeln damit für alle vermittelnden Variablen und den Innovationserfolg die Einschätzung beider Akteure wider.

Um Einschätzungen eines Sachverhaltes aus unterschiedlichen Perspektiven zu einer Gesamteinschätzung zusammenzuführen, werden von Kumar et al. (1993) zwei Ansätze unterschieden: die diskursive Verständigung auf einen Konsens und die Zusammenfassung der verschiedenen Einschätzungen. Da die Zusicherung von Anonymität gegenüber den Gesprächspartner/inne/n es nicht erlaubte, abweichende Einschätzungen diskursiv zu klären, entschieden wir uns für die Mittelung der Werte (Kirsch et al. 1984). Denkbar ist es aber auch, die unterschiedlichen Vertrauenskonstellationen stärker zu berücksichtigen, indem Abweichungen zwischen den Vertrauenseinschätzungen durch andere Formen der Verknüpfung zwischen Betriebsrat und Management stärker gewichtet werden (vgl. Kumar et al. 1993; Smith/Barclay 1997). Unterschiedliche Effekte könnten in vertiefenden Analysen getestet werden.

Vertrauen wurde in dieser Studie über die drei Dimensionen Können, Integrität und Wohlwollen zu einem Gesamtwert zusammengefasst. Wie sich in der qualitativen Analyse bereits angedeutet hat, gewichten die beiden Akteure die einzelnen Aspekte unterschiedlich. Es ist daher denkbar, dass bei Betriebsrat und Management die verschiedenen Vertrauensdimensionen das jeweilige Verhalten unterschiedlich stark beeinflussen. Interessant wäre es auch, die verschiedenen Vertrauensdimensionen insgesamt auf ihre differenzielle Bedeutung für die Zusammenarbeit hin zu untersuchen. Auch im Hinblick auf das Zusammenspiel der einzelnen Dimensionen (hinreichende und notwendige Bedingungen) ergeben sich weitere Forschungsfragen.

Die moderierende Bedeutung von Vertrauen für die Wirkung von kritischer Reflexion auf den Wissenszuwachs schließt an die Diskussion im vorangegangenen Kapitel an, in dem die Verknüpfung von Vertrauen und Misstrauen bzw. Skepsis diskutiert wurde. Dieser Befund beleuchtet diese Beziehung nun etwas genauer und macht deutlich, dass die kritische Reflexion durch den Betriebsrat sich positiv auf den Zuwachs an Erkenntnissen in Innovationsprojekten auswirken kann. Dabei ist aber zu bedenken, dass kritische Beiträge nur dann auf fruchtbaren Boden fallen, wenn gegenseitiges Vertrauen zwischen Management und Betriebsrat besteht.

9 Zusammenfassung und Diskussion der Hauptergebnisse

Wolfgang Scholl

Die verschiedenen ausführlichen Analysen in den einzelnen voranstehenden Kapiteln sollen hier im Abschlusskapitel in ihren wichtigsten Punkten rekapituliert und zusammenfassend diskutiert werden. Dabei werden nicht nur die Hauptergebnisse herausgestellt, sondern zur Abrundung und zum besseren Verständnis werden noch einzelne Zusatzauswertungen vorgenommen. Belege für zentrale Aussagen aus der wissenschaftlichen Literatur werden nur noch sehr sparsam ausgewiesen; mehr dazu findet sich jeweils in den voranstehenden Kapiteln.

Die Untersuchung, die dankenswerter Weise von der Hans-Böckler-Stiftung finanziert wurde, geht der Frage nach, wie sich Mitbestimmung und direkte Partizipation der Arbeitnehmer/innen auf den Erfolg von Prozessinnovationen auswirken. Die Beschränkung auf Prozessinnovationen wurde vorgenommen, weil sie meist stärker als Produktinnovationen mit personellen und organisatorischen Änderungen verbunden sind und daher auch stärker die Interessen der Arbeitnehmer/innen berühren und insofern auf jeden Fall in das Aufgabenfeld des Betriebsrats gehören und ihm da auch stärkere Mitbestimmungsrechte einräumen. Darüber hinaus können Prozessinnovationen die Überlebensfähigkeit eines Unternehmens nachhaltig beeinflussen durch sinkende Kosten und optimierte Abläufe und schließlich haben gut durchgeführte Verfahrensinnovationen auch positive Wirkung für eine innovationsfreundliche Kultur und fördern so auch indirekt Produktinnovationen und die gesamte Innovativität eines Unternehmens.

Die Erhebung der Innovationsfälle erfolgte per Interview und per Fragebogen bei Personen aus Management und Betriebsrat. Die vielfältigen Schwierigkeiten und die mehr oder minder gelungenen Resultate der Akquisition von Innovationsfällen sind im Unterkapitel 2.1 genauer dargestellt. Zu beachten ist, dass Unternehmen, bei denen Management und Betriebsrat sich bekämpfen oder wo der Betriebsrat nichts zu melden hat, entweder nicht mitgemacht haben oder gar nicht angesprochen wurden. Trotz dieser relativ positiven Auswahl gibt es aber noch genügend Variation, um die Kernhypothesen zu prüfen und die Unternehmen mit negativerem Mitbestimmungsklima können sehen, wohin sie sich positiv entwickeln könnten. Den folgenden statistischen Berichten liegen 44 Innovationsfälle zugrunde:

– Zehn Innovationen im Bereich der Aufbauorganisation (z.B. Zusammenlegung von Laboren; Auslagerung eines Unternehmensbereichs)

- Neun Innovationen im Bereich der Ablauforganisation (z.B. Prozessoptimierung zur Verkürzung von Durchlaufzeiten; Neuausrichtung der Unternehmensstrategie);
- 19 personalbezogene Innovationen (z.B. Einführung regelmäßiger Mitarbeitergespräche; Verbesserung der Work-Life-Balance);
- sechs Innovationen durch neue Software (z.B. Einführung einer 3D-Konstruktionssoftware; Einführung von Groupware für effizientere Zusammenarbeit).

Der theoretische Ansatz des Projekts sieht Mitbestimmung als dyadisches Dilemma (Dawes 2001) bzw. als „antagonistische Kooperation" (Vilmar/Sattler 1978): Management und Betriebsrat müssten prinzipiell für Innovationen sein, die die Wettbewerbsfähigkeit und damit das Überleben sowie die Profitabilität und die Arbeitsplätze sichern können. Im konkreten Fall wird jedoch auf der einen oder der anderen Seite nicht immer die Notwendigkeit einer Innovation gesehen oder die Form und Umsetzung der Innovation ist strittig und die Ergebnisse und Nebenfolgen sind auch nicht immer für beide Seiten (gleich) positiv. Kooperation wäre bei diesen schwierigen und oft strittigen Fragen für beide zusammen das Beste, aber jede Seite würde natürlich gerne noch bessere Bedingungen für sich durchsetzen, auch wenn das zu Lasten der anderen Seite gehen würde (Kirsch/Scholl 1983).

Eine faire, positive Bewältigung solcher komplexen Dilemma-Situationen ist nicht einfach, aber doch gut machbar, wie auch unsere Ergebnisse zeigen. Die Komplexität und die Bewältigungschancen werden deutlich, wenn man sich einige generelle Einsichten der Psychologie und der Innovationsforschung vor Augen hält (siehe dazu ausführlich Scholl 2004, Kap. 9).

(1) Alle Menschen verfügen nur über eine *begrenzte Rationalität* (Simon 1983), d.h. sie können viele Dinge nicht wissen und neue Informationen, die neue Sichtweisen nahelegen, auch nur mühsam und schrittweise verarbeiten.

(2) Unternehmen müssen bei ihren Entscheidungen nicht nur eine *Vielzahl unterschiedlicher Interessen berücksichtigen* (Donaldson/Preston 1995) wie die verschiedener Anteilseigner, Kreditgeber, Arbeitnehmer, Kunden, Lieferanten, öffentlicher Institutionen und Meinungen, sondern auch berücksichtigen, dass das Wissen und die Meinungen der Betreffenden zu den jeweils anstehenden Problemen auch rollenspezifisch interessengefärbt sind. Daraus folgt, dass die Chancen und Risiken einer Innovation auch meist unterschiedlich gesehen werden, was Innovationsprozesse noch komplexer und schwieriger macht. Andererseits liegt genau darin auch die Chance der Mitbestimmung für beide Seiten, wenn durch kooperative Diskussions- und Aushandlungsprozesse relevante Aspekte differenzierter und realistischer gesehen und die Entscheidungen besser werden.

(3) Die Berücksichtigung der Interessen anderer im eigenen Denken und Entscheiden fällt naturgemäß schwer, wird zum Teil auch gar nicht beabsichtigt und wird daher am ehesten bei wechselseitiger Abhängigkeit und *annäherndem Machtgleichgewicht* realisiert; Machtungleichgewichte (ver)führen zur Machtausübung gegen die Interessen der Anderen (Mitchell et al. 1998), die sich negativ auf den jeweiligen Innovationserfolg und auf die generelle Innovationsfähigkeit auswirken (Scholl 2004, 2009).

(4) Da weder das Management noch der Betriebsrat die Vielzahl und Vielfalt der Kenntnisse und Erfahrungen der verschiedenen Arbeitnehmer/innen in der notwendigen Detailliertheit verarbeiten und integrieren können, auch wenn sie durch arbeitsteiliges Vorgehen das schon verbessern, ist prinzipiell auch die *Einbeziehung der jeweils relevanten Arbeitnehmer/innen* in die Innovationsprozesse vorteilhaft für gute Ergebnisse (Scholl 2004, Kap. 6). Die Einführung mitarbeiterorientierter Organisationsformen erleichtert und sichert solche Partizipationsprozesse.

Die empirische Prüfung der wichtigsten Hypothesen zu „Innovativität durch Mitbestimmung" aus dem gleichnamigen Forschungsantrag an die Hans-Böckler-Stiftung und die daran anschließenden Zusatzauswertungen haben zu interessanten Erkenntnissen geführt, die vielfach über die vorhandene Literatur hinaus gehen. Zum Teil liegt dies am methodischen Vorgehen, weil nicht nur qualitative und quantitative Verfahren genutzt wurden, sondern weil im qualitativen Teil die Antworten von Management und Betriebsrat systematisch verglichen und im quantitativen Teil direkt gemittelt wurden. Denn grundsätzlich muss damit gerechnet werden, dass keine Seite alleine recht hat oder gar „rationaler" ist, weil jede Seite Informationen bekommt und Dinge erlebt, die die andere nicht hat und weil gleiche Informationen und Erlebnisse oft interessenbedingt anders wahrgenommen und interpretiert werden.

Zu Innovationserfolg durch Mitbestimmung lautete die zentrale Hypothese:

– Je stärker die Partizipation der Arbeitnehmervertreter/innen, umso wirtschaftlich erfolgreicher und sozialer, d.h. die verschiedenen Arbeitnehmerinteressen berücksichtigender, sind Prozessinnovationen. Das Ergebnis dazu ist aus Abbildung 3.8 übernommen.

Wie die Abbildung 9.1 zeigt, fördert eine starke Beteiligung des Betriebsrats auf komplexe Weise den Erfolg von Innovationen, hier zusammengefasst als wirtschaftlicher Erfolg und sozialer Erfolg, mit dem die Arbeitnehmerinteressen gemessen sind. Zusatzanalysen zeigten in Abschnitt 3.3.6, dass das nahezu in gleicher Weise für beide Arten von Erfolg gilt. Wie vermutet, ist der relative Einfluss des Betriebsrats im Vergleich zur Geschäftsleitung förderlich für eine starke Beteiligung. Im Unterschied zu vielen anderen Untersuchungen war dabei die

Annahme, dass nicht die Existenz eines Betriebsrats *per se* ausschlaggebend ist, sondern die tatsächliche Beteiligung und dass diese u.a. abhängig ist von der relativen Macht gegenüber dem Management, damit – wie oben beschrieben – wenigstens ein annäherndes Machtgleichgewicht erreicht wird. Wie die Machtverhältnisse in unserer Stichprobe im Durchschnitt unserer Stichprobe aussehen, zeigt Abbildung 9.2; sie entsprechen den Erwartungen und stimmen auch weitgehend mit unserer früheren Mitbestimmungsuntersuchung (Scholl/Kirsch 1986, S. 361) überein.

Abb. 9.1: Bedingungen und Folgen der Betriebsratsbeteiligung an Innovationsprozessen

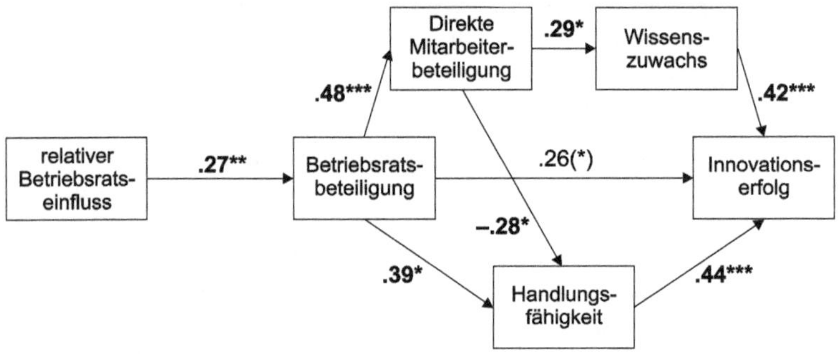

Indirekter Effekt:
Betriebsratsbeteiligung → Innovationserfolg: β = .17*;
* = signifikant, Irrtumswahrscheinlichkeit < 5%; ** = signifikant, Irrtumswahrscheinlichkeit < 1%, *** = signifikant, Irrtumswahrscheinlichkeit < 0,1%

Abb. 9.2: Durchschnittliche Macht relevanter Gruppen (gemessen als Einfluss auf Entscheidungen)

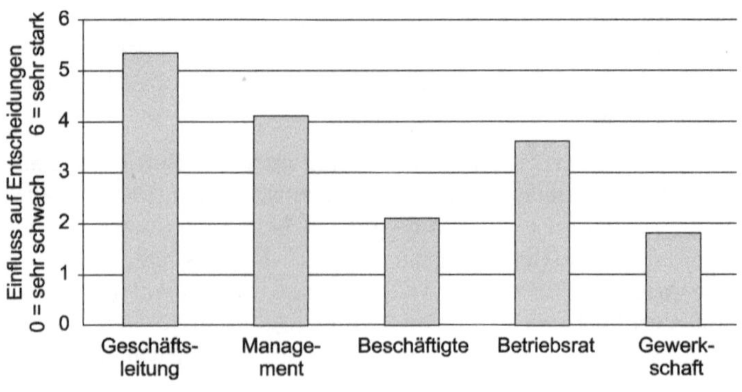

Im Durchschnitt ist der Betriebsratseinfluss um fast zwei Skaleneinheiten niedriger als der Einfluss der Geschäftsleitung, aber es gibt eben mehrere Fälle, wo die Differenz kleiner ist, was sich positiv auf die Beteiligung und letztlich den Innovationserfolg auswirkt, sowie andere Fälle mit größerer Differenz und negativeren Ergebnissen.

Der positive Effekt der Betriebsratsbeteiligung auf den Innovationserfolg wird vor allem über die Handlungsfähigkeit vermittelt (hier .39*), die den negativen Effekt der direkten Mitarbeiterbeteiligung darauf (–.28*) mehr als kompensiert. Handlungsfähigkeit ist wiederum eine entscheidende Bedingung für den Innovationserfolg (.44***); das Konzept misst die Fähigkeit zu zügigen Entscheidungen, die dann auch sinngemäß umgesetzt werden. Die entsprechende Antragshypothese lautete:

– Eine authentische Partizipation der Betriebsräte, beruhend auf einer starken Betriebsratsstellung ... erhöht die Handlungsfähigkeit, d.h. die Entscheidungs- und Implementierungsfähigkeit, und damit den Erfolg der Prozessinnovationen.

Die Wirkung der Handlungsfähigkeit auf den Innovationserfolg bestätigt die Ergebnisse aus den zwei Innovationsuntersuchungen von Scholl (2004 und 2009) und sie entspricht auch der Mitbestimmungsuntersuchung von Kirsch und Scholl (1983), nach der selbst die paritätische Mitbestimmung die Handlungsfähigkeit der Unternehmen nicht gefährdet, sondern sogar teilweise fördert – entgegen der Arbeitgeberklage gegen das Mitbestimmungsgesetz von 1976.

Die obige Analyse bestätigt auch die Annahme, dass für den Innovationserfolg ein hoher Wissenszuwachs wichtig ist (.42***; ähnliche Ergebnisse in Scholl 2004 und 2009) und dass eine hohe Betriebsratsbeteiligung dafür förderlich ist. Abweichend zur ursprünglichen Annahme geschieht das jedoch nicht direkt, sondern indirekt durch eine Förderung der Partizipation relevanter Mitarbeiter/innen (.48***), die dann – vermutlich weil sie sich sicherer fühlen – mehr von ihrem Detailwissen beisteuern (.29*). Bedeutsam ist dabei insgesamt also die erneute Bestätigung der im Antrag formulierten These:

– Der Erfolg von Innovationen lässt sich durch die Breite und Tiefe der in der Organisation verfügbaren, produzierbaren, beschaffbaren und weitergegebenen Informationen bzw. ein geringeres Maß an Informationspathologien und durch eine größere Handlungsfähigkeit erklären.

Inhaltlich ähnlich wie das direkte Maß des Wissenszuwachses, aber gemessen von der negativen Seite eines behinderten Wissenszuwachses, beeinträchtigen die ins Modell (Abb. 9.1) nicht aufgenommenen Informationspathologien bzw. mangelnde oder fehlerhafte Informationsweitergaben den Innovationserfolg (Korrelation r = –.52***). Interessant ist schließlich, dass die Beteiligung des Betriebsrats an den Innovationsprozessen sich eher indirekt auf den Innovationserfolg auswirkt, vermittelt über größere Handlungsfähigkeit und verstärkte Arbeitnehmerbeteiligung: Der direkte Pfad von .27* wird bei einer zusätzlichen Berücksichtigung der vier unterschiedlichen Innovationsarten (siehe oben) nicht mehr auf dem 5-%-Niveau signifikant und ist daher eingeklammert. Eine direkte Wirkung wäre vor allem dann zu erwarten, wenn Betriebsräte selber die Innovation vorschlagen und ihre Umsetzung vorantreiben, was nur ganz selten der Fall war (siehe Kap. 4).

Die unterschiedliche Art und Intensität der Beteiligung von Betriebsräten bei verschiedenen Arten von Prozessinnovationen ist durch die qualitative Auswertung der Interviews in Kapitel 4 deutlich geworden. Das Ergebnis (siehe Tab. 9.1) zeigt, dass Betriebsräte sich bei personalbezogenen Innovationen besonders stark beteiligen und hier am ehesten auch proaktiv bzw. innovativ mit eigenen Vorschlägen tätig werden; in Personalfragen haben sie vermutlich die größte Kompetenz, denn das ist nach BetrVG auch ihr Hauptaufgabengebiet. Bei den drei anderen Innovationsarten steht dagegen der Schutz von Arbeitnehmerinteressen im Vordergrund und wird aktiv betrieben; vom Management geplante Innovationen werden dadurch in einigen Punkten inhaltlich verändert; dies kann dann durchaus mit einem Werben um Akzeptanz der Innovation bei den Beschäftigten verbunden sein.

Tab. 9.1: Betriebsratsbeteiligung bei unterschiedlichen Innovationsarten (Übernahme der Tabelle 4.4)

Innovationsart	Schwerpunkt des Betriebsratshandelns
Innovationen im Bereich der Aufbauorganisation	inhaltliche Ausgestaltung O Schutz der Arbeitnehmerinteressen + Werben um Akzeptanz + Kontext +
Innovationen im Bereich der Ablauforganisation	inhaltliche Ausgestaltung + Schutz der Arbeitnehmerinteressen + Qualifikation O
Personalbezogene Innovationen	inhaltliche Ausgestaltung ++ dir. Arbeitnehmerbezug (Interessenschutz, Qualifikation, Akzeptanz) O
Einführung neuer Software	inhaltliche Ausgestaltung O Schutz der Arbeitnehmerinteressen ++ Kontext +

++ vergleichsweise stark ausgeprägt; + vergleichsweise etwas stärker ausgeprägt;
O vergleichsweise wenig ausgeprägt

Bei der detaillierten Betrachtung der einzelnen Innovationen fallen zwei Dinge auf, bei denen ein stärkerer Einsatz der Betriebsräte und gegebenenfalls eine stärkere Fortbildung sich empfehlen würde: Qualifizierungen scheinen kein besonders aktives Einsatzgebiet bei Innovationen zu sein, sie kommen in Tabelle 9.1 entweder als weniger stark ausgeprägt vor oder sind durchschnittlich beachtet und daher nicht hervorgehoben. Und bei den zwei Prozessinnovationen, die direkt die Innovationsfähigkeit erhöhen sollen durch ein verbessertes Ideenmanagement, haben sich die Betriebsräte nicht besonders engagiert.

Die *Bedingungen und Konsequenzen des Vertrauensverhältnisses zwischen Management und Betriebsrat* waren ein zusätzlicher Schwerpunkt der Untersuchung, der erst nach der Bewilligung ausgearbeitet wurde.[1] Eine erfolgreiche Kooperation in Dilemmasituationen ist ohne ein Mindestmaß an Vertrauen kaum denkbar, denn wenn man jederzeit damit rechnen muss, vom anderen getäuscht und benachteiligt zu werden, wird auch die kooperationswilligste Person aufhören zu kooperieren (Kuhlmann/Marshello 1975). Für die weniger mächtige Person oder Gruppe ist Vertrauen noch wichtiger, aber Misstrauen wahrscheinlicher, denn falls Vertrauen enttäuscht wird, hat die weniger mächtige Person oder Gruppe kaum noch Möglichkeiten, das ungünstige Resultat zu korrigieren. Das zeigte sich auch im Vergleich von Management- und Betriebsratsinterviews. Daher sind institutionelle Absicherungen wie z.B. Betriebsvereinbarungen für den Betriebsrat wichtiger. So eine Absicherung kann auch indirekter Art sein, wobei der Betriebsrat im Sinne einer „wie Du mir, so ich Dir"-Strategie (tit-for-tat) eine Kooperation des Managements manchmal nur durch Koppelung mit einem eigentlich sachfremden, aber stärkeren Mitbestimmungsrecht erreichen kann. Wegen der schwächeren Position bleibt auf Seiten des Betriebsrats selbst ausgeprägtes Vertrauen in der Regel mit einer gewissen Skepsis gepaart. Entsprechende kritische Nachfragen sind dabei durchaus förderlich für die Vertiefung in die anstehenden Probleme und den Erwerb besseren Wissens über Knackpunkte und Lösungsmöglichkeiten.

Für die Entstehung von Vertrauen zwischen Management und Betriebsrat sind vor allem drei Dinge wichtig:

(1) Offenheit, breite Information, transparentes Vorgehen, eigenes Ansprechen von Punkten, die für die andere Seite kritisch sind.
(2) Berücksichtigung der unterschiedlichen Rollenanforderungen, die an den oder die Andere gestellt werden, was nicht nur die verschiedenen qua Position zu vertretenden Interessen betrifft, sondern auch die jeweils unterschiedliche Einbindung in verschiedene soziale Gruppen; gefragt ist die Fähigkeit zur Perspektivenübernahme und Empathie.

1 Hanna Janetzke hatte die Idee eingebracht, siehe auch die Kapitel 7 und 8.

(3) Zeit, mit dem oder der Anderen Erfahrungen zu sammeln; der Aufbau von Vertrauen geht nur schrittweise.

Aus allen drei Gründen ist Vertrauen stark personengebunden und lässt sich nicht ohne weiteres auf andere Personen derselben Gruppe oder die ganze Gruppe übertragen. Durch zu häufigen Wechsel auf Managementseite oder gelegentlich auf Betriebsratsseite werden daher der Aufbau und/oder die Aufrechterhaltung von Vertrauen behindert.

Wie in der Literatur angenommen, hat Vertrauen positive Folgen für die Art der Zusammenarbeit und ihre Ergebnisse. Dazu wurde ein differenziertes theoretisches Modell aufgestellt und weitgehend bestätigt, siehe Abbildung 9.3.

Abb. 9.3: Auswirkungen gegenseitigen Vertrauens auf den Innovationserfolg (Modifizierte Übernahme der Abbildung 8.1)

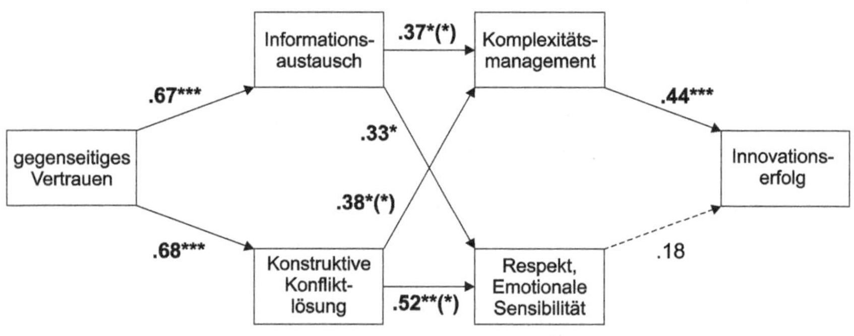

n = 44; * p < 0.5, ** p < .01, *** p < .001
Einfaches Pfadmodell: $\chi^2 = 5.96$, df = 7, p = .54; RMSEA = .00, SRMR = .06, CFI = 1.0
(Mit Kontrolle des Innovationstyps: $\chi^2 = 7.30$, df = 7, p > .20; RMSEA = .04, CFI = .99)
Indirekter Effekt: Vertrauen → Innovationserfolg $\beta = .32$

Gegenseitiges Vertrauen fördert sehr stark den wechselseitigen Informationsaustausch und als Folge ein besseres Management der Komplexität und letztlich den Erfolg von Innovationen (obere Pfadkette in Abb. 9.3). Konflikte lassen sich bei Innovationen kaum vermeiden (was auch gar nicht wünschenswert wäre), aber bei gegenseitigem Vertrauen werden sie konstruktiver gehandhabt und gelöst, was sich ebenfalls positiv auf das Komplexitätsmanagement und den Innovationserfolg auswirkt. Sowohl über einen besseren Informationsaustausch wie über eine konstruktivere Handhabung der sich ergebenden Konflikte wirkt Vertrauen auch positiv auf den wechselseitigen Respekt und die Sensibilität für die emotionale Involvierung des jeweils Anderen, aber emotionale Sensibilität hat einen geringeren Effekt als ursprünglich angenommen; er ist nicht signifikant.

Mit diesen Ergebnissen wird der in Abbildung 9.1 dargestellte Effekt der Betriebsratsbeteiligung auf den Innovationserfolg noch einmal weiter differenziert: Es macht einen großen Unterschied, inwieweit diese Beteiligung von wechselseitigem Vertrauen geprägt ist. Das lässt sich am Ausmaß der Effekte verdeutlichen: Während die generelle Beteiligung des Betriebsrats einen indirekten Effekt auf den Innovationserfolg von $\beta = .17$ hat, ist der Effekt wechselseitigen Vertrauens mit $\beta = .32$ deutlich höher; eine intensive Beteiligung des Betriebsrats an Innovationsprozessen, die von wechselseitigem Vertrauen getragen ist, wirkt sich auf den Innovationserfolg besonders positiv aus.

Die *Bedeutung einer konstruktiven Konflikthandhabung* zur Bewältigung der komplexen Innovationsprobleme soll noch aus einer weiteren Perspektive verdeutlicht werden. Konstruktive Konflikthandhabung heißt nicht nur, bei einem Konflikt gemeinsam nach Wegen zu suchen, mit denen die beiderseitigen Interessen besser befriedigt werden können (siehe Abschnitt 8.2.3), sondern beinhaltet auch den Konflikt überhaupt anzugehen anstatt ihn zu vermeiden, sowie den Verzicht auf Machtausübung. Anpassung an den Anderen unter Hintanstellung eigener Interessen kann hilfreich oder vorschnell sein und wird nicht einbezogen. Konstruktive Konflikthandhabung in diesem erweiterten Sinne fördert die Handlungsfähigkeit ($r = .58^{***}$) und hilft beim Komplexitätsmanagement ($r = .66^{***}$). In Abbildung 9.4 sind zunächst die durchschnittlichen Vorgehensweisen beider Seiten dargestellt; die Werte beruhen, wie sonst auch, auf der Kombination der beiderseitigen Einschätzungen.

Die Daten zeigen zum einen, dass die konstruktivste Art der Konflikthandhabung, Zusammenarbeit, bei beiden Seiten mit Abstand am häufigsten vorkommt ($p < .001$). Zum anderen zeigen sie, dass beim Management Zusammenarbeit und Anpassung, bei denen die Interessen der anderen Seite berücksichtigt werden, seltener als beim Betriebsrat vorkommen, während die interessenverletzenden Arten, Machtausübung und Vermeidung, häufiger sind ($p < .001$). Dieser Befund spiegelt die generelle Tendenz wider, dass die mächtigere Seite ihre Macht häufiger zum Nachteil anderer einsetzt (Scholl 2011), und wird auch dadurch gestützt, dass das Management tendenziell umso eher Macht gegenüber dem Betriebsrat ausübt, je größer die Machtdifferenz ist ($r = .28$, $p < .10$). Dies entspricht im Wesentlichen der Hypothese aus dem Antrag:

– Je ausgeglichener das Machtverhältnis zwischen Betriebsleitung und Betriebsrat und zwischen Unternehmensleitung und Gesamtbetriebsrat, umso integrativer erfolgt die Handhabung anstehender Konflikte.

Die Bedeutung einer konstruktiven Konflikthandhabung steigt mit dem Konfliktausmaß bzw. der Konfliktbelastung, d.h. wie oft und wie intensiv bei einer Innovation Konflikte zwischen Management und Betriebsrat aufgetreten sind.

Abb. 9.4: Konflikthandhabungspraktiken von Management und Betriebsrat

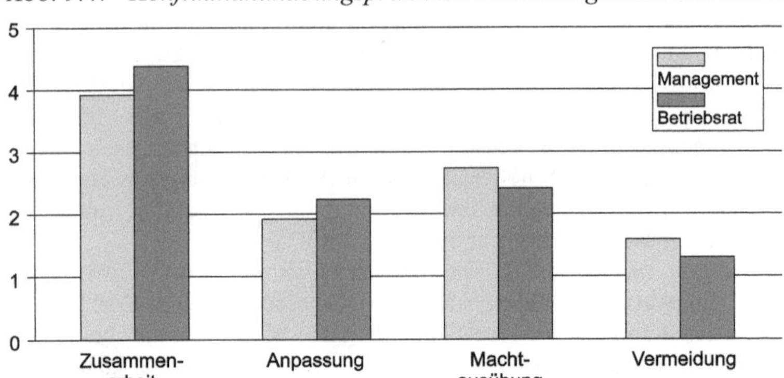

Das Ausmaß der Konflikte steht im Zusammenhang mit der wahrgenommenen Unvereinbarkeit der Interessen zwischen Management und Arbeitnehmern (r = .59***) und es sollte nicht unterschätzt werden: Auf einer Skala von 0–6 liegt der Durchschnitt bei 3,52 (SD = 0,90), d.h. über einer mittleren Häufigkeit und Intensität. Je höher das Konfliktausmaß, umso eher wird Macht ausgeübt (r = .49***) und umso weniger wird konstruktiv gehandelt (r = –.36*) und der Innovationserfolg fällt geringer aus (r = –.32*). Das bestätigt die folgende Antragshypothese:

– Je stärker die Interessenkonflikte, umso schwerer wird es für beide Seiten, nicht in eine distributive Konflikthandhabung mit gegenseitigem Machteinsatz zurückzufallen.

Dabei käme es gerade bei hoher Konfliktbelastung besonders darauf an, den Konflikt konstruktiv anzugehen und weder die Auseinandersetzung zu vermeiden, noch Macht auszuüben, wie die Abbildung 9.5 deutlich macht. Die Daten zeigen, dass bei geringer Konfliktbelastung die Art der Konflikthandhabung keine Konsequenzen für den Innovationserfolg hat; wenn mal ein eher geringer Konflikt auftaucht, dann hat die Art der Bewältigung anscheinend keine Bedeutung für den weiteren Fortgang der Innovation. Bei hoher Konfliktbelastung dagegen ist der Unterschied entscheidend, denn der oben beschriebene negative Effekt lässt sich durch eine konstruktive Konflikthandhabung umkehren, so dass der Innovationserfolg noch höher ist als bei geringem Konfliktausmaß. Daran wird deutlich, dass Konflikte gerade bei Innovationen durchaus positiv sein können, sofern sie konstruktiv bearbeitet werden, weil dann die Probleme besser ausgeleuchtet werden und neues Wissen über bessere Alternativen generiert wird (siehe auch Bentz 2011). Damit bestätigt sich auch folgende Hypothese:

- Je konstruktiver bzw. integrativer die Konflikthandhabung verläuft und je weniger Macht (Einwirkung gegen die Interessen des/der anderen) dabei ausgeübt wird, umso ... erfolgreicher sind die Prozessinnovationen.

Abb. 9.5: Konfliktbelastung, Konflikthandhabung und Innovationserfolg

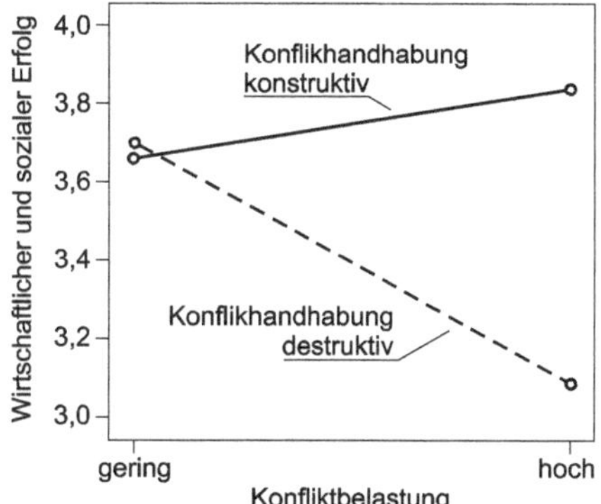

Eine Hypothese zum Zusammenhang von Prozess- und Produktinnovationen hat sich aus verschiedenen Gründen nur teilweise bestätigt:

- Durch Prozessinnovationen, die – mit partizipativer Organisationsentwicklung statt Reorganisation von oben – auf Qualifikation und Partizipation, auf Teamarbeit, auf wechselseitige Einflussnahme anstelle von Machtausübung, auf offenen Informationsaustausch und Wissensgewinnung, d.h. auf arbeitnehmerorientierte Organisationsformen abzielen, werden direkt und indirekt auch Produktinnovationen befördert: Direkt, weil die meisten Produktinnovationen begleitende Prozessinnovationen benötigen, indirekt, weil dann ein innovationsfreundlicheres Klima herrscht und Innovationsbarrieren abgebaut werden.

Ein größerer Erfolg bei den Prozessinnovationen fördert nach unseren Daten nicht die Entwicklung oder Verbesserung neuer Produkte und Dienstleistungen, aber als Ergebnis wurde dann signifikant häufiger eine Steigerung der Kreativität (r = .30*), eine erhöhte Akzeptanz neuer Ideen (r = .50**) und eine höhere Veränderungsbereitschaft und Flexibilität (r = .48**) genannt. Während die Steigerung der Kreativität zumindest indirekt wohl auch einen positiven Effekt für Produkt- oder Dienstleistungsinnovationen hat, signalisieren die beiden letzten Korrelationen, dass nach einer gelungenen Prozessinnovation die nächste leichter fällt; das Gegenteil gilt nach misslungenen Fällen.

Dass die erhobenen Prozessinnovationen keine direkte Wirkung auf Produkt- oder Dienstleistungsinnovationen hatten, liegt sicher auch daran, dass wir kaum Fälle dabei hatten, die auf die angesprochenen arbeitnehmerorientierten Organisationsformen abzielten (siehe Kap. 4). Die Innovationen im Bereich der Aufbauorganisation waren typische Reorganisationen. Die Innovationen im Bereich der Ablauforganisation dienten der Optimierung und Kostensenkung. Die Software-Einführungen hatten immerhin in einem Fall den expliziten Zweck, die Zusammenarbeit zu verbessern. Bei den Personalinnovationen gab es einige, die direkt den Mitarbeiter/inne/n dienten, wie z.B. Maßnahmen zur Verbesserung der Work-Life-Balance oder der Prävention von Fehlbelastungen. Nur die Einführung von Vertrauensarbeitszeit in einem Fall geht in Richtung Arbeitsorientierung und besonders die beiden Innovationen im Bereich Ideenmanagement, mit denen das Potential der Beschäftigten ernster genommen wird, könnten auch Produktinnovationen fördern. Gerade in diesen beiden Fällen war allerdings der Betriebsrat kaum inhaltlich aktiv und sie waren weniger erfolgreich. Insofern konnte diese Hypothese auch nicht genügend getestet werden.

Der Betriebsrat kann durch seine Mitwirkung bei Prozessinnovationen genauso wenig wie das Management alle Detailprobleme entdecken, bearbeiten und klären. Daher ist die Mitwirkung der unmittelbar Betroffenen irgendwie immer notwendig und sei es um nachträglich die gemachten Fehler mühsam zu korrigieren, falls das noch möglich ist, und/oder auszubaden. Daher wurde neben der Beteiligung des Betriebsrats an Prozessinnovationen auch die unterschiedlich breite und intensive Beteiligung der Arbeitnehmer in die Untersuchung einbezogen. Zum erwarteten *Innovationserfolg durch Arbeitnehmerpartizipation* lautete die zentrale Hypothese:

– Je früher und umfangreicher die betroffenen Arbeitnehmer/innen bei Prozessinnovationen beteiligt werden, umso wirtschaftlich erfolgreicher sind diese, gemessen am Grad ihrer Nutzung und ihres gestifteten Nutzens.

Das Ergebnis dazu ist in Abbildung 9.6 dargestellt (aus Abb. 6.1 übernommen): Wie die Abbildung zeigt, fördert direkte Partizipation bzw. eine starke Beteiligung der Arbeitnehmer/innen nicht unmittelbar den Innovationserfolg, denn sie sind nicht die Initiatoren und Treiber. Aber sie tragen zum Erfolg von Innovationen in doppelter Weise bei, indem sie einerseits zusätzlich wertvolles Wissen einbringen (siehe auch Abb. 9.1) und indem sich ihr Widerstand verringert, was wiederum den Innovationserfolg wahrscheinlicher macht.

Innovationserfolg ist auch hier zusammengefasst als wirtschaftlicher Erfolg und sozialer Erfolg. Zusatzanalysen zeigten in Abschnitt 6.3.4, dass das nicht in gleicher Weise für beide Arten von Erfolg gilt, sondern nur für den sozialen Erfolg bzw. für die Interessen der Arbeitnehmer/innen. Insofern ist die oben genannte Hypothese nur global für den Erfolg korrekt, aber in der Detailfrage wirtschaftlich versus sozial genau andersherum richtig: Die Mitarbeiterbeteiligung

Abb. 9.6: Bedingungen und Folgen der Beteiligung von Arbeitnehmer/innen an Innovationsprozessen

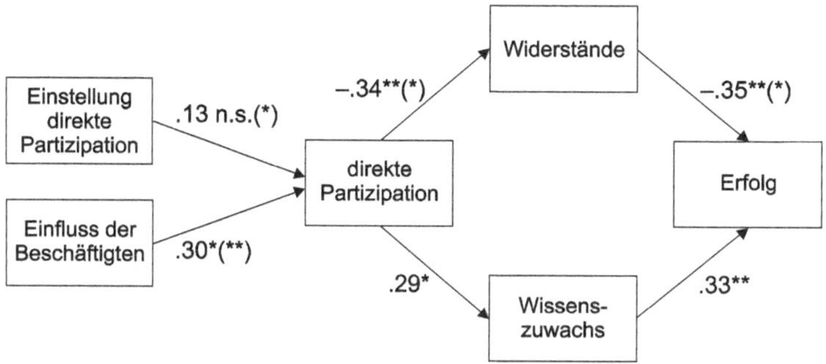

N = 44; * p < 0.5, ** p < .01

Einfaches Pfadmodell: χ^2 = 1.55, df = 8, p = .99; RMSEA = .00; SRMR = .05; CFI = 1.0

Modell mit Innovationstyp als Cluster-Variable: χ^2 = 4.69, df = 8, p = .79; RMSEA = 0.01, SRMR = 0.05, CFI = 1.0 (abweichende Signifikanzen in Klammern).

Indirekter Effekt: Arbeitnehmerbeteiligung → Innovationserfolg β = .21*

korreliert signifikant mit sozialem Erfolg (.42**), aber nicht mit dem wirtschaftlichen Erfolg (–.06). Im Einzelnen hängt das damit zusammen, dass auch beim Wissenszuwachs durch die beteiligten Arbeitnehmer/innen nur die Korrelation mit dem sozialen Erfolg signifikant wird (.48**), aber nicht die mit dem wirtschaftlichen Erfolg (.15), und hohe Widerstände mit niedrigem sozialen Erfolg zusammenhängen (–.54**), aber wiederum nicht signifikant mit wirtschaftlichem Erfolg (–.12).

Möglicherweise lag der Fehler der Hypothese in der ungenügenden Unterscheidung von Prozess- versus Produktinnovationen, denn bei Prozessinnovationen ist eher als bei Produktinnovationen damit zu rechnen, dass Arbeitnehmerinteressen stärker und ungünstiger betroffen sind. Für die sozialen Aspekte von Prozessinnovationen mobilisieren Arbeitnehmer/innen vermutlich eher ihr Wissen als für die wirtschaftlichen und leisten hier auch eher Widerstand, wenn sie nicht genügend einbezogen werden. Diese Betrachtung lässt sich auch mit dem unerwarteten Befund von Abbildung 9.1 in Einklang bringen, dass die Arbeitnehmerbeteiligung sich negativ auf die Handlungsfähigkeit auswirkt: Die Partizipation der Arbeitnehmer/innen baut zwar in der Regel Widerstände gegen Prozessinnovationen ab, aber das ist wohl ein mühsamer Prozess und führt zu unvorhergesehenen Schwierigkeiten im Ablauf und somit zu geringerer Handlungsfähigkeit. Eventuell gilt die Hypothese nur für bestimmte Arten von Prozessinnovationen, z.B. für Softwareeinführungen (siehe Scholl 2004). Die Annahme, dass die direkte Partizipation förderlich ist für den wirtschaftlichen Innovationserfolg wird angesichts der sonstigen Forschung für Produktinnovationen aufrechterhalten und wäre extra zu untersuchen.

Die qualitativen Auswertungen zur direkten Partizipation der Arbeitnehmer/innen in Kapitel 5 haben gezeigt, dass es auch hier sinnvoll ist, verschiedene Arten von Prozessinnovation zu unterscheiden. Eine relativ starke Beteiligung war bei Ablaufinnovationen zu finden, vermutlich weil hier vom Unternehmen benötigtes Wissen und Betroffenenmotivation zur Abwendung ungünstiger Regelungen zusammentrafen. Im Unterschied dazu war die Beteiligung an Aufbauinnovationen sehr gering, weil hier oft scheinbar unabwendbare Nachteile keine Seite motivierten eine Beteiligung anzustreben. Auch bei personalbezogenen Innovationen war die direkte Partizipation nicht sehr hoch, weil anscheinend wenig Widerstand erwartet wurde und weil der Betriebsrat sich ja darum kümmert. Bei Softwareinnovationen dagegen gab es intensive Beteiligung von Arbeitnehmern, die als Betroffene auch große Expertise hatten; darüber hinaus wurde hier sehr breit informiert. Insgesamt war die Einbeziehung der Beschäftigten selten richtig geplant, ging meist von Unternehmensseite aus, weniger aktiv vom Betriebsrat und nur selten initiativ von den Beschäftigten selbst. Hier gäbe es noch erhebliche Verbesserungsmöglichkeiten.

Interessant an dem so nicht erwarteten Ergebnis eines größeren sozialen Erfolgs durch stärkere direkte Partizipation der Beschäftigten ist, dass die Gefahr einer „partizipativen Rationalisierung" (Dörre 2002; Springer 1999) anscheinend eher die Ausnahme ist, so dass sich in unserer Stichprobe sogar die gegenteilige Tendenz durchsetzte. Da unsere Untersuchung nicht repräsentativ für deutsche Unternehmen ist und da Betriebe ohne Betriebsrat überhaupt nicht dabei sind, kann es in anderen Bereichen der Wirtschaft solche Verhältnisse durchaus geben. Man wird aber in jedem Fall damit rechnen müssen, dass direkte Partizipation Menschen nicht zur Aufgabe ihrer Interessen bewegen wird, sondern ihnen eher mehr Möglichkeiten bietet, diese – offen oder verdeckt – stärker durchzusetzen als ohne direkte Partizipation.

Im Gesamtvergleich zwischen Betriebsrats- und Arbeitnehmerbeteiligung wird klar, dass beide positiv für den Erfolg von Prozessinnovationen sind, dass sich das aber erstens bei direkter Partizipation auf soziale bzw. arbeitnehmerorientierte Aspekte beschränkt und dass die Betriebsratsbeteiligung insgesamt stärkere Effekte hat. Dies kann durch die einfachen Korrelationen am besten verdeutlicht werden (siehe Tab. 9.1).

Alle bisher genannten Ergebnisse zur tatsächlichen Beteiligung des Betriebsrats an Verfahrensinnovationen, zum gegenseitigen Vertrauen und zur Konflikthandhabung legen die Frage nahe, inwieweit *Betriebsratsarbeit* in den Fällen starker Beteiligung mehr oder minder zwangsläufig zum *Co-Management* führt (siehe auch Rüdt 2007). Solange man damit nur faktische Verhältnisse beschrei-

Tab. 9.1: Partizipationsarten und Innovationserfolg

	Gesamterfolg	Wirtschaftlicher Erfolg	Sozialer Erfolg
Betriebsratsbeteiligung („Indirekte Partizipation")	.39**	.27*	.33*
Arbeitnehmerbeteiligung (Direkte Partizipation)	.30+	–.06 n.s.	.42**

n.s. = nicht signifikant; + = Irrtumswahrscheinlichkeit < 10%; * = Irrtumswahrscheinlichkeit < 5%; ** = Irrtumswahrscheinlichkeit < 1%

ben will, ist das sicher zu bejahen. Beachtet man aber die wertende Aufladung dieses Begriffs aus der Perspektive unterschiedlicher Einstellungen, dann sind die Erwartungen innerhalb des Betriebsrats, in der Belegschaft, im Management und in der jeweiligen Gewerkschaft mit einzubeziehen und das beteiligte Betriebsratsmitglied muss sich gegenüber diesen Erwartungen positionieren und sein bzw. ihr Tun erklären. Die eigentlichen Probleme liegen aber nicht auf dieser Benennungs- und Interpretationsebene, sondern in der prinzipiellen Möglichkeit besserer Alternativen, welche die wirtschaftlichen und die sozialen, arbeitnehmerbezogenen Interessen berücksichtigen, sowie in der konstruktiven und hartnäckigen Exploration dieser möglicher Alternativen, ganz im Sinne des Harvard-Konzepts sachgerechter Verhandlungen „Seien Sie hart in der Sache, aber sanft zu den beteiligten Menschen" (Fisher et al. 2009, S. 86ff.).

Resümee: Nimmt man alle Ergebnisse zusammen, dann hat die vorgestellte Untersuchung *insgesamt sehr positive Resultate zur „Innovativität durch Mitbestimmung"* ergeben, positiv sowohl für Arbeitnehmer- und Betriebsratsinteressen als auch für Managementinteressen. Gleichzeitig lassen sich aus der Untersuchung gezielte *Hinweise für weitere Verbesserungsmöglichkeiten* ableiten.

- Betriebsräte könnten noch stärker die Rolle eines Prozesspromotors oder Anwalts für sozial verträgliche und wirtschaftlich sinnvolle Prozessinnovationen übernehmen, müssten dafür aber gezielte Schulungsangebote erhalten. Erste Erfahrungen damit wurden im Projekt GI:VE mit einer sehr positiv evaluierten Ausbildung zum Innovationspromotor gemacht (siehe http://www.vertrauenskultur-innovation.de/de/Ausbildung).
- Betriebsräte können sich durch breite Kommunikation, Diskretion im Einzelfall und klare Positionierung gegenüber den unterschiedlichen Erwartungen ihrer relevanten Gruppen viel Vertrauen erwerben, was die Wirksamkeit ihrer Arbeit deutlich erhöht. Dafür die geeigneten Persönlichkeiten zu finden und sie in ihrem Werdegang zu fördern ist jedoch nicht leicht und fällt in die Verantwortung aller Beteiligten. Das Gleiche gilt übrigens für Führungskräfte und ihren Aufstieg in verantwortungsvollere Positionen.
- Betriebsräte könnten bei Prozessinnovationen oft noch viel gezielter die Einbeziehung betroffener Arbeitnehmer/innen fördern, sie mobilisieren und

mit ihnen zusammenarbeiten. Dies ist u.a. deswegen so wichtig, weil Prozessinnovationen zunehmend zum Regelfall werden und nicht mehr Jahre gleichbleibender Arbeitsverhältnisse dazwischen liegen. Dafür sind dann auch spezielle Austauschformen zu finden, die die Zusammenarbeit vereinfachen.

- Eine konstruktive Konflikthandhabung ist ein zentraler Schlüssel zum Erfolg in dieser wie in anderen Dilemmasituationen. Auch hier ist gezielte Schulung sehr empfehlenswert, die nicht nur auf das eigene Verhalten abzielt, sondern auch darauf, wie man die andere Seite ebenfalls zu konstruktiver Konflikthandhabung durch eine Art Verhandlungs-Jiu-Jitsu (Fisher et al. 2002) zum gemeinsamen Vorteil bewegen kann.
- Führungskräfte, Managementverbände und Arbeitgeberorganisationen sollten den Wert der Mitbestimmungsorgane als konstruktive Vertreter von Arbeitnehmerinteressen nicht nur in der alltäglichen Praxis irgendwie begreifen, sondern auch in ihren Einstellungen, Verlautbarungen und Schulungen explizit anerkennen. Wissen und Können der Beschäftigten sind die wichtigsten Ressourcen von Unternehmen und daher können alle von einer guten Vertretung der Arbeitnehmerinteressen nur profitieren, wie die Ergebnisse zeigen.
- Für die wirksame Beteiligung des Betriebsrats an Prozessinnovationen ist in vielen Fällen eine geringere Machtdifferenz zu Management und Geschäftsleitung nötig, weil vor allem so die Chancen für eine stärkere Beteiligung und eine konstruktive Konflikthandhabung mit ihren positiven Folgen für beide Seiten steigen. Der Aufbau von Machtpotentialen auf Betriebsratsseite ist dabei ein sehr schwieriges und langwieriges Unterfangen, ist aber unter Beachtung der situativen Gegebenheiten durchaus möglich. Eine Erweiterung der Betriebsratsrechte bei den §§ 111–113 für eine umfassendere Beteiligung an Prozessinnovationen wäre hier besonders hilfreich.
- Über Betriebsvereinbarungen könnten Innovationsbündnisse festgelegt werden, die die Beteiligung von Betriebsrat und betroffener Arbeitnehmer/innen systematischer regeln. Tarifvertragliche Rahmenrichtlinien wären dafür hilfreich.
- Inhaltlich sollten mitarbeiterorientierte Organisationsformen mit mehr Handlungsspielraum für die Beschäftigten und entsprechender Führungskräfteschulung im Sinne des Empowerments (Scholl et al. im Druck) proaktiv angegangen werden. Jedes Unternehmen muss dafür einen eigenen Weg finden, denn letztlich handelt es sich dabei um einen Kulturwandel. Nur so können Wissen und Motivation der Beschäftigten für wirtschaftlich und sozial erfolgreiche Prozessinnovationen ausgeschöpft werden.
- Ein Spezialfall dieser mitarbeiterorientierten Organisationsformen, ein funktionierendes Ideenmanagementsystem, verdient besondere Beachtung von

Management und Betriebsrat, denn in der Praxis verlieren solche Systeme nach Anfangserfolgen oft schnell wieder ihre Ergiebigkeit. Genau damit kann aber das in der Belegschaft vorhandene Potential für alle Arten von Innovationen, für Produkt-, Dienstleistungs- und Prozessinnovationen, am besten fruchtbar gemacht werden.

Literatur

Addison, J. T.; Schnabel, C.; Wagner, J. (1999): Verbreitung, Bestimmungsgründe und Auswirkungen von Betriebsräten: Empirische Befunde aus dem Hannoveraner Firmenpanel. In: Frick, B.; Kluge, N.; Streeck, W. (Hg.): Die wirtschaftlichen Folgen der Mitbestimmung. Frankfurt/M., New York: Campus, S. 223–252

Adler, P. S. (1999): Hybridization. Human resource management at two Toyota transplants. In: Liker, J. K.; Fruin, W. M.; Adler, P. S. (eds.): Remade in America: Transplanting and transforming Japanese management systems. New York/NY: Oxford University Press, S. 75–116

Anderson, N.; De Dreu, C. K. W.; Nijstad, B. A. (2004): The routinization of innovation research: A constructively critical review of the state-of-the-science. In: Journal of Organizational Behavior, 25, S. 147–173

Aregger, K. (1976): Innovationen in sozialen Systemen 1. Einführung in die Innovationstheorie der Organisation. Bern: Haupt

Askildsen, J. E., Jirjahn, U.; Smith, S. C. (2006): Works councils and environmental investment: Theory and evidence from German panel data. In: Journal of Economic Behavior and Organization, 60 (3), S. 346–372

Atkinson, S. (2004): Senior management relationships and trust: an exploratory study. In: Journal of Managerial Psychology, 19, S. 571–587

Atkinson, S.; Butcher, D. (2003): Trust in managerial relationships. In: Journal of Managerial Psychology, 18, S. 282–304

Backhaus, K.; Erichson, B.; Plinke, W.; Weiber, R. (2006): Mutivariate Analysemethoden. Eine anwendungsorientierte Einführung. Berlin: Springer

Baethge, M.; Kädtler, J. (1998): Innovation zwischen ökonomischen Anforderungen und politischem Regulierungsbedarf. In: Forschungsinstitut der Friedrich-Ebert-Stiftung (Hg.): Mitbestimmung und Beteiligung: Modernisierungsbremse oder Innovationsressource? Bonn: Friedrich-Ebert-Stiftung, S. 11–24

Bartölke, K.; Eschweiler, W.; Flechsenberger, D.; Tannenbaum, A. S. (1982): Workers' participation and the distribution of control as perceived by members of ten German companies. In: Administrative Science Quarterly, 27, S. 380–397

Bartölke, K.; Henning, H.; Jorzik, H.; Ridder, H.-G. (1991): Neue Technologien und betriebliche Mitbestimmung. Opladen: Westdeutscher Verlag

Bauer, R. (2006): Gescheiterte Innovationen: Fehlschläge und technologischer Wandel. Frankfurt/M.: Campus

Benders, J.; Huijgen, F.; Pekruhl, U.; O'Kelly, K. P. (1999): Useful but unused: Group work in Europe. Findings from the EPOC survey. Dublin: European Foundation for the Improvement of Living and Working Conditions

Bentz, M. (2011): Konflikte und ihre Bedeutung für Innovationen. Eine Feldstudie auf dem Gebiet der Nanotechnologie. Marburg: Tectum

Bertelsmann Stiftung; Hans-Böckler-Stiftung. (1998): Mitbestimmung und neue Unternehmenskulturen: Bilanz und Perspektiven. Bericht der Kommission Mitbestimmung. Gütersloh: Verlag Bertelsmann Stiftung

Bickenbach, F.; Soltwedel, R. (1996): Freiräume schaffen – Motivation stärken – Potentiale fördern – Bausteine partizipativer Führung und Unternehmensorganisation. Gütersloh: Verlag Bertelsmann Stiftung

Bies, R. J.; Moag, J. (1986): Interactional justice: Communication criteria of fairness. In: Lewicki, R. J.; Sheppard, B. H.; Bazerman, M. H. (eds.): Research on negotiation in organizations. Greenwich/CT: JAI, Vol. 1, S. 43–55

Bilsky, W.; Wülker, A. (2000): Konfliktstile: Adaption und Erprobung des Rahim Organizational Conflict inventory (ROCI-II). Berichte aus dem Psychologischen Institut IV, Universität Münster

Black, J. S.; Gregersen, H. B. (1997): Participative decision-making: An integration of multiple dimensions. In: Human Relations, 50, S. 859–878

Blume, L.; Gerstlberger, W. (2007): Determinanten betrieblicher Innovation: Partizipation von Beschäftigten als vernachlässigter Einflussfaktor. In: Industrielle Beziehungen, 14, S. 223–244

Boerner, S.; Gebert, D. (2004): Organisationskultur und Kreativität: Öffnungs- und Schließungsprozesse in Theatern und Forschungsorganisationen. In: Zeitschrift für Arbeits- und Organisationspsychologie, 48 (2), S. 73–78

Bortz, J.; Döring, N. (2002): Forschungsmethoden und Evaluation für Human- und Sozialwissenschaftler. (3., überarb. Aufl.): Berlin: Springer

Bosch, A. (1997): Vom Interessenkonflikt zur Kultur der Rationalität: Neue Verhandlungsbeziehungen zwischen Management und Betriebsrat. München, Mering: Hampp

Brandl, K. H.; Disselkamp, M.; Wedde, P. (2005): Beschäftigungssicherung durch Innovation: Der neue § 92a BetrVG. Frankfurt/M.: Bund

Breisig, T. (1990): Betriebliche Sozialtechniken: Handbuch für Betriebsrat und Personalwesen. Neuwied: Luchterhand

Broadbent, D. E.; FitzGerald, P.; Broadbent, M. H. P. (1986): Implicit and explicit knowledge in the control of complex systems. In: British Journal of Psychology, 77, S. 33–50

Brower, H. H.; Lester, S. W.; Korsgaard, M. A.; Dineen, B. R. (2009): A closer look at trust between managers and subordinates: Understanding the effects of both trusting and being trusted on subordinate outcomes. In: Journal of Management, 25, S. 327–347

Buschmeier, U. (1995): Macht und Einfluss in Organisationen. Göttingen: Cuvillier

Chen, C.-J.; Huang, J.-W. (2009): Strategic human resource practices and innovation performance: The mediating role of knowledge management capacity. In: Journal of Business Research, 62 (1), S. 104114

Coch, L.; French, J. R. P. (1947/48): Overcoming resistance to change. In: Human Relations, 1, S. 512–531

Cohen, J. (1988): Statistical power analysis for the behavioural sciences. Hillsdale New York: Erlblaum

Colquitt, J. A. (2001): On the dimensionality of organizational justice: A construct validation of a measure. In: Journal of Applied Psychology, 86, S. 386–400

Colquitt, J. A.; Scott, B. A.; LePine, J. A. (2007): Trust, trustworthiness, and trust propensity: A meta-analytic test of their unique relationships with risk taking and job performance. In: Journal of Applied Psychology, 92, S. 909–927

Conrad, P.; Hucker, T. (2003): Theoretische Perspektiven der Mitarbeiterbeteiligung. In: Voß, E.; Wilke, P. (Hg.): Mitarbeiterbeteiligung in deutschen Unternehmen: Auswirkungen auf Unternehmensorganisation und Arbeitsgestaltung. Wiesbaden: Deutscher Universitäts-Verlag, S. 23–41

Cotton, J. L.; Vollrath, D. A.; Froggatt, K. L.; Lengnick-Hall, M. L.; Jennings, K. R. (1988): Employee Participation: Diverse Forms and Different Outcome. In: The Academy of Management Review, 13, S. 8–22

Cotton, J. L.; Vollrath, D. A.; Lengnick-Hall, M. L.; Froggatt, K. L. (1990): Fact: The form of participation does matter: A rebuttal to Leana, Locke, and Schweiger. In: The Academy of Management Review, 15, S. 147–153

Cox, P.-M.; Rundnagel, R. (2003): Innovation: ein gewerkschaftliches Handlungsfeld. In: Computer-Fachwissen, 9, S. 13–16

Currall, S. C.; Inkpen, A. C. (2002): A multilevel approach to trust in joint ventures. In: Journal of International Business Studies, 33, S. 479–495

Cvetkovich, G.; Siegrist, M.; Murray, R.; Tragesser, S. (2002): New information and social trust: Asymmetry and perseverance of attributions about hazard managers. In: Risk Analysis, 22 (2), S. 359–367

Czarnitzki, D.; Kraft, K. (2008): Mitarbeiteranreizsysteme und Innovationserfolg. In: Zeitschrift für Arbeitsmarktforschung, 41 (2/3), S. 245–258

Dachler, H. P.; Wilpert, B. (1978): Conceptual dimensions and boundaries of participation in organizations: A critical evaluation. In: Administrative Science Quarterly, 23, S. 1–39

Dachler, H. P.; Wilpert, B. (1980): Dimensionen der Partizipation. Zu einem organisationswissenschaftlichen Analyserahmen. In: Grunwald, W.; Lilge, H.-G. (Hg.): Partizipative Führung. Betriebswirtschaftliche und soziologische Aspekte. Bern: Haupt, S. 80–98

Dawes, R. M. (2001): Rational choice in an uncertain world (2nd ed.). San Diego: Harcourt, Brace, Jovanovich

Denison, D. R. (1990): Corporate culture and organizational effectiveness. New York: Wiley

DGB-Bundesvorstand (Hg.) (2005): Gewerkschaften als Motor und Partner für Innovation – In Deutschland von anderen europäischen Ländern lernen. Berlin: DGB-Bundesvorstand

Dietz, G.; den Hartog, D. N. (2006): Measuring trust inside organizations. In: Personnel Review, 35 (5), S. 557–588

Dilger, A. (2002a): Betriebsräte und Innovationen. In: Kahle, E. (Hg.): Organisatorische Veränderung und Corporate Governance. Wiesbaden: Deutscher Universitätsverlag, S. 65–103

Dilger, A. (2002b): Ökonomik betrieblicher Mitbestimmung: Die wirtschaftlichen Folgen von Betriebsräten. München, Mering: Hampp

Dilger, A. (2006): Kooperation zwischen Betriebsrat und Management – Die Sicht beider Seiten und deren Folgen. In: Jahrbücher für Nationalökonomie und Statistik, 226, S. 562–587

Dilger, A.; Frick, B.; Speckbacher, G. (1999): Mitbestimmung als zentrale Frage der Corporate Governance. In: Frick, B.; Kluge, N.; Streeck, W. (Hg.): Die wirtschaftlichen Folgen der Mitbestimmung: Expertenberichte für die Kommission Mitbestimmung, Bertelsmann Stiftung/Hans-Böckler-Stiftung. Frankfurt/M.: Campus, S. 19–52

Dirks, K. T.; Ferrin, D. L. (2001): The role of trust in organizational settings. In: Organization Science, 12 (4), S. 450–467

Dirks, K. T.; Ferrin, D. L. (2002): Trust in leadership: Meta-analytic findings and implications for research and practice. In: Journal of Applied Psychology, 87, S. 611–628

Dirks, K. T.; Skarlicki, D. P. (2004): Trust in leaders: Existing research and emerging issues. In: Kramer, R. T.; Cook, K. S. (eds.): Trust and Distrust in Organizations: Dilemmas and Approaches. New York: Russell Sage, S. 21–40

Disselkamp, M. (2005): Innovationsmanagement: Instrumente und Methoden zur Umsetzung im Unternehmen. Wiesbaden: Gabler

Domsch, M. E.; Ladwig, D. H.; Siemers, S. H. A. (1995): Innovation durch Partizipation: Eine erfolgversprechende Strategie für den Mittelstand. Stuttgart: Schäffer-Poeschel

Donaldson, T.; Preston, L. E. (1995): The stakeholder theory of the corporation: Concepts, evidence, and implications. In: Academy of Management Review, 20, S. 65–91

Dörnen, A. (1998): Betriebsräte vor neuen Aufgaben: Eine empirische Untersuchung der Arbeitsgebiete und -strukturen der betrieblichen Interessenvertretung in modernen Organisationen. München, Mering: Hampp

Dörner, D. (2004): Die Logik des Misslingens: Strategisches Denken in komplexen Situationen (3. Aufl.). Reinbek: Rowohlt

Dörre, K. (1996): Die „demokratische Frage" im Betrieb: Zu den Auswirkungen partizipativer Managementkonzepte auf die Arbeitsbeziehungen in deutschen Industrieunternehmen. In: SOFI-Mitteilungen, 23, S. 7–23

Dörre, K. (2001): Partizipation im Arbeitsprozess: Alternative oder Ergänzung zur Mitbestimmung. In: Industrielle Beziehungen, 8, S. 379–407

Dörre, K. (2002): Rückkehr zum Taylorismus oder neues Produktionsmodell? Anmerkungen zur politischen Ökonomie des flexiblen Kapitalismus. spw – sozialistische Politik und Wirtschaft, retrieved 23.3.07 from <http://www. linksnet.de/artikel.php?id=559>

Dörre, K.; Neubert, J.; Wolf, H. (1993): „New Deal" im Betrieb? Unternehmerische Beteiligungskonzepte und ihre Wirkung auf die Austauschbeziehungen zwischen Management, Belegschaften und Interessenvertretungen. SOFI-Mitteilungen Nr. 20, Göttingen: SOFI

Doucouliagos, C. (1995): Worker participation and productivity in labor-managed and participatory capitalist firms: A meta-analysis. In: Industrial and Labor Relations Review, 49, S. 58–77

Drucker, P. F. (2002): Was ist Management? München: Econ

Dunn, J. R.; Schweitzer, M. E. (2005): Feeling and believing: The influence of emotion on trust. In: Journal of Personality and Social Psychology, 88, S. 736–748

Eisenhardt, K. M. (1989): Building theories from case study research. Academy of Management Review, 14, S. 532–550

Ellonen, R.; Blomqvist, K.; Puumalainen, K. (2008): The role of trust in organisational innovativeness. In: European Journal of Innovation Management, 11, S. 160–181

Ernst, H. (2003): Ursachen eines Informant Bias und dessen Auswirkung auf die Validitat empirischer betriebswirtschaftlicher Forschung. In: Zeitschrift für Betriebswirtschaft, 73, S. 1249–1276

Ferres, N.; Connell, J.; Travaglione, A. (2004): Co-worker trust as a social catalyst for constructive employee attitudes. In: Journal of Managerial Psychology, 19, S. 608–622

Fisher, R.; Ury, W.; Patton, B. M. (2009): Das Harvard-Konzept. Sachgerecht verhandeln – erfolgreich verhandeln (23. Aufl.). Frankfurt/M.: Campus

Flecker, J.; Krenn, M.; Riesenecker-Caba, T. (1997): Innovationspolitik und Mitbestimmung. Wien: Bundesarbeitskammer

Flick, U. (1998): Qualitative Forschung. Reinbek: Rowohlt

Forgas, J. P. (2008): Affect and cognition. In: Perspectives on Psychological Science, 3, S. 94–101

Forgas, J. P.; Fiedler, K. (1996): Us and them: Mood effects on intergroup discrimination. In: Journal of Personality and Social Psychology, 70, S. 36–52

Freeman, R. B.; Lazear, E. P. (1995): An economic analysis of works councils. In: J. Rogers; Streeck, W. (eds.): Works councils: Consultation, representation and cooperation in industrial relations. Chicago: University of Chicago Press, S. 27–50

Frick, B. (1997): Die Funktionsfähigkeit der bundesdeutschen Betriebsverfassung: quantitative und qualitative Evidenz im Überblick. In: Industrielle Beziehungen, 4, S. 172–195

Frick, B. (2002): „High Performance Work Practices" und betriebliche Mitbestimmung: Komplementär oder substitutiv? Empirische Befunde für den deutschen Maschinenbau. In: Industrielle Beziehungen, 9, S. 79–102

Friedman, R. A. (1993): Bringing mutual gains bargaining to labor negotiations: The role of trust, understanding, and control. In: Human Resource Management, 32 (4), S. 435–459

Fröhlich, D.; Pekruhl, U. (1996): Direct participation and organisational change: fashionable but misunderstood? An Analysis of recent research in Europe, Japan and the USA. Dublin: European Foundation for the Improvement of Living and Working Conditions

Gargiulo, M.; Ertug, G. (2006): The dark side of trust. In: Bachmann, R.; Zaheer, A. (eds.): Handbook of Trust Research. Northhampton/MA: Edward Elgar, S. 165–186

Gebert, D. (1978): Organisation und Umwelt: Probleme der Gestaltung innovationsfähiger Organisationen. Stuttgart u.a.O.: Kohlhammer

Gebert, D. (2002): Führung und Innovation. Stuttgart: Kohlhammer

Geiser, C. (2010): Datenanalyse mit Mplus: Eine anwendungsorientierte Einführung. Wiesbaden: VS

Gill, C.; Krieger, H. (1999): Direct and representative participation in Europe: recent survey evidence. In: The International Journal of Human Resource Management, 10, S. 572–591

Girndt, C. (2006): Alles, was Recht ist: Die Betriebsratsgründer. Die Mitbestimmung, 11, S. 40–45

Gläser, J.; Laudel, G. (2009): Wenn zwei das Gleiche sage ... Qualitätsunterschiede zwischen Experten. In: Bogner, A.; Littig, B.; Menz, W. (Hg.): Experteninterviews: Theorien, Methoden, Anwendungsfelder (3. Aufl.). Wiesbaden: VS, S. 137–159

Gläser, J.; Laudel, G. (2010): Experteninterviews und qualitative Inhaltsanalyse (4. Aufl.). Wiesbaden: VS

Golden, B. R. (1992): The past is the past – or is it? The use of retrospective accounts as indicators of past strategy. In: The Academy of Management Journal, 35 (4), S. 848–860

Graeff, P. (1998): Vertrauen zum Vorgesetzten und zum Unternehmen. Berlin: Wissenschaftlicher Verlag Berlin

Greif, S.; Kurtz, H.-J. (1999): Angstkontrolle in turbulenten Innovationsprozessen. Über Desperados, Betonköpfe und Schwarzer-Peter-Spiele. In: Freimuth, J. (Hg.): Die Angst der Manager. Göttingen: Hogrefe, S. 33–68

Greif, S.; Runde, B.; Seeberg, I. (2003): Theoretische Grundlagen und Ergebnisse zum Projekt Erfolg und Misserfolg von Veränderungen (Langfassung November 2003). Osnabrück: Universität Osnabrück

Greif, S.; Runde, B.; Seeberg, I. (2004): Erfolge und Misserfolge beim Change Management. Göttingen: Hogrefe

Greifenstein, R.; Jansen, P.; Kißler, L. (1993): Gemanagte Partizipation. Qualitätszirkel in der deutschen und französischen Automobilindustrie. München, Mering: Hampp

Grønning, T. (1995): Recent developments at Toyota Motor Co. In: Sandberg, Å. (ed.): Enriching production: Perspectives on Volvo's Uddevalla Plant as an Alternative to Lean Production. Aldershot: Avery, S. 405–426

Hauschildt, J. (1999): Widerstand gegen Innovationen: destruktiv oder konstruktiv? In: Zeitschrift für Betriebswirtschaft, 2, S. 1–21

Hauschildt, J.; Salomo, S. (2005): Je innovativer, desto erfolgreicher? In: Journal für Betriebswirtschaft, 55, S. 3–20

Hauschildt, J.; Salomo, S. (2007): Innovationsmanagement (4. Auflage). München: Vahlen

Helfen, M. (2005): De-Institutionalisierung des Betriebsrates: Welchen Erklärungsbeitrag liefern „New Economy" und direkte Partizipation? In: Industrielle Beziehungen, 12, S. 120–148

Hempell, T.; Zwick, T. (2008): New technology, work organisation, and innovation: evidence for Germany. In: Economics of Innovation and New Technology, 17, S. 331–354

Hinderlich, B. (2007): Betriebliche Mitbestimmung im Wandel: Ein britisch-deutscher Vergleich. München, Mering: Hampp

Hinz, H. (1976): Innovationsberatungsstellen (IBS): Zum IBS-Konzept der IG Metall. In: WSI-Mitteilungen, 29, S. 617–626

Hinz, H. (1978): Gewerkschaft auf neuem Kurs: Innovationspolitk contra Rationalisierung. In: Frankfurter Hefte, 33 (4), S. 66–71

Hinz, H. (1979): Strukturwandel und mittlere Technologie aus der Sicht der Gewerkschaften. In: Sozialer Fortschritt, 28(1), S. 15–21

Horndasch, P. (1996): Entwicklung, Einführung und Evaluation eines präventiven Arbeitssicherheitsprogramms für teilautonome Gruppenarbeit unter Nutzung psychologischer Erkenntnisse und Methoden in einem Unternehmen der Automobilindustrie. Frankfurt/M.: Johann Wolfgang Goethe-Universität (unveröffentlichte Dissertation)

Horsmann, C. S. (2008): Institutionengetragene Beteiligungskultur. In: Nerdinger, F. W.; Wilke, P. (Hg.): Erfolgsfaktor Beteiligungskultur: Ergebnisse aus dem Projekt TiM – Transfer innovativer Unternehmensmilieus. München, Mering: Hampp, S. 138–173

Horsmann, C. S.; Pundt, A. (2008): Vergleichende Analyse der Typologie der Beteiligungskultur. In: Nerdinger, F. W.; Wilke, P. (Hg.): Erfolgsfaktor Beteiligungskultur: Ergebnisse aus dem Projekt TiM – Transfer innovativer Unternehmensmilieus. München, Mering: Hampp, S. 231–241

Hübler, O. (2003): Zum Einfluss des Betriebsrates in mittelgroßen Unternehmen auf Investitionen, Löhne, Produktivität und Renten: Empirische Befunde. In: Goldschmidt, N. (Hg.): Wunderbare Wirtschaftswelt: Die New Economy und ihre Herausforderungen. Baden-Baden: Nomos, S. 77–94

Hübler, O.; Jirjahn, U. (2002): Arbeitsproduktivität, Reorganisationsmaßnahmen und Betriebsräte. In: Bellmann, L.; Kölling, A. (Hg.): Betrieblicher Wandel und Fachkräftebedarf. Nürnberg: Institut für Arbeitsmarkt- und Berufsforschung der Bundesanstalt für Arbeit, S. 1–45

Hucker, T. (2008): Betriebliche Partizipation und gesellschaftlicher Wandel. München, Mering: Hampp

Hurrle, B.; Kieser, A. (2005): Sind Key Informants verlässliche Datenlieferanten? In: Die Betriebswirtschaft, 65, S. 584–602

Jehn, K. A. (1995): A multimethod examination of the benefits and detriments of intragroup conflict. In: Administrative Science Quarterly, 40 (2), S. 256–282

Jirjahn, U. (1998): Effizienzwirkungen von Erfolgsbeteiligung und Partizipation – Eine mikroökonomische Analyse. Frankfurt/M.: Campus

Jirjahn, U. (2006): Ökonomische Wirkungen der Mitbestimmung in Deutschland: Überblick über den Stand der Forschung und Perspektiven für zukünftige Studien. In: Sozialer Fortschritt, 55, S. 215–226

Jirjahn, U. (2010): Ökonomische Wirkungen der Mitbestimmung in Deutschland: Ein Update. Düsseldorf: Hans-Böckler-Stiftung

Jirjahn, U. (2011): Ökonomische Wirkungen der Mitbestimmung in Deutschland: Ein Update. In: Schmollers Jahrbuch, 131, S. 3–57

Jirjahn, U.; Kraft, K. (2011): Do spillovers stimulate incremental or drastic product innovations? Evidence from German establishment data. In: Oxford Bulletin of Economics and Statistics, 73, S. 509–538

Junkes, J.; Sadowski, D. (1999): Mitbestimmung im Aufsichtsrat: Steigerung der Effizienz oder Ausdünnung von Verfügungsrechten? In: Frick, B.; Kluge, N.; Streeck, W. (Hg.): Die wirtschaftlichen Folgen der Mitbestimmung: Expertenberichte für die Kommission Mitbestimmung, Bertelsmann Stiftung/Hans-Böckler-Stiftung. Frankfurt/M.: Campus, S. 53–88

Jones, G. R.; George, J. M. (1998): The experience and evoluation of trust: Implications for cooperation and teamwork. In: The Academy of Management Review, 23, S. 531–546

Keller, B. (2008): Einführung in die Arbeitspolitik: Arbeitsbeziehungen und Arbeitsmarkt in sozialwissenschaftlicher Perspektive (7. Aufl.). München: Oldenbourg

Kerkhof, P.; Winder, A. B.; Klandermans, B. (2003): Instrumental and relational determinants of trust in management among members of works councils. In: Personnel Review, 32, S. 623–637

Kern, H.; Schumann, M. (1984a): Das Ende der Arbeitsteilung? Rationalisierung in der industriellen Produktion: Bestandsaufnahme, Trendbestimmung. München: Beck

Kern, H.; Schumann, M. (1984b): Neue Produktionskonzepte haben Chancen. In: Soziale Welt, 35, S. 146–158

Kern, H.; Schumann, M. (1998): Kontinuität oder Pfadwechsel? Das deutsche Produktionsmodell am Scheideweg. In: Cattero, B. (Hg.): Modell Deutschland, Modell Europa: Probleme, Perspektiven. Opladen: Leske + Budrich, S. 85–97

Kiefer, T. (2005): Feeling bad: Antecedents and consequences of negative emotions in ongoing change. In: Journal of Organizational Behavior, 26, S. 875–897

Kirsch, W.; Esser, W.-M.; Gabele, E. (1979): Das Management des geplanten Wandels von Organisationen. Stuttgart: Poeschel

Kirsch, W.; Scholl, W. (1983): Was bringt die Mitbestimmung: Eine Gefährdung der Handlungsfähigkeit und/oder Nutzen für die Arbeitnehmer? Ergebnisse einer empirischen Untersuchung. In: Die Betriebswirtschaft, 43, S. 541–562

Kirsch, W.; Scholl, W.; Paul, G. (1984): Mitbestimmung in der Unternehmenspraxis – eine empirische Bestandsaufnahme. München: B. Kirsch

Kißler, L. (1996): Mitbestimmung und Partizipation. In: Luczak, H.; Volpert, W. (Hg.): Handbuch Arbeitswissenschaft. Stuttgart: Schäffer-Poeschel, S. 763–766

Kißler, L. (2010): Arbeitsbeziehungen – Die „Konfliktpartnerschaft“ zwischen Kapital und Arbeit. In: Imbusch, P.; Zoll, R. (Hg.): Friedens- und Konfliktforschung: Eine Einführung (4. überarb. Aufl.). Wiesbaden: VS, , S. 459–483

Kißler, L.; Greifenstein, R.; Schneider, K. (2011): Die Mitbestimmung in der Bundesrepublik Deutschland: Eine Einführung. Wiesbaden: VS

Klein, A. S.; Masi, R. J.; Weidner II, C. K. (1995): Organization culture, distribution and amount of control, and perceptions of quality. An empirical study of linkages. In: Group & Organization Management, 20, S. 122–148

Klippert, J.; Wölk, M.; Potzner, C. (2009): Beitrag partizipativer Aspekte der Arbeitsgestaltung und des Wissensaustausches zum Innovationserfolg. In: Arbeit, 18 (2), S. 93–106

Klotz, U. (1984): Ansatzpunkte sozial gesteuerter Innovation – Ergebnisse aus der Technologie-Beratung für Arbeitnehmer. In: Simonis, U. E. (Hg.): Mehr Technik – weniger Arbeit? Plädoyers für sozial- und umweltverträgliche Technologien. Karlsruhe: C. F. Müller, S. 123–140

Klotz, U. (1987): Innovations- und Technologieberatung als Teil eines gewerkschaftlichen Offensivkonzepts. In: Kreuder, T.; Loewy, H. (Hg.): Konservativismus in der Strukturkrise. Frankfurt/M.: Suhrkamp, S. 440–461

Klöter, R. (1997): Opponenten im organisationalen Beschaffungsprozeß. Wiesbaden: Gabler

Kluge, S. (1999): Empirisch begründete Typenbildung: Zur Konstruktion von Typen und Typologien in der qualitativen Sozialforschung. Opladen: Leske + Budrich

Kommission zur Modernisierung der deutschen Unternehmensmitbestimmung. (2006): Bericht der wissenschaftlichen Mitglieder der Kommission mit Stellungnahmen der Vertreter der Unternehmen und der Vertreter der Arbeitnehmer. Berlin: Bundesregierung

Kotthoff, H. (1981): Betriebsräte und betriebliche Herrschaft: eine Typologie von Partizipationsmustern im Industriebetrieb. Frankfurt/M.: Campus

Kotthoff, H. (1994): Betriebsräte und Bürgerstatus: Wandel und Kontinuität betrieblicher Mitbestimmung. München, Mering: Hampp

Kotthoff, H. (1998): Mitbestimmung in Zeiten interessenpolitischer Rückschritte: Betriebsräte zwischen Beteiligungsofferten und „gnadenlosem Kostensenkungsdiktat“. In: Industrielle Beziehungen, 5, S. 76–100

Kraft, K.; Stank, J. (2004): Die Auswirkungen der gesetzlichen Mitbestimmung auf die Innovationsaktivität deutscher Unternehmen. In: Schmollers Jahrbuch, 124, S. 421–449

Kramer, R. M. (1996): Divergent realities and convergent disappointments in the hierarchical relation: trust and the intuitive auditor at work. In: Kramer, R. M.; Tyler, T. R. (eds.): Trust in organisations: Frontiers and research. Thousand Oaks/CA: Sage, S. 216–246

Kramer, R. M. (1999): Trust and distrust in organizations: emerging perspectives, enduring questions. In: Annual Review of Psychology, 50, S. 569–598

Kramer, R. M.; Cook, K. S. (2004): Trust and distrust in organizations: Dilemmas and approaches. New York: Russell Sage

Krause, D. E. (2004): Macht und Vertrauen in Innovationsprozessen. Ein empirischer Beitrag zu einer Theorie der Führung. Wiesbaden: Deutscher Universitätsverlag

Kreißig, V. (1996): Modernisierung oder Demokratisierung der Betriebe? Die direkte Partizipation als Machtproblem. In: Kißler, L. (Hg.): Toyotismus in Europa. Schlanke Produktion und Gruppenarbeit in der deutschen und französischen Automobilindustrie. Frankfurt/M., New York: Campus, S. 183–215

Kuhlmann, D. M.; Marshello, A. (1975): Individual differences in game motivation as moderators of preprogrammed strategic effects in prisoner's dilemma. In: Journal of Personality and Social Psychology, 32, S. 922–931

Kumar, N.; Stern, L. W.; Anderson, J. C. (1993): Conducting interorganizational research using key informants. In: The Academy of Management Journal, 36 (6), S. 1633–1651

Küpper, W.; Ortmann, G. (Hg.) (1988): Mikropolitik. Rationalität, Macht und Spiele in Organisationen. Opladen: Westdeutscher Verlag

Lance, C. E.; Butts, M. M.; Michels, L. C. (2006): The sources of four commonly reported cutoff criteria: What did they really say? In: Organizational Research Methods, 9, S. 202–220

Leana, C. R.; Locke, E. A.; Schweiger, D. M. (1990): Fact and fiction in analyzing research on participative decision making: A critique of Cotton, Vollrath, Froggatt, Lengnick-Hall, and Jennings. In: Academy of Management Review, 15, S. 137–146

Lecher, W. (1991): Den Tiger reiten. Soziale Produktivität und direkte Mitbestimmung. In: Gewerkschaftliche Monatshefte, 2, S. 103–109

Lee, S.-M. (2003): Betriebliche Mitbestimmung und technologische Innovationen in Deutschland und Südkorea im Vergleich: Personalökonomische Analysen und empirische Befunde. Köln: Universität (Dissertation)

Leminsky, G. (1998): Die Weiterentwicklung von Beteiligung und Mitbestimmung. In: Forschungsinstitut der Friedrich-Ebert-Stiftung (Hg.): Mitbestimmung und Beteiligung: Modernisierungsbremse oder Innovationsressource? Bonn: Friedrich-Ebert-Stiftung, S. 35–63

Leventhal, G. S. (1980): What should be done with equity theory? New approaches to the study of fairness in social relationships. In: Gergen, K. J.; Greenberg, M. S.; Willis, R. H. (eds.): Social exchange: Advances in theory and research. New York: Plenum, S. 27–55

Lewicki, R. J.; Bunker, B. B. (1996): Developing and maintaining trust in work relationships. In: Kramer, R. M.; Tyler, T. R. (eds.): Trust in organizations: Frontiers of theory and research. Thousand Oaks/CA: Sage, S. 114–139

Lewicki, R. J.; McAllister, D. J.; Bies, R. J. (1998): Trust and distrust: New relationships and realities. In: Academy of Management Review, 23, S. 438–459

Lewis, J. D.; Weigert, A. (1985): Trust as a social reality. In: Social Forces, 63, S. 967–985

Locke, E. A.; Schweiger, D. M. (1979): Participation in decision-making: One more look. In: Staw, B. M. (ed.): Research in organizational behavior. Greenwich CT: Erlbaum, Vol. 1, S. 265–339

Lüdtke, O.; Robitzsch, A.; Trautwein, U.; Köller, O. (2007): Umgang mit fehlenden Werten in der psychologischen Forschung. Psychologische Rundschau, 58, S. 103–117

Luhmann, N. (2005): Vertrauen (4. Aufl.). Stuttgart: Lucius & Lucius

Maier, G. W.; Streicher, B.; Jonas, E.;Woschée, R. (2007). Gerechtigkeitseinschätzungen in Organisationen. In: Diagnostica, 53 (2), S. 97–108

Mambrey, P.; Oppermann, R.; Tepper, A. (1989): Erfahrungen mit der Beteiligung bei der Systementwicklung. In: Jansen, K.-D.; Schwitalla, U.; Wicke, W. (Hg.): Beteiligungsorientierte Systementwicklung. Opladen: Westdeutscher Verlag, S. 37–55)

Martins, E. (2008): Mitarbeitergetragene Beteiligungskultur. In: Nerdinger, F. W.; Wilke, P. (Hg.): Erfolgsfaktor Beteiligungskultur: Ergebnisse aus dem Projekt TiM – Transfer innovativer Unternehmensmilieus. München, Mering: Hampp, S. 174–216

Martins, E.; Pundt, A.; Nerdinger, F. W. (2008): Beteiligungskultur in Organisationen: theoretische Grundlagen des Projekts TiM. In: Nerdinger, F. W.; Wilke, P. (Hg.): Erfolgsfaktor Beteiligungskultur: Ergebnisse aus dem Projekt TiM: Transfer innovativer Unternehmensmilieus. München, Mering: Hampp, S. 18–44

Mayer, R. C.; Davis, J. H.; Schoorman, F. D. (1995): An integrative model of organizational trust. In: Academy of Management Review, 20, S. 709–734

Mayring, P. (1983): Qualitative Inhaltsanalyse: Grundlagen und Techniken. Weinheim: Beltz

Mayring, P. (2008): Qualitative Inhaltsanalyse. Grundlagen und Techniken (10. Aufl.). Weinheim, Basel: Beltz

McAllister, D. J. (1995): Affect- and cognition-based trust as foundations for interpersonal cooperation in organizations. In: The Academy of Management Journal, 38, S. 24–59

McAllister, D. J. (1997): The second face of trust: Reflections on the dark side of interpersonal trust in organizations. In: Research on Negotiation in Organizations, 6, S. 87–111

McEvily, B.; Zaheer, A. (2006): Does trust still matter? Research on the role of trust in interorganizational exchange. In: Bachmann, R.; Zaheer, A. (eds.): Handbook of Trust Research. Cheltenhan/UK: Edward Elgar, S. 280–300

McKnight, D. H.; Cummings, L. L.; Chervany, N. L. (1998): Initial trust formation in new organizational relationships. In: Academy of Management Journal, 23, S. 1–18

Meifert, M. (2003): Vertrauensmanagement in Unternehmen: Eine empirische Studie über Vertrauen zwischen Angestellten und ihren Führungskräften. München, Mering: Hampp

Meißner, W. (1989): Innovation und Organisation. Stuttgart: Verlag für Angewandte Psychologie

Meuser, M.; Nagel, U. (2009): Experteninterview und der Wandel der Wissensproduktion. In Bogner, A.; Littig, B.; Menz, W. (Hg.): Experteninterviews: Theorien, Methoden, Anwendungsfelder (3. Aufl.). Wiesbaden: VS, S. 35–60

Meyer B.; Scholl, W.; Zhang, Z. (2007): Predicting task performance with elicitation of non-explicit knowledge. In: Gronau, N. (ed.): 4th Conference on Professional Knowledge Management – Experiences and Visions. Berlin: GITO, Band 2, S. 303–311

Meyerson, D.; Weick, K. E.; Kramer, R. M. (1996): Swift trust and temporary groups. In: Kramer, R. M.; Tyler, T. R. (eds.): Trust in Organization. London: Sage, S. 166–195

Michie, J.; Sheehan, M. (1999): No innovation without representation? An analysis of participation, representation, R&D and innovation. In: Economic analysis, 2, S. 85–97

Miller, C. C.; Cardinal, L. B.; Glick, W. H. (1997): Retrospective reports in organizational research: A reexamination of recent evidence. In: The Academy of Management Journal, 40 (1), S. 189–204

Miller, K. I.; Monge, P. R. (1986): Participation, satisfaction, and productivity: A meta-analytic review. In: Academy of Management Journal, 29, S. 727–753

Minssen, H. (1999): Direkte Partizipation contra Mitbestimmung? Herausforderung durch diskursive Koordinierung. In: Müller-Jentsch, W. (Hg.): Konfliktpartnerschaft: Akteure und

Institutionen der industriellen Beziehungen (3. Aufl.). München, Mering: Hampp, S. 129–156

Mitchell, T. R.; Hopper, H.; Daniels, D.; Falvy, J. G.; Ferris, G. R. (1998): Power, accountability, and inappropriate actions. In: Applied Psychology: An International Review, 47, S. 497–517

Molm, L. D. (1997): Coercive power in social exchange. Cambridge: Cambridge University Press

Morris, J. H.; Moberg, D. J. (1994): Work organizations as contexts for trust and betrayal. In: Sarbin, T. R.; Carney, R. M.; Eoang, C. (eds.): Citizen espionage: Studies in trust and betrayal. Westport/CT: Praeger, S. 163–189

Mulder, M. (1977): The daily power game. Leiden: Stenfert Kroeze

Müller-Jentsch, W. (1995): Industrial democracy. From representative codetermination to direct participation. In: International Journal of Political Economy, 25 (3), S. 50–60

Müller-Jentsch, W. (Hg.) (1999): Konfliktpartnerschaft. Akteure und Institutionen industrieller Beziehungen (3. Aufl.). München, Mering: Hampp

Müller-Jentsch, W. (2007): Strukturwandel der industriellen Beziehungen. „Industrial Citizenship“ zwischen Markt und Regulierung. Wiesbaden: VS

Müller-Jentsch, W. (2008): Arbeit und Bürgerstatus. Studien zur sozialen und industriellen Demokratie. Wiesbaden: VS Verlag für Sozialwissenschaften

Müller-Jentsch, W.; Seitz, B. (1998): Betriebsräte gewinnen Konturen: Ergebnisse einer Betriebsräte-Befragung im Maschinenbau. In: Industrielle Beziehungen, 5, S. 361–386

Muthén, B. O.; Muthén, L. (1998–2008): Mplus (Version 5.2) [Software]: Muthén & Muthén

Muthén, L. K.; Muthén, B. O. (2010): Mplus: Statistical analysis with latent variables. User's guide (6. ed.). Los Angeles/CA: Muthén & Muthén

Nerdinger, F. W.; Horsmann, C.; Pundt, A. (2003): Materielle und immaterielle Beteiligung in der Wahrnehmung der Beschäftigten: Ergebnisse der Mitarbeiterbefragungen. In: Voß, E.; Wilke, P. (Hg.): Mitarbeiterbeteiligung in deutschen Unternehmen: Auswirkungen auf Unternehmensorganistion und Arbeitsgestaltung. Wiesbaden: Gabler, S. 147–169

Nerdinger, F. W.; Martins, E.; Pundt, A.; Horsmann, C. (2009): Formen der Beteiligungskultur – Befunde aus dem Projekt TiM. In: Nerdinger, F. W.; Wilke, P. (Hg.): Beteiligungsorientierte Unternehmenskultur: Erfolgsfaktoren, Praxisbeispiele und Handlungskonzepte. Wiesbaden: Gabler, S. 13–25

Nerdinger, F. W.; Wilke, P. (Hg.) (2008): Erfolgsfaktor Beteiligungskultur: Ergebnisse aus dem Projekt TiM: Transfer innovativer Unternehmensmilieus. München, Mering: Hampp

Neubauer, W. (1999): Zur Entwicklung interpersonalen, interorganisationalen und interkulturellen Vertrauens durch Führung – empirische Ergebnisse der sozialpsychologischen Vertrauensforschung. In: Schreyögg, G.; Sydow, J. (Hg.): Führung neu gesehen, Schriftenreihe Managementforschung 9. Berlin: de Gruyter, S. 89–116

Neuberger, O. (1995): Mikropolitik. Der alltägliche Aufbau und Einsatz von Macht in Organisationen. Stuttgart: Enke

Niedenhoff, H.-U. (1994): Die Kosten der Anwendung des Betriebsverfassungsgesetzes. Köln: Deutscher Institutsverlag

Nielsen, P.; Lundvall, B.-Å. (2003): Innovation, learning organizations and industrial relations. DRUID Working Paper No 03-07. Aalborg

Nienhüser, W. (2005): Der Einfluss des Betriebsrats-Typs auf die Nutzung und Bewertung von Betriebsvereinbarungen: Ergebnisse einer empirischen Untersuchung. In: Industrielle Beziehungen, 12, S. 5–27

Nienhüser, W.; Hoßfeld, H. (2010a): Vertrauen und Verbetrieblichungsneigung von Managern und Betriebsräten: Ergebnisse einer empirischen Erhebung – Teil 1. In: Sozialer Fortschritt, 2, S. 19–225

Nienhüser, W.; Hoßfeld, H. (2010b): Vertrauen und Verbetrieblichungsneigung von Managern und Betriebsräten: Ergebnisse einer empirischen Erhebung – Teil 2. In: Sozialer Fortschritt, 9, S. 227–234

Nonaka, I.; Takeuchi, H. (1995): The knowledge-creating company: How Japanese companies create the dynamics of innovation. New York, Oxford: Oxford University Press

Offe, C. (1970): Leistungsprinzip und industrielle Arbeit. Mechanismen der Statusverteilung in Arbeitsorganisationen der industriellen „Leistungsgesellschaft“. Frankfurt/M.: Suhrkamp

Organ, D. W. (1988): Organizational citizenship behavior: The good soldier syndrome. Lexington/MA: Lexington Books

Organ, D. W. (1997): Organizational citizenship behavior: It's construct cleanup time. In: Human Performance, 10, S. 85–97

Ortmann, G.; Windeler, A.; Becker, A.; Schulz, H.-J. (1990): Computer und Macht in Organisationen: Mikropolitische Analysen. Opladen: Westdeutscher Verlag

Osterloh, M. (1993): Interpretative Organisations- und Mitbestimmungsforschung. Stuttgart: Schäffer-Poeschel

Osterloh, M.; Weibel, A. (2006): Investition Vertrauen: Prozesse der Vertrauensentwicklung in Organisationen. Wiesbaden: Gabler

Pekruhl, U. (2001): Partizipatives Management: Konzepte und Kulturen. München, Mering: Hampp

Pelled, L. H. (1995): Demographic diversity, conflict and work group outcomes: An intervening process theory. In: Organization Science, 7 (6), S. 615–631

Perrone, V.; Zaheer, A.; McEvily, B. (2003): Free to be trusted? Organizational constraints on trust in boundary spanners. In: Organization Science, 14, S. 422–439

Pfeffer, J. (1981): Power in organizations. Marshfield/MA: Pitman

Pfeffer, J. (2010): Wie Sie Macht erlangen. In: Harvard Business Manager Spezial, 10/2010, S. 36–48

Pruitt, D. G.; Kim, S. H. (2004): Social conflict. Escalation, stalemate, and settlement (3rd ed.). McGraw-Hill: New York

Pundt, A. (2008): Führungsgetragene Beteiligungskultur. In: Nerdinger, F. W.; Wilke, P. (Hg.): Erfolgsfaktor Beteiligungskultur: Ergebnisse aus dem Projekt TiM – Transfer innovativer Unternehmensmilieus. München, Mering: Hampp, S. 91–137

Pundt, A. (2008b): Methodisches Vorgehen im Projekt TiM. In: Nerdinger, F. W.; Wilke, P. (Hg.): Erfolgsfaktor Beteiligungskultur: Ergebnisse aus dem Projekt TiM – Transfer innovativer Unternehmensmilieus. München, Mering: Hampp, S. 45–65

Putzhammer, H. (2005): Kreativität, Kompetenz und Mitbestimmung – Schlüsselfaktoren für Innovationsfähigkeit. In: WSI-Mitteilungen, 58, S. 151–155

Rehäuser, J.; Krcmar, H. (1996): Wissensmanagement in Unternehmen. In: Schreyögg, G.; Conrad, P. (Hg.): Managementforschung 6: Wissensmanagement. Berlin: De Gruyter, S. 1–40

Reiß, B. (1997): Optimierung des Wandels. In: Reiß, M.; Rosenstiel, L. v.; Lanz, A. (Hg.): Change Management: Programme, Projekte und Prozesse. Stuttgart: Schäffer-Poeschel, S. 123–144

Renaud, S. (2008): Arbeitnehmermitbestimmung im Strukturwandel. Marburg: Metropolis

Rizzuto, T. E.; Reeves, J. (2007): A multidisciplinary meta-analysis of human barriers to technology implementation. In: Consulting Psychology Journal, 59, S. 226–240

Roberts, K. H.; O'Reilly, C. A. (1974): Failures in upwards communication in organizations: Three possible culprits. In: Academy of Management Journal, 17 (2), S. 205–215

Robinson, S. L. (1996): Trust and breach of the psychological contract. In: Administrative Science Quarterly, 41, S. 574–599

Rosenstiel, L. v.; Comelli, G. (2003): Führung zwischen Stabilität und Wandel. München: Vahlen

Rotter, J. B. (1971): Generalized expectancies for interpersonal trust. In: American Psychologist, 26, S. 443–452

Rousseau, D. M.; Sitkin, S. B.; Burt, R. S.; Camerer, C. (1998): Not so different after all: A cross-discipline view of trust. In: Academy of Management Review, 23, S. 393–404

Rousseau, D. M.; Tijoriwala, S. A. (1999): What's a good reason to change? Motivated reasoning and social accounts in promoting organizational change. In: Journal of Applied Psychology, 84 (4), S. 514–528

Rüdt, D. (2007): Co-Management als neue Anforderung an Betriebsräte? Eine Untersuchung der Praxis. WiP Working Paper Nr. 35, 2007. Universität Tübingen: Institut für Politikwissenschaft

Rundnagel, R. (2004): Innovation und Beschäftigung – Mitgestalten der Zukunft: Konzepte – Anforderungen – Handlungsansätze für Betriebsräte und Gewerkschaften. Düsseldorf: Hans-Böckler-Stiftung

Sacher, M.; Rudolph, W. (2002): Innovation und Interessenvertretung in kleinen und mittleren Unternehmen. Düsseldorf: edition der Hans Böckler Stiftung

Sally, D. (1995): Conversation and cooperation in social dilemmas: A meta-analysis of experiments from 1958 to 1992. In: Rationality and Society, 7, S. 58–52

Schanz, G. (1987): Mitarbeiterbeteiligung vor dem Durchbruch? Anmerkungen zur voraussichtlichen Entwicklung der Kooperationsbeziehungen in der Wirtschaft. In: FitzRoy, F. R.; Kraft, K. (Hg.): Mitarbeiterbeteiligung und Mitbestimmung im Unternehmen. Berlin: Walter de Gruyter, S. 61–82

Schanz, G. (1992): Partizipation. In: Frese, E. (Hg.): Handwörterbuch der Organisation (3. Aufl.). Stuttgart: Schäffer-Poeschel

Schepers, P.; van den Berg, P. T. (2007): Social factors of work-environment creativity. In: Journal of Business and Psychology, 21, S. 407–428

Schneider, C. Q.; Wagemann, C. (2006): Reducing complexity in Qualitative Comparative Analysis (QCA): remote and proximate factors and the consolidation of democracy. In: European Journal of Political Research, 45, S. 751–786

Schneider, C. Q.; Wagemann, C. (2007): Qualitative Comparative Analysis und Fuzzy Sets: Ein Lehrbuch für Anwender und jene, die es werden wollen. Opladen: Verlag Barbara Budrich

Scholand, M. (2001): Mitarbeiterbeteiligung auf neuen Wegen? Moderne Formen der Kapitalbeteiligung von Arbeitnehmern durch Aktien. München, Mering: Hampp

Scholl, W. (1986): Codetermination and the quality of working life. In: Stern, R. N.; McCarthy, S. (eds.): The organizational practice of democracy. New York/NY: Wiley, S. 153–174

Scholl, W. (1992): Politische Prozesse in Organisationen. In: Frese, E. (Hg.): Handwörterbuch der Organisation (3. Aufl.). Stuttgart: Poeschel, Sp. 1993–2004

Scholl, W. (1996): Effective teamwork – A theoretical model and a test in the field. In: Witte, E.; Davis, J. (eds.): Understanding group behavior. Vol. 2: Small group processes and interpersonal relations. Hillsdale/NJ: Erlbaum, S. 127–146

Scholl, W. (1999): Restrictive control and information pathologies in organizations. In: Journal of Social Issues, 55, S. 101–118

Scholl, W. (2004): Innovation und Information. Wie in Unternehmen neues Wissen produziert wird (unter Mitarbeit von Lutz Hoffmann und Hans-Christof Gierschner). Göttingen: Hogrefe

Scholl, W. (2005): Grundprobleme der Teamarbeit und ihre Bewältigung – Ein Kausalmodell. In: Högl, M.; Gemünden, H. G. (Hg.): Management von Teams. Theoretische Konzepte und empirische Befunde (3. Aufl.). Wiesbaden: Gabler, S. 33–66

Scholl, W. (2007a): Grundkonzepte der Organisation. In: Schuler, H. (Hg.): Lehrbuch der Organisationspsychologie (4., aktual. Aufl.). Bern: Huber, S. 515–556

Scholl, W. (2007b): Einfluss nehmen und Einsicht gewinnen – gegen die Verführung der Macht. In: Wirtschaftspsychologie aktuell, 14 (4), S. 15–22

Scholl, W. (2009): Konflikte und Konflikthandhabung bei Innovationen. In: Witte, E.; Kahl, C. (Hg.): Sozialpsychologie der Kreativität und Innovation. Lengerich: Pabst, S. 67–86

Scholl, W. (2011): Machtausübung oder Einflussnahme: Die zwei Gesichter der Machtnutzung. In: Knoblach, B.; Oltmanns, T.; Hajnal, I.; Fink, D. (Hg.): Macht in Unternehmen – Der vergessene Faktor. Wiesbaden: Gabler, S. 203–221

Scholl, W.; Gerl, K.; Paul, G. (1978): Bedürfnisartikulation und Bedürfnisberücksichtigung in Unternehmen – Theoretische Ansätze zur Analyse von Mitbestimmungsregelungen. In: Bartölke, K.; Kappler, E.; Laske, S.; Nieder, N. (Hg.): Arbeitsqualität in Organisationen. Wiesbaden: Gabler, S. 157–172

Scholl, W.; Kirsch, W. (1986): Business policy and codetermination. In: Witte, E.; Zimmermann, H. J. (eds.): Empirical research on organizational decision-making. Amsterdam: North Holland, S. 351–383

Scholl, W.; Riedel, E. (2010): Using high or low power as promotive or restrictive control – differential effects on learning and performance. In: Social Influence, 5, S. 40–58

Scholl, W.; Schermuly, C. C.; Klocke, U. (im Druck): Wissensgewinnung durch Führung – die Vermeidung von Informationspathologien durch Kompetenzen für MitarbeiterInnen (Empowerment): In: Grote, S. (Hg.): Die Zukunft der Führung. Berlin, Heidelberg: Springer

Schoorman, F. D.; Mayer, R. C.; Davis, J. H. (2007): An integrative model of organizational trust: Past, present and future. In: Academy of Management Review, 32, S. 344–354

Schubert, H.-J.; Zink, K. J. (1990): Partizipation – Psychologische Grundlagen eines Leitprinzips von Arbeits- und Organisationsgestaltungsmaßnahmen. In: Zeitschrift für Arbeitswissenschaft, 44, S. 82–88

Schwarz, N.; Clore, G. L. (2007): Feelings and phenomenal experiences. In: Kruglanski, A.; Higgins, E. T. (eds.): Social psychology. Handbook of basic principles (2. Aufl.). New York: Guilford, S. 385–407

Schwarz-Kocher, M.; Kirner, E.; Dispan, J.; Jäger, A.; Richter, U.; Seibold, B.; Weißfloch, U. (2011): Interessenvertretungen im Innovationsprozess: Der Einfluss von Mitbestimmung und Beschäftigtenbeteiligung auf betriebliche Innovationen. Berlin: edition sigma

Schwarzbach, M. (2006): Innovationsmanagement – Aufgabe des Betriebsrats? In: Computer-Fachwissen, 2, S. 10–12

Schwenk, C.; Valacich, J. S. (1994): Effects of devil's advocacy and dialectical inquiry on individuals versus groups. In: Organizational Behavior and Human Decision Processes, 59, S. 201–222

Scully, J. A.; Kirkpatrick, S. A.; Locke, E. A. (1995): Locus of knowledge as a determinant of the effects of participation on performance, affect, and perceptions. In: Organizational Behavior and Human Decision Processes, 61, S. 276–288

Siegrist, M.; Cvetkovich, G. (2001): Better negative than positive? Evidence of a bias for negative information about possible health dangers. In: Risk Analysis, 21, S. 199–206

Simon, H. A. (1983): Reason in human affairs. Oxford: Basil Blackwell

Simons, T. L.; Peterson, R. S. (2000): Task conflict and relationship conflict in top management teams: The pivotal role of intragroup trust. In: Journal of Applied Psychology, 85 (1), S. 102–111

Sitkin, S. B.; Roth, N. L. (1993): Explaining the limited effectiveness of legalistic „remedies“ for trust/distrust. In: Organization Science, 4, S. 367–392

Six, F.; Sorge, A. (2008): Creating a high-trust organization: An exploration into organizational policies that stimulate interpersonal trust building. In: Journal of Management Studies, 45, S. 857–884

Smith, J. B.; Barclay, D. W. (1997): The effects of organizational differences and trust on the effectiveness of selling partner relationships. In: The Journal of Marketing, 61 (1), S. 3–21

Sokianos, N. P. (2002): Mythos Innovation? [GfPM-Magazin]. Verfügbar unter: http://www.gfpm-online.de/magjun02.htm [22.05.2009]

Sommerlatte, T.; Beyer, G.; Seidel, G. (Hg.) (2006): Innovationskultur und Ideenmanagement. Düsseldorf: Symposion

Spreitzer, G. M. (1995): Psychological empowerment in the workplace: Dimensions, measurement, and validation. In: The Academy of Management Journal, 38, S. 1442–1465

Springer, R. (1999): Rückkehr zum Taylorismus? Arbeitspolitik in der Automobilindustrie am Scheideweg. Frankfurt/M.: Campus

Stracke, S. (2006): Betriebsräte und Innovation: Empirische Befunde, Beschäftigungsorientierung und mögliche Aufgabenfelder (Arbeitspapier Nr. 3 aus dem Projekt TiM). Rostock: Universität, Lehrstuhl für Wirtschafts- und Organisationspsychologie

Stracke, S.; Nerdinger, F. W. (2010): Mitbestimmung und Innovation aus Betriebsratsperspektive. Ergebnisse qualitativer Studien. In: Industrielle Beziehungen, 17, S. 30–53

Stracke, S.; Schneider, K. (2009): Beschäftigungssicherung durch Innovation als Aufgabe der Mitbestimmung. In: Nerdinger, F. W.; Wilke, P. (Hg.): Beteiligungsorientierte Unternehmenskultur: Erfolgsfaktoren, Praxisbeispiele und Handlungskonzepte. Wiesbaden: Gabler, S. 183–206

Strauss, G. (1998): Participation works: If conditions are appropriate. In: Heller, F.; Pusic', V; Strauss, G.; Wilpert, B. (eds.): Organizational participation: myth and reality. New York: Oxford University Press, S. 190–219

Streeck, W. (2008): Zur Zukunft der Unternehmensmitbestimmung in Deutschland. In Institut der deutschen Wirtschaft Köln (Hg.): Perspektiven der Mitbestimmung in Deutschland: Wissenschaftliche Round-Table-Jahrestagung 24. Oktober 2007 in Berlin. Köln: DIV, S. 166–178

Szulanski, G.; Cappetta, R.; Jensen, R. J. (2004): When and how trustworthiness matters: Knowledge transfer and the moderating effect of causal ambiguity. In: Organization Science, 15, S. 600–613

Thannisch, R. (2005): Die ökonomische Effizienz der Mitbestimmung: Eine Betrachtung vor dem Hintergrund der aktuellen politischen Diskussion. Berlin: Deutscher Gewerkschaftsbund

Thibaut, J. W.; Walker, L. (1975): Procedural justice: A psychological analysis. Hillsdale/NJ: Erlbaum

Thomas, K. (1984): Die betriebliche Situation der Arbeiter. Stuttgart: Enke

Tietel, E. (2005): Vertrauen ist gut – Betriebsrat ist besser: Ein eigenwilliger Dritter in der betrieblichen Arena. In: Haubl, R.; Heltzel, R.; Barthel-Rösing, M. (Hg.): Gruppenanalytische Supervision und Organisationsberatung. Gießen: Psychosozial-Verlag, S. 291–313

Tietel, E. (2006): Konfrontation – Kooperation – Solidarität: Betriebsräte in der sozialen und emotionalen Zwickmühle. Berlin: edition sigma

Timmer, B. (2010): Anpacken statt abwarten! Mit „besser statt billiger-Strategien“ Beschäftigung und gute Arbeit sichern (2. Aufl.). Frankfurt: IG Metall, FB Betriebs- und Mitbestimmungspolitik, Ressort Arbeit und Innovation

Tjosvold, D.; Dann, V.; Wong, C. (1992): Managing conflict between departments to serve customers. In: Human Relations, 45, S. 1035–1054

Torka, N.; van Woerkom, M.; Looise, J.-K. (2008): Direct employee involvement quality (DEIQ). In: Creativity and Innovation Management, 17, S. 147–154

Trinczek, R. (2009): Wie befrage ich Manager? Methodische und methodologische Aspekte des Experteninterviews als qualitativer Methode empirischer Sozialforschung. In: Bogner, A.; Littig, B.; Menz, W. (Hg.): Experteninterviews: Theorien, Methoden, Anwendungsfelder (3. Aufl.). Wiesbaden: VS, S. 225–258

Trist, E. J.; Murray, H. (eds.) (1993): The social engagement of social science: A Tavistock anthology. Vol. II: The sociotechnical perspective. Philadelphia: University of Pennsylvania Press

Trommsdorff, V.; Schneider, P. (1990): Grundzüge des betrieblichen Innovationsmanagements. In: Trommsdorff, V. (Hg.): Innovationsmanagement in kleinen und mittleren Unternehmen. München: Vahlen, S. 1–25

Tyler, T. R.; Degoey, P. (1996): Trust in organizational authorities: the influence of motive attributions on willingness to accept decisions. In: Kramer, R. M.; Tyler, T. R. (eds.):

Trust in Organizations: Frontiers of Theory and Research. Thousand Oaks/CA: Sage, S. 331–356

Tyler, T. R.; Lind, E. A. (1992): A relational model of authority in groups. In: Zanna, M. (ed.): Advances in Experimental Social Psychology. New York: Academic Press, Vol. 25, S. 115–191

Ulich, E. (2001): Arbeitspsychologie (5., vollst. überarb. und erw. Aufl.). Zürich, Stuttgart: vdf Hochschulverlag/Schäffer-Poeschel

Van den Bos, K.; Wilke, H. A. M.; Lind, E. A. (1998): When do we need procedural fairness? The role of trust in authority. In: Journal of Personality and Social Psychology, 75, S. 1449–1458

Vilmar, F. (Hg.) (1973): Menschenwürde im Betrieb: Modelle der Humanisierung und Demokratisierung der industriellen Arbeitswelt. Reinbek: Rowohlt

Vilmar, F.; Sattler, K.-O. (1978): Wirtschaftsdemokratie und Humanisierung der Arbeit. Frankfurt/M.: Europäische Verlagsanstalt

Voß, E.; Wilke, P.; Conrad, P.; Hucker, T. (2003): Mitarbeiterbeteiligung: Bedeutung und Bedingungsfaktoren. In: Voß, E.; Wilke, P. (Hg.): Mitarbeiterbeteiligung in deutschen Unternehmen: Auswirkungen auf Unternehmensorganisation und Arbeitsgestaltung. Wiesbaden: Deutscher Universitäts-Verlag, S. 5–22

Wagner, J. A. (1994): Participations's effects on performance and satisfaction: A reconsideration of research evidence. In: Academy of Management Review, 19, S. 312–330

Wagner, J. A.; Leana, C. R.; Locke, E. A.; Schweiger, D. M. (1997): Cognitive and motivational frameworks in U.S. research on participation: a meta-analysis of primary effects. In: Journal of Organizational Behavior, 18, S. 49–65

Wasti, S. A.; Tan, H. H.; Erdil, S. E. (2010): Antecedents of trust across foci: A comparative study of Turkey and China. In: Management and Organization Review, Online Version of Record published before inclusion in an issue, 1–24

Weber, W. G. (1997): Analyse von Gruppenarbeit. Kollektive Handlungsregulation in soziotechnischen Systemen. Bern: Hans Huber

Wegge, J. (2000): Participation in group goal setting: Some novel findings and a comprehensive model as a new ending to an old story. In: Applied Psychology: An International Review, 49 (3), S. 498–516

Weiber, R.; Mühlhaus, D. (2010): Strukturgleichungsmodellierung: Eine anwendungsorientierte Einführung in die Kausalanalyse mit Hilfe von AMOS, SmartPLS und SPSS. Heidelberg: Springer

Weitbrecht, H.; Mehrwald, S. (1999): Human Resource Management und neue Beteiligungskonzepte. In: Frick, B.; Kluge, N.; Streeck, W. (Hg.): Die wirtschaftlichen Folgen der Mitbestimmung: Expertenberichte für die Kommission Mitbestimmung, Bertelsmann Stiftung/Hans-Böckler-Stiftung. Frankfurt/M.: Campus, S. 89–128

Wengel, J.; Wallmeier, W. (1999): Worker participation and process innovations. In: Lay, G.; Shapira, P.; Wengel, J. (eds.): Innovation in production: The adoption and impacts of new manufacturing concepts in German industry. Heidelberg: Physica, S. 65–78

West, M. A. (2002): Sparkling fountains or stagnant ponds: An integrative model of creativity and innovation implementation in work groups. In: Applied Psychology, 51, S. 355–387

Wever, K. (1994): Learning from works councils: Five unspectacular cases from Germany. In: Industrial Relations, 33, S. 467–481

Whitener, E. M.; Brodt, S. E.; Korsgaard, M. A.; Werner, J. M. (1998): Managers as initiators of trust: An exchange relationship framework for understanding managerial trustworthy behavior. In: The Academy of Management Review, 23, S. 513–530

Wicks, A. C.; Berman, S. L.; Jones, T. M. (1999): The structure of optimal trust: Moral and strategic implications. In: The Academy of Management Review, 24, S. 99–116

Williams, M. (2001): In whom we trust: Group membership as an affective context for trust development. In: The Academy of Management Review, 26, S. 377–396

Wilpert, B. (1993): Das Konzept der Partizipation in der A&O-Psychologie. In: Bungard, W.; Herrmann, T. (Hg.): Arbeits- und Organisationspsychologie im Spannungsfeld zwischen Grundlagenorientierung und Anwendung. Bern: Huber, S. 357–368

Wilpert, B. (1998): A view from psychology. In: Heller, F. A.; Pusic, E.; Strauss, G.; Wilpert, B. (Hg.): Organizational participation: Myth and reality. Oxford: Oxford University Press, S. 40–64

Wilpert, B.; Rayley, J. (1983): Anspruch und Wirklichkeit der Mitbestimmung. Frankfurt/M.: Campus

Witte, E. (1973): Organisation für Innovationsentscheidungen. Das Promotoren-Modell. Göttingen: Schwartz

Witte, E. (1999): Das Promotoren-Modell. In: Hauschildt, J.; Gemünden, H. G. (Hg.): Promotoren: Champions der Innovation. Wiesbaden: Gabler, S. 9–41

Wolfe, R. A. (1994): Organizational innovation: Review, critique and suggested research directions. In: Journal of Management Studies, 31, S. 405–431

Wölk, M. (2008): Partizipative Arbeitsgestaltung: Neue Perspektiven für das Wissensmanagement. Kassel: Kassel University Press

Zaheer, A.; McEvily, B.; Perrone, V. (1998): Does trust matter? Exploring the effects of interorganizational and interpersonal trust on performance. In: Organization Science, 9 (2), S. 141–159

Zand, D. E. (1972): Trust and managerial problem solving. In: Administrative Science Quarterly, 27 (2), S. 198–219

Ziegler, A.; Kriegesmann, B.; Kley, T.; Kublik, S. (2010): Betriebliche Innovationsfähigkeit: Die Perspektive der Betriebsräte. Empirische Ergebnisse aus der WSI-Betriebsrätebefragung 2008/2009. Marburg: Schüren

Zink, K. J. (2007): Mitarbeiterbeteiligung bei Verbesserungs- und Veränderungsprozessen. München: Hanser

Zink, K. J.; Braig, D. (1995): Mitarbeiterbeteiligung bei Innovations- und kontinuierlichen Verbesserungsprozessen. In: Reichwald, R.; Wildemann, H. (Hg.): Kreative Unternehmen – Spitzenleistungen durch Produkt- und Prozeßinnovationen. Stuttgart: Schäffer-Poeschel, S. 267–304

Zwick, T. (2004): Employee participation and productivity. In: Labour Economics, 11, S. 715–740

Anhang:

Fragebogen: Version für Betriebsratsmitglieder

HUMBOLDT-UNIVERSITÄT ZU BERLIN

Professur für Sozial- und Organisationspsychologie

Prof. Dr. Wolfgang Scholl
Dipl. Psych. Kai Breitling
Dipl. Psych. Hanna Janetzke,
Dipl. Psych. Alexandra Shajek
Rudower Chaussee 18, 12489 Berlin
Telefon: 030/2093-9328
Telefax: 030/2093-9332
http://www.psychologie.hu-berlin.de/orgpsy/index.htm

Sehr geehrte Teilnehmerin, sehr geehrter Teilnehmer,

in diesem Fragebogen möchten wir Sie um einige zusätzliche Einschätzungen zum Projekt ________________ (im Folgenden „Innovation“ genannt) bitten, an dem Sie beteiligt waren. Das Ausfüllen des Fragebogens wird etwa 45 Minuten in Anspruch nehmen.

Da wir die unterschiedlichen Vorgehensweisen in den befragten Unternehmen vergleichen möchten, fragen wir im Fragebogen einige Themen im Rahmen des Innovationsprozesses in standardisierter Form ab. Dies soll uns ermöglichen, spezifische Zusammenhänge und Unterschiede fall- und unternehmensübergreifend auszuwerten. Die Interviews hingegen helfen uns dabei, die Innovationsfälle in ihrer Komplexität und Einzigartigkeit zu erfassen.

Wir haben versucht, die Fragen möglichst verständlich und nah am Unternehmensalltag zu formulieren. Da wir die Themenbereiche in ihrer Vielfältigkeit erfassen möchten, ist der Fragebogen etwas umfangreicher.

Alle Angaben werden streng vertraulich behandelt. Sie werden durch die statistische Auswertung anonymisiert und sind weder Personen noch Unternehmen zuzuordnen.

Das ist aus unserer Sicht die Voraussetzung für unsere Bitte an Sie, Ihre Angaben ohne Beschönigung zu machen. In den Fragen geht es zumeist um Ihre subjektive Einschätzung, scheuen Sie sich nicht vor spontanen Urteilen, auch wenn Sie sich nicht ganz sicher sind. Wenn Sie eine Frage aus irgendeinem Grund gar nicht beantworten können, schreiben Sie bitte „entfällt“ an den Rand und geben Sie kurz den Grund an.

Wir danken Ihnen herzlich für Ihre Bereitschaft zur Mitarbeit!

Auf den folgenden Seiten werden Sie um die Beantwortung von Fragen zum Ablauf und zu den beteiligten Personen der von Ihnen im Interview beschriebenen Innovation gebeten. Sie können die Fragen in der Regel sehr einfach durch Ankreuzen auf einer 7-stufigen Skala beantworten.

Nicht immer werden alle Fragen hundertprozentig Ihrem Arbeitsumfeld entsprechen. Antworten Sie dann bitte einfach so, wie es am ehesten auf Sie zutrifft. Für aussagekräftige Ergebnisse ist es wichtig, dass Sie den Bogen vollständig ausfüllen.

BEISPIEL

Bitte markieren Sie auf den Antwortskalen die zutreffende Zahl mit einem Kreuz, z.B.:

stimmt gar nicht			stimmt teilweise			stimmt völlig
0	1	2	3	X	5	6

Falls Sie eine Antwort korrigieren wollen, streichen Sie die Markierung bitte deutlich durch und markieren Sie dann die zutreffende Zahl, z.B.:

stimmt gar nicht			stimmt teilweise			stimmt völlig
0	1	2	X	4	~~X~~	6

Wir danken Ihnen nochmals herzlich für Ihre Bereitschaft zur Mitarbeit und beginnen mit einigen generellen Fragen.

I. Generelle Fragen zur Mitbestimmung und direkten Partizipation

Bitte geben Sie an, inwieweit Sie den folgenden Aussagen zustimmen:

1. Der Betriebsrat...	stimmt gar nicht			stimmt teilweise			stimmt völlig
... hat auch die Aufgabe, sicherzustellen, dass das Unternehmen wirtschaftlich erfolgreich ist.	0	1	2	3	4	5	6
... sollte grundsätzlich an allen wichtigen Unternehmensentscheidungen beteiligt werden, auch wenn es nicht um personelle Fragen geht.	0	1	2	3	4	5	6
... muss der Belegschaft wirtschaftliche Notwendigkeiten vermitteln.	0	1	2	3	4	5	6
... muss auch Mitentwickler von Unternehmensstrategien sein.	0	1	2	3	4	5	6
... übernimmt im Grunde keine anderen Aufgaben als das Management.	0	1	2	3	4	5	6
... hat ausschließlich die Sicherung der Belegschaftsinteressen als Aufgabe.	0	1	2	3	4	5	6
... sollte sich aus wirtschaftlichen Entscheidungen raushalten, um seine Kompetenzen nicht zu überschreiten.	0	1	2	3	4	5	6
... muss die Erhaltung jedes einzelnen Arbeitsplatzes als seine Hauptaufgabe sehen.	0	1	2	3	4	5	6
... darf nichts anderes sein als das Sprachrohr der Belegschaft.	0	1	2	3	4	5	6
... muss sich auf seine klassischen Aufgaben (Entgelt, personelle Maßnahmen, Arbeit- und Gesundheitsschutz) konzentrieren, um die Erwartungen der Belegschaft nicht zu enttäuschen.	0	1	2	3	4	5	6

2. Betriebsrat und Management...	stimmt gar nicht			stimmt teilweise			stimmt völlig
... verfolgen von Natur aus gegensätzliche Strategien.	0	1	2	3	4	5	6
... können bei einer sehr harmonischen Beziehung ihren jeweiligen Verantwortungsbereichen kaum gerecht werden.	0	1	2	3	4	5	6
... haben grundsätzlich unterschiedliche Zielsetzungen.	0	1	2	3	4	5	6
... müssen im betrieblichen Alltag immer Gegenspieler bleiben.	0	1	2	3	4	5	6
... sollten sich ihrer abweichenden Interessen stets bewusst sein.	0	1	2	3	4	5	6

3. Eine starke direkte Beteiligung der Beschäftigten zusätzlich zur Mitbestimmung durch den Betriebsrat...	stimmt gar nicht			stimmt teilweise			stimmt völlig
... ermöglicht in jedem Fall eine bessere Entscheidung.	0	1	2	3	4	5	6
... verzögert Entscheidungsprozesse erheblich.	0	1	2	3	4	5	6
... erhöht die Wahrscheinlichkeit von Konflikten.	0	1	2	3	4	5	6
... macht Entscheidungsprozesse noch komplexer.	0	1	2	3	4	5	6
... weckt bei den Beschäftigen unrealistische Erwartungen, die früher oder später zu Enttäuschungen führen.	0	1	2	3	4	5	6

4. Die Rolle der Gewerkschaft	stimmt gar nicht			stimmt teilweise			stimmt völlig
Ohne Gewerkschaft im Hintergrund könnte der Betriebsrat wenig ausrichten.	0	1	2	3	4	5	6
Die allgemeinen Vorgaben und Handlungsrichtlinien der Gewerkschaft sind sehr betriebsfremd und oft unrealistisch.	0	1	2	3	4	5	6
Die Gewerkschaft verfügt oft nicht über die Berater und Kompetenzen, die für das Betriebsratshandeln nützlich sind.	0	1	2	3	4	5	6
Die Gewerkschaft ist zu weit weg vom betrieblichen Alltag.	0	1	2	3	4	5	6
Eine gewisse Distanz zur Gewerkschaft schafft den Freiraum, betriebsbezogene Regelungen zu treffen.	0	1	2	3	4	5	6

5. Technische, organisatorische und soziale Prozessinnovationen…	stimmt gar nicht			stimmt teilweise			stimmt völlig
… fallen auch in den Verantwortungsbereich des Betriebsrats.	0	1	2	3	4	5	6
… sollten vom Betriebsrat auch selbst angestoßen werden.	0	1	2	3	4	5	6
… sollten vom Betriebsrat in der Umsetzung unterstützt werden.	0	1	2	3	4	5	6
… sollten vom Betriebsrat aktiv gestaltet werden.	0	1	2	3	4	5	6

II. Zeitraum VOR der im Interview besprochenen Innovation

Bitte geben Sie zunächst an, inwiefern die folgenden Aussagen bereits VOR Einführung der Innovation auf Ihren Betrieb GENERELL zutrafen:

6. Wie stark oder schwach war nach Ihrer Einschätzung der Einfluss folgender Personengruppen auf Entscheidungen im Betrieb?	sehr schwach						sehr stark
Geschäfts-/Betriebsleitung	0	1	2	3	4	5	6
oberes/mittleres Management	0	1	2	3	4	5	6
sonstige Beschäftigte/Arbeitnehmer/innen	0	1	2	3	4	5	6
Betriebsrat	0	1	2	3	4	5	6
Gewerkschaft/en	0	1	2	3	4	5	6

7. Bitte geben Sie an, inwiefern Sie folgenden Aussagen zustimmen.	stimmt gar nicht			stimmt teilweise			stimmt völlig
Neue Ideen und Verbesserungsvorschläge trafen im Betrieb auf offene Ohren.	0	1	2	3	4	5	6
Jeder im Betrieb war bemüht, nach besseren Lösungen und neuen Ideen zu suchen.	0	1	2	3	4	5	6
Auch etablierte Prozesse und Produkte wurden hinterfragt.	0	1	2	3	4	5	6
Im Betriebsalltag blieb für neue Ideen und Verbesserungsmöglichkeiten kaum Platz.	0	1	2	3	4	5	6

8. Der Betriebsrat spielte generell eine wichtige Rolle…	stimmt gar nicht			stimmt teilweise			stimmt völlig
… bei Entscheidungen zu organisatorischen Umstrukturierungen des Betriebs.	0	1	2	3	4	5	6
… bei Entscheidungen zur Personalplanung und Personalpolitik des Betriebs.	0	1	2	3	4	5	6
… bei der Gestaltung der Arbeitsbedingungen im Betrieb.	0	1	2	3	4	5	6
… bei der Lösung von Problemen und Beschwerden der Beschäftigten.	0	1	2	3	4	5	6
… als Bindeglied zwischen den Beschäftigten des Betriebs und dem Management.	0	1	2	3	4	5	6

9. Die Beschäftigten…	stimmt gar nicht			stimmt teilweise			stimmt völlig
… haben sich mit Wünschen und Ideen jederzeit an den Betriebsrat gewendet.	0	1	2	3	4	5	6
… trafen mit ihren Problemen und Anregungen auch beim Management auf offene Ohren.	0	1	2	3	4	5	6
… hatten im Vergleich zu anderen Betrieben insgesamt viele Mitsprachemöglichkeiten.	0	1	2	3	4	5	6
… wurden bei Entscheidungen, die sie direkt betrafen, nach ihrer Meinung gefragt.	0	1	2	3	4	5	6

III. ZU BEGINN der im Interview besprochenen Innovation

Bitte versetzen Sie sich zunächst in die Zeit ZU BEGINN der Innovation.

10. Wie schätzten Sie folgende Aspekte ein:	sehr gering			mittel			sehr hoch
die Notwendigkeit der Innovation?	0	1	2	3	4	5	6
die Erfolgschancen der Innovation?	0	1	2	3	4	5	6

11. Was erwarteten Sie in Bezug auf die Innovation …	Nachteile			teils/teils			Vorteile
… für den Betrieb?	-3	-2	-1	0	1	2	3
… für die Beschäftigten?	-3	-2	-1	0	1	2	3
… für sich persönlich?	-3	-2	-1	0	1	2	3

12. Bitte geben Sie an, wie schwierig es war, zu Beginn vorherzusagen…	gar nicht schwierig						sehr schwierig
… wie sich die Innovation unter den gegebenen Rahmenbedingungen entwickeln würde.	0	1	2	3	4	5	6
… welche Auswirkungen die Innovation haben würde.	0	1	2	3	4	5	6
… wie die Betroffenen auf die Innovation reagieren würden.	0	1	2	3	4	5	6
… wie die Betroffenen am besten von der Innovation überzeugt werden könnten.	0	1	2	3	4	5	6

13. Bitte geben Sie an, wie groß der Gestaltungsspielraum grundsätzlich war in Bezug auf …	sehr geringer Spielraum			teils/teils			sehr großer Spielraum
… die strategische Ausrichtung der Innovation.	0	1	2	3	4	5	6
… die inhaltliche Gestaltung der Innovation.	0	1	2	3	4	5	6
… die Umsetzung/Durchführung der Innovation.	0	1	2	3	4	5	6
… die Auswahl derjenigen Personen und Gruppen, die in die Gestaltung der Innovation einbezogen werden sollten.	0	1	2	3	4	5	6

14. Für wie wichtig hielten Sie zu Beginn die Akzeptanz der einzelnen Gruppen für den Erfolg der Innovation?	gar nicht wichtig						sehr wichtig
Management	0	1	2	3	4	5	6
Betriebsrat	0	1	2	3	4	5	6
Beschäftigte	0	1	2	3	4	5	6

15. In welchem Ausmaß waren die Meinungen und Interessen der folgenden Gruppen oder Personen im Rahmen der Innovation miteinander vereinbar?	völlig unvereinbar			teils/teils			völlig vereinbar
Management – Beschäftigte	0	1	2	3	4	5	6
Management – Betriebsrat	0	1	2	3	4	5	6
Betriebsrat – Beschäftigte	0	1	2	3	4	5	6

Im Folgenden geht es um das Management als Entscheidungsgremium im Rahmen der Innovation bzw. um das/die für die Innovation maßgeblich zuständige(n) Mitglied(er).

Wie haben Sie als Betriebsrat das zuständige Management zu Beginn der Innovation eingeschätzt?

16. Ich vertraute darauf, dass das zuständige Management …	stimmt gar nicht			stimmt teilweise			stimmt völlig
… die Auswirkungen der Innovation realistisch einschätzen würde.	0	1	2	3	4	5	6
… in der Lage sein würde, auftretende Problemen zu lösen.	0	1	2	3	4	5	6
… über alle fachlichen Kenntnisse verfügt, die für das Gelingen der Innovation zentral sein würden.	0	1	2	3	4	5	6
… genaue Kenntnisse von den relevanten Abläufen und Strukturen im Betrieb hat.	0	1	2	3	4	5	6
… in der Lage sein würde, gemeinsame Beschlüsse im eigenen Bereich durchzusetzen.	0	1	2	3	4	5	6
… in der Lage sein würde, die betroffenen Beschäftigten zu überzeugen.	0	1	2	3	4	5	6
… bei der Innovation aufrichtig verhandeln würde.	0	1	2	3	4	5	6
… Zusagen und Absprachen einhalten würde.	0	1	2	3	4	5	6
… bei Gesprächen und Verhandlungen die Wahrheit sagen würde.	0	1	2	3	4	5	6
… sensible Informationen von Seiten des Betriebsrats diskret behandeln würde.	0	1	2	3	4	5	6
… nicht versuchen würde, sich auf Kosten des Betriebsrats einen Vorteil zu verschaffen.	0	1	2	3	4	5	6
… bei dieser Innovation dem Betriebsrat gegenüber aufgeschlossen sein würde.	0	1	2	3	4	5	6
… den Betriebsrat bei dieser Innovation in seiner Arbeit unterstützen würde.	0	1	2	3	4	5	6
… sich bei Problemen hinter den Betriebsrat stellen würde.	0	1	2	3	4	5	6
… die Interessen des Betriebsrats bei dieser Innovation ernst nehmen würde.	0	1	2	3	4	5	6
… auch dann auf die Interessen des Betriebsrats eingehen würde, wenn es deswegen Abstriche bei der Umsetzung eigener Interessen machen müsste.	0	1	2	3	4	5	6

17. Ich erwartete zu Beginn, dass das zuständige Management …	stimmt gar nicht			stimmt teilweise			stimmt völlig
… bei dieser Innovation alles daran setzen würde, Nachteile für die Beschäftigten zu vermeiden.	0	1	2	3	4	5	6
… sich bei dieser Innovation sehr intensiv um gute Arbeitsbedingungen für die Beschäftigten bemühen würde.	0	1	2	3	4	5	6
… für eine gerechte Behandlung der Beschäftigten sorgen würde.	0	1	2	3	4	5	6
… das langfristige Wohl der Beschäftigen als oberste Priorität ansehen würde.	0	1	2	3	4	5	6
… bei dieser Innovation nichts unternehmen würde, was die Wettbewerbsfähigkeit des Betriebs gefährden könnte.	0	1	2	3	4	5	6
… sich bei dieser Innovation sehr um eine reibungslose Umsetzung bemühen würde.	0	1	2	3	4	5	6
… bei dieser Innovation sehr viel daran setzen würde, Kosten zu sparen.	0	1	2	3	4	5	6
… das langfristige Wohl des Betriebes als oberste Priorität ansehen würde.	0	1	2	3	4	5	6

18. Welche Gruppe/n der Beschäftigten im Betrieb war/en von der Innovation besonders betroffen?

____

19. Wieviel Prozent der Beschäftigten im Betrieb waren insgesamt von der Innovation betroffen?
Circa: ________ %

20. Bitte geben Sie an, wie Sie das Management zu Beginn der Innovation wahrgenommen haben:

Ich habe **das Management** wahrgenommen als:

sympathisch	3------2------1------0------1------2-----3	unsympathisch
kühl	3------2------1------0------1------2-----3	herzlich
angenehm	3------2------1------0------1------2-----3	unangenehm
verständnislos	3------2------1------0------1------2-----3	verständnisvoll

21. Das Management war mir in Bezug auf...	sehr unähnlich						sehr ähnlich
... die Ausbildung/den beruflichen Werdegang...	0	1	2	3	4	5	6
... die berufliche Rolle...	0	1	2	3	4	5	6
... innovationsrelevante Kenntnisse...	0	1	2	3	4	5	6
... Ansichten über das Unternehmen...	0	1	2	3	4	5	6

IV. WÄHREND der im Interview besprochenen Innovation

Bitte denken Sie nun an den Zeitraum, in dem die Innovation umgesetzt wurde.

Im Folgenden geht es um die <u>Tätigkeit des Betriebsrats</u> als Gremium im Rahmen der Innovation bzw. darum, wie das/die für die Innovation maßgeblich zuständige(n) Mitglied(er) das Gremium vertreten hat/haben.

22. Wie hat der Betriebsrat bei der Gestaltung der Innovation mitgewirkt bzw. mitwirken können?	stimmt gar nicht			stimmt teilweise			stimmt völlig
Der Betriebsrat musste seine Beteiligung mit Hilfe rechtlicher Bestimmungen durchsetzen.	0	1	2	3	4	5	6
Der Betriebsrat wurde nur über bereits getroffene Entscheidungen informiert.	0	1	2	3	4	5	6
Der Betriebsrat wurde bereits im Vorfeld über wichtige anstehende Entscheidungen informiert.	0	1	2	3	4	5	6
Der Betriebsrat äußerte im Vorfeld seine Meinung zu wichtigen Entscheidungen.	0	1	2	3	4	5	6
Wichtige Entscheidungen wurden aufgrund von Ideen und Anregungen des Betriebsrats abgeändert.	0	1	2	3	4	5	6
Die Ideen und Anregungen des Betriebsrats flossen maßgeblich in wichtige Entscheidungen ein.	0	1	2	3	4	5	6
Wichtige Entscheidungen beruhten zum Teil auf ganz eigenen Ideen und Anregungen des Betriebsrats.	0	1	2	3	4	5	6
Wichtige Entscheidungen wurden vom Betriebsrat initiiert.	0	1	2	3	4	5	6

23. Bitte geben Sie an, wie sich der Betriebsrat beteiligte. Der Betriebsrat ...	stimmt gar nicht			stimmt teilweise			stimmt völlig
... beschäftigte sich intensiv mit der Innovation.	0	1	2	3	4	5	6
... thematisierte potenzielle Hindernisse für die Umsetzung der Innovation.	0	1	2	3	4	5	6
... verlangte ausführliche Begründungen für Entscheidungen des Managements.	0	1	2	3	4	5	6
... identifizierte Schwachstellen in der Planung.	0	1	2	3	4	5	6
... setzte sich kritisch mit den Konsequenzen der Innovation für die Beschäftigten auseinander.	0	1	2	3	4	5	6
... investierte Zeit und Energie, um eigene Alternativen zu entwickeln.	0	1	2	3	4	5	6
... machte eigene Vorschläge zur strategischen Ausrichtung der Innovation.	0	1	2	3	4	5	6
... machte eigene Vorschläge zur inhaltlichen Gestaltung der Innovation.	0	1	2	3	4	5	6
... machte eigene Vorschläge zur Umsetzung/Durchführung der Innovation.	0	1	2	3	4	5	6
... machte eigene Vorschläge zur Einbeziehung der Beschäftigten.	0	1	2	3	4	5	6

24. Der Betriebsrat ...	stimmt gar nicht		stimmt teilweise				stimmt völlig
... war bei Sitzungen und Besprechungen sehr gut vorbereitet.	0	1	2	3	4	5	6
... trug maßgeblich dazu bei, den Innovationsprozess zu strukturieren.	0	1	2	3	4	5	6
... führte einzelne Ansätze zu einer stimmigen Gesamtstrategie zusammen.	0	1	2	3	4	5	6

25. Bitte geben Sie nun an, wie Sie den Betriebsrat in Bezug auf folgende Aspekte einschätzten.

Der Betriebsrat...	stimmt gar nicht		stimmt teilweise				stimmt völlig
... verfügte über alles nötige Fachwissen.	0	1	2	3	4	5	6
... besaß hohes soziales Geschick.	0	1	2	3	4	5	6
... hatte alle nötigen Kenntnisse zu den Vorgängen im Betrieb.	0	1	2	3	4	5	6
... kannte die richtigen Personen im Betrieb, die seine Position unterstützten.	0	1	2	3	4	5	6
... hatte starken Rückhalt in der Belegschaft.	0	1	2	3	4	5	6

26. Bitte geben Sie an, auf welcher Grundlage der Betriebsrat die Innovation mitgestaltete.

Der Betriebsrat...	stimmt gar nicht		stimmt teilweise				stimmt völlig
... war sich innerhalb seines Gremiums in Bezug auf die Innovation völlig einig.	0	1	2	3	4	5	6
... berief sich auf rechtliche Bestimmungen, um sein Anliegen zu untermauern.	0	1	2	3	4	5	6
... verfügte über überzeugende Sachargumente.	0	1	2	3	4	5	6
... verfügte über zusätzliche Druckmittel, um seiner Position Gewicht zu verschaffen.	0	1	2	3	4	5	6
... erhielt Unterstützung von außerhalb des Betriebs (Berater, Gewerkschaft).	0	1	2	3	4	5	6

27. Wie stark hat der Betriebsrat in den verschiedenen Phasen des Innovationsprozesses mitgewirkt? Beziehen Sie sich dabei bitte auf den Innovationsprozess als Ganzes und weniger auf bestimmte Einzelentscheidungen.

Der Betriebsrat hat ...	gar nicht mitgewirkt		teilweise mitgewirkt				stark mitgewirkt
... bei ersten Vorüberlegungen und der Identifizierung eines Handlungsbedarfs für den Betrieb ...	0	1	2	3	4	5	6
... bei der Informationssuche und Erarbeitung von Vorschlägen...	0	1	2	3	4	5	6
... bei der Beratung und Bewertung der Vorschläge...	0	1	2	3	4	5	6
... bei der Auswahl eines Vorschlags und Festlegung der zu erreichenden Ziele...	0	1	2	3	4	5	6
... bei der Umsetzung/Durchführung der Innovation...	0	1	2	3	4	5	6
... bei der Erfolgskontrolle, Überprüfung der Zielerreichung...	0	1	2	3	4	5	6

	sehr gering						sehr intensiv
28. Wie war der Kontakt zwischen Management und Betriebsrat?	0	1	2	3	4	5	6

29. Wie war bei wichtigen Fragen und Entscheidungen im Rahmen der Innovation der Austausch von Informationen...

	...vom Betriebsrat zum Management?							...vom Management zum Betriebsrat?						
	gar nicht		teilweise				sehr	gar nicht		teilweise				sehr
offen	0	1	2	3	4	5	6	0	1	2	3	4	5	6
umfassend	0	1	2	3	4	5	6	0	1	2	3	4	5	6
verständlich	0	1	2	3	4	5	6	0	1	2	3	4	5	6
rechtzeitig	0	1	2	3	4	5	6	0	1	2	3	4	5	6

30. Wie hat sich das Management dem Betriebsrat gegenüber verhalten? Das Management ...

	stimmt gar nicht			stimmt teilweise			stimmt völlig
... regte den Betriebsrat dazu an, sich aktiv mit der Innovation auseinanderzusetzen.	0	1	2	3	4	5	6
... forderte den Betriebsrat auf, mögliche Bedenken gegenüber der Innovation zu äußern.	0	1	2	3	4	5	6
... ermunterte den Betriebsrat, Vorschläge zur Gestaltung der Innovation einzubringen.	0	1	2	3	4	5	6
... drückte dem Betriebsrat gegenüber seine Zuversicht aus, dass die Innovation gemeinsam zu schaffen sei.	0	1	2	3	4	5	6
... hörte den Ideen und Anregungen des Betriebsrates genau zu.	0	1	2	3	4	5	6
... setzte sich mit den Ideen und Anregungen des Betriebsrates auseinander.	0	1	2	3	4	5	6
... berücksichtigte die Vorschläge des Betriebsrates zur strategischen Ausrichtung der Innovation.	0	1	2	3	4	5	6
... berücksichtigte die Vorschläge des Betriebsrates zur inhaltlichen Gestaltung der Innovation.	0	1	2	3	4	5	6
... berücksichtigte die Vorschläge des Betriebsrates zur Umsetzung/Durchführung der Innovation.	0	1	2	3	4	5	6
... berücksichtigte die Vorschläge des Betriebsrates zur Einbeziehung der Beschäftigten.	0	1	2	3	4	5	6
... setzte die Ideen und Anregungen des Betriebsrates weitgehend um.	0	1	2	3	4	5	6

31. Wie hat sich der Betriebsrat gegenüber den betroffenen Beschäftigten verhalten? Der Betriebsrat ...

	stimmt gar nicht			stimmt teilweise			stimmt völlig
... betonte gegenüber den Beschäftigten die Notwendigkeit der Innovation.	0	1	2	3	4	5	6
... machte den Beschäftigten gegenüber die Chancen der Innovation deutlich.	0	1	2	3	4	5	6
... diskutierte mit den Beschäftigten mögliche Gefahren und Risiken der Innovation.	0	1	2	3	4	5	6
... erklärte den Beschäftigten Entscheidungen, die im Rahmen der Innovation vom Management getroffen wurden.	0	1	2	3	4	5	6
... vertrat den Beschäftigten gegenüber das Vorgehen.	0	1	2	3	4	5	6
... regte die Beschäftigten dazu an, sich aktiv mit der Innovation auseinanderzusetzen.	0	1	2	3	4	5	6
... forderte die Beschäftigten auf, ihre Bedenken gegenüber der Innovation zu äußern.	0	1	2	3	4	5	6
... ermunterte die Beschäftigten, Vorschläge zur Gestaltung der Innovation einzubringen.	0	1	2	3	4	5	6
... drückte den Beschäftigten gegenüber seine Zuversicht aus, dass die Innovation gemeinsam zu schaffen sei.	0	1	2	3	4	5	6

32. Hat der Betriebsrat Anlass gesehen, etwas gegen die Innovation, so wie sie geplant war, zu unternehmen? Der Betriebsrat...

	stimmt gar nicht			stimmt teilweise			stimmt völlig
... knüpfte seine Zustimmung zum Vorgehen an bestimmte Bedingungen.	0	1	2	3	4	5	6
... ließ sich nur schwer für eine Zusammenarbeit gewinnen.	0	1	2	3	4	5	6
... verlangte Zugeständnisse.	0	1	2	3	4	5	6
... nahm gegen die Innovation insgesamt Stellung.	0	1	2	3	4	5	6
... drohte Widerstand gegen die Innovation an, wenn nicht bestimmte Dinge geändert würden.	0	1	2	3	4	5	6

In den folgenden Fragen geht es um Ihre Erfahrungen mit dem Verhalten der Beschäftigten insgesamt im Rahmen der Innovation. Dabei geht es nicht um die Beschäftigten generell, sondern nur um die von der Innovation betroffenen.

33. Inwieweit waren die betroffenen Beschäftigten am Innovationsprozess beteiligt?

	stimmt gar nicht		stimmt teilweise				stimmt völlig
Die Beschäftigten wurden erst kurz vor der Umsetzung des Projekts informiert.	0	1	2	3	4	5	6
Die Beschäftigten wurden nur über bereits getroffene Entscheidungen informiert.	0	1	2	3	4	5	6
Die Beschäftigten wurden bereits im Vorfeld über wichtige anstehende Entscheidungen informiert.	0	1	2	3	4	5	6
Die Beschäftigten äußerten im Vorfeld ihre Meinung zu wichtigen Entscheidungen.	0	1	2	3	4	5	6
Wichtige Entscheidungen wurden aufgrund von Ideen und Anregungen der Beschäftigten abgeändert.	0	1	2	3	4	5	6
Die Beschäftigten brachten kontinuierlich neue Ideen und Anregungen ein.	0	1	2	3	4	5	6
Die Ideen und Anregungen der Beschäftigten flossen in wichtige Entscheidungen ein.	0	1	2	3	4	5	6
Die Beschäftigten stießen interessante Projektentwicklungen an.	0	1	2	3	4	5	6

34. Wie stark haben die betroffenen Beschäftigten den Innovationsprozess in den einzelnen Phasen mitgestaltet? Beziehen Sie sich dabei bitte auf den Innovationsprozess als Ganzes und weniger auf bestimmte Einzelentscheidungen.

Die betroffenen Beschäftigten haben ...	gar nicht mitgewirkt		teilweise mitgewirkt				stark mitgewirkt
... bei ersten Vorüberlegungen und der Identifizierung eines Handlungsbedarfs für den Betrieb...	0	1	2	3	4	5	6
... bei der Informationssuche und Erarbeitung von Vorschlägen...	0	1	2	3	4	5	6
... bei der Beratung und Bewertung der Vorschläge...	0	1	2	3	4	5	6
... bei der Auswahl eines Vorschlags und Festlegung der zu erreichenden Ziele...	0	1	2	3	4	5	6
... bei der Umsetzung/Durchführung der Innovation...	0	1	2	3	4	5	6
... bei der Erfolgskontrolle, Überprüfung der Zielerreichung...	0	1	2	3	4	5	6

35. Wie wurden die betroffenen Beschäftigten über wichtige Fragen und Entscheidungen im Rahmen der Innovation informiert?

	durch den Betriebsrat							durch das Management						
	gar nicht		teilweise				sehr	gar nicht		teilweise				sehr
offen	0	1	2	3	4	5	6	0	1	2	3	4	5	6
umfassend	0	1	2	3	4	5	6	0	1	2	3	4	5	6
rechtzeitig	0	1	2	3	4	5	6	0	1	2	3	4	5	6
verständlich	0	1	2	3	4	5	6	0	1	2	3	4	5	6

36. Und umgekehrt: Wie verlief der Informationsaustausch im Rahmen der Innovation von den betroffenen Beschäftigten...

	...zum Betriebsrat?							...zum Management?						
	gar nicht		teilweise				sehr	gar nicht		teilweise				sehr
offen	0	1	2	3	4	5	6	0	1	2	3	4	5	6
umfassend	0	1	2	3	4	5	6	0	1	2	3	4	5	6
rechtzeitig	0	1	2	3	4	5	6	0	1	2	3	4	5	6
auf eigene Initiative	0	1	2	3	4	5	6	0	1	2	3	4	5	6

37. Wie haben Sie die Haltung der betroffenen Beschäftigten in Bezug auf die Innovation wahrgenommen?
Die betroffenen Beschäftigten...

	stimmt gar nicht			stimmt teilweise			stimmt völlig
... erwarteten überwiegend Nachteile durch die Innovation.	0	1	2	3	4	5	6
... leisteten passiven Widerstand gegen die Innovation.	0	1	2	3	4	5	6
... standen der Innovation eher kritisch gegenüber.	0	1	2	3	4	5	6
... fürchteten sich vor den anstehenden Veränderungen.	0	1	2	3	4	5	6
... waren aufgrund negativer Erfahrungen aus vorherigen Projekten misstrauisch.	0	1	2	3	4	5	6
... lehnten die Innovation ab, da sie diese nicht für notwendig hielten.	0	1	2	3	4	5	6

38. Bitte geben Sie nun an, wie Sie die betroffenen Beschäftigten in Bezug auf folgende Aspekte einschätzten.
Die betroffenen Beschäftigten...

	stimmt gar nicht			stimmt teilweise			stimmt völlig
... verfügten über alles nötige Fachwissen.	0	1	2	3	4	5	6
... besaßen hohes soziales Geschick.	0	1	2	3	4	5	6
... verfügten über alle nötigen Kenntnisse zu den Vorgängen im Betrieb.	0	1	2	3	4	5	6
... kannten die richtigen Personen im Betrieb, die ihre Position unterstützten.	0	1	2	3	4	5	6
... waren sich untereinander in Bezug auf die Innovation völlig einig.	0	1	2	3	4	5	6
... verfügten über überzeugende Sachargumente.	0	1	2	3	4	5	6

39. Bitte geben Sie im Folgenden an, wie das Management und der Betriebsrat zur Beteiligung der betroffenen Beschäftigten standen:

	Das Management...							**Der Betriebsrat...**						
	stimmt gar nicht			stimmt teilweise			stimmt völlig	stimmt gar nicht			stimmt teilweise			stimmt völlig
... hielt die Beteiligung der Beschäftigten für sinnvoll.	0	1	2	3	4	5	6	0	1	2	3	4	5	6
... stand der Beteiligung der Beschäftigten an der Innovation offen gegenüber.	0	1	2	3	4	5	6	0	1	2	3	4	5	6
... hat die Beteiligung der Beschäftigten von sich aus angestoßen.	0	1	2	3	4	5	6	0	1	2	3	4	5	6
... hat die Beschäftigten fortlaufend eingebunden.	0	1	2	3	4	5	6	0	1	2	3	4	5	6
... sah die Handlungsfähigkeit durch eine Beteiligung der Beschäftigen an der Innovation gefährdet.	0	1	2	3	4	5	6	0	1	2	3	4	5	6

40. Wie haben die betroffenen Beschäftigten und der Betriebsrat im Rahmen der Innovation zusammengewirkt?
Die betroffenen Beschäftigen und der Betriebsrat...

	stimmt gar nicht			stimmt teilweise			stimmt völlig
... arbeiteten im Rahmen der Innovation eng zusammen.	0	1	2	3	4	5	6
... tauschten sich intensiv über die Innovation aus.	0	1	2	3	4	5	6
... stimmten sich über das Vorgehen im Innovationsprozess genau ab.	0	1	2	3	4	5	6
... agierten im Rahmen der Innovation weitgehend unabhängig voneinander.	0	1	2	3	4	5	6
... waren mit unterschiedlichen Aspekten der Innovation befasst.	0	1	2	3	4	5	6

41. Bitte geben Sie an, wie breit die Beteiligung der betroffenen Beschäftigten bei der Innovation war. Bei der Innovation…

	stimmt gar nicht		stimmt teilweise				stimmt völlig
wurden vor allem Schlüsselpersonen beteiligt.	0	1	2	3	4	5	6
wurde nur ein kleiner Teil der Beschäftigten einbezogen.	0	1	2	3	4	5	6
wurden vor allem Beschäftigte mit besonderen Kenntnissen beteiligt.	0	1	2	3	4	5	6
wurden vor allem Beschäftigte beteiligt, die sich schon früher bewährt hatten.	0	1	2	3	4	5	6
erschien eine gleichmäßige Beteiligung aller betroffenen Beschäftigten nicht sinnvoll.	0	1	2	3	4	5	6

42. Wie verhielt sich der/die Hauptbeteiligte aus dem Management bei strittigen Fragen mit den Beschäftigten? Er/Sie…

	stimmt gar nicht		stimmt teilweise				stimmt völlig
… versuchte, zu einer gemeinsamen Problemlösung mit den Beschäftigten zu kommen.	0	1	2	3	4	5	6
… wich einer offenen Diskussion mit den Beschäftigten aus.	0	1	2	3	4	5	6
… beharrte auf der eigenen Entscheidung und Verantwortung.	0	1	2	3	4	5	6
… berücksichtigte weitestgehend die Interessen der Beschäftigten.	0	1	2	3	4	5	6
… schob Konflikte mit den Beschäftigten so lange wie möglich auf.	0	1	2	3	4	5	6
… setzte die eigenen Interessen gegen die der Beschäftigten durch.	0	1	2	3	4	5	6
… stimmte die eigenen Wünsche mit denen der Beschäftigten ab, um zu einer für beide Seiten bestmöglichen Lösung zu kommen.	0	1	2	3	4	5	6
… ging einer offenen Auseinandersetzung mit den Bedenken der Beschäftigten aus dem Weg.	0	1	2	3	4	5	6
… nutzte die größeren Machtmöglichkeiten, um sich zu behaupten.	0	1	2	3	4	5	6

Abläufe und Vorgehensweisen im Innovationsprozess

43. Bitte geben Sie an, wie sehr folgende Einschätzungen auf den Innovationsprozess zutreffen:

	stimmt gar nicht		stimmt teilweise				stimmt völlig
Die gegenseitigen Erwartungen waren für alle transparent.	0	1	2	3	4	5	6
Die Ziele der Innovation waren allen Beteiligten klar.	0	1	2	3	4	5	6
Die Beteiligten stimmten in ihren Projektzielen überein.	0	1	2	3	4	5	6
Es gab ein klares Konzept für das Vorgehen.	0	1	2	3	4	5	6
Die Ziele wurden in bewältigbare Teilziele heruntergebrochen.	0	1	2	3	4	5	6
Im Innovationsprozess wurde in regelmäßigen Abständen überprüft, ob der eingeschlagene Weg noch sinnvoll war.	0	1	2	3	4	5	6
Es wurden vorschnelle Entscheidungen getroffen.	0	1	2	3	4	5	6
Teilziele wurden nicht an veränderte Rahmenbedingungen angepasst, obwohl das sinnvoll gewesen wäre.	0	1	2	3	4	5	6

44. Bitte geben Sie an, wie der gegenseitige Umgang im Innovationsprojekt war:

	stimmt gar nicht			stimmt teilweise			stimmt völlig
Die Beteiligten behandelten sich gegenseitig respektvoll.	0	1	2	3	4	5	6
Wenn jemand Unsicherheit äußerte, wurde das als Schwäche betrachtet.	0	1	2	3	4	5	6
Die Zusammenarbeit war geprägt von gegenseitiger Wertschätzung.	0	1	2	3	4	5	6
Ängste wurden ernst genommen.	0	1	2	3	4	5	6
Die Beteiligten begegneten sich auf Augenhöhe.	0	1	2	3	4	5	6

45. Für die Innovation war ...

	stimmt gar nicht			stimmt teilweise			stimmt völlig
... genügend Personal vorhanden.	0	1	2	3	4	5	6
... genügend Zeit vorhanden.	0	1	2	3	4	5	6
... genügend Geld vorhanden.	0	1	2	3	4	5	6
... die richtige Ausstattung vorhanden.	0	1	2	3	4	5	6

Innovationsprozesse lösen häufig intensive Diskussionen und Meinungsverschiedenheiten aus. Bitte beantworten Sie einige Fragen zum Diskussionsprozess und zur Entscheidungsfindung bei dieser Innovation:

	nie			manchmal			sehr oft
46. Wie oft kam es im Rahmen der Innovation zu Meinungsverschiedenheiten und Konflikten?	0	1	2	3	4	5	6

	gar nicht			mittel			sehr intensiv
47. Wie intensiv waren diese Meinungsverschiedenheiten u. Konflikte?	0	1	2	3	4	5	6

48. Bei Meinungsverschiedenheiten und Konflikten verhielt sich der/die Hauptbeteiligte...

	... aus dem Betriebsrat folgendermaßen:							... aus dem Management folgendermaßen:						
Er/sie...	stimmt gar nicht			stimmt teilweise			stimmt völlig	stimmt gar nicht			stimmt teilweise			stimmt völlig
versuchte, zu einer gemeinsamen Problemlösung mit der anderen Seite zu kommen.	0	1	2	3	4	5	6	0	1	2	3	4	5	6
versuchte, einer offenen Diskussion auszuweichen.	0	1	2	3	4	5	6	0	1	2	3	4	5	6
nutzte seine/ihre rechtliche Position, um eine Entscheidung im eigenen Sinne herbeizuführen.	0	1	2	3	4	5	6	0	1	2	3	4	5	6
versuchte, die Interessen aller zu berücksichtigen.	0	1	2	3	4	5	6	0	1	2	3	4	5	6
stimmte den Vorschlägen der anderen zu, auch wenn das zu Lasten der eigenen Interessen ging.	0	1	2	3	4	5	6	0	1	2	3	4	5	6
versuchte, Konflikte erst mal aufzuschieben.	0	1	2	3	4	5	6	0	1	2	3	4	5	6
versuchte, die eigenen Ideen gegen die Interessen der anderen durchzusetzen.	0	1	2	3	4	5	6	0	1	2	3	4	5	6
gab den Wünschen der anderen nach.	0	1	2	3	4	5	6	0	1	2	3	4	5	6
versuchte, die eigenen Ideen mit den anderen abzustimmen, um zu einer für beide Seiten bestmöglichen Lösung zu kommen.	0	1	2	3	4	5	6	0	1	2	3	4	5	6
versuchte, Meinungsverschiedenheiten aus dem Weg zu gehen.	0	1	2	3	4	5	6	0	1	2	3	4	5	6
nutzte vorhandene Machtmöglichkeiten, um sich zu behaupten.	0	1	2	3	4	5	6	0	1	2	3	4	5	6
passte sich an die Meinung der anderen Seite an.	0	1	2	3	4	5	6	0	1	2	3	4	5	6

49. Zwischen Management und Betriebsrat ...	stimmt gar nicht			stimmt teilweise			stimmt völlig
... wurden Meinungsverschiedenheiten sachlich gelöst.	0	1	2	3	4	5	6
... war die Atmosphäre bei Meinungsverschiedenheiten oft angespannt.	0	1	2	3	4	5	6
... wurden Konflikte häufig auf persönlicher Ebene ausgetragen.	0	1	2	3	4	5	6
... kam es häufig zu emotionalen Auseinandersetzungen.	0	1	2	3	4	5	6

50. Wie sehr trafen folgende Einschätzungen auf die Kommunikation zwischen Management und Betriebsrat zu?	stimmt gar nicht			stimmt teilweise			stimmt völlig
Management und Betriebsrat bezogen sich auf die gleichen Werte und Normen, wenn sie argumentierten.	0	1	2	3	4	5	6
Betriebsrat und Management sprachen dieselbe Sprache (Fachbegriffe etc.).	0	1	2	3	4	5	6
Es wirkte so, als würden Management und Betriebsrat aneinander vorbei reden.	0	1	2	3	4	5	6

51. Wie intensiv wurden folgende Aspekte in die gemeinsame Diskussion eingebracht...	**...durch den Betriebsrat?**							**...durch das Management?**						
	gar nicht			etwas			sehr intensiv	gar nicht			etwas			sehr intensiv
die Gründe/Auslöser für die Innovation	0	1	2	3	4	5	6	0	1	2	3	4	5	6
verschiedene Erfolgskriterien für die Innovation	0	1	2	3	4	5	6	0	1	2	3	4	5	6
die wirtschaftlichen Chancen	0	1	2	3	4	5	6	0	1	2	3	4	5	6
die wirtschaftlichen Risiken	0	1	2	3	4	5	6	0	1	2	3	4	5	6
die Chancen für die Beschäftigten	0	1	2	3	4	5	6	0	1	2	3	4	5	6
die Risiken für die Beschäftigten	0	1	2	3	4	5	6	0	1	2	3	4	5	6
die geplante Umsetzungsstrategie	0	1	2	3	4	5	6	0	1	2	3	4	5	6

52. Informationen wandern oft verschlungene Pfade, sie können verändert werden oder ganz verlorengehen. Bitte beantworten Sie einige Fragen zum Informationsaustausch bei dieser Innovation.

Informationen, Ideen, Anregungen wurden ...	nie			manchmal			sehr oft
... korrekt weitergegeben.	0	1	2	3	4	5	6
... zu spät weitergegeben.	0	1	2	3	4	5	6
... gar nicht weitergegeben.	0	1	2	3	4	5	6
... verzerrt weitergegeben.	0	1	2	3	4	5	6
... unvollständig weitergegeben.	0	1	2	3	4	5	6
... über Umwege weitergegeben.	0	1	2	3	4	5	6

53. Auch die Durchführung ist oft schwierig: Wie stark traten Ihrer Meinung nach folgende Probleme bei dieser Innovation auf?	gar nicht			teilweise			sehr stark
Der Innovationsprozess kam ins Stocken und drohte ergebnislos zu versanden.	0	1	2	3	4	5	6
Diskussionen drehten sich endlos im Kreis.	0	1	2	3	4	5	6
Bei notwendigen Beschlüssen kam es zu Verzögerungen.	0	1	2	3	4	5	6
Getroffene Beschlüsse wurden nicht oder fehlerhaft umgesetzt.	0	1	2	3	4	5	6
Getroffene Beschlüsse wurden bei ihrer Umsetzung einfach abgeändert.	0	1	2	3	4	5	6
Beschlüsse wurden wie angeordnet durchgeführt, ohne sie sinngemäß der Situation anzupassen.	0	1	2	3	4	5	6

54. Wie hoch war das Vertrauen …

	zu Beginn der Innovation							am Ende der Innovation						
	sehr gering						sehr hoch	sehr gering						sehr hoch
… des Managements in den Betriebsrat?	0	1	2	3	4	5	6	0	1	2	3	4	5	6
… des Betriebsrats in das Management?	0	1	2	3	4	5	6	0	1	2	3	4	5	6
… der Beschäftigten in das Management?	0	1	2	3	4	5	6	0	1	2	3	4	5	6
… der Beschäftigten in den Betriebrat?	0	1	2	3	4	5	6	0	1	2	3	4	5	6
… zwischen den Betriebsratsmitgliedern?	0	1	2	3	4	5	6	0	1	2	3	4	5	6

55. Wie stark wurde/n im Verlauf des Innovationsprozesses…	gar nicht			teilweise			sehr stark
... neue Dinge ausprobiert und Erfahrungen gesammelt?	0	1	2	3	4	5	6
... besser verstanden, wo die eigentlichen Probleme liegen?	0	1	2	3	4	5	6
... grundsätzliche Zusammenhänge besser begriffen?	0	1	2	3	4	5	6
... neue Erkenntnisse gewonnen?	0	1	2	3	4	5	6
... von anderen Ideen und Erfahrungen übernommen?	0	1	2	3	4	5	6
... Fehler entdeckt und Prozesse verbessert?	0	1	2	3	4	5	6

56. Wie schwierig war es, gegenüber anderen an der Innovation Beteiligten abweichende Meinungen zu äußern?	sehr leicht			teils/ teils			sehr schwierig
gegenüber Betriebsratskolleg/innen	0	1	2	3	4	5	6
gegenüber dem Management	0	1	2	3	4	5	6
gegenüber den Beschäftigten	0	1	2	3	4	5	6
gegenüber sonstigen Teilnehmern/innen (z.B. Beratern, Mutterkonzern)	0	1	2	3	4	5	6

57. Wie oft kam es im Rahmen der Innovation vor, dass …	nie			manchmal			sehr oft
… Sie sich veranlasst sahen, Dinge auf eine bestimmte Art und Weise zu tun, obwohl es Ihrer Meinung nach anders besser gegangen wäre?	0	1	2	3	4	5	6
… Sie mit verschiedenen Personen zusammen arbeiten mussten, die ganz andere Ziele verfolgten?	0	1	2	3	4	5	6
… Sie sich über die Erwartungen einiger Personen hinweg setzen mussten, um die Innovation sinnvoll mitzugestalten?	0	1	2	3	4	5	6
… Sie sich einander widersprechenden Erwartungen ausgesetzt sahen?	0	1	2	3	4	5	6

58. Wie genau wussten Sie im Rahmen der Innovation,…	gar nicht						ganz genau
… worin die Aufgaben bestanden, die Sie selbst zu übernehmen hatten?	0	1	2	3	4	5	6
… an welchen Entscheidungen Sie sich beteiligen sollten?	0	1	2	3	4	5	6
… auf welche Art und Weise Sie Ihre Aufgaben erfüllen sollten, um das gewünschte Ziel zu erreichen?	0	1	2	3	4	5	6
… was von Ihnen erwartet wurde?	0	1	2	3	4	5	6

59. Bitte geben Sie das Ausmaß der Veränderungen im Rahmen der Innovation an, in Bezug auf…	keine Veränderun g						sehr große Veränderung
… die vorhandene Arbeitsorganisation.	0	1	2	3	4	5	6
… die Arbeitsinhalte für die Betroffenen.	0	1	2	3	4	5	6
… das Ausmaß, in dem sich die Betroffenen neue Fähigkeiten aneignen mussten.	0	1	2	3	4	5	6
… die vorhandene Unternehmenskultur.	0	1	2	3	4	5	6
… die bestehenden Zuständigkeiten.	0	1	2	3	4	5	6
… das bestehende Macht- und Kontrollgefüge.	0	1	2	3	4	5	6

V. Ergebnisse und Wirkungen der im Interview besprochenen Innovation

60. Wenn Sie heute ein Fazit ziehen:

	erfolglos						überaus erfolgreich
Wie schätzen Sie das Ergebnis der Innovation insgesamt ein?	0	1	2	3	4	5	6

61. Inwieweit wurden folgende Ziele und Interessen berücksichtigt und realisiert?

	gar nicht			teilweise			voll-ständig
Die Ziele/Interessen des Managements	0	1	2	3	4	5	6
Die Ziele/Interessen der Beschäftigten	0	1	2	3	4	5	6
Die Ziele/Interessen des Betriebsrats	0	1	2	3	4	5	6

62. Wie beurteilen Sie die Innovation in wirtschaftlicher Hinsicht, speziell in Bezug auf…

	völlig misslungen			teils/teils			völlig gelungen
… die Einhaltung der Zeitvorgaben?	-3	-2	-1	0	1	2	3
… die Einhaltung des Budgetrahmens?	-3	-2	-1	0	1	2	3
… Kosteneinsparungen?	-3	-2	-1	0	1	2	3
… den erwarteten praktischen Nutzen?	-3	-2	-1	0	1	2	3
… die gefundene Problemlösung?	-3	-2	-1	0	1	2	3

63. Wie beurteilen Sie die Konsequenzen der Innovation für die betroffenen Beschäftigten in Bezug auf…

	ver-schlechtert			unverändert			ver-bessert
… die Arbeitsplatzqualität?	-3	-2	-1	0	1	2	3
… das Arbeitsklima?	-3	-2	-1	0	1	2	3
… die Entlohnung?	-3	-2	-1	0	1	2	3
… die beruflichen Weiterentwicklungsmöglichkeiten?	-3	-2	-1	0	1	2	3
… den Handlungsspielraum für die Beschäftigten?	-3	-2	-1	0	1	2	3

64. Bitte geben Sie an, wie Sie den Betrieb nach der Innovation einschätzten. Ich war nach Einführung der Innovation überzeugt, dass der Betrieb …

	stimmt gar nicht			stimmt teilweise			stimmt völlig
… sehr gut in der Lage ist, sich veränderten Bedingungen anzupassen und dies auch in Zukunft sein würde.	0	1	2	3	4	5	6
… die Ziele, die er sich setzt, auch erreichen würde.	0	1	2	3	4	5	6
… auch in sehr schwierigen Situationen fair im Umgang mit den Beschäftigten sein würde.	0	1	2	3	4	5	6
… Veränderungen transparent umsetzen würde.	0	1	2	3	4	5	6
… den Beschäftigten eine langfristige Perspektive bieten würde.	0	1	2	3	4	5	6
… sich sehr um seine Beschäftigten kümmert und dies auch zukünftig tun würde.	0	1	2	3	4	5	6

65. Bitte schätzen Sie ein, inwiefern sich die Innovation direkt oder indirekt positiv auf folgende Bereiche ausgewirkt hat bzw. voraussichtlich auswirken wird:

	gar nicht			teilweise			sehr positiv
Entwicklung neuer Produkte/Dienstleistungen	0	1	2	3	4	5	6
Verbesserung bereits bestehender Produkte/Dienstleistungen	0	1	2	3	4	5	6
Entwicklung neuer Arbeitsabläufe und Produktionsprozesse	0	1	2	3	4	5	6
Steigerung der Kreativität und Entwicklung neuer Ideen	0	1	2	3	4	5	6
Akzeptanz neuer Ideen	0	1	2	3	4	5	6
betriebliche Veränderungsbereitschaft und Flexibilität	0	1	2	3	4	5	6

VI. Angaben zur Person

Bitte notieren Sie hier noch einige Angaben zu Ihrer Person:

Ihr Geschlecht: o männlich
o weiblich

Ihr Alter: .... Jahre

Wie lange arbeiten Sie schon bei der Firma? .... Jahre

Welche Berufsausbildung haben Sie?

o keine abgeschlossene berufliche Ausbildung
o Beruflich-betriebliche Berufsausbildung (Lehre)
o Beruflich-schulische Ausbildung (z.B. Berufsfachschule, Handelsschule)
o Ausbildung an einer Fachschule, Meister-, Technikerschule
o Berufsakademie, Fachakademie
o Fachhochschulabschluss
o Hochschulabschluss

Ende des Fragebogens

Vielen Dank für Ihre Unterstützung! Falls Sie Anmerkungen zu dem Fragebogen haben oder Ihnen weitere Bereiche wichtig erscheinen, würden wir uns freuen, wenn Sie dies hier notieren:

Version für Management/ Projektleitung

Der Fragebogen für Management bzw. Projektleitung weicht in einigen Punkten von der Betriebsratsversion ab. Die betroffenen Fragen sind nachfolgend in der entsprechenden Fassung aufgeführt:

Wie haben Sie den zuständigen Betriebsrat zu Beginn der Innovation eingeschätzt?

16. Ich vertraute darauf, dass der zuständige Betriebsrat ...	stimmt gar nicht			stimmt teilweise			stimmt völlig
... die Auswirkungen der Innovation realistisch einschätzen würde.	0	1	2	3	4	5	6
... in der Lage sein würde, auftretende Problemen zu lösen.	0	1	2	3	4	5	6
... über alle fachlichen Kenntnisse verfügt, die für das Gelingen der Innovation zentral sein würden.	0	1	2	3	4	5	6
... genaue Kenntnisse von den relevanten Abläufen und Strukturen im Betrieb hat.	0	1	2	3	4	5	6
... in der Lage sein würde, gemeinsame Beschlüsse im eigenen Bereich durchzusetzen.	0	1	2	3	4	5	6
... in der Lage sein würde, die betroffenen Beschäftigten zu überzeugen.	0	1	2	3	4	5	6
... bei der Innovation aufrichtig verhandeln würde.	0	1	2	3	4	5	6
... Zusagen und Absprachen einhalten würde.	0	1	2	3	4	5	6
... bei Gesprächen und Verhandlungen die Wahrheit sagen würde.	0	1	2	3	4	5	6
... sensible Informationen von Seiten des Mangements diskret behandeln würde.	0	1	2	3	4	5	6
... nicht versuchen würde, sich auf Kosten des Managements einen Vorteil zu verschaffen.	0	1	2	3	4	5	6
... bei dieser Innovation dem Management gegenüber aufgeschlossen sein würde.	0	1	2	3	4	5	6
... das Management bei dieser Innovation in seiner Arbeit unterstützen würde.	0	1	2	3	4	5	6
... sich bei Problemen hinter das Management stellen würde.	0	1	2	3	4	5	6
... die Interessen des Managements bei dieser Innovation ernst nehmen würde.	0	1	2	3	4	5	6
... auch dann auf die Interessen des Managements eingehen würde, wenn es deswegen Abstriche bei der Umsetzung eigener Interessen machen müsste.	0	1	2	3	4	5	6

17. Ich erwartete zu Beginn, dass der zuständige Betriebsrat ...	stimmt gar nicht			stimmt teilweise			stimmt völlig
... bei dieser Innovation alles daran setzen würde, Nachteile für die Beschäftigten zu vermeiden.	0	1	2	3	4	5	6
... sich bei dieser Innovation sehr intensiv um gute Arbeitsbedingungen für die Beschäftigten bemühen würde.	0	1	2	3	4	5	6
... für eine gerechte Behandlung der Beschäftigten sorgen würde.	0	1	2	3	4	5	6
... das langfristige Wohl der Beschäftigen als oberste Priorität ansehen würde.	0	1	2	3	4	5	6
... bei dieser Innovation nichts unternehmen würde, was die Wettbewerbsfähigkeit des Betriebs gefährden könnte.	0	1	2	3	4	5	6
... sich bei dieser Innovation sehr um eine reibungslose Umsetzung bemühen würde.	0	1	2	3	4	5	6
... bei dieser Innovation sehr viel daran setzen würde, Kosten zu sparen.	0	1	2	3	4	5	6
... das langfristige Wohl des Betriebes als oberste Priorität ansehen würde.	0	1	2	3	4	5	6

20. Bitte geben Sie an, wie Sie den Betriebsrat zu Beginn der Innovation wahrgenommen haben:

Ich habe **den Betriebsrat** wahrgenommen als:

sympathisch	3------2------1------0------1------2-----3	unsympathisch
kühl	3------2------1------0------1------2-----3	herzlich
angenehm	3------2------1------0------1------2-----3	unangenehm
verständnislos	3------2------1------0------1------2-----3	verständnisvoll

21. Der Betriebsrat war mir in Bezug auf...	sehr unähnlich						sehr ähnlich
... die Ausbildung/den beruflichen Werdegang...	0	1	2	3	4	5	6
... die berufliche Rolle...	0	1	2	3	4	5	6
... innovationsrelevante Kenntnisse...	0	1	2	3	4	5	6
... Ansichten über das Unternehmen...	0	1	2	3	4	5	6

Interviewleitfaden

Der größte Teil der Fragen wurde sowohl den Betriebsrats- als auch Managementvertretern gestellt. Einige Fragen richteten sich nur an eine der beiden Gruppen. Dies ist an den entsprechenden Stellen im Interviewleitfaden deutlich gemacht.

I. Zur Person des Interviewten

1. Werdegang

- Ausbildung
- Dauer der Unternehmenszugehörigkeit
- nur Betriebsrat: Wie sind Sie dazu gekommen, Betriebsrat zu werden? Was war Ihre Motivation?

2. Wie würden Sie Ihre Position und Aufgaben im Unternehmen beschreiben?

- Aufgabenfelder
- Weisungsgeber/Weisungsnehmer

3. Berufliches Selbstverständnis

Betriebsrat:

- Wie verstehen Sie Ihre Rolle als Betriebsrat im Unternehmen und wie zeigt sich das im Umgang mit dem Management und der Belegschaft?
- Wenn Sie an den Hauptbeteiligten aus dem Management denken, welches Rollenverständnis beobachten Sie da?

Management/Projektleitung

- Wie verstehen Sie Ihre Rolle als Management im Unternehmen und wie zeigt sich das im Umgang mit dem Betriebsrat und der Belegschaft?
- Wenn Sie an den Hauptbeteiligten aus dem Betriebsrat denken, welches Rollenverständnis beobachten Sie da?

4. Was kann der Betriebsrat im Rahmen von Prozessinnovationen leisten und was kann er nicht leisten?

5. Wo sehen Sie Vorteile und wo sehen Sie Nachteile/Schwierigkeiten bei der Beteiligung von Arbeitnehmern an Prozessinnovationen?

II. <u>Das Innovationsprojekt: Allgemeine Informationen</u>

6. Um was ging es bei der Innovation?

(„Könnten Sie in wenigen Sätzen erzählen…“)
- Ziel und Zweck der Innovation insgesamt?
- Was sollte dieses Projekt verändern/ verbessern?

7. Ablauf der Innovation

- Welcher Startzeitpunkt?
- Auf wessen Initiative?
- Wichtige Stationen, Entscheidungen (z. B. Verständigung über Ziele, Bildung einer Projektgruppe, Wendepunkte)?
- Stand zu irgendeinem Zeitpunkt der Abbau von Arbeitsplätzen zur Diskussion? Für welche Gruppe von Beschäftigten? Für wie viele?

8. Management/Projektleitung

- Was genau war Ihre Aufgabe im Projekt?

9. Wie war das Projekt aufgebaut?

- Welche Projektgruppen gab es?
- Wie viele Personen waren beteiligt und worin bestanden deren Aufgaben bzw. Funktionen?
- Wie erfolgte die Organisation? (z. B. informelle Gruppe, Projektgruppe, formelles Projektmanagement, turnusmäßige Sitzungen, Meilensteine o.ä.)

10. Welche Interessen haben die verschiedenen Gruppen verfolgt?

- Management/Projektleitung
- Betriebsrat
- Betroffene Beschäftigte

11. Wann und wie wurde der Betriebsrat über die Innovation informiert?

- Über Innovationsvorhaben an sich?
- Über wichtige anstehende Entscheidungen (konkret: Arten und Häufigkeit der Treffen? Um welche Themen/Entscheidungen ging es?)
- Wie werden Art und Ausmaß der Information des Betriebsrats eingeschätzt?

12. Was hat der Betriebsrat im Rahmen der Innovation gemacht? Was war sein konkreter Beitrag?

- Wen hat der Betriebsrats seinerseits über die Innovation informiert und wie?
- Welche Entscheidungen hat er beeinflusst bzw. an welchen Entscheidungen war er beteiligt?
- Von wem hat sich der Betriebsrat (externe) Unterstützung geholt?
- War der Betriebsrat mit seinem Einfluss einverstanden oder hätte er gerne auf weitere Aspekte Einfluss genommen? Wenn ja, welche und warum?

13. Gab es von Seiten des Betriebsrats Bedenken/ kritische Nachfragen in Bezug auf das Projekt?

- Welche?
- Wie haben Management/Projektleitung darauf reagiert?

14. Wann und wie wurden die Beschäftigten über die Innovation informiert?

- Durch wen zuerst (Management, Betriebsrat)?
- Gab es zur Informationsweitergabe Rückmeldung von den Beschäftigten?
- Was musste bei der Information der AN berücksichtigt werden? (Konfliktpotenzial)?

15. Was war der Beitrag der Beschäftigten im Rahmen der Innovation?

- Wer sorgte für die Beteiligung der Beschäftigten und warum?
- Wer von den betroffenen Beschäftigten wurde beteiligt? (Prozentsatz)

16. Gab es von Seiten der betroffenen Beschäftigten Bedenken/ richtige Widerstände gegen das Projekt?

- Welche waren das?
- Wie haben Management/Projektleitung darauf reagiert?

IV. Vertrauen im Innovationsprozess

17. Welche Bedeutung hatte Vertrauen für den Innovationsprozess?

- Wo hat es sich positiv ausgewirkt?
- Gab es auch Situationen, wo fehlendes Vertrauen den Prozess erschwert hat?

18. Welche Bedeutung hatte das Vertrauen zwischen Betriebsrat und Management für das Innovationsprojekt?

- Wichtigkeit
- Risiken: Welche Risiken hätten bei einem Vertrauensbruch der anderen Seite bestanden?
- Wie haben Sie sich gegen mögliche Risiken abgesichert (z.B. Vereinbarungen, Verträge)?
- Entwicklung: Wie hat sich das Vertrauensverhältnis entwickelt? (Wie war es Anfang, wie am Ende?)

Betriebsrat

19. Woran der Betriebsrat bei dieser Innovation gemerkt, dass er dem Management vertrauen/nicht vertrauen kann?

20. Auswirkungen auf das Verhalten: Wie hat der Betriebsrat sich bei dieser Innovation verhalten, weil er dem Management vertraut/nicht vertraut hat?

21. Und umgekehrt: Woran hat das Management bei dieser Innovation gemerkt, dass es dem Betriebsrat vertrauen/ nicht vertrauen konnte?

Management/Projektleitung

22. Woran hat das Management bei dieser Innovation gemerkt, dass es dem Betriebsrat vertrauen/nicht vertrauen konnte?

23. Auswirkungen auf das Verhalten: Wie hat sich das Management bei dieser Innovation verhalten, weil es dem Betriebsrat vertraut/nicht vertraut hat?

24. Und umgekehrt: Woran hat der Betriebsrat bei dieser Innovation gemerkt, dass er dem Management vertrauen/ nicht vertrauen konnte?

Beide Seiten

25. Was hat den Aufbau des Vertrauens gefördert, was hat ihn erschwert?

26. Wie würden Sie allgemein bei dieser Innovation die Zusammenarbeit zwischen Management und Betriebsrat beschreiben? Was waren die größten Herausforderungen?

V. <u>Weitere Fragen zum Betriebsrat</u>

27. Gab es persönliche Eigenschaften oder Fähigkeiten bei den beteiligten Betriebsratsmitgliedern, die Sie als besonders hilfreich/ störend für die Innovation erlebt haben? Welche waren das? Welche haben Ihrer Meinung nach gefehlt?

Betriebsrat

28. Wie haben Sie die Zusammenarbeit innerhalb des Betriebsrats bei der Innovation erlebt?

- Welche Gründe für eine gute oder schlechte Zusammenarbeit gab es?

29. Wie ist der Betriebsrat bei Ihnen zusammengesetzt

- Anzahl, Freigestellte, Gewerkschaftszugehörigkeit

Beide Seiten

30. Wie bewerten Sie die Tätigkeit des Betriebsrats insgesamt im Zusammenhang mit der Innovation?

- Hätte der Betriebsrat etwas anders machen sollen? Wenn ja, was und warum?

VI. <u>Weitere Fragen zur direkten Partizipation der Beschäftigten</u>

31. Wie bewerten Sie die Beteiligung der Beschäftigten insgesamt im Zusammenhang mit der Innovation?

- Was hatten Sie sich persönlich von der Beteiligung versprochen? Wurde es erfüllt? Inwiefern (nicht)?
- Welche Fähigkeiten und welche Kenntnisse der Beschäftigten waren im Rahmen der Innovation besonders hilfreich? Welche haben gefehlt?
- Was hätten Sie in Bezug auf die Arbeitnehmerbeteiligung im Nachhinein anders gemacht?

Falls Beschäftigte überhaupt nicht/so gut wie nicht beteiligt wurden:

32. Wurde zu Beginn in Erwägung gezogen, die Beschäftigten zu beteiligen?

- Von wem und warum?
- Was war die Haltung von Betriebsrat und Management zur direkten Beteiligung der Beschäftigten?

33. Was waren die Gründe dafür, die Beschäftigten nicht zu beteiligen?

- Welche Gründe wurden gegen die Beteiligung der Beschäftigten genannt und warum?
- Was sprach aus Ihrer persönlichen Sicht gegen die Beteiligung der Beschäftigten?

34. Wäre es im Nachhinein sinnvoll gewesen, die Beschäftigten einzubeziehen?

- falls nein: warum nicht?
- falls ja:
  Wann hätte man sie einbeziehen sollen?
  Wie hätte man sie einbeziehen sollen?

35. Was denken Sie, wessen Aufgabe wäre es gewesen, die Beschäftigten einzubeziehen?

VII. Bilanz zum Innovationsprojekt

36. Wie hat die Innovation den Arbeitsalltag der betroffenen Mitarbeiter verändert?

- z. B. in Bezug auf Arbeitsabläufe, Betriebsklima, Kommunikation
  (negativ: Arbeitsverdichtung, Arbeitsplatzabbau, Versetzungen;
  oder positiv: Arbeitserleichterung, Abwechslungsreichtum, besserer Informationsfluss)

37. Wie ist das Projekt insgesamt gelaufen?

Wie positiv oder negativ war letztlich das Ergebnis?

- Wirtschaftlich, organisatorisch
- Zielvorgaben/ Woran machen Sie das fest? Gab es konkrete Zielvorgaben?

Ebenfalls bei edition sigma – eine Auswahl

Bernd Kriegesmann, Thomas Kley unter Mitarb. v. Sebastian Kublik
Mitbestimmung als Innovationstreiber
Bestandsaufnahme, Konzepte und Handlungsperspektiven für Betriebsräte
Forschung aus der Hans-Böckler-Stiftung, Bd. 141
2012 155 S. ISBN 978-3-8360-8741-4 € 14,90

Martin Schwarz-Kocher, E. Kirner, J. Dispan, A. Jäger, U. Richter, B. Seibold, U. Weißfloch
Interessenvertretungen im Innovationsprozess
Der Einfluss von Mitbestimmung und Beschäftigtenbeteiligung auf betriebliche Innovationen
Forschung aus der Hans-Böckler-Stiftung, Bd. 125
2011 300 S. ISBN 978-3-8360-8725-4 € 19,90

in Vorbereitung:
Jürgen Kädtler, Hans Joachim Sperling, Volker Wittke, Harald Wolf
Mitbestimmte Innovationsarbeit
Konstellationen, Spielregeln und Partizipationspraktiken
Forschung aus der Hans-Böckler-Stiftung, Bd. 154
2013 ca. 280 S. ISBN 978-3-8360-8754-4 € 18,90

*

Thomas Haipeter, A. Brettschneider, T. Bromberg, S. Lehndorff
Rückenwind für die Betriebsräte
Eine Analyse betrieblicher Modernisierungskampagnen in der Metall- und Elektroindustrie
Forschung aus der Hans-Böckler-Stiftung, Bd. 137
2011 262 S. ISBN 978-3-8360-8737-7 € 18,90

Ralph Greifenstein, Leo Kißler
Mitbestimmung im Spiegel der Forschung
Eine Bilanz der empirischen Untersuchungen 1952–2010
Forschung aus der Hans-Böckler-Stiftung, Bd. 123
2010 290 S. ISBN 978-3-8360-8723-0 € 19,90

Matthias Klemm, Clemens Kraetsch, Jan Weyand
»Das Umfeld ist bei ihnen völlig anders«
Kulturelle Grundlagen der europäischen betrieblichen Mitbestimmung
Forschung aus der Hans-Böckler-Stiftung, Bd. 133
2011 199 S. ISBN 978-3-8360-8733-9 € 15,90

– bitte beachten Sie auch die folgende Seite –

Ebenfalls bei edition sigma – eine Auswahl

Conny H. Antoni, A. Haunschild, R. Meyer, S. Hiestand, R. Oertel
„Niemand weiß immer alles"
Über den Zusammenhang von Kompetenz- und Organisationsentwicklung in der Wissensarbeit
Forschung aus der Hans-Böckler-Stiftung, Bd. 151
2013 142 S. ISBN 978-3-8360-8751-3 € 14,90

Michael Faust, Reinhard Bahnmüller, Christiane Fisecker
Das kapitalmarktorientierte Unternehmen
Externe Erwartungen, Unternehmenspolitik, Personalwesen und Mitbestimmung
Forschung aus der Hans-Böckler-Stiftung, Bd. 135
2011 447 S. ISBN 978-3-8360-8735-3 € 26,90

Thomas Haipeter
Betriebsräte als neue Tarifakteure
Zum Wandel der Mitbestimmung bei Tarifabweichungen
Forschung aus der Hans-Böckler-Stiftung, Bd. 114
2010 318 S. ISBN 978-3-8360-8714-8 € 19,90

Markus Hertwig
Die Praxis „Anderer Vertretungsorgane"
Formen, Funktionen und Wirksamkeit
Forschung aus der Hans-Böckler-Stiftung, Bd. 122
2010 226 S. ISBN 978-3-8360-8722-3 € 15,90

Inge Lippert, Ulrich Jürgens
Corporate Governance und Arbeitnehmerbeteiligung in den Spielarten des Kapitalismus
Pfade der Unternehmensentwicklung in der Automobilzulieferindustrie in Deutschland, Schweden und den USA
Forschung aus der Hans-Böckler-Stiftung, Bd. 143
2012 267 S. ISBN 978-3-8360-8743-8 € 18,90

Nadine Schlömer-Laufen, Rosemarie Kay
Betriebsratsgründungen in kleinen und mittleren Unternehmen
Die Rolle der Belegschaften
Forschung aus der Hans-Böckler-Stiftung, Bd. 140
2012 147 S. ISBN 978-3-8360-8740-7 € 12,90

Zeitfracht Medien GmbH
Ferdinand-Jühlke-Straße 7
99095 Erfurt, Deutschland
produktsicherheit@kolibri360.de